国家社会科学基金(教育学)一般课题：
“高校科研人才评价目标群体认同与分类建构研究”（BIA170162）

“双一流”建设高校科研人才评价
目标群体认同与分类建构研究

Evaluating Research Talents at the “Double World-Class” Universities
From the Perspective of Researcher Identity in Four Subject Fields

刘 莉 董彦邦 著

内容摘要

本书在社会认同理论、政策过程理论、第四代评价理论、社会学制度主义等理论的指导下，通过问卷调查、半结构访谈、文本分析等多种方法探究我国高校科研人才评价政策和"双一流"建设高校四大领域(理工领域、人文社会科学领域、医学领域、交叉学科领域科研人才评价制度的现状、认同情况及影响因素，并在借鉴部分发达国家科研人才评价政策以及世界一流大学四大领域科研人才评价制度的经验基础上，基于目标群体认同的视角，对我国高校科研人才评价政策和高校各领域科研人才评价制度改革与完善提出了政策建议。本书适合教育行政管理人员、科技管理人员、高校科研管理人员以及相关专业研究生阅读和使用。

图书在版编目(CIP)数据

"双一流"建设高校科研人才评价：目标群体认同与分类建构研究／刘莉，董彦邦著．—上海：上海交通大学出版社，2022.8

ISBN 978-7-313-27102-0

Ⅰ.①双… Ⅱ.①刘… ②董… Ⅲ.①高等学校—科学研究—人才—评价—研究 Ⅳ.①G644②G316

中国版本图书馆CIP数据核字(2022)第132302号

"双一流"建设高校科研人才评价——目标群体认同与分类建构研究

"SHUANGYILIU" JIANSHE GAOXIAO KEYAN RENCAI PINGJIA
——MUBIAO QUNTI RENTONG YU FENLEI JIANGOU YANJIU

著　　者：刘　莉　董彦邦

出版发行：上海交通大学出版社　　地　　址：上海市番禺路951号

邮政编码：200030　　电　　话：021-64071208

印　　制：上海新艺印刷有限公司　　经　　销：全国新华书店

开　　本：710 mm×1000 mm　1/16　　印　　张：27.75

字　　数：453千字

版　　次：2022年8月第1版　　印　　次：2022年8月第1次印刷

书　　号：ISBN 978-7-313-27102-0

定　　价：78.00元

目 录

绪　论

为什么要研究高校科研人才评价？高校科研人才评价这一概念的内涵和外延分别是什么？为什么从目标群体的视角来研究高校科研人才评价？这些问题是本书顺利开展的基础，本部分将分析研究背景，并对研究中的几个关键概念进行具体阐述。

第一节　研究背景

一、高校科研人才是创新型国家建设的主力军

在创新型国家建设过程中，科技创新已经成为世界各国经济与社会发展的主导战略。创新是一个民族进步的灵魂，是一个国家兴旺发达的不竭动力，也是中华民族最深沉的民族禀赋。在激烈的国际竞争中，“惟创新者进，惟创新者强，惟创新者胜”[①]。创新包括科技、人才、文艺、军事等方面的创新，以及在理论、制度、实践上如何创新[②]。2020 年，习近平总书记在科学家座谈会上强调，“我国经济社会发展和民生改善比过去任何时候都更加需要科学技术解决方案，都更加需要增强创新这个第一动力。我们必须走出适合国情的创新路子，特别是要把原始创新能力提升摆在更加突出的位置，努力实现更多‘从 0 到 1’的突破。”[③]科研人才具有科学技术知识、创新意识和创造能力，已成为最为有价值的资本和

---

① 习近平.在欧美同学会成立一百周年庆祝大会上的讲话[N].《人民日报》，2013－10－22(02).

② 习近平.习近平谈创新.人民网-人民日报海外版，2016－03－01，http://politics.people.com.cn/n1/2016/0301/c1001－28159755.html

③ 新华网.习近平：在科学家座谈会上的讲话[EB/OL].[2020－09－11].http://www.xinhuanet.com/2020－09/11/c_1126483997.htm.

核心资源，在科技创新中发挥着至关重要的作用，是经济增长的主要源泉和主体要素[①]。

“双一流”建设是我国实现从高等教育大国到高等教育强国历史性跨越的重大战略决策。“提升科学研究水平”是“双一流”建设的五大建设任务之一[②]。2015 年国务院印发的《统筹推进世界一流大学和一流学科建设总体方案》明确指出，要“深入实施人才强校战略，强化高层次人才的支撑引领作用，加快培养和引进一批活跃在国际学术前沿、满足国家重大战略需求的一流科学家、学科领军人物和创新团队”[③]。2017 年党的十九大报告提出要“加快建设创新型国家”，通过“培养造就一大批具有国际水平的战略科技人才、科技领军人才、青年科技人才和高水平创新团队”，推动我国的经济实力和科技实力大幅度提升，跻身创新型国家的前列[④]。2020 年，教育部、财政部和国家发展改革委联合下发的《“双一流”建设成效评价办法(试行)》对“双一流”建设高校的基础研究水平提出了更高要求，即“在基础研究领域取得‘从 0 到 1’重大原始创新成果”[⑤]。可见，“双一流”建设高校的科研人才作为科技创新的主力军，在创新型国家建设过程中发挥着重要作用。

二、科研评价对于激发高校科研人才创新活力至关重要

高校科研人才评价作为高校科研管理的重要组成部分，对人才的创新积极性具有重要影响[⑥]，在推动高校创新转型中具有重要导向作用[⑦]。当前，我国科研人才评价机制仍存在分类评价不足、评价标准单一、评价手段趋同、评价社会化程度不高、用人主体自主权落实不够等突出问题[⑧]，面临“重数量轻质量”等批

---

① 曹宏霞.我国科技人才资源开发与管理的理论研究[D].武汉：华中师范大学，2006：1－2.

② 新华社.国务院印发《统筹推进世界一流大学和一流学科建设总体方案》[EB/OL].[2015－11－05].http://www.gov.cn/xinwen/2015－11/05/content_5005001.htm.

③ 国务院.国务院关于印发统筹推进世界一流大学和一流学科建设总体方案的通知[EB/OL].[2015－10－24].http://www.gov.cn/zhengce/content/2015－11/05/content_10269.htm.

④ 中国网.中共十九大开幕，习近平代表十八届中央委员会作报告[EB/OL].[2017－10－18].http://www.china.com.cn/cppcc/2017－10/18/content_41752399.htm.

⑤ 国务院.国务院关于印发统筹推进世界一流大学和一流学科建设总体方案的通知[EB/OL].[2015－10－24].http://www.gov.cn/zhengce/content/2015－11/05/content_10269.htm.

⑥ 纪锋.科研绩效评价机制对科技创新影响探讨[J].水产学期刊，2004，17(02)：100－102.

⑦ 朱军文，刘念才.高校科研评价定量方法与质量导向的偏离及治理[J].教育研究，2014，415(08)：23－31.

⑧ 中共中央办公厅，国务院办公厅.中办国办印发《关于分类推进人才评价机制改革的指导意见》[N].人民日报，2018－02－27(01).

评声，需要“破除束缚人才发展的思想观念和体制机制障碍”，“健全人才评价、流动、激励机制，最大限度激发和释放人才创新创造创业活力。”①正如习近平总书记指出的，“当前，我国科技人才队伍规模在世界上首屈一指，但创新型科技人才结构不尽合理，科研人员开展原创性科技创新的积极性、主动性、创造性还没有被充分激发出来。”②因此，如何科学、合理地开展科研人才评价，营造创新环境，激发创新潜能，是高校科研管理迫切需要解决的问题。

三、我国高校科研人才评价政策改革亟待深化

改革开放四十多年来，为了帮助高校吸引、培养、激励科研人才，我国发布了一系列高校科研人才评价政策，特别是 20 世纪 90 年代以来，各级政府在不同阶段发布了多种多样的高校科研人才评价政策。据本书不完全统计，2000 年以来，我国发布的与高校科研人才评价密切相关的政策文件多达四十余个。2018 年 4 月，中共中央办公厅、国务院办公厅印发《关于分类推进人才评价机制改革的指导意见》，指出“改革科技人才评价制度，实行代表性成果评价，注重个人评价与团队评价相结合”③。同年 7 月，中共中央办公厅、国务院办公厅印发《关于深化项目评审、人才评价、机构评估改革的意见》，11 月，教育部宣布将在高校开展清理“唯论文、唯职称、唯学历、唯奖项”专项行动④。2020 年 2 月，教育部、科技部印发《关于规范高等学校 SCI 论文相关指标使用树立正确评价导向的若干意见》⑤。可见，近年来政府积极通过政策引导，努力为高校科研人才创造潜心科研创新的良好环境。但是，科研评价政策定位重叠、政出多门、评选不公平、标准不科学、管理不完善等引起的政策“趋同”和“异化”同样让人担忧。一些学者认为，目前的评价政策不能有效解决实际问题，评价中的矛盾冲突依然激烈，在一定程度上助长了学术界的浮躁风气，影响了正常的学术生态，不利于高校科研

---

① 新华社.中共中央印发《关于深化人才发展体制机制改革的意见》[EB/OL]. http://www.gov.cn/xinwen/2016-03/21/content_5056113.htm.

② 李易璇，傅利平.激发创新型科技人才活力(新知新觉)[N].人民日报，2018-11-15，(07).

③ 新华社.中共中央办公厅 国务院办公厅印发《关于分类推进人才评价机制改革的指导意见》[EB/OL].[2018-02-26].http://www.gov.cn/zhengce/2018-02/26/content_5268965.htm.

④ 教育部办公厅.教育部办公厅关于开展清理“唯论文、唯职称、唯学历、唯奖项”专项行动的通知[EB/OL].http://www.most.gov.cn/tztg/201810/t20181023_142389.htm，2019-6-15.

⑤ 教育部、科技部.《关于规范高等学校 SCI 论文相关指标使用 树立正确评价导向的若干意见》(教科技〔2020〕2 号)[EB/OL].[2020-02-18]. http://www.gov.cn/zhengce/zhengceku/2020-03/03/content_5486229.htm.

人才的学术发展[①]，出现了所谓的"政策失灵"[②]现象。评价结果与学术资源、职称、待遇等紧密挂钩也引发了诸多争议。因此，高校科研人才评价政策应该何去何从引发了广泛关注。

四、我国高校科研人才评价政策/制度改革陷入一定困境

改革开放以来，我国高校科研人才评价制度经历了三个发展阶段：以行政为导向的合格评价阶段、以职务评审为导向的量化评价阶段以及现如今以分配为导向的综合量化评价阶段[③]。现阶段，在国家宣布高等学校有权确定适合本校实际的校内分配办法和津贴标准之后，不少高校开始探索推行与效益津贴分配密切挂钩的评价制度。一些高校把对科技人才效益津贴的发放多少与其完成的教学、科研工作量及科研经费的多少挂钩[④]。这些措施在一定程度上提升了高校科研人才的工作积极性，高校的科研经费、论文数量也快速增长。但是，对量化考评的质疑声不断。由于过度量化的评价结果与科研人才的收入、职称评定等直接挂钩，出现了一些急功近利的行为，这对高校的原始创新产生了极为不利的影响。"双一流"建设这一历史发展战略对高校的人才队伍建设和自主创新能力提升提出了更高的要求。战略的成功实施迫切要求对科研人才评价制度进行改革，提升科研人才的科研能力并引导科研人才的科研行为服务于科技进步和社会经济发展[⑤]。

2018 年 11 月，教育部办公厅印发《关于开展清理"唯论文、唯帽子、唯职称、唯学历、唯奖项"专项行动的通知》，决定在各有关高校开展"唯论文、唯帽子、唯职称、唯学历、唯奖项"(以下简称"五唯")清理。通知一出，社会各界欢呼声一片，高校科研人才也如沐甘霖。但是接下来各方又陷入新的困惑："破五唯"后，科研评价立什么？怎么立？近年来，学术界围绕这一问题开展各种讨论，但"仁者见仁，智者见智"。同样的问题也困扰着高校科研管理者：高校科研评价的路在何方？突破点在哪里？在这样的背景下，深入探究高校科研人才评价政策与

① 朱剑.学术风气、学术评价与学术期刊[J].苏州大学学报(哲学社会科学版)，2011，106(02)：7-13.

② 李侠，邢润川.浅谈科技政策失灵现象[J].科学学研究，2009，19(02)：37-42.

③ 田静，生云龙，杨长青，等.国内高校教师评价体系的变迁历程与阶段特征[J].清华大学教育研究，2006，27(02)：58-61.

④ 王德广.高校教师工作评估现状及其发展趋势[J].航海教育研究，1996，13(03)：4-5.

⑤ 杨忠.深化高校教师考核评价制度改革 落实"双一流"建设战略[EB/OL].[2016-9-20].http://www.moe.gov.cn/jyb_xwfb/moe_2082/zl_2016n/2016_zl49/201609/t20160920_281622.html.

制度，分析科研评价各种问题产生的原因，找到问题解决的思路相当重要。因此，本书以目标群体认同为切入点，从高校科研人才的视角出发，探讨高校科研人才评价政策/制度的现实问题与未来路径。

第二节 概念界定

一、高校科研人才

科研人才，也被称为科技创新人才或科研创新人才，目前并无统一的定义。Florida 指出，创新型人才的重要特征之一是能够在工作中创造出有意义的新内容、新形式[①]。温少华认为，科研人才是从事科研创新活动并产生一定社会价值的群体，这类群体具有知识层次和技能水平较高、成就动机较强、劳动价值实现周期较长、劳动过程较特殊等特征[②]。马晶认为，科研人才是指具备专业技术能力、知识修养高，可以为社会的发展提供智力支持或决策帮助的人[③]。可见，科研人才的概念中并未限定在科学技术领域。安书乐提出，广义上的高校科研人才是指将科学研究作为常态化的工作，并产生一定数量与较高质量的科研成果的高校师生，狭义上的高校科研人才是指在科学研究或研究系列岗位，将科研产出作为主要目标的高校教师[④]。本书中的高校科研人才采用狭义的概念，是指接受过严格的科学研究训练、追求真理、探索未知、以从事科研创新与发展活动为基本职责的研究型和教学研究型的专任教师，包括理工领域、人文社科领域、医学领域和交叉学科领域等领域高校教师。

二、高校科研人才评价

高校科研人才评价与高校科技人才评价、高校科研评价、高校教师评价既有联系又有区别。

科技人才评价又称为科技人才测评，主要是根据科技人才岗位性质、工作特点及其劳动成果，应用科学的测评技术与统计方法进行综合性的描述与测评，以反映

---

① Florida R. The Rise of the Creative Class[J]. Washington Monthly, 2002, 35(05): 593-596.
② 温少华.高校教学科研人员绩效考核体系研究[D].北京：首都经济贸易大学，2005：21-22.
③ 马晶.S研究所科研人员评价体系优化设计[D].广州：华南理工大学，2014：8.
④ 安书乐.高校科研人员工作满意度对科研产出的影响研究[D].大连：大连理工大学，2016：5.

其能力、水平及成果贡献[①]。科技人才评价，是受托方根据委托方的目标，按照一定的原则、标准和程序对科技人才的业绩、品德、知识、技能等进行的综合评价[②]。科技人才评价一般分素质评价、业绩评价以及综合评价[③]。本书认为，正如高校科研人才与高校科技人才概念的差别，高校科技人才评价主要是指高校理工领域教师的科研业绩与水平的评价，一般不涉及文科领域教师的科研业绩与水平的评价；而高校科研人才评价包括文科教师的科研业绩与水平的评价。高校科研人才评价是一项系统工程，贯穿于人才的引进、培养、选拔、激励、淘汰等各个环节。

科研评价的本质是通过评价者和被评价者共同认可的理论、工具和方法，尽可能真实地表征科学本身价值[④]。科研评价是指基于明确的评价目标，采用科学的方法对科研活动进行预测、调控、决策、监督和管理，并对科研活动及其产出和影响进行判断，为下一步科研决策提供依据的认识活动，针对高校科研人才展开的评价是微观层面的科研评价[⑤]。高校科研评价既包括对高校科研人才的评价，也包括对科研项目、科研成果、科研平台等方面的评价。

高校教师评价指的是对教师工作现实或潜在价值进行判断的活动[⑥]，教师评价是高校人事决策的重要依据，与教师的聘任、考核、晋升与奖惩直接相关。除了教学工作，大多数高校教师亦需从事相应的科研工作，教师的科研业绩是教师“从事科学研究活动所创造的成果的质量和数量的总称”[⑦]，很大程度上决定着教师人事决策的最终结果。

本书将“高校科研人才评价”定义为评价主体根据一定的评价标准，采用一定的评价方法，对高校中在教学研究或研究系列岗位上，以科研产出为主要目标的科研人才的业绩、品德、知识、技能等方面进行价值判断的活动。高校科研人才评价常见于高校教师职称评聘与晋升、优秀科研人才选拔等工作中。

三、高校科研人才评价政策

美国政策科学创始人、著名政治学家哈罗德·拉斯韦尔(Harold D. Lasswell)

---

① 萧鸣政.人员测评理论与方法[M].北京：中国劳动社会保障出版社，2004：5－10.
② 封铁英.科技人才评价现状与评价方法的选择和创新[J].科研管理，2007，28(z1)：30－34.
③ 王继承.人事测评技术：建立人力资产采购的质检体系[M].广州：广东经济出版社，2001：38.
④ 付慧真，张琳，胡志刚，等.基础理论视角下的科研评价思考[J].情报资料工作，2020，41(02)：31－37.
⑤ 唐慧君.大学科研评价体系及应用研究[D].长沙：湖南大学，2006：9－12.
⑥ 陈玉琨.教育评价学[M].北京：人民教育出版社，1999：98.
⑦ 苏力.我国高校教师科研业绩评价有效性的研究[D].苏州：苏州大学，2004：3.

和丹尼尔・勒纳(Daniel Lerner)合作出版的著作《政策科学：范围与方法之最近发展》(*The Policy Sciences: Recent Developments in Scope and Method*)是现代政策科学诞生的标志。在这本书中,政策被定义为具有一定目标、策略和价值的大型计划,标志着政策科学真正成为一个系统的理论①。美国政治家伍德罗・威尔逊(Woodrow Wilson)将政策定义为"由政治家即具有立法权者制定、由行政人员执行的法律和法规"②。卡尔・弗雷德里奇(Carl-Friedrich)认为,政策是在特定环境下,个人、团体或政府开展的有一定计划的活动过程③。詹姆斯・安德森(James E. Anderson)认为,政策是一个或者一批行为者为了处理某一问题或相关事务而采取的有目的的活动过程④。可见,西方学者认为,政策的制定主体多种多样,包括"政治家""个人、团体或政府""一个或一批行为者"等,政策也因此分为公共政策和一般政策。我国学者通常认为,政策是由政党或国家机关制定的,如黄净认为,政策是指政党或者国家在一定时期内为了实现特定的任务而制定的行动准则⑤;桑玉成和刘百鸣指出,政策是"政府对社会公共资源进行权威性分配的准则和行为"⑥;陈振明认为,政策是"国家机关、政党及其他政治团体在特定时期为实现或服务于一定社会政治、经济、文化目标所采取的政治行为或规定的行为准则,是一系列谋略、法令、措施、办法、方法、条例的总称"⑦。

人才政策是政府为了发挥人力资源的作用,针对人才的生产、开发和使用形成的规则以及采取的措施或行动⑧,受众涵盖了党政人才、专业技术人才、企业经营人才等类别⑨。人才政策内容丰富,包括人才引进政策、使用政策、培养政策、评价政策、保障政策⑩、市场与流动政策、安全政策等方面⑪。作为人才政策的重要组成部分,科研人才评价政策的内容包括评价目的、方法、标准、指标等⑫。本书中的"高校科研人才评价政策"是指在一定时期内,政府为了规范高

---

① 谢锦峰.公共政策执行阻力中的目标群体因素分析[D].广州：华南理工大学,2014：3－30.
② 熊玉婷.科技政策工具的选择与群体行为的研究[D].上海：上海交通大学,2014：9.
③ Friedrich C.J., Frank E. Man and his government[J]. Journal of Politics, 1964：79.
④ 詹姆斯・E.安德森.公共政策制定[M].北京：中国人民大学出版社,2009：4.
⑤ 黄净.政策学基础知识[M].哈尔滨：哈尔滨工业大学出版社,1987：9.
⑥ 桑玉成,刘百鸣.公共政策学导论[M].上海：复旦大学出版社,1991：2－3.
⑦ 陈振明.政策科学：公共政策分析导论[M].北京：中国人民大学出版社,2003：18.
⑧ 萧鸣政,韩溪.改革开放30年中国人才政策回顾与分析[J].中国人才,2009,24(01)：12－15.
⑨ 李桃.我国中长期人才政策体系研究综述[J].劳动保障世界,2017,29(24)：36.
⑩ 张冬梅,罗瑾琏.上海市人才政策体系改进与设计构想[J].现代管理科学,2008,27(11)：23－24.
⑪ 司徒倩滢.我国科技人才政策评估[D].北京：首都经济贸易大学,2015：5.
⑫ 陈锡安.构建国家人才政策体系的思考[J].中国人才,2004,19(04)：59－62.

校科研人才的行为而制定的行为准则，涉及对科研人才的业绩、品德、知识、技能等进行评价的一系列决定、意见、办法、方案、条例等。

四、高校科研人才评价制度

早期美国制度主义经济学家托斯丹·邦德·凡勃伦(Thorstein B. Veblen)宽泛地将制度定义为“个人或社会对有关的某些关系或某些作用的一般思想习惯”①。美国制度经济学派的早期代表人物之一约翰·洛克斯·康芒斯(John R. Commons)则视制度为“集体行动控制个体行动”②。美国新制度经济学家道格拉斯·诺思(Douglass C. North)认为，制度是一种框架性、规则性的存在：“制度提供框架，人类得以在里面相互影响。制度确立合作和竞争的关系，这些关系构成一个社会，……制度是一整套规则，应遵循的要求和合乎伦理道德的行为规范，用以约束个人的行为”③。诺斯认为，制度作为一种“游戏规则”，是一个社会正常运行必不可少的部分，制约着社会之中人与人之间的相互关系④。张旭昆把制度分为四种：由统治机关颁布的法律法规法令政策；非政府组织制订的各项内部规则和相互间的契约及强制性习俗、非强制性的社会规则；普遍流行的个体规则；一切纯粹或独特的个体规则⑤。邹吉忠将制度分为三个层次⑥，即基本制度、具体制度和规章制度。其中作为具体制度的管理制度，是特定组织内部单位或个人之间互相协调的行为规范。制度的真正基础是制度实践而不是制度观念，人们之间的交往实践不仅产生了制度的需求，还是制度供给的主要渠道和制度实现其价值的基本途径，也是制度获得修正、渐趋合理的基本方式⑦。凡勃伦认为，制度实质上是社会或个人对有关的某些关系或某些行为的一般思想习惯，并且当环境变化时，制度也必将随着环境的变化而变化，因为其实质上就是对由环境所引起的刺激发生反应时的一种习惯方式⑧。综上所述，国内外学者对制度有着不同的见解，但均是在使用规则来阐释或定义制度。因此，规则是人们对

---

① 凡勃伦.有闲阶级论：关于制度的经济研究[M].蔡受百，译.北京：商务印书馆，2010：147-165.
② 康芒斯.制度经济学(下)[M].于树生，译.北京：商务印书馆，1997：120-123.
③ 奥斯特罗姆.制度分析与发展的反思[M].王诚，译.北京：商务印书馆，1992：134.
④ 诺思著.制度变迁与经济绩效[M].杭行，译.上海：格致出版社，2008：110-115.
⑤ 张旭昆.制度的定义与分类[J].浙江社会科学，2002，18(06)：3-9.
⑥ 邹吉忠.自由与秩序：制度价值研究[M].北京：北京师范大学出版社，2003：156-157.
⑦ 邹吉忠.自由与秩序：制度价值研究[M].北京：北京师范大学出版社，2003：156-157.
⑧ 凡勃伦.有闲阶级论：关于制度的经济研究[M].蔡受百，译.北京：商务印书馆，2010：86-92.

于制度概念较为普遍的认识和理解。

高校科研人才评价制度与高校科技人才评价制度、高校教师科研评价制度之间既有区别又有联系。三者的评价客体都是高校专任教师，但在评价对象的范围上存在明显差异。高校教师科研评价制度的评价客体是所有专任教师，高校科技人才评价制度的评价客体主要是理工领域的教学研究并重型和研究型为主的专任教师，高校科研人才评价制度的评价客体主要是不同学科领域的教学研究并重型和研究型为主的专任教师。

高校科研人才评价制度与高校教师学术评价制度和高校教师科研评价制度这两个概念相似度最高。在对高校教师评价制度的界定方面，李金春认为，高校教师评价制度是指高校教师评价过程中，评价工作者和教师共同遵守的、有关教师评价的正式规则体系及非正式规则的总称①；蒋洪池和李文燕认为，高校教师学术评价制度是指以一定的评价标准为参考，在对高校教师的学术成果、学术贡献、学术水平等进行价值判断的过程中，评价主体和教师共同遵守的，包括评价方法和程序等的正式规则或非正式规则的总称②；李文平认为，高校教师评价制度是指高校管理部门为了解教师工作质量和评定教师在教学、科研、社会服务等工作中的表现而采取的一套规范性文件③。从上述概念内涵可以发现，高校教师评价制度是由若干相互关联的正式规则体系或非正式规则构成的整体，主要包括评价主体、评价客体、评价内容、评价程序、评价指标、评价方法、评价结果等诸多方面。如李金春从评价主体、评价标准、评价程序、评价内容（含指标）、评价方法、评价结果的运用等方面对高校教师科研评价现状进行描述④；王攀从评价内容、评价程序、评价主体、评价方法、评价结果的运用五方面归纳高校教师科研评价体系⑤；刘仁义从评价理念、评价原则、评价指标、评价流程等方面对教师科研绩效评价情况开展实证研究⑥；吴佩从评价理念、评价主体、评价方法、评价指标、评价周期、评价结果的利用六个维度构建科研绩效评价影响研究的理论模型⑦；

① 李金春.我国大学教师评价制度：理念与行动[D].上海：华东师范大学，2008：45.
② 蒋洪池，李文燕.基于学科文化的大学教师学术评价制度构建策略探究[J].高教探索，2015，31(11)：26-31.
③ 李文平.大学教师对教师评价制度的满意度调查分析[J].高校教育管理，2017，11(03)：95-103.
④ 李金春.我国大学教师评价制度：理念与行动[D].上海：华东师范大学，2008：45.
⑤ 王攀.高校教师科研评价研究[D].武汉：武汉理工大学，2006：21.
⑥ 刘仁义.高校教师科技绩效评价问题研究[D].天津：天津大学，2007：33-37.
⑦ 吴佩.研究型大学科研评价制度对教师科研绩效影响研究[D].长沙：中南大学，2010：40.

王灵心从评价人员、评价内容、评价程序及评价结果的使用四个方面呈现并比较中美研究型大学的教师评价制度①。综上,本书将高校科研人才评价制度定义为:高校相关管理部门及学术共同体依据国家相关精神的指导,制定出规范化的程序以及相应的标准与指标和符合科学研究特点的方法,在对科研人才的科学研究成果做出价值判断的过程中,所有参与者都必须遵循的规则或规范,包括评价目的、评价主体、评价标准、评价周期、评价过程、评价方法、评价结果的使用等方面的规定。

五、目标群体认同

(一) 目标群体

从政策过程理论的角度看,目标群体(target groups)作为政策对象或政策客体是政策执行的基础与前提,甚至是关键因素。在公共政策领域,目标群体泛指由于特定的政策决定而必须调整其行为的群体②,是公共政策直接作用的对象③,是政策的目标对象,即“公共政策执行主体在实施公共政策过程中所发生影响和作用的承受者,包括个体、群体和组织”④。目标群体是公共政策的客体之一,也称为公共政策的受体、受众或者对象。顾名思义,它是指公共政策作用和影响的对象,也就是公共政策发生作用的社会成员,即受影响的公民群体,是公共政策效用的承受者⑤。按照政策目标的指向,目标群体可划分为直接目标群体和间接目标群体⑥。由于社会地位、经济基础、活动能力、政策利益以及占有资源数量等方面的差异,政策目标群体出现分化态势⑦,表现为强势群体、中间群体与弱势群体,一般来说,目标群体之间的博弈将朝着有利于强势群体的方向发展⑧。由于接受变化的速度、规模和地理位置的不同,目标群体被细分为多种类型,且行

---

① 王灵心.中美研究型大学教师评价制度比较研究[D].上海:华东师范大学,2015:15-32.

② 张国庆.现代公共政策导论[M].北京:北京大学出版社,1997:180.

③ 胡栋梁.影响公共政策有效执行的因素:分析与对策[J].兰州学刊,2003,24(06):141-142.

④ 张艳,聂展.政策对象对地方政府政策执行力提升的影响[J].天水行政学院学报,2009,10(01):73-75.

⑤ 谢锦峰.公共政策执行阻力中的目标群体因素分析[D].广州:华南理工大学,2014:3-30.

⑥ 胡于凝,王资峰.试论我国政策利益分配机制的有效性——基于政策目标群体结构的分析[J].天津行政学院学报,2009,11(06):52-59.

⑦ 陆学艺.中国社会结构的变化及发展趋势[J].云南民族大学学报(哲学社会科学版),2006,23(05):28-35.

⑧ 胡于凝,王资峰.试论我国政策利益分配机制的有效性——基于政策目标群体结构的分析[J].天津行政学院学报,2009,11(06):52-59.

为表现存在差异[①]。美国学者埃弗雷特·罗杰斯(Everett M. Rogers)认为,目标群体的行为变化是渐进发生的,一些人或组织易于接受新事物带来的变化,另一些人则对变化持观望态度[②]。本书中的"目标群体"是指高校科研人才评价政策和制度的作用和影响对象,即在高校教学科研或研究系列岗位,并以科研产出为主要目标的理科、工科、医科、文科、交叉学科领域的全日制专任教师。

(二)认同

认同(identity)作为一个复合词,不仅包含"认可"与"赞同"的意思[③],也意味着"自觉地以所认可对象来规范自己的行为"[④],即包含"认可"和"同化"两个心理过程。因此,认同包括两层含义,一是认同与肯定,二是自觉内化为行为支持所认同对象。当代著名哲学家查尔斯·泰勒(Charles Taylor)指出,认同由承诺和同一性界定,为个人提供了框架或范围,使个人能够决定什么是善的、什么是有价值的、应该做什么、应该赞赏什么。换言之,认同构成个人采取立场的范围或领域,并指出认同之于个体认知乃至行动的作用[⑤]。基于埃里克森(Erik H. Erikson)对自我同一性和集体同一性的概念界定,"认同"逐渐发展出"自我认同"与"社会认同"两个概念[⑥]。其中社会认同强调个体对所处社会群体和社会范畴的认同[⑦]。

认同是"人们对自身同一特性的意识或内在界定",它是一种相对的现象而非固定不变的态度,是一个在主体内部发生与发展的过程,这一过程会受到环境的制约[⑧]。尽管认同代表着人们对自身同一特性的意识或内在界定,但个体的认同并非一成不变,而是在个体内部发生的同时,不断受到外部环境的影响[⑨]。吉姆·麦克盖根(Jim. McGuigan)在指出认同动态性的同时,认为认同绝不仅是

---

① Egmond C., Jonkers R., Kok G. Target group segmentation makes sense: If one sheep leaps over the ditch, all the rest will follow[J]. Energy Policy, 2006, 34(17): 3115 - 3123.
② Rogers E. M. Diffusion of Innovations 4th ed[M]. New York: Free Press, 1995: 866 - 879.
③ 李素华.对认同概念的理论述评[J].兰州学刊,2005,16(04): 207 - 209.
④ 刘莉,季子楹.现实与理想: 目标群体认同视角下的高校科研评价制度[J].高等教育研究,2018,38(03): 37 - 44.
⑤ Taylor C. Sources of the self: The making of the modern identity[J]. Journal of Modern History, 1989, 39(01): 3 - 8.
⑥ 秦向荣.中国11至20岁青少年的民族认同及其发展[D].武汉: 华中师范大学,2005: 4.
⑦ Tajfel H, Turner J C. The social identity theory of intergroup behavior[J]. Psychology of Intergroup Relations, 1986, 13(03): 7 - 24.
⑧ 张敏.国外教师职业认同与专业发展研究述评[J].比较教育研究,2006,27(02): 77 - 81.
⑨ 张敏.国外教师职业认同与专业发展研究述评[J].比较教育研究,2006,27(02): 77 - 81.

个别发生的现象，亦是一种“自然发生的集体行为”[①]，“认同是在社会过程中建构的、认同随着社会制度、利益的改变可以得到重塑。由于社会生活的复杂性，多种认同集于一身是可能的。因此，认同具有三个基本特点：社会性、可塑造性和可共存性”[②]。

（三）政策认同

认同作为一个关系性范畴，最早出现在社会心理学领域，后来逐渐扩展到其他社会科学领域，在公共政策领域具有理论价值和现实意义。杨永峰认为，政策认同是指目标群体对政策主体制定出的某项政策的接受情况[③]。王国红认为，政策认同是政策的接受主体对政策的认可和赞同情况，广义上的政策认同既包括对政策本身的认同，还包括对政策制定主体与政策执行主体的认同[④]。史卫民、周庆智等认为，政策认同是指民众对公共政策的认可和支持[⑤]。张彬从心理学的角度来看政策认同，认为政策认同是指个体或者群体对于公共政策的心理态度和评价[⑥]。桑玉成认为，政策认同是指社会成员对某项政策的赞成与支持的倾向。社会成员对正在实行或未来可能实施的政策会存在心理预期，即对政策带来的受益或受损情况的判断，且预期值的高低将影响到政策认同程度，预期值高不一定引起政策认同的同步增长，但是预期值低却必然不能获得高的政策认同[⑦]。石火学认为，教育政策认同是指社会成员对即将实施或者正在实施的某项教育政策在心理上的接受与认可，并逐渐实现趋同的过程[⑧]。鉴于此，本书的“政策认同”是指高校科研人才对与其相关的科研评价政策的内容与执行情况的接受、认可、支持、同化的情况或程度。

（四）制度认同

“正义是社会制度的首要价值”[⑨]，是制度安排的内在要求和基本理念。青

---

① 吉姆·麦克盖根.文化民粹主义[M].桂万先，译.南京：南京大学出版社，2001：228.

② 杨筱.认同与国际关系[D].北京：中国社会科学院研究生院，2000：32.

③ 杨永峰.公共政策制定中影响政策认同的因素分析[J].学理论，2013，17(32)：25－26.

④ 王国红.试论政策执行中的政策认同[J].湖南师范大学社会科学学报，2007，36(04)：46－49.

⑤ 史卫民，周庆智，郑建君.政治认同与危机压力[M].北京：中国社会科学出版社，2014：13.

⑥ 张彬.高中生对国家助学金资助政策认同研究[D].广州：暨南大学，2015：5.

⑦ 桑玉成.政策预期与政策认同及其对于社会公正的意义[J].吉林大学社会科学学报，2006，46(04)：32－37.

⑧ 石火学.教育政策认同的意义、障碍与对策分析——教育政策执行视域[J].重庆大学学报(社会科学版)，2012，18(01)：148－153.

⑨ 约翰·罗尔斯.正义论[M].何怀宏，何包钢，廖申白，译.北京：中国社会科学出版社，1988：1－3.

木昌彦等将制度概括为关于博弈重复进行的主要方式的共有理念的自我维系系统，并指出制度作为共有理念的自我维系系统，其实质是对博弈均衡的扼要表征(summary representation)或信息浓缩(compressed information)，它作为许多可能的表征形式之一起着协调参与人理念的作用，在任何情况下，某些理念被参与人共同分享和维系，由于具备足够的均衡基础而逐渐演化为制度，因此，制度认同是需要建立在正义以及理念认同的基础上的[①]。高兆明认为，制度认同是指公民对制度体系在价值上的肯定与承认，它是基本公正的，公民愿意维护与遵守这一制度体系，是出于理性对制度体系质的规定与肯定，其内涵包括两方面：一方面是对其发生学的原则肯定，它是公民自由实践活动过程中的自由产物；另一方面，它是公民平等协作的过程，并能有效预期行为，共同合理互利[②]。孔德永认为，“制度认同是基于对特定的政治、经济、社会制度有所肯定而产生的一种感情上的归属感，是民众从内心产生的一种对制度的高度信任和肯定”[③]。秦国民认为，“制度认同是指大多数社会成员在价值观念上的认同和行动上的支持，包括价值上的肯定、转化为现实行为的趋势与取向等方面的内涵”[④]。马润凡认为，“制度认同是公民内心所产生的对制度体系价值上的一种认可”[⑤]。所以，就认同的内涵及特征而言，认同不仅隐含个人或集体立场的认知，也影响着个体或集体基于价值取向的行动，个体或集体认同一直处在动态变化的过程中，而此种变化的产生不仅基于内部意识，也受外部环境影响。综上，本书将制度认同定义为：人们对于安排公正、运行规范的制度所产生的内在价值的认同和共识。

基于此，制度认同作为“公民内心对制度体系在价值上的认可”[⑥]，也意味着社会群体中的大多数对于制度在行动上的支持[⑦]。认同的核心是价值认同，而价值认同则在于个体能够以某种共同的价值观念作为标准规范自己的行动，并自觉内化为自己的价值取向[⑧]。因此，提及对于制度的认同，其内涵包含了价值

---

① 青木昌彦，周黎安，王珊珊.什么是制度？我们如何理解制度？[J].经济社会体制比较，2000，16(06)：28－38.
② 高兆明.论多元社会的价值整合[J].江海学刊，2001，44(05)：96－103.
③ 孔德永.和谐社会构建中的制度认同分析[J].求实，2008，50(05)：49－52.
④ 秦国民.政治稳定视角下制度认同的建构[J].河南社会科学，2010，19(01)：112－114.
⑤ 马润凡.国内制度认同问题研究综述[J].求实，2011，53(07)：73－75.
⑥ 高兆明.论多元社会的价值整合[J].江海学刊，2001，44(05)：96－103.
⑦ 秦国民.政治稳定视角下制度认同的建构[J].河南社会科学，2010，18(01)：112－114.
⑧ 贾英健.认同的哲学意蕴与价值认同的本质[J].山东师范大学学报(人文社会科学版)，2006，51(01)：10－16.

上的肯定及可能转化为现实行动的倾向两个方面①。换言之，制度认同是指目标群体基于对制度的认知、理解与信任，将制度内化，并用以指导行为的心理过程②。因此，科研人才评价制度的认同核心在于对评价制度的价值认同，即科研人才在评价过程中能够以某种共同的价值观念作为标准规范自己的行动，或者以某种共同的制度标准为追求目标，并将其自觉内化为自己的价值取向。本书中的科研评价制度认同是高校不同领域的科研人才作为被评价者（评价客体）基于自身认知和外部环境，对于科研人才评价制度在价值上的接受、认可、支持和同化情况。

（刘莉，季子楹，蓝晔）

① 马润凡.国内制度认同问题研究综述[J].求实，2011，53(07)：73-75.
② 王结发.论制度认同[J].兰州学刊，2009，30(12)：28-33.

第一章 理论基础

高校科研人才评价作为对科研人才的业绩、品德、知识、技能等方面进行价值判断的活动，不仅涉及政府的宏观科研人才评价政策，也涉及高校中观的科研评价制度，还涉及微观的高校科研人才群体或个体。因此，高校科研人才评价会受到多种因素影响。为深入探究高校科研人才评价政策/制度的认同，本书以社会认同理论、政策过程理论、第四代评价理论、社会学制度主义为理论基础。本章将分别阐述这些理论的主要内容及其对本书的指导意义。

第一节 社会认同理论

一、主要内容

“认同”是社会学、心理学领域常见的概念，围绕“认同”或“社会认同”形成了诸多的相关理论，其中最为著名的是以符号互动论为基础的认同理论（Identity Theory）和欧洲社会心理学倡导的社会认同理论（Social Identity Theory），其中社会认同理论更为强调个体置身于“社会”这一群体关系背景中[①]。世界著名社会心理学家亨利・泰弗尔（Henri Tajfel）首先提出了社会认同理论[②]，并与欧洲社会心理学界最有影响的学者之一约翰・特纳（John C. Turner）共同区分了个人认同和社会认同，指出个人认同是对个人特性与特质的认同，社会认同是对所

---

① 周晓虹.认同理论：社会学与心理学的分析路径[J].社会科学，2008，30(04)：46－53＋187.

② Tajfel H. Differentiation between social groups：Studies in the social psychology of intergroup relations[J]. American Journal of Sociology，1978，86(05)：1193－1195.

处社会群体和社会范畴的认同[①]；泰弗尔指出，社会认同由三个基本历程构成——类化(categorization)、认同(identification)和比较(comparison)，即先将自己归入某一社群，主观上认同了自己拥有该社群人员普遍特征，并与其他社群进行比较[②]。该理论后续又经历了多学科的嬗变，被引入了政治学、社会学、民族学等社会科学中，并结合生活实际、社会热点或是结合其他理论或模型开展研究。集体行动是社会认同理论的一个重要应用领域，尤其是在集体组织行为中。研究表明，积极参与组织活动意愿、低旷工和低离职动机与对组织的高度认同相关[③]。如在企业中，员工对企业组织的认同不仅会影响个体的工作动机，还会影响到集体的工作动机[④]。

二、社会认同理论本土化

基于西方社会认同理论，我国学者立足国情开展了本土化研究。在理论研究上，主要有三大代表性观点：一是关注个人与群体的关系，将社会认同定义为“个人对其社会身份的主观认同”[⑤]；二是关注群体资格，将社会认同定义为“个人对其群体资格或范畴资格积极的认知评价、情感体验和价值承诺”[⑥]；三是关注基础领域，认为社会认同是一个社会的成员共同拥有的信仰、价值和行动取向的集中体现[⑦]，福利渗透、意义系统和社会组织三方面构成了社会认同的基础领域。

有些学者关注社会认同的心理过程和要素，并强调个体背景因素的影响作用，表现为对某一特定社会群体基本心理过程的关注，集中于农民工、企业职工、大学生、教师等群体的社会认同，如董海军通过实证研究探讨了青年学生对我国

---

① Tajfel H., Turner J.C. The social identity theory of intergroup behavior[J]. Psychology of Intergroup Relations, 1986, 13(03): 7-24.

② Tajfel H. Social psychology of intergroup relations[J]. Annual Review of Psychology, 1982, 33(01): 1-39.

③ 张莹瑞，佐斌.社会认同理论及其发展[J].心理科学进展，2006，24(03)：475-480.

④ Ellemers N, Gilder D.D., Haslam SA. Motivating individuals and groups at work: A social identity perspective on leadership and group performance[J]. Academy of Management Review, 2004, 29(03): 459-478.

⑤ 张文宏，雷开春.城市新移民社会认同的结构模型[J].社会学研究，2009，24(04)：61-87.

⑥ 方文.群体符号边界如何形成？——以北京基督新教群体为例[J].社会学研究，2005，20(01)：25-59+246.

⑦ 李友梅.重塑转型期的社会认同[J].社会学研究，2007，22(02)：183-186.

政治制度的认同现状[①]；卢晓中比较了不同类型高校教师对学术制度的认同[②]；张敏提出了个体社会认同的测量维度，包括“认知、评价和行为”三维度，“认知、情感、动机和行为”四维度以及“认知、情感、动机、行为和评价”五维度等；在横向维度，关注社会身份/分类，群体中的个体如何能动地构建多元社会身份，集中于如族群认同、文化认同、组织认同等认同问题[③]。还有些学者依据不同的参照系，将社会认同大致分为微观、中观、宏观三个层面。微观的社会认同主要是对自身身份的认同，中观的社会认同包括组织认同、职业认同等，宏观的社会认同包括民族认同、国家制度认同等[④]。

三、社会认同理论对本书的指导意义

随着社会认同理论的演变与发展，社会认同的理论内涵已不仅包括对个体所处社会范畴、社会群体范畴的认同，还突出其与社会或文化之间的相互作用[⑤]，体现为群体内成员共同拥有的信仰、价值和行动取向，是一种接纳和认同。认同来自自我的认知意识，也可来自支配性制度，但只有行动者将之内化，且将其行动意义环绕这一内化过程而建构时，才能成为认同[⑥]。综上，本书关注高校科研人才对评价政策/制度的认同，属于宏观/中观层面的社会认同。作为经验研究，本书关注高校科研人才这一社会群体的认同，对其心理过程和要素开展研究，属于纵向维度研究。

第二节 政策过程理论

一、主要内容

20 世纪 60 年代，政策研究在美国得到了空前重视，部分学者的研究重点由

---

① 董海军.青年学生对我国政治制度认同现状研究——基于广东高校的实证研究[J].中国青年社会科学，2016，35(01)：53 - 56.

② 全国教育科学规划领导小组办公室.“大学青年教师的学术制度认同与学术发展”成果报告[J].大学(研究版)，2018，(01)：75 - 78.

③ 张敏.社会认同的概念本质及研究维度解析[J].理论月刊，2013，35(10)：137 - 139.

④ 石德生.社会心理学视域中的“社会认同”[J].攀登，2010，29(01)：72 - 77.

⑤ Monroe K.R.，Hankin J.，Vechten R.B.V. The psychological foundations of identity politics[J]. Annual Review of Political Science，2000，3(01)：419 - 447.

⑥ 周林兴.心理契约、制度认同与政策启示——以公共档案馆人力资源管理中绩效研究为对象[J].档案管理，2008，26(04)：32 - 34.

政策制定转为政策执行[①]，推动了政策执行研究较为深入的发展。20世纪70、80年代，美国公共政策研究领域兴起了研究政策执行的热潮，出版了大批与政策执行相关的论文著作，并逐步完善了政策研究的体系，建立了各类分析政策执行的理论模型[②]。1973年，美国政策科学家托马斯·史密斯（Thomas B. Smith）在《政策执行过程》（*The Policy Implementation Process*）一书中提出了政策执行过程模型[③]，率先建构了影响政策执行的因素及政策执行过程的理论模型，提出政策制定与政策执行是两个相互作用的过程。史密斯认为，影响政策执行的主要因素有四个，分别是理想化的政策（idealized policy）、执行机构（implementing organization）、目标群体（target group）、环境因素（environmental factors）。四大因素彼此联动、共同产生社会张力，并对政策制定者和执行者形成反馈，以进一步支持或阻碍政策，成为决定政策是否能够高效执行的关键[④]。由此不断修改和完善旧政策，直至达到下一个四方张力的平衡阶段。

理想化的政策是指合法、合理、可行的政策方案，包括政策的形式、类型、政府支持力度、范围、渊源以及社会形象。执行机构是指负责政策执行的组织，一般是指政府机构，具体包括执行机构的结构与人员、领导方式与技巧、执行人员的情况。目标群体是指由于政策而需要调整行为的群体，相关因素包括目标群体组织和制度化的程度、领导关系以及过往的政策经验。环境因素是指与政策生存空间紧密关联的因素，如文化环境、政治环境、经济环境等，环境因素影响政策的执行，同时受到政策执行的影响[⑤]。在政策执行阶段，理想化的政策、执行机构、目标群体和环境因素之间产生互动，在互动过程中，执行机构的资源不足或技巧欠缺、目标群体对政策的敌对情绪等情况导致紧张和压力，经过处理后走向协调并制度化，政策执行的结果通过回应的方式作用于政策制定，回应体现了政策制定与政策执行是一个持续发展、循环往复的过程[⑥]，如图1-1所示。

---

① 杜本峰，戚晶晶.中国计划生育政策的回顾与展望——基于公共政策周期理论视角分析[J].西北人口，2011，32(03)：1-10.

② Lasswell H. D. The decision process: Seven categories of functional analysis[M]. College Park: University of Maryland Press, 1956: 102.

③ Howlett M, Ramesh M. Studying public policy: Policy cycles and policy subsystems[J]. American Political Science Association, 1995, 91(02): 548-580.

④ Howlett M, Ramesh M. Studying public policy: Policy cycles and policy subsystems[J]. American Political Science Association, 1995, 91(02): 548-580.

⑤ Smith T.B. The policy implementation process[J]. Policy Sciences, 1973, 4(02): 197-209.

⑥ 谢锦峰.公共政策执行阻力中的目标群体因素分析[D].广州：华南理工大学，2014：3-30.

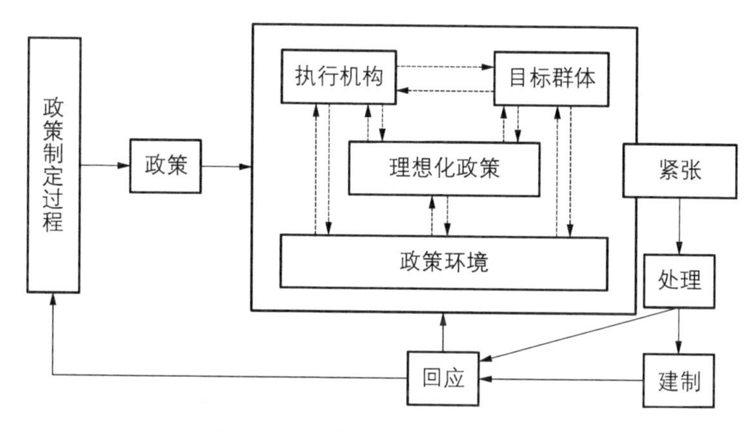

图 1-1 政策执行过程理论模型

资料来源：Smith T B. The policy implementation process[J]. Policy Sciences, 1973, 4(2): 197-209.

二、公共政策的影响因素

关于目标群体政策认同影响因素的研究比较多。根据史密斯政策执行过程理论，影响政策执行的因素有四个方面：理想化的政策，即政策需要是合理正确的；执行机构，即政策执行主体；目标群体，即政策直接影响和作用的对象；环境因素，指政治、经济、文化等环境中影响政策执行的因素。自上而下的公共政策执行理论模式代表人物丹尼尔·马兹曼尼安(Daniel A. Mazmanian)和保罗·赛巴蒂尔(Paul A. Sabatier)从问题的难易程度、法令控制政策执行过程的能力、影响政策执行的政治因素等层面归纳出影响政策执行的三类因素①，认为影响政策执行的因素有以下几方面：政策问题的可处理性；政策的规制能力；政策以外的变数，包括经济环境和技术、舆论力量、大众支持、监督机关的支持、执行人员的领导艺术②。

美国乔治城大学麦考特公共政策学院(McCourt School of Public Policy)肯特·韦弗(Kent Weaver)教授指出，在公共政策实施中影响目标群体认同程度的因素，包括政府的激励和惩罚、政府监控、政府提供的资源、目标群体的自治权、目标群体可获取的信息、目标群体持有的规范和价值观③。Rachmawati 和

① Mazmanian D. A. Implementation and Public Policy[M]. Lanham: University Press of America, 1989: 255-256.

② 欧阳兰.我国公共政策执行中目标群体不服从现象研究[D].长沙：湖南大学，2010：16.

③ Weaver R.K. Target compliance: The final frontier of policy implementation[J]. Issues in Governance Studies, 2009: 1-11.

Rinjany 将韦弗的理论应用到实证研究中发现，目标群体对政策的认同程度较低的原因，包括目标群体对政策的相关信息了解不足、缺乏自治权，政府缺少激励和严厉的惩罚、提供的资源不足、缺少严格和持续的监控[①]。Heneman 和 Milanowski 表示，建立在理解基础之上的政策更容易被目标群体接受[②]。Rob 通过深度访谈法对南非两所大学对生物学科调整政策的反应进行研究发现，影响政策认同的关键是认识论的变化和信任文化的建立[③]。

三、政策过程理论对本书的指导意义

本书结合韦弗教授对保证政策执行六要素的探讨，立足研究实际，对史密斯政策执行过程模型的四要素进行可操作化处理。具体而言，理想化制度涉及制度形式合理性和实质合理性的判断；执行机构涉及执行组织安排、分工情况、执行的方法和技巧、执行主体的素质和能力等，研究执行主体的主体信任、程序公正情况；目标群体涉及目标群体的成本收益分析、制度参与度等；环境因素涉及影响科研人才从事科研活动各种直接、间接因素，包括科研基础设施条件（资源支持）、科研管理制度（组织管理能力）、科技创新政策（宏观环境）、资源内部分配与使用（微观环境）、团队合作程度、科研风气、诚信监督机制[④]等。

第三节　第四代评价理论

一、主要内容

1989 年，古贝（Guba，E. G.）和林肯（Lincoln，Y. S.）所著的《第四代评价》（*Fourth Generation Evaluation*）的出版，标志着第四代评价理论的基本形成。该理论倡导“价值多元化”“全面参与”“共同建构”等评价理念。主要内容有：

（1）评价理念强调价值多元化。第四代评价打破了传统评价中的管理主义

---

① Rachmawati T，Rinjany D.K. Pick your own rubbish：An analysis of target group compliance in public policy implementation[J]. Journal of Government and Politics，2016，7(03)：373－387.

② Heneman H.G.，Milanowski A.T. Continuing assessment of teacher reactions to a standards-based teacher evaluation system[J]. Journal of Personnel Evaluation in Education，2003，17(02)：173－195.

③ Moore，R. Curriculum restructuring in South African higher education：Academic identities and policy implementation[J]. Studies in Higher Education，2003，28(03)：303－319.

④ 中国科研环境评估研究组.中国科研环境评估报告[M].北京：中国科学技术出版社，2014：7－11.

倾向，倡导“价值多元化”，强调将“回应”评价利益相关者作为评价的出发点，给予利益相关者积极参与、充分表达自身观点的机会①，尤其尊重弱势利益相关者的利益诉求与价值主张②。

（2）评价主体提倡全面参与。第四代评价提倡“全面参与”，即评价主体不仅包括评价的管理者、组织者、实施者，也包括被评价者及其他参与评价活动的人，所有评价利益相关者通过协商和分析逐渐形成共识，即实现“共同建构”③。

（3）回应、协商、共同建构。第四代评价主张通过价值协商使得评价活动建立于共同认可的教育价值基础之上。第四代评价使评价成为各个相关群体通过协商形成的共同心理建构，评价的出发点是对各利益相关方评价要求的回应，利益相关者除了评价人员和评价资助者、推动者、决策人之外，也包括作为评价对象的被评价者自身。评价的利益相关者对于评价体系的认同能够指导评价系统的完善④。

二、第四代评价理论对本书的指导意义

在实践领域，第四代评价理论受到广泛应用，如澳大利亚校本评价⑤、英国公共部门改革评价⑥等。实践表明，认同与共识是评价有效实施的前提基础，及时有效的信息反馈是提高认同程度的重要策略，建立协商机制有助于平衡利益相关者的权力和冲突，调动评价利益相关者参与评价的积极性，推动评价活动的有效开展⑦。第四代评价理论对本书的指导意义主要体现在以下两个方面：

首先，第四代评价对于被评价者自身参与度的关注是前三代评价不能比的，

---

① Heap J.L. Constructionism in the rhetoric and practice of fourth generation evaluation[J]. Evaluation & Program Planning, 1995, 18(01): 51 - 61.

② Huebner A.J., Betts SC. Examining Fourth Generation Evaluation[J]. Evaluation the International Journal of Theory Research & Practice, 1999, 5(03): 340 - 358.

③ 埃贡·G·古贝，伊冯娜·S·林肯.第四代评估[M].秦霖，蒋燕玲，等，译.北京：中国人民大学出版社，2008：24 - 263.

④ Heap J.L. Constructionism in the rhetoric and practice of fourth generation evaluation[J]. Evaluation & Program Planning, 1995, 18(01): 51 - 61.

⑤ Finger G, Russell N. School evaluation using fourth generation evaluation: A case study [J]. Evaluation Journal of Australasia, 1994, 6(01): 43 - 54.

⑥ Laughlin R, Broadbent J. Redesigning fourth generation evaluation: an evaluation model for the public-sector reforms in the UK? [J]. Evaluation, 1996, 2(04): 431 - 451.

⑦ 杜瑛.协商与共识：提高评价效用的现实选择——基于第四代评价实践的分析[J].教育发展研究，2010，31(17)：47 - 51.

这也正与本书立足于高校科研人才的视角对评价制度展开的探讨不谋而合，同时，通过对高校科研人才评价政策/制度认同情况的调查，掌握评价政策/制度实施的情况，为进一步完善评价政策/制度提供参考。在我国高等教育体制改革过程中，权力从政府重新回到大学组织，如 2017 年颁布的《高校教师职称评审监管暂行办法》直接将评审权下放至高校[①]，但权力向高校的回归并不意味着权力归还至高校科研人才。当前我国高校科研人才还无法完全成为高校的学术权力主体，进行“教授治校”。另外，当前高校普遍缺乏有效制约与监督高校管理者权力的机制。“从新中国成立到 20 世纪 90 年代初，我国高校内部的权力博弈模式，是非常独特的行政机构主导型，而且在大部分时期，都是实行近乎专制的集权管理体制”[②]。长期的行政管制将大学教师处于被动地位，因此，大学教师在整个评价权力体系中的比重并没有什么变化[③]，换言之，当前高校科研人才在评价系统中处于被动地位，这在一定程度上制约了高校科研人才的积极性与能动性，也不利于解决科研人才评价政策/制度在执行过程中出现的问题。高校科研人才作为高校科研发展的主力军，是我国“双一流”建设的重要力量，关注高校科研人才的评价客体视角，了解高校科研人才对于评价政策/制度的认同情况及其需求，有助于更为合理地改革高校科研人才评价政策/制度，激发高校科研人才的创新潜力。

其次，在评价主体和评价客体层面，第四代评价打破了传统评价中的管理主义倾向，使评价成为各个相关群体通过协商形成的共同的心理建构。在第四代评价理论所提倡的“共同建构”的评价程序中，古贝和林肯强调，在自然情境中以质的研究方法开展评价，决定了评价必须更多地依靠人的感官和思维器官进行价值判断，突出了无法用客观计量指标衡量的知识与经验的作用，指出不应该过于依赖量的分析，也不宜过于迷信量化评价的客观[④]。第四代评价理论倡导通过共同协商以不断改进评价体系，不仅体现了民主的评价精神，而且是对高校科研人才发展性评价目的的关注。

---

① 教育部，人力资源社会保障部.高校教师职称评审监督暂行办法[EB/OL].[2017－10－20].http://www.moe.gov.cn/srcsite/A10/s7030/201711/t20171109_318752.html.

② 林荣日.制度变迁中的权力博弈——以转型期中国高等教育制度为研究对象[D].上海：复旦大学，2006：276.

③ 王向东.大学教师角色行为失范与评聘制度创新[M].杭州：浙江大学出版社，2015.

④ Huebner A.J.，Betts S.C. Examining Fourth Generation Evaluation：Application to positive youth development[J]. Evaluation，1999，5(03)：340－358.

第四节 社会学制度主义

社会学制度主义是新制度主义政治学的三大主要流派之一。新制度主义理论是由道格拉斯·诺斯等美国著名经济学家在行为主义理论和新古典经济学理论的基础上创立的理论方法,“制度——个人选择——经济和社会结果”的分析框架由此建立[①]。新制度主义是一种重视制度、从制度入手对人类行为与历史演进进行解释和分析的研究范式,就学术流派而言,较为权威的分类是历史制度主义、理性选择制度主义与社会学制度主义三大流派[②]。区别于“强调权力非对称性”的历史制度主义与“追求利益最大化”的理性选择制度主义,社会学制度主义倾向于比政治科学家在更为广泛的意义上来界定制度。他们所界定的制度不仅包括正式规则、程序、规范,而且还包括为人的行动提供“意义框架”的象征系统、认知模式和道德模板等[③]。这种界定打破了制度与文化概念之间的界限,反映了社会学内部的一种“认知转向”,即从仅仅将文化看成是与情感相连的态度或价值转向将文化看成是为行动提供模板的规范与象征。另外,社会学制度主义认为,制度相关人不仅受利益驱动,还受到经验、价值观念、文化等复杂因素的推动。因此,生活在一定制度下的高校科研人才不但要在利益的基础上考虑问题,其行为选择还要受到一定价值观念和文化符号的直接影响[④]。

一、主要内容

社会学制度主义由20世纪70年代的社会学组织理论演化而来,主要代表人物是挪威奥斯陆大学ARENA欧洲研究中心教授约翰·奥尔森(Johan P. Olsen)和斯坦福大学管理学教授、管理决策学派的集大成者詹姆斯·马奇(James G. March)。社会学制度主义认为,制度对行为的影响机制以两种途径体现[⑤],个人的性格、行为方式、偏好、价值观念等可以通过制度得以塑造,制度为人们的

① 陈建华.新制度主义政治理论评析[D].厦门:厦门大学,2001:2.

② Hall P.A., Taylor RCR. Political science and the three new institutionalisms[J]. Political Studies, 2010, 44(05): 936-957.

③ Campbell J.L. Institutional analysis and the role of ideas in political economy[J]. Theory & Society, 1998, 27(03): 377-409.

④ 王向东.大学教师角色行为失范与评聘制度创新[M].杭州:浙江大学出版社,2015:42-45.

⑤ 王向东.大学教师角色行为失范与评聘制度创新[M].杭州:浙江大学出版社,2015:46-144.

行为提供“认知范本”和“规范范本”[①]。也就是说,行为主体在形成自身的价值偏好和行为准则时,会受到制度为其提供的“认知范本”的影响。同时,制度通过设定不同的行为规范即“规范范本”,使人们的行为能够受到规范的约束并促使人们遵从社会规范的要求。具体如下:

(一) 制度为行为提供“认知范本”,影响个人的行为选择

社会学制度主义认为,“制度本身是由各种规则、偏好、价值、观念、标准混合而成的,它反映着特定的价值观,是价值追求的手段”[②];制度为个体认同提供“认知版本”,个体在不同的制度下会形成不同的身份认同、自我印象和偏好判断,即制度通过为个体提供的“认知范本”使行动者对自身和行动有合理、合适的理解,最终形成自己的行为目标及偏好[③]。

(二) 制度为行为提供“规范范本”,促使人们遵从社会规范

社会学制度主义认为,制度为认同提供“规范版本”,制度设定了不同角色的行为准则,并最终形成社会运作的基本规则,方可通过社会化的方式使其内化于个体,达到使个体的行为受到规范约束,遵从社会规则的要求[④]。“制度影响物质世界和精神世界,前者包括人类的行为,后者包括人们的思想、信仰和感觉”[⑤];“制度化的价值可以通过制度得以反映,价值的冲突则导致制度的变革”[⑥]。

(三) 有效的制度可以减少行为的不确定性

社会学制度主义认为,作为规范个人行为的准则,有效的制度可以减少行为的不确定性和风险,从而降低交易成本,实现资源的优化配置;无效的制度则可能起到相反的作用,如引起行为主体之间的价值冲突和导致行为主体的行为混乱,从而增加交易成本[⑦]。如果建立一项制度的成本远大于其所能带给人们的收益,并且制度的实施会妨碍人们的行为活动,那么这样的制度就很难被建立或

---

① 詹姆斯·马奇,约翰·奥尔森.新制度主义:政治生活中的组织因素[M].何俊志,任军锋,等,译.天津:天津人民出版社,2007:26-32.

② 柯武刚,史漫飞.制度经济学——社会秩序与公共政策[M].韩朝华,译.北京:商务印书馆,2000:122-139.

③ 彼得·豪尔,罗斯玛丽·泰勒,何俊智.政治科学与三个新制度主义[J].经济社会体制比较,2003,19(05):20-29.

④ 周华平.政治学视野中的新制度主义理论:解读与启示[J].长春市委党校学报,2009,25(01):66-68.

⑤ 卡罗尔·索尔坦.作为政治产品的制度[M].马海军,译.北京:社会科学文献出版社,2004:19-22.

⑥ Hall P.A., Taylor RCR. Political science and the three new institutionalisms[J]. Political Studies, 2010, 44(05):936-957.

⑦ 詹姆斯·马奇,约翰·奥尔森.新制度主义:政治生活中的组织因素[M].何俊志,任军锋,等,译.天津:天津人民出版社,2007:26-32.

维持下去。

二、社会学制度主义对本书的指导意义

在制度认同的衡量过程中，制度的合理性是制度认同的核心出发点[①]，制度设计的公正性和运行规范性是制度认同的基本规则[②]。制度认同包含两项基本原则：其一是制度设计的公正性。公平和正义是衡量社会文明与进步的重要尺度。制度公正是人们按照一定的尺度，对一种制度做出的价值判断。公正既是制度的内在需求，也是制度的灵魂及社会的价值取向。罗尔斯表示，“正义是社会制度的首要价值”[③]。制度设计的公正性是制度的基本理念和首要价值。其二是制度运行的规范性。一旦制度被制定出来，人们往往对制度寄予厚望，而不去仔细探究制度的实现形式。然而，制度本身与制度运作的正义性不可一概而论。因此，制度的合理性和有效性最终都需要由切实可操作的程序或规则来实现，否则公众对于制度的认同便只是流于形式，制度也因此缺乏权威性和有效性。所以，制度设计本身的公正性与运行机制的规范性对于制度的合理性是非常必要的，它们共同影响着公众对于制度的认同。这在一定程度上表明，但凡是影响了制度设计公正性和运行规范性的因素，均有可能从制度合理性的层面影响到目标群体的制度认同情况。社会学制度主义对本书具有以下两方面的指导意义：

首先，高校科研人才评价制度影响着科研人才的行为选择。科研人才内心对制度认同的情况和制度规范与约束功能的发挥程度密切相关。评价制度是否会得以遵循以及科研人才会在何种程度上遵循制度规范的要求，主要的衡量标准是该项制度能在多大程度上能转化成为科研人才的行为偏好和价值准则以及科研人才内心对该项制度的真正认同。只有被广大科研人才所认同且内化为行为准则的评价制度，才能高效运作以达到激励科研人才科技创新的作用。因此，本书在社会学制度主义理论的指导下通过高校科研人才的视角了解他们对评价制度的认同情况及其可能存在的问题，旨在降低评价制度对科研人才发展可能产生的负向功能，提高科研人才科研积极性，对完善科研人才评价制度具有重要意义。

---

① 赵昆.“经济人”假设与制度认同[J].齐鲁学刊，2007，67(05)：122－125.

② 孔德永.和谐社会构建中的制度认同分析[J].求实，2008，50(05)：49－52.

③ 王锐生，程广云.经济伦理研究[M].北京：首都师范大学出版社，1999：3.

其次，高校科研人才评价制度约束与规范功能的发挥程度与科研人才内心的认同密切相关，与科研人才内心价值认同差异较大的科研评价制度难以发挥规范和引导教师科研创新的作用。教师是否遵守某项制度并在何种程度上遵守某项制度，关键在于教师内心是否赞同以及制度在多大程度上能内化为教师个人的内在偏好与信念①。只有那些被广大科研人才认同的科研评价制度才能被他们遵守，进而由制度的实际运作改变科研人才的行为，实现预期效果。所以，科研人才评价制度需要经由科研人才认知系统及具体行为的过滤，方能具备有效性，从而更好地发挥其功能，实现其使命。因此，了解科研人才的价值观念与认同倾向，对于制定并落实合理的科研人才评价制度具有重要意义，同时，了解科研人才对当前科研评价制度认同的影响因素，对于改进当前科研人才评价制度具有重要指导作用。

（刘莉，朱莉，薛慧林，蓝晔）

① 王向东.大学教师角色行为失范与评聘制度创新[M].杭州：浙江大学出版社，2015：42－45.

第二章
我国高校科研人才评价政策认同研究

高校科研人才评价政策作为科研人才评价制度的指导性文件，对指导高校科研人才评价制度改革及激发高校科研人才创新活力至关重要。我国高校科研人才评价政策文本的基本价值取向如何？政策执行情况怎么样？高校科研人才对评价政策的认同情况如何？一系列相关问题亟待解决。本章通过文本分析研究我国高校科研人才评价政策的价值导向，通过问卷调查探究“双一流”建设高校科研人才对评价政策的认同程度及其影响因素，对于我国高校科研人才评价政策改革具有重要的实践价值。

第一节　文 献 综 述

一、关于高校科研人才评价政策的研究

对于高校科研人才评价政策的研究，主要包括评价政策的价值取向、内容、影响、质量或效果等方面的研究。前两者侧重于对科研人才评价政策的文本书，后三者关注政策实施后的情况，属于事后评价的范畴。

(一) 高校科研人才评价政策价值取向研究

科研人才评价政策具有一定的价值取向，且可能因时因地发生变化。高校科研人才评价最初是相对简单的、非正式的，随着高等教育内外部环境的变化，评价变得日益复杂并趋向制度化，成为一套繁复的技术和制度系统[①]。如美国高校人才评价从 20 世纪 20 年代至今，经历了管理性、综合化、学术性的价值取向

① 叶赋桂，田静，罗燕.美国高校教师评价的变革及其动因研究[J].教育学报，2008，4(05)：74－81.

变化[①]。1991 年,针对二战后高校科研绩效评价中过于重视研究出版物、科研经费、论文引证等而忽视其他学术活动及其质量的现象[②],美国卡内基教学促进基金会前任主席欧内斯特·博耶(Ernest Boyer)经过广泛深入的调研,创造性地提出了多元学术思想,即大学学术的内涵包括探究、综合、应用和教学四个方面,强调学术评价体系的多元化取向[③]。Geller 认为,应当重视实质性的科研评价,仅依靠出版物数量的评价是不可靠的[④]。

高同彪等指出,把握科学发展趋势,建立符合我国国情的科研人才评价机制需要正确的评价理念[⑤]。郑建华认为,我国科研人才评价政策经历了起步探索、市场竞争、调整创新、和谐发展等阶段。其中,起步探索阶段以"尊重知识,尊重人才"为发展方针,呈现出以国家经济为导向、服务于经济建设的价值取向;市场竞争阶段强调经济建设需依靠科学技术,科学技术需面向经济建设,体现出科技发展日益法制化、科技体制改革完善化的价值取向;调整创新阶段呈现出突破传统的科技价值观、重视人才的培养、参与国际间的科技合作等价值取向;在和谐发展阶段,科学技术发展以科学发展观为指导,呈现出以人为本、可持续发展、人与自然和睦共处以及建设和谐社会的价值取向[⑥]。

(二) 高校科研人才评价政策内容研究

科研人才评价政策的内容研究包括评价主体、评价标准、评价方法、评价程序等方面。在评价主体方面,美国大学教授联合会(American Association of University Professors, AAUP)提出科研人才的评价应交给专业同行,而非校外人士组成的管理委员会,它强调赋予科研人才充分的学术权力,从而排除了行政机构对科研人才的评价,确立了学术同行评价的惯例与制度,受到美国高校科研人才的广泛认可[⑦]。在我国,高校科研人才评价政策体系的供给主体一般是政府[⑧],但在具体的评价实施中,"政府不组织机构排序,不干预具体评价工

---

① 周婷.20 世纪美国大学教师教学评价价值取向研究[D].兰州:西北师范大学,2010:14-37.
② 王学松.试析美国高校教师科研绩效评价机制[J].合作经济与科技,2013,29(23):40-41.
③ 潘金林.《卡尔·皮斯特报告》及其对加州大学教师评价政策的影响[J].高等教育研究,2014,30(07):103-109.
④ Geller J. How science can ensure integrity and quality: A thesis[J]. Academe, 2012, 98: 2.
⑤ 高同彪,刘云达.德国"精英大学"科技人才评价策略述评[J].吉林广播电视大学学报,2018,31(11):104.
⑥ 郑建华.新时期我国科技政策演变的价值取向研究[D].重庆:重庆大学,2012:10-22.
⑦ 叶赋桂,田静,罗燕.美国高校教师评价的变革及其动因研究[J].教育学报,2008,4(05):74-81.
⑧ 杨长青.高校教师评价体系变迁:特征及解释[J].中国高等教育评估,2005,20(03):50-53.

作”[①]。在评价标准方面，科研人才评价应根据其工作性质与岗位，确定合适的评价标准，实施分类评价[②]。博耶提出，科研人才各种类型的优秀学术成果都应得到肯定和奖励，如与脑力劳动相关的活动（如咨询、项目评价、政策分析等）的记录材料、专家评议结果、服务对象的评价等应被视为重要的学术成果[③]。张晓泉等基于实证研究的结果指出，科研人才评价需注重创新质量与实际贡献[④]。在评价方法方面，高校科研人才评价方法主要有引文分析法、成果计数法、同行评议法等[⑤]。Albert 等通过对生物医学家、临床科学家和社会学家进行半结构式访谈发现，大多数被访者认可同行评议在科研评价中的作用[⑥]，但 Bornmann 认为，同行评议并非完美，仅依靠同行评议无法完全对科研人才进行有效评价[⑦]。荷兰著名的文献计量学专家 Moed 认为，引文分析法具有一定的客观性，但应当保证数据的透明度和文献计量学者的中立态度[⑧]。Bahaman 还提出在运用文献分析等定量评价方法时一定要分学科而行，坚持“同类相比”的原则[⑨]。在评价程序方面，美国国家科学院、国家工程院和国家医学院院士选拔遵循“原有院士提名、全体院士投票产生”的原则，并经过仔细的审核程序后才能确定候选人资格。德国利奥波第那科学院的院士遴选由原有院士提名，还会邀请外国同行参与评价和鉴定。英国皇家工程院的院士申请人需要通过学术贡献和应用成果证明专业成就，并得到同行及权威专家的认可。加拿大首席研究员项目采用严格的同行评价方法和程序，致力于挖掘卓越科研人才[⑩]。

---

① 科学技术部教育部中国科学院中国工程院国家自然科学基金委员会.关于改进科学技术评价工作的决定[J].科学观察，2003，14(11)：13－15.

② 科学技术部.《科学技术评价办法（试行）》[J].中国科技期刊研究，2004，15(01)：22－27.

③ 潘金林.《卡尔·皮斯特报告》及其对加州大学教师评价政策的影响[J].高等教育研究，2014，30(07)：103－109.

④ 张晓泉，赵闰，沈乎，等.科研人才激励与评价机制研究——以农业科研院所为例[J].中国农机化学报，2018，39(12)：114－118.

⑤ 王学松.试析美国高校教师科研绩效评价机制[J].合作经济与科技，2013，29(23)：40－41.

⑥ Albert M，Laberge S，Mcguire W. Criteria for assessing quality in academic research：The views of biomedical scientists，clinical scientists and social scientists[J]. Higher Education，2012，64(05)：661－676.

⑦ Bornmann L. Scientific peer review[J]. Annual Review of Information Science and Technology，2011，45(01)：197－245.

⑧ Moed H. F. Citation analysis in research evaluation [J]. Information Science & Knowledge Management，2011，57(01)：13－18.

⑨ Silong A.D.，Ibrahimd Z，Samah BA. Practices that facilitate learner control in an online learning environment[J]. Malaysian Journal of Distance Education，2001，3(02)：75－101.

⑩ 朱佳妮，杨希，刘莉，等.高校科技评价若干重大问题研究[M].北京：中国人民大学出版社，2015：178－179.

（三）高校科研人才评价政策的质量或效果研究

Donald 等通过研究加拿大的社会与文化政策发现，相关政策有助于加拿大引进和留住人才[①]。从政策本身来看，通过衡量人才评价政策所获收益与投入成本的比例，有助于了解特定政策的质量和执行效果[②]。杨河清和陈怡安采用“引得进、留得住、用得好”三个维度构建“千人计划”政策效果评价指标体系，从投入-产出角度对其实施效果进行评价，发现该政策总体上的实施效果是收益大于成本，政策运行效果良好[③]。李波平和邹德文从科技效益、经济效益、社会效益三方面评价湖北省“百人计划”政策实施效果，发现人才选拔标准有待改进，唯论文、学历、专利是从的现象依然存在，缺乏市场验证及服务经济建设的有效政策导向[④]。

（四）高校科研人才评价政策的影响研究

科研人才评价政策对政府、高校、科研人才均有一定的影响。Marginson 认为，学术经济（research economy）的出现导致了学术被政策引导的危险以及学术身份的殖民化[⑤]。Cardno 提出，人才评价政策的实施在一定程度上引发了人才的负面情绪[⑥]。Lee 和 Boud 指出，科研人才评价政策，尤其是基于绩效资助的政策营造了竞争性不断加强的学术环境，容易使人才陷入自我怀疑和焦虑状态[⑦]。Henkel 认为，在外部政策和评价标准的影响下，大学不再享有充分的学术自治权，高等教育机构领导者倾向于促进合规性并进行相应的变革，机构内部学者的学术自主性面临挑战[⑧]。Clegg 指出，科研人才评价政策的实施是政府部门为了应对全球高等教育竞争采取的行动[⑨]。Billot 发现，新西兰实施的基于绩效的研

---

① Donald B, Morrow D, Hull Q. Competing for talent: Implications for social and cultural policy in Canadian city-regions[J]. Hull, Strategic Research and Analysis, 2003, 28(02): 1-31.

② 李芹.河南省科技人才政策及其效能评价[J].河南农业，2016，27(12)：60-62.

③ 杨河清，陈怡安.海外高层次人才引进政策实施效果评价——以中央“千人计划”为例[J].科技进步与对策，2013，30(16)：107-112.

④ 李波平，邹德文.湖北海外高层次人才“百人计划”实施效果评价与政策优化研究[J].科技进步与对策，2015，32(09)：32-35.

⑤ Marginson S. Rethinking academic work in the global era[J]. Journal of Higher Education Policy and Management, 2000, 22(01): 23-35.

⑥ Cardno C. Managing dilemmas in appraising performance[J]. Managing Teacher Appraisal and Performance, 2002: 143.

⑦ Lee A, Boud D. Writing groups, change and academic identity: Research development as local practice[J]. Studies in Higher Education, 2003, 28(02): 187-200.

⑧ Henkel M. Academic identity and autonomy in a changing policy environment[J]. Higher Education, 2005, 49(1-2): 155-176.

⑨ Clegg S. Academic identities under threat? [J]. British Educational Research Journal, 2008, 34(03): 329-345.

究基金(Performance-Based Research Fund，PBRF)政策给高校科研人才既带来了机遇，又带来了挑战，人才对政策的认同、学术身份的认同以及专业的认同也不断地发生着改变[①]。刘轩基于问卷调查的结果发现，当高校科研人才认同政策并从中获得实际收益时，政策可以更好地发挥效应[②]。

二、关于目标群体政策认同的研究

关于目标群体政策认同的研究，主要包括目标群体认同在政策制定与执行中的作用研究和目标群体对政策的态度研究。

（一）目标群体认同在政策制定与执行中的作用研究

目标群体对利益关系的评价会影响其对政策的认同[③]，目标群体认同对政策制定与执行具有重要影响。Bardach 认为，目标群体对政策顺从和接受的程度是影响政策能否有效执行的关键因素之一[④]。Stronge 和 Tucker 强调，教育政策的实行应该考虑到利益相关者的想法[⑤]。Tuytens 和 Devos 通过问卷调查发现，目标群体对自上而下实行的教育政策的实际性、必要性和功能明确性的认识会影响政策的有效执行[⑥]。Rachmawati 等通过访谈、观察和文献调研发现，目标群体的不配合和执行者的执法不力会导致政策的失败[⑦]。胡栋梁表示，目标群体在态度与行为上能否接受和服从公共政策，是政策能否有效执行的关键[⑧]。杜凌坤认为，目标群体与政策执行主体之间存在互动关系，政策能否顺利

---

① Billot J. The imagined and the real: Identifying the tensions for academic identity[J]. Higher Education Research & Development, 2010, 29(06): 709 - 721.

② 刘轩.科技人才政策与创新绩效关系的实证研究——一个被中介的调节模型[J].技术经济，2018，37(11)：65 - 71.

③ 胡于凝，王资峰.试论我国政策利益分配机制的有效性——基于政策目标群体结构的分析[J].天津行政学院学报，2009，11(06)：52 - 59.

④ Bardach E. Getting agencies to work together: The practice and theory of managerial craftsmanship [M]. Washington: Brookings Institution Press, 1998: 11.

⑤ Stronge J.H., Tucker P.D. The politics of teacher evaluation: A case study of new system design and implementation[J]. Journal of Personnel Evaluation in Education, 1999, 13(04): 339 - 359.

⑥ Tuytens M, Davos G. Teachers' perception of the new teacher evaluation policy: A validity study of the Policy Characteristics Scale[J]. Teaching & Teacher Education, 2009, 25(06): 924 - 930.

⑦ Rachmawati T, Afriansyah R. Target group compliance approach in public policy implementation: A case study of local government act of bandung municipality No 4/2011 about Management and Organization of Street Vendors [C]. Proceedings of 2015 International Conference on Public Administration (11th) (VI). Chengdu: University of electronic science and technology press 2015: 790 - 796.

⑧ 胡栋梁.影响公共政策有效执行的因素：分析与对策[J].兰州学刊，2003，24(06)：141 - 142.

达到预期目标，很大程度上取决于目标群体对政策的认同程度[①]。王结发认为，获得认同的制度能被很好地遵守，而得不到认同的制度则不可能成功[②]。冯安菲提出，目标群体作为特定公共政策的诉求对象，其对政策的态度会影响政策执行效果。若目标群体顺从、接受一项公共政策，则该项政策执行的风险小，成功可能性大，若目标群体对政策认同程度低，甚至不顺从、不接受，则该政策执行的难度和风险增大，成功可能性也会变小[③]。刘轩基于问卷调查的结果发现，当科研人才认同政策并从中获得实际收益时，政策可以更好地发挥效应[④]。

（二）目标群体对政策的态度研究

不同目标群体对政策的态度表现不一。目标群体对政策的态度可能是接受，也可能是不接受，其中接受可分为完全接受和部分接受、积极接受和消极接受，不接受可分为完全不接受和部分不接受、积极不接受（强烈反对）和消极不接受（不予合作）[⑤]。是否接受在一定程度上可以反映认同的程度，但接受并不等于认同。根据“经济人假设”理论，目标群体作为“经济人”，在政策制定与执行过程中偏向于达到自身的利益诉求[⑥]。只有当目标群体感受到政府的政策行为能够使自己获益或至少不至于使自己受损时，目标群体才会产生对政策的认同倾向[⑦]，反之，则容易产生不认同倾向。当特定的公共政策不被目标群体认同时，目标群体会表现出抗拒或漠然的态度[⑧]，其阻碍政策执行的表现包括明确反对现行政策或即将推行的政策、消极参与政策执行、偏差执行等[⑨]。

三、研究述评

综上所述，通过对该领域国内外的研究成果进行梳理发现：

第一，从研究内容上看，国内外对高校科研人才评价政策和目标群体政策认

---

① 杜凌坤.目标群体与政策执行有效性分析[J].法制与社会，2008，3(20)：256－257.

② 王结发.论制度认同[J].兰州学刊，2009，30(12)：28－33.

③ 冯安菲.试论我国公共政策的执行中的问题与偏差[D].济南：山东师范大学，2009：19.

④ 刘轩.科技人才政策与创新绩效关系的实证研究——一个被中介的调节模型[J].技术经济，2018，37(11)：65－71.

⑤ 谢明.公共政策导论[M].北京：中国人民大学出版社，2002：48－50.

⑥ 高建华.影响公共政策有效执行之政策目标群体因素分析[J].学术论坛，2007，30(06)：53－57.

⑦ 桑玉成.政策预期与政策认同及其对于社会公正的意义[J].吉林大学社会科学学报，2006，46(04)：32－37.

⑧ 王国红.试论政策执行中的政策认同[J].湖南师范大学社会科学学报，2007，52(04)：46－49.

⑨ 贺小慧.公共政策有效执行的目标群体研究[J].山西农业大学学报（社会科学版），2007，6(04)：401－403.

同的研究均有涉及，且研究方向多元化。在高校科研人才评价政策研究中，国内外学者对科研人才评价政策的价值取向、内容、影响、质量或效果等方面展开了丰富的研究。在目标群体政策认同研究中，国内外学者的研究主要聚焦于目标群体认同在政策制定与执行中的作用研究和目标群体对政策的态度研究。

第二，从研究方法上看，实证研究与思辨研究均有涉及。在科研人才评价政策的价值取向方面，主要以思辨型研究为主，重视基于政策文本的理论探讨与思考；在科研人才评价政策的质量或效果、影响目标群体政策认同的因素等方面，主要以实证研究为主；在科研人才评价政策的影响、目标群体认同在政策制定与执行中的作用、目标群体对政策的态度等方面，既有理论性的研究，又有通过访谈法、实验测试等方法收集数据并进行分析的实证研究。总体来说，国外学者更偏向实证研究，而国内学者的思辨研究居多。

文献综述发现，对高校科研人才评价政策的研究多集中于评价政策的内容、主体、标准、方法、程序等方面，大多基于管理者视角，从政策制定者或执行者的角度分析政策的内容及利弊，部分研究关注评价政策对科研人才产生的影响，只有少部分研究关注科研评价政策对高校科研人才产生的影响，在一定程度上可以反映政策认同情况。关于目标群体政策认同的研究主要偏向研究社会公共政策或中小学教育政策，对高校科研人才评价政策的认同缺乏关注。目前少有研究通过实证研究的方法，基于目标群体认同的视角，对高校科研人才评价政策进行分析。然而，从高校科研人才的角度深入探讨科研人才评价政策非常重要：一方面，高校科研人才是建设创新型国家和世界一流大学的关键，合理评价有利于激发高校科研人才的创新活力，评价不当，则对高校科研人才创新产生制约与阻碍作用；另一方面，作为政策的目标群体，高校科研人才对评价政策的理解程度和认同程度会直接影响政策的执行和实施效果。因此，本书运用内容分析法和问卷调查法，从高校科研人才的角度对评价政策进行研究。

第二节　我国高校科研人才评价政策文本价值导向研究

创新是国家兴旺发达的不竭动力，建设以创新为主要发展动力的创新型国家已经成为我国重大战略之一①。2015 年国务院印发的《统筹推进世界一流大学和一流学科建设总体方案的通知》明确指出，要“深入实施人才强校战略，强化高层次人才的支撑引领作用”②。可见，高校科研人才是科学创新的主力军。目前，高校科研人才评价政策面临诸如“趋同”和“异化”等批评声，改革呼声日高。

价值导向能够反映事物核心价值的取向③，评价政策的价值导向体现了政策内容的倾向性和发展方向④。对于高校科研人才评价政策价值导向的研究不多，且主要是理论分析。叶赋桂等指出，科研人才评价政策具有一定的价值导向，且可能因时因地发生变化。高校科研人才评价最初是非正式的、很简单的，随着高等教育内外环境的变化，评价变得日益复杂并趋向制度化，成为一套繁复的技术和制度系统⑤。周婷指出，从 20 世纪 20 年代至今，美国高校人才评价经历了管理性、综合化、学术性的价值导向变化⑥。Geller 提出，应当重视实质性的科研评价，仅依靠出版物数量的评价并不可靠⑦。郑建华认为，我国科研人才评价逐步迈入和谐发展阶段，强调科学技术发展要“以人为本”，实现“可持续发展”⑧。

鉴于此，本书通过对 2000 年以来主要的政策文本进行解读与量化研究，分析我国高校科研人才评价政策的价值导向，以期对高校科研人才评价政策的改革提供参考。

一、研究设计

（一）样本收集

本书中的高校科研人才评价政策包括基本性评价政策和奖励性评价政策，前者从多个角度对高校科研人才评价活动提供理论指导，后者主要是指国家科技奖励政策。初步调查发现，官网可获取的最早的有效政策发布于 20 世纪 80 年代，但 21 世纪之前的与本书直接相关的政策文件数量十分有限，因此本书将政策的范围设定为 2000 年 1 月至 2018 年 3 月。评价政策文本主要来源于政府网站，同时结合科学技术部人才中心编撰的《科技人才政策法规选编》进行补充。

---

① 成思危.论创新型国家的建设[J].理论参考，2010，9(05)：5－7.

② 国务院.国务院关于印发统筹推进世界一流大学和一流学科建设总体方案的通知[EB/OL].[2015－10－24].http://www.gov.cn/zhengce/content/2015－11/05/content_10269.htm.

③ 张迪.我国网络文化建设中的价值导向研究[D].深圳：深圳大学，2017：14.

④ 王洪才.试论现代大学制度建设的价值导向[J].复旦教育论坛，2005，3(03)：21－26.

⑤ 叶赋桂，田静，罗燕.美国高校教师评价的变革及其动因研究[J].教育学报，2008，4(05)：74－81.

⑥ 周婷.20 世纪美国大学教师教学评价价值取向研究[D].兰州：西北师范大学，2010：14－37.

⑦ Geller J. How science can ensure integrity and quality：A thesis[J]. Academe，2012，98：2.

⑧ 郑建华.新时期我国科技政策演变的价值取向研究[D].重庆：重庆大学，2012：10－22.

根据公开性、权威性和相关性的原则，本书选取了《关于分类推进人才评价机制改革的指导意见》等45个主要政策文本作为样本进行分析(见附录1)。公开性是指评价政策由政府部门向社会公开发布，不公开的政策不在研究范围之内；权威性是指政策文本由权威的国家行政部门发布，如教育部、科学技术部等；相关性是指政策内容与高校科研人才评价直接有关，并通过文本的形式加以呈现，包括政策标题中含有研究主题的政策以及标题中不含研究主题但内容与之直接相关的政策。

(二) 分析框架

通过梳理科研人才评价相关的文献，构建本书的分析框架。中国科学院科技评价研究小组指出，“评价的基本要素包括评价目的、评价对象、评价内容、评价方法、评价时期、评价结果的表达与应用等”①。刘书雷等认为，评价的体系框架应包含评价目的及原则、评价机构、评价专家组、被评对象、评价形式及方法、评价结果及使用、评价结论及建议等②。孙翠香等从评价标准和准则、评价过程(包括评价方法)、评价结果等维度分析美国教师评价政策③。李文静等从内容分析的视角，对45个主要政策文本的评价目标、评价主体、评价内容、评价标准等维度展开了分析④。结合政策文本资料统计情况，本书最终确定了选取5个关键的评价维度形成评价政策的“五维度”分析框架，分别为评价目的、评价主体、评价标准、评价指标、评价结果。

(三) 分析方法

内容分析法(Content Analysis)是一种对研究对象的内容进行深入分析，透过现象看本质的严谨而系统的科学方法⑤。美国传播学家伯纳德·贝雷尔森(Bernard Berelson)将其定义为一种客观、系统、定量地描述内容的研究方法⑥。内容分析法可用于分析文化交叉、社会结构和社会交流领域的大量问题⑦，通过

---

① 中国科学院科技评价研究组.关于我院科技评价工作的若干思考[J].中国科学院院刊，2007，22(02)：104-114.

② 刘书雷，吕蔚，韩琰.高校科技创新能力的要素构成及评价体系研究[J].科学学研究，2008，26(s2)：467-470.

③ 孙翠香，范国睿.教师评价政策：美国的经验和启示——以美国中西部地区教师评价政策为例[J].全球教育展望，2013，42(03)：57-65.

④ 李文静，徐赟.改革开放以来我国普通高中学校评价政策的回顾与分析[J].现代教育管理，2016，36(03)：80-84.

⑤ 刘易斯·科恩，劳伦斯·马尼恩，基思·莫里森.教育研究方法.下[M].上海：华东师范大学出版社，2015：692.

⑥ Allen B，窦平安.图书情报学研究中的内容分析法[J].国外情报科学，1993，14(01)：27-30.

⑦ Weber R.P. Basic content analysis[M]. Thousand Oaks，CA：Sage，1990：11.

定义用于分析的单元、类属,回顾文本并对其进行编码、归类以及一定的统计分析[①],以尽可能简洁的形式呈现分析结果。公共政策文件具有特定的目标和功能,为了在复杂的世界中实现这些目标和功能,必须简化和确定与之相关的某些特征[②]。通过对政策文本内容的"量"的分析,有助于发现既能反映内容本质又易于计数的特征,克服单纯定性分析的主观性和不确切性的缺陷,达到对内容"质"的更深刻、更精确的认识。本书采用内容分析法,对45个政策文本进行统计分析以把握我国高校科研人才评价政策的导向与特点。

具体方法是:① 从官网中获取45个政策的文本,并以每个文本作为一个分析单元。② 基于文献研究和第四代评价理论采集评价关键词,选取5个关键的评价维度,分别为评价目的、评价主体、评价标准、评价指标、评价结果,将关键词按照维度分类并确立编码表(见附录3)。③ 对政策文本进行"目的性抽样",寻找评价关键词并记录出现频次,借助BLUEMC、EXCEL、UCINET等工具进行词频分析和共词分析,在词频分析过程中,基于对文本的理解,去除不相关词语和无意义词语,将意义相近的词语进行合并或转述为同一词语;关键词在同一政策文本中出现一次或若干次,词频记为1,最高次数为45次。在共词分析过程中,两个关键词在同一政策文本中同时出现一次或若干次,记为1次共现。在社会网络中,若一个行动者与其他许多行动者间存在直接联系,则该行动者处于较为中心的地位,即中心度高,在该网络中拥有较大"权力"[③]。由此,在高校科研人才评价关键词网络中,一个关键词与其他关键词同时出现的次数也决定了其在网络中的重要性和受关注程度。④ 通过对统计结果的综合分析,探索高校科研人才评价政策的价值导向。

二、研究结果

本书依据"五维度"分析框架对政策文本内容的价值导向展开分析。

(一) 评价目的

评价目的是评价活动的根本出发点,决定着评价活动的方向。从统计结果

---

① Ezzy D. Qualitative analysis: practice and innovation[M]. London, UK: Routledge, 2002, 33: 123-124.

② Søreide G.E. The public face of teacher identity—narrative construction of teacher identity in public policy documents[J]. Journal of Education Policy, 2007, 22(02): 129-146.

③ 邢杰,董伟,贾东琴,等.基于关键词网络分析的数字图书馆研究现状探讨[J].图书馆工作与研究,2011,33(08): 35-38.

来看，在“评价目的”维度中，“推动创新”“社会发展”和“经济建设”的词频均高于30次，在该维度中的占比总和超过70%，在总样本中出现的频率亦处于较高水平，分别为82.2%、82.2%、66.7%，均属于高频词。相较之下，“激发活力”和“人才强国”词频比例相对较低，分别占13.7%、8.9%，“国际竞争”的词频占比最低，仅为6.2%，见表2-1。

表2-1　“评价目的”关键词词频列表

关键词	出现频次	出现频率	在该维度中的占比	关键词描述(举例)
推动创新	37	82.2%	25.3%	“加强科技创新”“提高创新能力”
社会发展	37	82.2%	25.3%	“社会发展”“社会效益”
经济建设	30	66.7%	20.6%	“为经济建设”“促进经济”
激发活力	20	44.4%	13.7%	“激发人才创新创业活力”
人才强国	13	28.9%	8.9%	“人才强国”
国际竞争	9	20.0%	6.2%	“国际竞争力”“国际竞争优势”

在“评价目的”维度的共词网络图中，关键词“推动创新”占据中心地位，与其他关键词的共现程度最高，尤其是与“社会发展”“经济建设”的关系较为密切。“激发活力”“人才强国”和“国际竞争”的中心度则偏低，在网络图中处于相对边缘的位置，见图2-1。可见，评价政策强调高校科研人才的评价与建设创新型国家、提高创新能力、服务经济社会发展密切相关。

在评价政策重“管理”轻“发展”的价值导向影响下，我国高校科研人才评价制度在制定和实施过程中也具有明显的管理本位倾向，忽视了科研人才自身的发展，这对科研人才的创新产生了极为不利的影响。相关实证研究表明，重“管理”的科研评价导向对高校教师渐进性和突破性学术创新行为的促进作用均不显著，而重“发展”的科研评价导向对高校教师渐进性和突破性学术创新行为均会产生显著的正向影响①。需要指出的是，教师发展指向性的凸显和突出，并不

① 王忠军，刘丽丹.绩效考核能否促进高校教师突破性学术创新行为[J].高等教育研究，2017，38(04)：52-60.

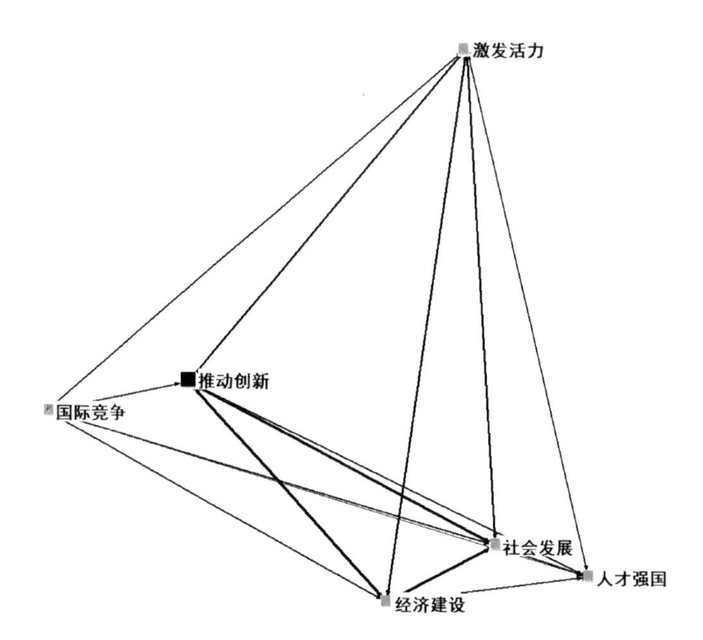

图 2-1 “评价目的”维度共词网络图

意味不能对不称职教师进行必要的合理转岗或合理剥离，其核心要义在于树立和实现教师考核评价工作从管理者向教师的定位和指向转变①。

（二）评价主体

现代高等教育的发展促使评价主体日益多元化②。从统计结果来看，在“评价主体”维度中，“专家”和“政府”在总样本中的出现频次均超过 20 次，出现频率超过 50%。从维度内部来看，“专家”占比最高，为 23.4%；其次是“政府”，占比 21.6%。“市场”“国际同行”“行政部门”分别占比 15.3%、11.7%、11.7%。“第三方”(9.9%)和“用户”(6.3%)占比均低于 10%，见表 2-2。

在“评价主体”维度的共词网络图中，“专家”一词的中心度最高，与其他关键词的联系最为紧密，其次是“政府”，再次是“市场”。相比之下，“用户”在网络图的中心度最低，较少与其他评价主体关键词同时出现，见图 2-2。可见，我国高校科研人才评价政策涉及的评价主体较为多元。

① 白明亮，孙中举.从管理者到教师——基于人视角下的高校教师考核评价思考[J].教育理论与实践，2017，37(16)：37-41.

② 林正范，贾群生.多元高等教育评价主体价值取向比较研究[J].清华大学教育研究，1999(03)：36-40.

表 2-2　"评价主体"关键词词频列表

关键词	出现频次	出现频率	在该维度中的占比	关键词描述(举例)
专家	26	57.8%	23.4%	"专家""专家组""专家委员会"
政府	24	53.3%	21.6%	"政府指导""政府参与"
市场	17	37.8%	15.3%	"市场评价""市场化人才评价机制"
国际同行	13	28.9%	11.7%	"加强国际同行评价"
行政部门	13	28.9%	11.7%	"行政部门""行政管理部门"
第三方	11	24.4%	9.9%	"第三方评价""第三方机构"
用户	7	15.6%	6.3%	"用户评价""用户的肯定"

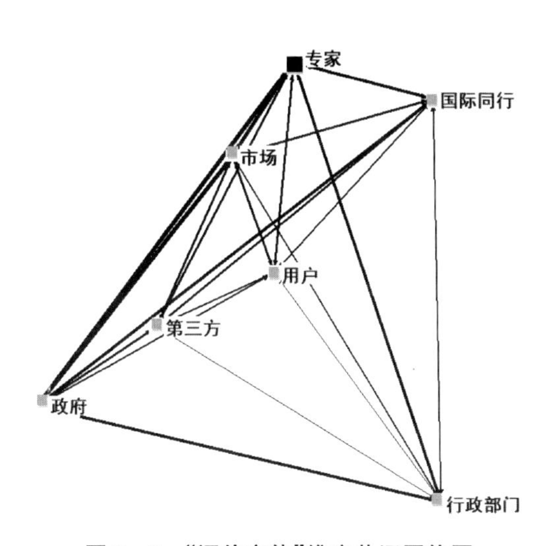

图 2-2　"评价主体"维度共词网络图

尽管评价政策强调以专家为评价主体的价值导向，但高校科研人才评价制度在制定和实施的过程中却出现了明显的"异化"。当前我国大学管理行政化在大学教师评价中尤为突出，行政机构主导对教师的学术评价与教学评价且评价方法多为行政管理方法，由此滋生了学术腐败，出现了不公平，同时也存在对教师的学术成果产生误读的现象，这都会削弱甚至是极大削弱教师的学术热情[①]。

（三）评价标准

人才的评价标准是多维的[②]，评价标准的设置反映了评价政策对高校科研人才的要求。从统计结果看，在“评价标准”维度中，“分类评价”“基础研究”“应用研究”分别占比15.0%、13.4%、10.2%，与评价标准的设置密切相关。描述评价标准的关键词中，出现频率最高的是“贡献”，占比18.2%，可用于衡量人才的科研成就，其次是“能力”，占比17.1%，主要考察人才开展科学研究活动的水平，再次是“诚信”，占比12.8%。“品德”（9.1%）和“创新质量”（4.3%）分别考察科研人才的品德、科研成果的质量，占比相对较低，见表2-3。

表2-3 “评价标准”关键词词频列表

关键词	出现频次	出现频率	在该维度中的占比	关键词描述(举例)
贡献	34	75.6%	18.2%	“实际贡献”“突出贡献”
能力	32	71.1%	17.1%	“突出能力导向”
分类评价	28	62.2%	15.0%	“分类评价”“分类管理”
基础研究	25	55.6%	13.4%	“基础研究”
诚信	24	53.3%	12.8%	“学术诚信”
应用研究	19	42.2%	10.2%	“应用研究”
品德	17	37.8%	9.1%	“师德”“品德”
创新质量	8	17.8%	4.3%	“创新质量”

在“评价标准”维度的共词网络图中，“贡献”“能力”“分类评价”的中心度最高，“基础研究”“应用研究”“诚信”“品德”等词的中心度位于中等水平，“创新质量”与其他关键词的联系较弱，位于网络图的边缘位置，见图2-3。可见，“分类

① 陈静，杨丽.怀特海的大学教育思想对我国大学教师评价改革的启示[J].中国劳动关系学院学报，2017,30(06)：109-114.

② 周启元.关于人才评价标准问题的思考[J].中国人才，2003,18(01)：30.

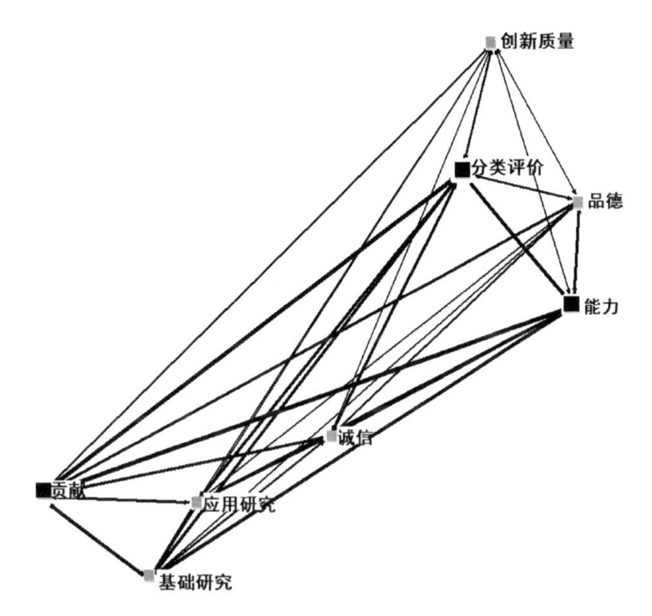

图 2－3　“评价标准”维度共词网络图

评价”是政策中强调的设置评价标准的重要准则，“贡献”和“能力”成为最关键的评价标准，“品德”标准越来越受到关注。

尽管评价政策强调分类评价的价值导向，但在高校科研人才评价制度的制定和执行过程中并没有很好地落实。高校科研人才评价通常采用论文、著作和科研项目等源生性指标作为标准，并以虚拟的折算当量将其统一进行量化评价，这种忽视自然科学和工程技术、社会科学与人文科学等不同学科，基础研究、应用研究、试验发展（开发研究）和技术转移等不同阶段差异性、多样性和异质不可比性的做法，明显存在着削足适履、禁锢个性的弊端，严重挫伤了教师的科研积极性和创造性①。无论不同学科、不同研究领域的差异性如何，都难逃发表学术论文、出版著作的桎梏②。

（四）评价指标

科学的评价指标体系具有较高的操作性和动态性，并遵循定量与定性相结合的原则③。从统计结果来看，在“评价指标”维度中，“成果数量”的词频最高，

① 杨忠泰.高校科研分类评价探析[J].中国科技论坛，2018，27(12)：9－14.
② 陈静，杨丽.怀特海的大学教育思想对我国大学教师评价改革的启示[J].中国劳动关系学院学报，2017，30(06)：109－114.
③ 李光红，杨晨.高层次人才评价指标体系研究[J].科技进步与对策，2007，24(04)：186－189.

占 50%。“成果数量”包括了科研人才已发表的论文、专利等各项科研成果在内，是典型的量化指标。“代表性成果”和“受资助情况”的词频分别占比 25%，见表 2-4。

表 2-4 “评价指标”关键词词频列表

关键词	出现频次	出现频率	在该维度中的占比	关键词描述(举例)
成果数量	12	26.7%	50.0%	“论文数量”“专利数量”
受资助情况	6	13.4%	25.0%	“代表性成果”“代表性的突出成绩”
代表作成果	6	13.4%	25.0%	“经费数量”“项目数量”

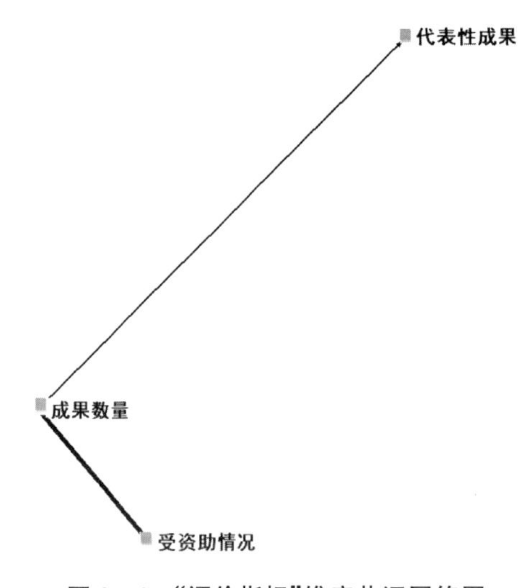

图 2-4 “评价指标”维度共词网络图

在“评价指标”维度的共词网络图中，“成果数量”与“代表作成果”“受资助情况”分别有交集，在三者中具有一定的中心度，且与“受资助情况”紧密度更深。“代表作成果”和“受资助情况”在文本中未同时出现过，见图 2-4。可见，高校科研人才评价政策在“评价指标”维度上对“成果数量”一词的关注度相对较高，并主要持否定态度，反对唯“数量”的做法。

尽管评价政策具有明显的反对成果数量、重视能力和实际贡献的价值导向，但高校科研人才评价制度在制定和执行的过程中却出现了偏离，存在明显的重数量轻质量倾向。这种倾向导致教师把更多的注意力集中到成果的数量上，有意或无意地降低了对质量的要求，影响教师开展长期科技攻关项目的积极性，甚至在一定程度上助长了学术泡沫和学术腐败等不良现象的出现，削弱了大学科技创新引领社会文化发展的功能①。

① 牛风蕊.大学教师评价的制度同形：现状、根源及其消解——基于新制度主义的分析视角[J].现代教育管理，2014，34(06)：85-89.

（五）评价结果

高校科研人才的评价结果关乎人才的职业发展，也影响着高校的人事决策①。从统计结果来看，在“评价结果”维度中，“奖励”与“惩治”占比最高，分别为37.1%、32.9%，“职称评定”出现频率约为12.9%，“挂钩”“晋升”的出现频率占比较低，均为8.6%，见表2-5。可见，从政策文本来看，评价结果多与奖惩相关，其他词语显示度较低。“挂钩”出现的频率不高，主要是强调“改变片面将论文、专利、项目、经费数量等与科技人才评价直接挂钩的做法”②“改变个人收入与项目经费过度挂钩的评价激励方式”③。

表2-5　“评价结果”关键词词频列表

关键词	出现频次	出现频率	在该维度中的占比	关键词描述(举例)
奖励	26	57.8%	37.1%	“奖励”
惩治	23	51.1%	32.9%	“惩治”“惩戒”“惩处”
职称评定	9	20.0%	12.9%	“职称评定”“职称评审”
挂钩	6	13.3%	8.6%	“挂钩”
晋升	6	13.3%	8.6%	“晋升”

在“评价结果”维度的共词网络图中，“奖励”“惩治”的中心度最高，与其他关键词的联系较为紧密，且二者经常在文本中同时出现，相比之下，“职称评定”“晋升”的中心度低一些。在与其他维度的关键词的联系上，“惩治”与“诚信”“监督”等词联系紧密，见图2-5。可见高校科研人才评价政策中强调学术不端应承担相应的后果，科研人才受到来自各界的广泛监督。

在评价政策的重奖惩结果导向的影响下，高校科研人才评价制度在制定和实施过程中也具有明显的利益导向，这种单一的利益导向“将精神创新活动简单

① 刘思安.高校教师绩效评价结果的应用及其问题与思考[J].中国高教研究，2006，22(08)：50-51.

② 新华社.中共中央办公厅 国务院办公厅印发《关于分类推进人才评价机制改革的指导意见》[EB/OL].[2018-02-26].http://www.gov.cn/zhengce/2018-02/26/content_5268965.htm.

③ 科技部.“十三五”国家科技人才发展规划[EB/OL].[2017-04-13].http://www.most.gov.cn/mostinfo/xinxifenlei/fgzc/gfxwj/gfxwj2017/201704/t20170418_132423.htm.

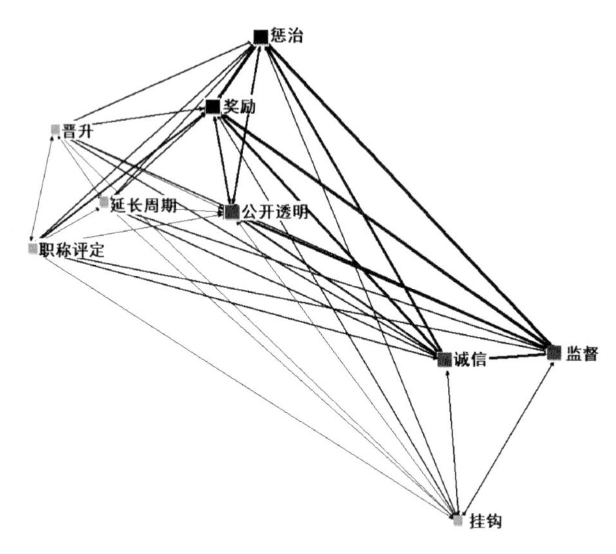

图 2－5 “评价结果”维度共词网络图

化为将教师发表获取的论文、项目、奖项等按数量、级别、层次等加减乘除运算，而且赋予其过多、过高的功能，与各种职位或荣誉挂钩，催生了广大教师的浮躁心态，选择一些风险小的‘短、平、快’项目和跟踪性甚至重复性研究”①。

三、主要结论

基于上述分析结果发现，我国高校科研人才评价政策主要特征概括如下：

（一）重视“管理”导向，人才“发展”导向尚显不足

政策体现的评价目的主要是“推动创新”“社会发展”和“经济建设”，这三个词出现频率最高，居前三位。“推动创新”的共现中心度最高，反映了我国将高校科研人才的评价与国家宏观发展紧密联系，也比较符合政府的期望。相比之下，评价政策对激发人才活力强调得较少。“激发活力”的低词频和低中心度在一定程度上反映了政策对科研人才自身发展的关注度尚有欠缺。

（二）重视专家评价，政府发挥宏观指导的作用

“专家”的高词频和高中心度反映出，在高校科研人才评价政策中，专家是最重要的评价主体。从文本中可以发现，建立专家组和专家委员会开展评价活动是常见的方式，这与学术界广泛推崇的学术评价的理念较为契合。但是政策中并不常

① 刘铁博，张磊，雷二庆.学术不端行为研究[J].广东省社会主义学院学报，2007，5(02)：70－73.

用“同行”一词,“国际同行”的词频比例明显偏低,说明政策中作为评价主体之一的“专家”范围比较局限,相对忽略同行评价。政府作为占比第二的评价主体,在评价中有一定的参与度,但一般不作为直接评价主体,更多担任宏观指导的角色。

(三) 贡献和能力作为首要的评价标准,道德评价日益重要

从评价标准来看,高校科研人才的“贡献”和“能力”受到较高的重视,说明政策比较关心高校科研人才实际做出的贡献,体现了能力本位的思想,对于科研人才自身学术水平的提升具有激励作用。

“品德”考察科研人才的道德水平,这一标准在政策文本中所占比例虽不如“贡献”和“能力”,但重要性有所增强。2003 年国务院颁布的《关于进一步加强人才工作的决定》提出,“建立以业绩为依据,由品德、知识、能力等要素构成的各类人才评价指标体系”①,2017 年教育部和人力资源社会保障部联合颁布的《高校教师职称评审监管暂行办法》明确指出,要将高校科研人才的“师德评价放在首位”②。有学者认为,获得聘任、争取晋升、发表论文、获取认可等带来的压力③,可能会诱发科研人才的学术不端行为,而监督与惩戒机制的不完善加重了这一现象④。因此,在政策中强调学术道德具有必要性。

(四) 重视扭转“重数量轻质量”倾向,但如何正确评价质量指向不明

我国高校科研人才评价中存在的“重量轻质”的倾向需要调整,并明确反对“单纯以论文发表数量评价个人学术水平和贡献的做法”⑤。代表性成果评价机制的建立有助于改善“重数量轻质量”的科研评价倾向,鼓励科研人才去除浮躁,潜心钻研。但是从统计结果中可以发现,“代表性成果”的词频较低,文本中的描述也比较少,与其他关键词的共现程度低,且大部分政策中并未具体说明何为“代表性成果”,以及如何合理评价“代表性成果”的质量。

(五) 重视奖惩性的评价结果,但呼吁评价结果与物质利益勿过度关联

在“评价结果”维度中,“奖励”和“惩治”占比最高,与其他关键词的联系最为

---

① 国务院.中共中央国务院关于进一步加强人才工作的决定[EB/OL].[2003 - 12 - 26].http://www.gov.cn/test/2005 - 07/01/content_11547.htm.

② 教育部.教育部　人力资源社会保障部关于印发《高校教师职称评审监管暂行办法》的通知[EB/OL].[2017 - 10 - 20].http://www.moe.gov.cn/srcsite/A10/s7030/201711/t20171109_318752.html.

③ Davis M.S. The role of culture in research misconduct[J]. Accountability in Research, 2003, 10(03): 189 - 201.

④ 刘铁博,张磊,雷二庆.学术不端行为研究[J].广东省社会主义学院学报,2007,5(02): 70 - 73.

⑤ 科技部.关于改进科学技术评价工作的决定[EB/OL].[2003 - 08 - 05].http://www.most.gov.cn/tjcw/tczcwj/200708/t20070813_52375.htm.

紧密，二者常在文本中同时出现。可见，奖与惩是最常见的两种结果，科研人才评价具有明显的总结性评价的特征，但奖惩性评价可能导致功利思想与短期行为的蔓延，对科研人才的内在素质危害不浅①。“挂钩”的出现频率占比较低，对于评价活动中将评价结果与经费、收入等挂钩的现象，政策态度是要“改变”。从学者观点来看，科研评价制度与利益过度关联，容易滋生腐败，而发展性评价导向的结果更有利于创新行为②。可见，适当的“挂钩”行为有助于激励科研人才，但“挂钩”的方式和程度应当加以控制。

第三节　我国高校科研人才评价政策认同状况调查研究③

高校科研人才作为科研评价政策的目标群体，是高校科技创新的主力军，是建设创新型国家和世界一流大学的关键要素。从政策过程理论的角度看，高校科研人才作为政策的目标群体对科研评价政策的理解程度和认同程度会直接影响政策的执行和实施效果。因此，从高校科研人才的视角出发，研究科研评价政策的认同情况，寻找政策失灵的原因，尤为重要。本书基于目标群体的视角，对高校科研人才评价政策认同程度进行调查，深入了解高校科研人才对科研评价政策的体验与评价，寻找困扰政策改革的关键问题，探寻高校科研人才评价政策改革的可行路径。

一、研究设计

问卷调查法是一种通过向研究对象发放问卷，由研究对象填写答案以获取信息的调查方法④。问卷作为一种收集定量数据的重要工具⑤，借助网络问卷系统开展问卷调查，具有范围广、速度快、易存储等优点⑥。对本书而言，采用问卷

① 刘尧.我国教师评价的现实困境与改革途径[J].上海教育评估研究，2012，1(02)：35－38.
② 马君，张昊民，杨涛.绩效评价、成就目标导向对团队成员工作创新行为的跨层次影响[J].管理工程学报，2015，29(03)：62－71.
③ 注：本部分主要内容已经发表在《清华大学教育研究》2020年第2期上。
④ 杨梅.基于问卷的数据收集与分析的研究[D].济南：山东师范大学，2011：1－3.
⑤ Creswell J.W. Educational research：planning，conducting，and evaluating quantitative and qualitative research[M]. Upper Saddle River，NJ：Merrill Prentice-Hall，2008：151.
⑥ 万聪.网络问卷调查系统分析与设计[D].北京：北京交通大学，2014：2－3.

调查法的优点在于，通过网络问卷系统发放问卷，能够更大范围获取量化数据用于分析。

（一）问卷设计

在问卷设计阶段，本书参考高校科研人才评价政策的内容分析结果设计调查问卷的内容。政策文本是以具体的条目呈现的，每个条目都包含着价值判断。在研究过程中，围绕高校科研人才评价政策的要素框架，选取能代表要素框架的价值判断的条目设计调查问卷，便于被调查者对所调查的问题真实性的理解，也便于被调查者较为准确地把握政策内容，从而较为真实地反映自身对政策的认同情况。

关于评价活动的要素，学界有共识也有分歧。有研究认为评价活动的要素包括评价主体、评价客体和评价中介三个方面[①]。也有研究认为评价的基本要素包括评价目的、评价对象、评价内容、评价方法、评价时期、评价结果的表达与应用等六个方面[②]。有学者认为合理的学术评价体系至少包含学术评价组织者、评价主体、评价客体、评价目的、评价标准、评价方式和评价制度等七大要素[③]。有学者从评价标准和准则、评价过程、评价结果等方面分析了美国教师科研评价政策[④]。综上所述，本书认为高校科研人才评价政策包括 8 个要素：评价目的、评价主体、评价方法、评价标准、评价指标、评价程序、评价周期、评价结果。

本书围绕上述 8 个科研人才评价政策要素进行问卷设计。问卷初步设计完成后，与课题组内外部的专家多次讨论，并开展预调查，依据各种反馈意见修改调查问卷，最终形成“高校科研人才评价政策认同情况调查问卷”（见附录 2）。调查问卷包括两部分：一为政策认同调查，包括调查高校科研人才对政策内容的认同程度、对政策执行的认同程度、影响政策认同程度的因素等；二为被调查者基本信息。政策内容的认同程度分为 5 个层次：“完全认同”“比较认同”“中立”“比较不认同”“完全不认同”；政策执行认同程度也分为 5 个层次：“非常好”“比较好”“中立”“比较差”“非常差”。

---

① 肖新发.评价要素论[J].武汉大学学报人文科学版，2004，57(05)：54－59.

② 中国科学院科技评价研究组.关于我院科技评价工作的若干思考[J].中国科学院院刊，2007，22(02)：104－114.

③ 杨建林，朱惠，宋唯娜，等.系统论视角下的学术评价机制[J].情报科学，2012，30(05)：670－674.

④ 孙翠香，范国睿.教师科研评价政策：美国的经验和启示——以美国中西部地区教师科研评价政策为例[J].全球教育展望，2013，42(03)：57－65.

(二) 样本选择

本书中的目标群体——高校科研人才，是指高校中以科学研究为核心工作的教学科研系列或研究系列的全日制专任教师。本书依据国家首批“双一流”高校名单和上海软科“中国最好大学排名”与“中国最好学科排名”选择三组样本高校。具体方法如下：软科 2018“中国最好大学排名”前 10 名的大学作为第一组样本高校；然后从一流大学建设高校中根据区域分布、学科发展等情况再选 5 所大学作为第二组样本高校；最后从软科 2018“中国最好学科排行榜”上选取 5 所一流学科建设高校作为第三组样本高校。最终选取样本高校 20 所，其中一流大学建设高校 15 所，一流学科建设高校 5 所。

根据样本可得性，并考虑学科类别，采用简单随机抽样的方法，从上述 20 所高校中分别选取一定数量的理科、工科、社科院系的高校科研人才作为研究样本：从第一组 10 所样本高校筛选出理科、工科、社科各 3 个院系；从第二组、第三组样本高校各筛选出理科、工科、社科各 2 个院系。若有高校存在某一类学科院系较少或者信息不可得，则取其他学科的院系作为补充。最终，选择 20 所“双一流”建设高校的 149 个院系，其中理科院系 48 个、工科院系 54 个、社科院系 47 个。在 149 个样本院系官网采集其高校教师的联络信息。整理汇总后，总计获得 15 194 个样本构成样本数据集。

(三) 数据收集

本书使用问卷星系统发放调查问卷。2018 年 7 月 19 日开始发放，截至 2019 年 4 月 19 日，共有 9 655 份问卷邀请链接成功投递至对方邮箱，回收有效问卷 1 239 份，有效问卷回收率为 12.8%(1 239/9 655)。在学科领域方面，工科领域人数最多，约占 44%，其次是理科领域，约占 32%，社科领域较少，约占 18%；在研究类型方面，基础研究约占 52%，应用研究约占 45%；在职称方面，高级职称约占 88%，见表 2-6。

表 2-6 样本信息统计表(n=1 239)

统计变量	类别	百分比(%)
性别	男	81.3
	女	18.7

续　表

统计变量	类　别	百分比(%)
年龄	25 岁以下	0.24
	25～35 岁	17.7
	36～45 岁	39.9
	46～55 岁	29.5
	55 岁以上	12.6
学科领域	理科	31.8
	工科	43.5
	社科	18.8
	交叉学科	1.9
研究类型	基础研究	51.9
	应用研究	45.3
	开发研究	2.0
	其他	0.9
工作年限	1～5 年	8.3
	6～10 年	21.3
	11～15 年	24.5
	16 年及以上	46
职称	教授/研究员	49.3
	副教授/副研究员	38.8
	讲师/助理研究员	11.1

通过对调查问卷的主体内容进行信效度分析，结果显示 Cronbach's Alpha 系数的值为 0.884，可见问卷具有较好的信度。效度分析采用 KMO 值以及

Bartlett 球形检验，经过测量显示 KMO 值为 0.920，Bartlett 球形检验对应的 p 值为 0.000，可见问卷具有较高的效度。

二、研究结果

本书采用描述性统计分析方法，探究高校科研人才对科研评价政策的认同程度及影响因素。科研评价政策的内容反映了政府的期望与目标，科研评价政策的执行反映了政策的实施成效。本书主要从内容认同、执行认同两个方面对高校科研人才评价政策认同程度进行分析。在进行数据分析时，在政策内容方面，将“完全认同”和“比较认同”归为“总体认同”；在政策执行方面，将“非常好”“比较好”归为“总体认同”。

（一）科研评价政策的内容认同程度

调查结果显示，被调查者对科研评价政策内容 16 个题项的总体认同程度较高，平均比例为 80.2%。但是各题项内容的认同程度不一，其中，内容认同程度最高的两个题项是“坚持公平公正公开的评价程序”“建立长效评价机制，避免频繁评价”，均有 95.4%的被调查者表示认同；其次是“根据学科领域对高校教师展开分类评价”，有 89.3%的被调查者表示认同，见表 2-7。

表 2-7　科研评价政策内容的总体认同程度

题　　项	完全认同（%）	比较认同（%）	政策内容总体认同（%）
坚持公平公正公开的评价程序	70.3	25.1	95.4
建立长效评价机制，避免频繁评价	64.7	30.7	95.4
根据学科领域对高校教师开展分类评价	46.6	42.7	89.3
根据研究类型对高校教师开展分类评价	45.3	43.2	88.5
突出品德评价	51.1	36.5	87.6
建立代表性成果评价机制，将具有创新性和显示度的学术成果作为评价高校教师的重要依据	39.3	46.0	85.3
以创新质量和实际贡献作为重要评价标准	39.2	43.6	82.8

续　表

题　　项	完全认同（%）	比较认同（%）	政策内容总体认同（%）
根据高校类型对高校教师开展分类评价	36.4	44.4	80.8
将定量评价与定性评价相结合	26.8	53.0	79.8
扭转过分指标化的倾向，淡化以论文、专利、项目和经费数量等量化指标评价高校教师	41.4	37.2	78.6
加强同行国际评价	30.4	46.2	76.6
评价服务于国家需求	30.0	44.0	74.0
根据职业生涯对高校教师展开分类评价	26.5	46.8	73.3
减少高校教师评价结果与利益分配的关联	35.0	35.9	70.9
在高校教师评价中引入多方主体参与评价	22.9	47.7	70.6
发展第三方独立评价制度，支持第三方专业评价机构开展高校教师评价	18.8	35.7	54.5
平均比例	39.0	41.2	80.2

在16个题项中，被调查者对政策内容“完全认同”的平均比例为39.0%，其中有8个题项的“完全认同”比例超过平均比例，见表2-7。“完全认同”比例最高的题项是“坚持公平公正公开的评价程序”，比例高达70.3%；其次是“建立长效评价机制，避免频繁评价”，比例为64.7%。

在16个题项中，被调查者对政策内容“比较认同”的平均比例最高，为41.2%。“比较认同”比例最高的题项是“将定量评价与定性评价相结合”，为53.0%，见表2-7。“比较不认同”和“完全不认同”的平均比例较低，分别为4.3%和1.8%，见图2-6。

（二）科研评价政策的执行认同程度

在公共政策周期中，“政策制定是核心，政策执行是关键”①。政策的执行是

① 林水波，张世贤.公共政策[M].台北：五南图书出版公司，1982：9.

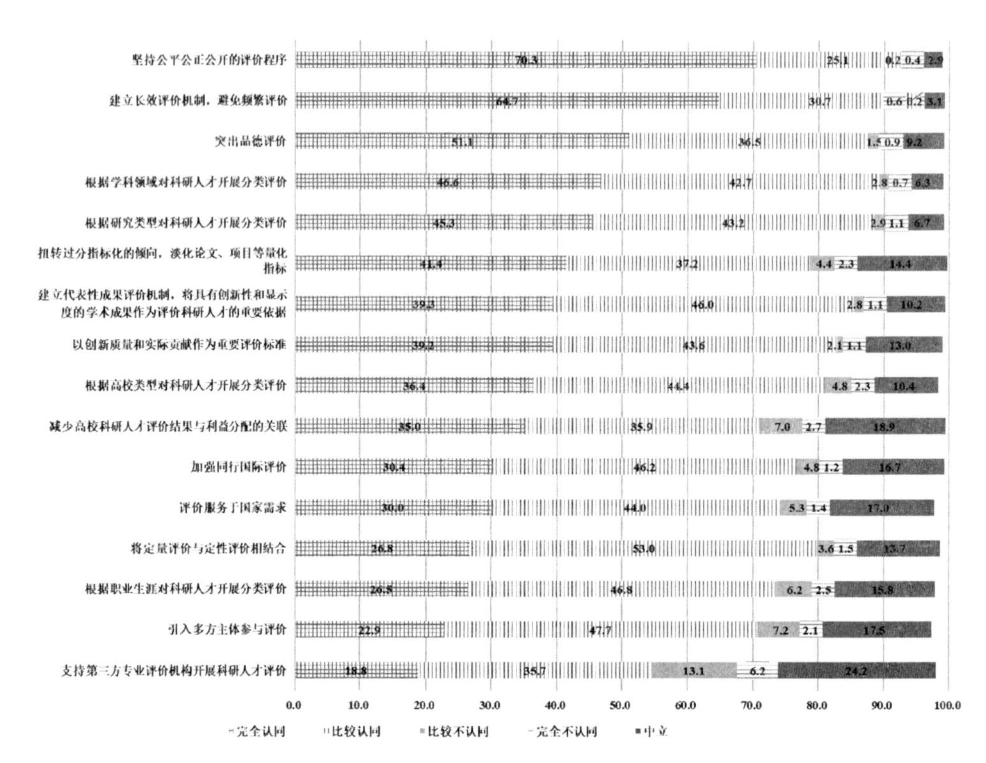

图 2-6　科研评价政策各题项内容认同的具体情况

指执行主体为达成政策目标、落实政策内容所进行的一系列行为与活动，是政策文本向现实期待转化的过程①。调查结果显示，高校科研人才对科研评价政策各项内容在执行方面的认同程度较低。政策执行 16 个题项的总体认同程度均低于 50%，平均比例仅为 34.5%。在政策内容方面，认同程度较高的评价周期等相关内容在执行方面并未得到同等程度的认同。政策执行总体认同程度最高的题项是“评价服务于国家需求”，被调查者表示认同的比例为 48.6%，其次是“坚持公平公正公开的评价程序”，为 46.3%，再次是“突出品德评价”，为 40.1%，其他题项认同的比例均不足 40%，见表 2-8。

在 16 个题项中，被调查者认为执行情况“非常好”的比例较低，平均为 9.6%。超过平均比例的题项有 9 个，最高的是“坚持公平公正公开的评价程序”，比例为 15.8%；其次是“建立长效评价机制，避免频繁评价”，比例为 12.6%，见表 2-8。

① 凌健，毛笛.高等教育政策执行中的有限响应与反思——以省地方高校章程建设为例[J].复旦教育论坛，2018，16(06)：42-47.

表 2-8　科研评价政策执行的总体认同程度

题　　项	非常好（%）	比较好（%）	政策执行总体认同（%）
评价服务于国家需求	10.9	37.7	48.6
坚持公平公正公开的评价程序	15.8	30.5	46.3
突出品德评价	12.1	28.0	40.1
建立代表性成果评价机制，将具有创新性和显示度的学术成果作为评价高校教师的重要依据	11.0	28.7	39.7
以创新质量和实际贡献作为重要评价标准	11.4	27.4	38.6
根据研究类型对高校教师开展分类评价	9.2	27.0	36.2
根据学科领域对高校教师开展分类评价	10.0	26.2	36.2
将定量评价与定性评价相结合	7.9	27.1	35
根据高校类型对高校教师开展分类评价	8.8	25.0	33.8
加强同行国际评价	7.9	24.2	32.1
在高校教师评价中引入多方主体参与评价	6.2	24.7	30.9
建立长效评价机制，避免频繁评价	12.6	18.1	30.7
扭转过分指标化的倾向，淡化以论文、专利、项目和经费数量等量化指标评价高校教师	9.1	19.9	29.0
根据职业生涯对高校教师展开分类评价	6.9	20.8	27.7
减少高校教师评价结果与利益分配的关联	9.2	16.5	25.7
发展第三方独立评价制度，支持第三方专业评价机构开展高校教师评价	5.0	16.1	21.1
平均比例	9.6	24.9	34.5

在 16 个题项中，表示“中立”的被调查者比例比较高，平均比例为 30%，最低比例为 26%，见图 2-7。可见，约 1/3 的被调查者对政策的执行情况持保留态度，也从一个侧面反映了政策执行的认同程度不高。

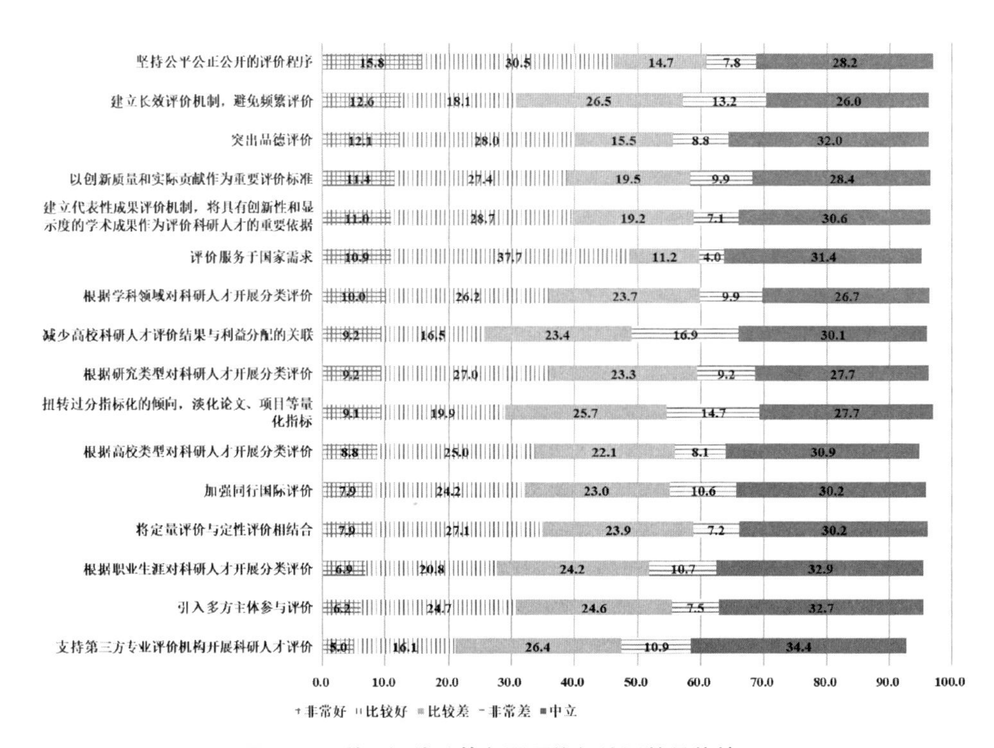

图 2-7　科研评价政策各题项执行认同的具体情况

(三) 科研评价政策认同程度的比较

1. 科研评价政策的内容认同与执行认同比较

调查结果显示，被调查者对政策内容的认同程度普遍较高，对政策执行的认同程度普遍较低，16 个题项在内容认同与执行认同方面均有较大差距。评价周期、评价程序、评价指标、分类评价、品德评价等方面在政策内容上认同程度比较高，但是这几个方面的执行情况并不理想。其中内容认同与执行认同差距最大的是评价周期，仅 30.7%的被调查者认同“建立长效评价机制，避免频繁评价”的执行情况，与内容认同比例(95.4%)形成鲜明对比，相差 64.7%，见图 2-8。

对 16 个题项的内容认同程度、执行认同程度进行单样本 T 检验，结果见表 2-9。

从表 2-9 可知，内容认同程度呈现出显著性($p<0.05$)，内容认同程度的平均值明显高于内容不认同程度的平均值 5.7。执行认同程度不显著($p>0.05$)，执行认同程度的平均值与执行不认同程度的平均值 31.8 并不存在统计意义上的差异。可见，高校科研人才评价政策的内容比较符合科研人才的期待，但政策

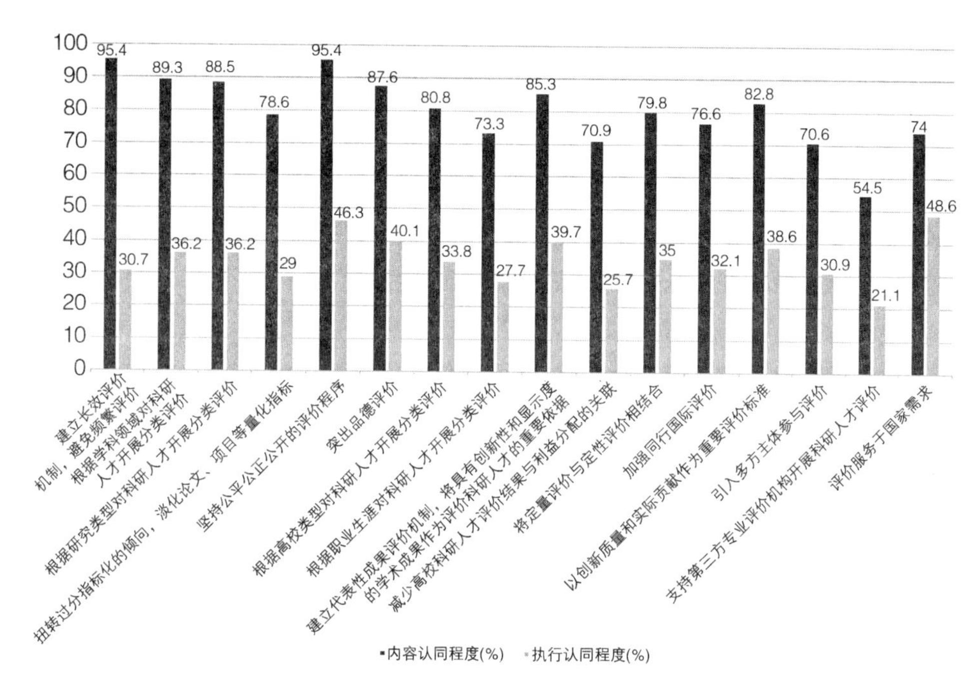

图 2-8　科研评价政策各题项的内容认同与执行认同情况比较

表 2-9　单样本 T 检验分析结果

名　称	样本量	最小值	最大值	平均值	标准差	t	p
内容认同程度	16	54.5	95.2	80.094	10.442	28.497	0.000**
执行认同程度	16	21.1	48.4	34.256	7.212	1.418	0.177

** 代表 $p<0.01$

注：内容认同程度的检验值是内容比较不认同和完全不认同的均值(5.7)，执行认同程度的检验值是执行比较不认同和完全不认同的均值(31.8)。

的执行情况不尽如人意，尤其是评价周期、分类评价等方面，理想与现实差距较大，亟待改进。

2. 科研评价政策认同的分学科领域比较

本书在不同领域收到的有效问卷数量不同，其中理科领域 393 份，工科领域 538 份，社科领域 262 份，其他领域收到的问卷较少，鉴于此，只对这三个领域被调查者的认同程度进行比较。

在政策内容认同方面，工科、理科、社科领域认同程度都很高，平均比例都在80%左右，不同学科领域之间的差异不明显。在政策执行方面，理科、工科、社科领域认同程度都较低，理科和工科的平均比例在35%左右，社科领域认同程度相对更低一点，平均比例为32.5%，见表2-10。

表2-10 不同学科领域科研评价政策内容认同与执行认同情况

政策认同	学科领域		
	理科领域(%)	工科领域(%)	社科领域(%)
政策内容认同的平均比例	79.7	80.4	80.7
政策执行认同的平均比例	34.3	35.2	32.5

(四) 影响科研评价政策认同程度的主要因素

在调查问卷中，关于认同程度影响因素的题项是排序题。根据被调查者对选项的排序情况计算出每个选项的平均综合得分。每个选项的平均综合得分=(Σ频数×赋值)/本题填写人次。得分越高，表示综合排序越靠前。排序位置决定了某一选项的赋值，在认同程度影响因素排序题中，共有13个选项参与排序，因此对于排在第一位的因素赋值13，其他位序的因素赋值依次递减。

调查结果显示，“政策的稳定性”与“政策内容的合理性、完善性”，这两个因素得分较高，在7分以上，明显高于其他因素。可见，影响高校科研人才对科研评价政策认同程度的首要因素是科研评价政策自身。“学校或学院对政策的态度表现”“政策在高校层面的执行情况”“政策对个人权益或学术发展的影响”“个体在政策中的参与程度”这四个因素的得分都在5分左右。其中，“学校或学院对政策的态度表现”“政策在高校层面的执行情况”这两个高校或院系层面的因素略高于5分，反映出高校科研人才期待高校或院系能够合理地理解与执行政策。“政策对个人权益或学术发展的影响”“个体在政策中的参与程度”这两个与高校科研人才个体相关的因素低于5分。可见，高校科研人才作为政策的目标群体，不仅期待科研评价政策使其在学术发展等方面获益，而且期待自身能在政策的制定和执行中发挥主观能动作用，见图2-9。

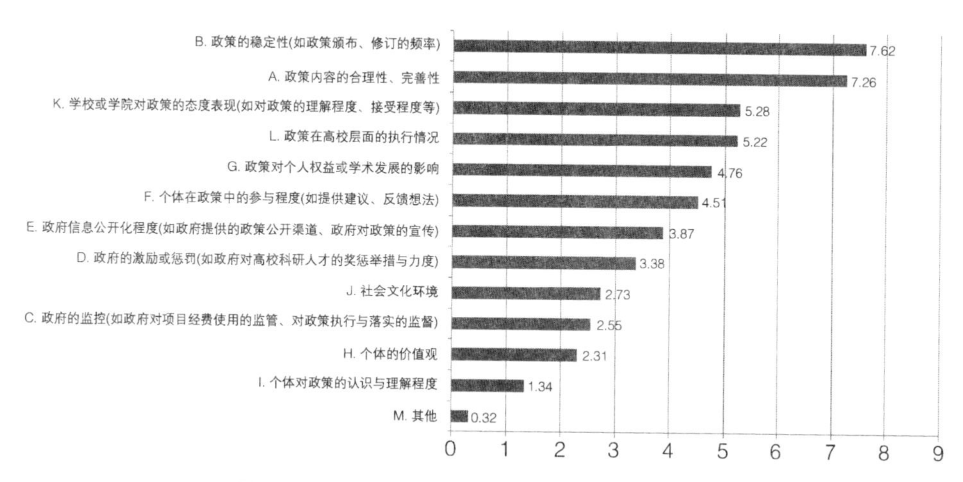

图 2-9　影响科研评价政策认同程度的主要因素

三、主要结论

本书以“第四代评价理论”及政策执行过程理论模型为指导，以 20 所“双一流”建设高校为样本，通过问卷调查，从目标群体的视角研究高校科研人才评价政策的认同情况及其影响因素，主要结论如下：

（一）高校科研人才评价政策的内容认同程度较高

调查结果显示，被调查者对政策内容认同的比例较高。16 个题项的认同比例中，只有 1 个题项低于 70%，其他题项的认同比例都在 70%以上。16 个题项总体认同的平均比例为 80.2%。可见，我国高校科研人才评价政策总体上导向非常好，政策内容认同程度较高，反映了我国高校科研人才评价政策的内容导向与科研人才的心理预期程度的契合度比较高，在一定程度上可以称之为“理想的政策”。

（二）高校科研人才评价政策的执行认同程度较低

调查结果显示，被调查者对政策执行认同的比例较低，在政策执行方面，16 个题项的认同比例均低于 50%，总体认同的平均比例为 34.5%。认同程度最高的是关于评价目的的题项，即“评价服务于国家需求”，但认同比例也仅达到 48.6%，其他题项的认同比例均不足 40%。可见，在被调查者看来，科研人才评价政策的执行情况并不理想，政策目标的实现程度不高。

（三）政策内容与政策执行的认同程度之间差距较大，学科领域之间差异不明显

调查结果显示，科研人才评价政策在理想的内容和执行的现实之间存在较

大的差距，在所有题项中差距最大的是评价周期，在评价程序、评价指标、评价标准、评价结果等方面也存在较大差距。16 个题项内容认同与执行认同差距的平均值为 45.7%。因此，“理想的政策”与现实情况之间形成较大落差。理科领域、工科领域、社科领域在政策内容认同和执行认同方面尽管有差异，但是不明显。

（四）影响政策认同程度的主要因素包括：政策的稳定性及其内容的合理性、政策在高校或院系的执行情况、高校科研人才在学术发展方面的获益程度

美国学者肯特·韦弗（Kent Weaver）指出，在公共政策实施中影响目标群体认同程度的因素包括政府的激励和惩罚、政府监控、政府提供的资源、目标群体的自治权、目标群体可获取的信息、目标群体持有的规范和价值观①。调查研究发现，影响高校科研人才评价政策认同的因素主要包括三个层面：政策自身、高校或院系、目标群体自身。其中，在政策自身层面，“政策的稳定性”和“政策内容的合理性、完善性”是被调查者最关注的因素。高校或院系是科研评价政策的执行主体，“学校或学院对政策的态度表现”和“政策在高校层面的执行情况”也是影响政策认同的重要因素。再次，高校科研人才作为科研评价政策的目标群体，“政策对个人权益或学术发展的影响”“个体在政策中的参与程度”等都会对政策认同产生影响。

（朱莉，刘莉，董彦邦）

① Weaver R.K. Target compliance：The final frontier of policy implementation[J].Issues in Governance Studies，2009，(09)：1－11.

第三章
“双一流”高校理工领域科研人才评价制度认同研究

高校科研人才作为评价制度最直接的目标群体，能够最直观地感受到制度产生的影响。已有研究表明，高校科研人才评价制度在激励科研人才的同时，也出现了一些问题，影响了科研人才对制度的认同。如不同高校未区别自身定位，套用统一模式开展科研评价[①]，“存在简单量化倾向”[②]、“评价结果可能与实际绩效仍有一定的差距”[③]，在一定程度上助长了高校急功近利、浮躁的科研工作风气[④]，亟待深入的探索与解决。

本章聚焦“双一流”高校理工领域科研人才评价制度认同。理工领域是理科和工科的统称。理科(science departments)是指自然科学、应用科学以及数理逻辑的统称。不同机构/学者对理科的界定有所不同，一般意义而言，指的是数理逻辑和科学技术类学科的总和，和文科相对应，主要的研究对象是自然科学，探讨和发现自然界已经存在的现象和一般规律[⑤]。自然科学更关注国际前沿知识，信息传播较快，参考文献多引自近期发表的期刊论文[⑥]。理学作为一种纯科

① 于敬，周玲.高校科研业绩考核评价体系中存在的问题与思考[J].科技管理研究，2010，30(18)：73－75＋81.

② 于敬，周玲.高校科研业绩考核评价体系中存在的问题与思考[J].科技管理研究，2010，30(18)：73－75＋81.

③ 陈长喜，卢秉福.高校教师科研绩效评价机制探索[J].黑龙江教育(高教研究与评估)，2013，69(01)：59－61.

④ 陈俊生.高校科研评价失范及其对策研究[J].学术探索，2013，21(08)：126－128.

⑤ 谢维和.中国高等教育大众化进程中的结构分析：1998～2004年的实证研究[M].教育科学出版社，2007：58.

⑥ Jones C，Chapman M，Woods PC. The Characteristics of the Literature Used by Historians[J]. Journal of Librarianship，1972，4(3)：137－156.

学在学界被广泛认可，主要承担认识世界的任务①。严格意义上来讲，理科指的是理学学科，是13个学科门类之一，由数学、物理学、化学、天文学、地理学、大气科学、生物学等14个一级学科组成②。工科(engineering departments)是工程学科的总称，是通过应用数学、物理学、化学等基础科学的原理，结合生产实践所积累的技术经验而发展起来的学科③。根据国务院学位委员会、教育部于2018年修订的《学位授予和人才培养学科目录》，工学门类包含机械工程、光学工程、控制科学与工程、化学工程与技术、土木工程、计算机科学与技术等39个一级学科④。因为工学领域实践型较强，因此在高校中工学教师也显得较为独特，相较于其他类型的教师，高等工程教育教师表现出更明显的技术属性、实践导向和经济联系⑤。

本书从目标群体的视角出发，自下而上地探索高校理工领域科研人才群体在科研评价中的诉求。在社会认同理论、政策执行过程模型的指导下，探求高校理工领域科研人才评价制度的认同现状及其影响因素。主要聚焦以下研究问题："双一流"建设高校理工领域科研人才对科研评价制度的认同现状如何？哪些因素影响了"双一流"建设理工领域科研人才对科研评价制度的认同？

第一节 文献综述

已有研究表明，无论是法令还是政策，如果无法得到社会认同，那么无论看起来多么公平正义有效率，有怎样的权力支持，它将始终只成为外在意义的存在，人们不可能积极主动地去遵从它⑥。国外学者主要是从政治学、经济学、哲学视角探讨政治制度的权威和合法性的问题。Lipset指出，制度合法性就是政治系统内部坚信当前社会的政治制度是最适合社会发展的制度⑦，且"个体的自

---

① H. A.西蒙著，武夷山译.人工科学：复杂性面面观[M].上海：上海科技教育出版社，2001：103.
② 国务院学位委员会.学位授予和人才培养学科目录(2011年)[EB/OL].[2020-01-05].http://old.moe.gov.cn//publicfiles/business/htmlfiles/moe/moe_834/201104/116439.html.
③ 姚纬明，刘江，李枫，等.产学研理论的创新与实践[M].南京：河海大学出版社，2012：19.
④ 中国学位与研究生教育信息网[EB/OL].http://www.cdgdc.edu.cn/.
⑤ 张明雪.高等工程教育教师育人情怀研究[D].天津：天津大学，2018：4.
⑥ 王结发.制度认同与政治合法性[J].行政与法，2014，31(05)：7-13.
⑦ Lipset S. M. Political Man: The Social Bases of Politics[M]. Baltimore, Maryland: The Johns Hopkins University Press, 1981: 722-723.

我观念是合法性理论的核心”①。国内学界关于制度认同的专门性、系统性研究较少，且多关注国家层面的宏观制度认同，探讨政治制度的合法性(正当性)问题。学界围绕高校层面的微观制度认同研究文献相对较少，本书从高校科研人才评价制度认同的现状和影响因素两方面对这些文献进行了梳理。

一、理工领域高校科研人才评价制度认同现状研究

通过对已有文献的梳理发现，已有研究主要围绕制度认同维度划分和制度认同情况两个角度探讨制度认同现状。

(一) 制度认同维度

对制度认同维度的划分，是制度认同研究的起点和基点。已有宏观和微观层面的制度认同现状研究中，对测量制度认同现状的维度的划分，均为本书测量高校科研人才对现行科研评价制度的认同现状的维度划分提供了思路，具有较强的参考价值。

在宏观层面的制度认同研究中，学者从不同维度对制度认同进行了划分。如秦国民指出制度认同包括两个方面，一是价值上的肯定，即公民理性对制度体系规定的认同；二是转化为现实行为趋势与取向，即公民依据该制度规范自身行为②。董海军将对中国特色社会主义制度的认同划分为五个维度，即制度特色认同、制度理念认同、制度实践认同、制度优势认同、制度发展认同③。孔祥军和张洪涛通过问卷调查和深度访谈，将大学生对中国特色社会主义制度的认同划分为了三个维度，分别是大学生对制度是否合乎内在规律、逻辑的判断的“合理性认同”，制度获得大学生的认同和忠诚情况的“合法性认同”和大学生对制度取得的实效的认同情况的“现实性认同”④。冯来兴以中山某高校为研究对象，从制度认同的合法性认同、合理性认同、现实性认同和实效性认同四个维度，调查大学生对中国特色社会主义制度认同情况⑤。

---

① Alan C. Political Concepts[M]. Manchester: Manchester University Press, 2003: 94.

② 秦国民.政治稳定视角下制度认同的建构[J].河南社会科学,2010,18(01): 112-114.

③ 董海军.青年学生对我国政治制度认同现状研究——基于广东高校的实证研究[J].中国青年社会科学,2016,35(01): 53-56.

④ 孔祥军,张洪涛.大学生中国特色社会主义制度认同的结构探索研究[J].高教学刊,2017,(18): 16-17+20.

⑤ 冯来兴.当代大学生中国特色社会主义制度认同现状及对策[J].市场论坛,2018,(09): 78-81.

在微观层面的制度认同研究中，学者对制度认同的划分与宏观层面的制度认同划分同中有异。卢晓中和陈先哲考察了G省大学青年教师对学术锦标赛制下的制度认同，并将制度认同划分为两个角度，即分别基于经济学的“理性人”假设考察教师对制度的利益认同，以及基于社会学的“理念人”假设考察教师对制度的价值认同①。侯小兵将师范生对国家教师资格考试的制度认同划分为三个维度，包括价值认同、效力认同和影响认同②。

（二）制度认同情况

已有研究表明，现行高校科研人才评价制度在提高科研动力、激励科研人才开展科研工作等方面发挥了一些积极作用，在一定程度上得到了科研人才的认同。但科研人才也对制度中存在的一些问题表示了不满。如Juauch和Glueck以美国密苏里大学(University of Missouri-Columbia)从事自然、数学、医学和生物科学研究的86位教授为样本，比较了评价教授研究成果的多种指标，发现简单的出版物计数是评价科研绩效和有效性的最优客观指标，而针对研究人员和管理人员对简单计数评价方式的质疑，可通过列举获得研究人员认同的高质量期刊，并合理加权计算来解决③。Brian认为，越来越多的教师将大量时间花费在应对科研评价上，关注如何争取科研资助以及提高个人科研成果数量，造成了科研质量的下降④。Vasilijevic等对来自四所大学的97位大学教师和行政人员开展问卷调查发现，36.1%的大学教师和行政人员认为科研评价中的定量评价方法对个人专业发展和研究质量有正向影响，27.8%的教师认为该方法带来负面影响。总体上看，在科研评价中使用定量方法确实能提升科研动力，但对教师在选取研究内容和灵活安排时间方面产生了负面影响⑤。

吴佩对我国一所以理工科为主的研究型大学开展实证研究发现，科研评价制度中“唯职称”“功绩制”的弊端会影响教师们对科研评价制度的认同程度。科研评价在一定程度上激发了教师进行科研的积极性、主动性，但也导致了教师过

---

① 卢晓中，陈先哲.学术锦标赛制下的制度认同与行动逻辑——基于G省大学青年教师的考察[J].高等教育研究，2014，35(07)：34－40.

② 侯小兵.师范生“国考”制度认同与教学效能感的关系探析[J].现代教育管理，2016，36(09)：107－111.

③ Jauch L.R., Glueck W.F. Evaluation of University Professors' Research Performance[J]. Management Science, 1975, 22(01): 66－75.

④ Owens B. Research assessments: Judgement day[J]. Nature News, 2013, 502(7471): 288.

⑤ Vasilijevic D.N., Sudziilovski D.M., Marinkovic S.S. Impact of quantitative evaluation methods on the quality of scientific research conducted by university teachers[J]. Zbornik radova Filozofskog fakulteta u Prištini, 2016, 46 (03): 67－86.

分重“量”轻“质”，形成大量平庸成果的泡沫绩效，并导致教师与同事关系的紧张，给教师带来超负荷的心理压力，不利于推进科研事业[①]。段洪波对200多所高校教师开展了问卷调查，并对部分被访者进行了访谈，研究结果表明，科研评价制度造成了教学与科研的脱离，引导高校教师将工作重心向科研倾斜[②]。吴高庆认为，科研评价结果与利益过度挂钩，极易促生科研腐败[③]。周玉容和沈红基于对我国88所高校的问卷调查发现，教师职称、晋升评价能对教师产生导向和激励作用的正效应，但同时也产生了削弱教师从事研究的自主性、分散研究精力、滋生短视行为、压力与动力转换机制失效等负效应，不利于教师发展[④]。Tian和Lu选取我国一所目标建成世界一流大学的研究型大学，通过深度访谈发现，严格的聘期要求加剧了年轻讲师的心理压力，降低了研究质量，减少了讲师用于教学的精力和时间[⑤]。阎光才对我国高水平大学进行了问卷调查，指出指标化评价的做法，及学术聘任的高标准、严要求，聘期考核在灵活性方面的不足等制度性因素给教师带来了较大的学术压力，处在职业生涯早期与中期教师的压力尤为明显[⑥]。刘莉和季子楹围绕高校科研评价制度的认同，对S校4个理工学院27名教师进行访谈，结果显示：高校科研评价制度的现实价值在一定程度上得到教师的认同，但评价制度诸要素的认同情况存在差异。现行科研评价制度与教师期望的评价制度之间尚有很大差距[⑦]。杨秀芹等在探讨美国高校教师科研评价时提出，伊利诺伊州立大学认为定量评价会让教师失去创造性，乃至陷入为数量而进行科学研究的“死胡同”[⑧]。

二、理工领域高校科研人才评价制度认同影响因素研究

学界对宏观层面的政治制度认同的影响因素进行了多角度的阐释，主要集

---

① 吴佩.研究型大学科研评价制度对教师科研绩效影响研究[D].长沙：中南大学，2010：45－46.

② 段洪波.以人才培养为导向的高校科研评价改革探析[J].中国高教研究，2013，29(05)：74－77＋103.

③ 吴高庆.避免科研评价结果与利益过度挂钩[N].检察日报，2014－12－09(07).

④ 周玉容，沈红.现行教师评价对大学教师发展的效应分析——驱动力的视角[J].清华大学教育研究，2016，37(05)：54－61.

⑤ Mei T.，Genshu L. What price the building of world-class universities? Academic pressure faced by young lecturers at a research-centered University in China[J]. Teaching in Higher Education，2017，22(08)：957－974.

⑥ 阎光才.学术职业压力与教师行动取向的制度效应[J].高等教育研究，2018，39(11)：45－55.

⑦ 刘莉，季子楹.现实与理想：目标群体认同视角下的高校科研评价制度[J].高等教育研究，2018，39(03)：41－48.

⑧ 杨秀芹，石修.美国高校绩效评价的模式架构及运行特点分析[J].中国高等教育，2017，53(03)：77－79.

中于制度安排的合理性①、意识形态的思想依据②、制度设计中的公正和制度运行中的规范性③、权力强制和意识控制④等方面。微观层面的高校制度认同的影响因素研究表明，相关影响因素与宏观层面的结论既有一定相似性，又有特殊性，即更关注制度构成各要素、制度目标群体的个体因素。

在意识形态层面，认知性期待、规范性期待、实践证成等三要素会影响制度认同⑤，具体如下：

一是认知性期待。Kant 指出，如果对制度一无所知，人们无法表态；哪怕对制度有所了解，都胜过任意虚构⑥。即制度获得认同的前提，是人们对制度内容有一定的认识和了解。孔德永指出，想要赢得制度认同，需要先提高人们的制度认知水平，澄清对制度的模糊认知⑦。已有研究显示，应鼓励作为评价客体的高校科研人才参与评价，否则将影响科研评价制度的有效性，不易获得科研人才认同。Arreola 的研究表明，作为评价客体的科研人才对评价方案会产生一定的抵触情绪，提高科研人才评价的有效性需要注意主体和客体两方面的因素，否则将造成科研人才评价的失败⑧；Young 和 Gwalamubisi 指出，科研人才评价主体应包括同行、评价对象、管理人员和校友⑨。

二是规范性期待。如 Hegel 所言，若制度、法制和法律与人们的伦理、需要和意见不相和，它们将无法长久存在，更无法得到人们的认同⑩。已有研究表明，高校科研评价制度制定阶段包含的标准、指标要素⑪，尤其是量化评价标准中的指标，如“论文发表数量与层次、引文计量、专利申请数量、获得奖励数量及层次”等传统量化指标，在制度设计环节就存在问题。科研人才表达了不认

① 赵昆.“经济人”假设与制度认同[J].齐鲁学刊，2007，67(05)：122－125.
② 杨春风.意识形态与制度再生产[J].科学社会主义，2008，25(02)：30－33.
③ 孔德永.和谐社会构建中的制度认同分析[J].求实，2008，50(05)：49－52.
④ 王结发.论制度认同[J].兰州学刊，2009，(12)：28－33＋23.
⑤ 王结发.论制度认同建构中意识形态的价值与限度[J].西南石油大学学报(社会科学版)，2018，20(02)：69－79.
⑥ Kant I. Critique of pure reason[M]. Cambridge：Cambridge University press，1999：63.
⑦ 孔德永.社会主义制度认同的历史经验[J].河南社会科学，2019，27(03)：17－23.
⑧ Arreola R.A. Establishing successful faculty evaluation and development programs[J]. New Directions for Community Colleges，2010，1983(41)：83－93.
⑨ Young R.J.，Gwalamubisi Y. Perceptions about current and ideal methods and purposes of faculty evaluation[J]. Community College Review，1986，13(04)：27－33.
⑩ 黑格尔.黑格尔政治著作选[M].北京：中国法制出版社，2008：19.
⑪ 耿新.扶持人口较少民族发展政策实施现状与评估研究——基于公共政策周期理论视角[J].西南民族大学学报(人文社科版)，2017，38(10)：51－57.

同态度，给出了“重量轻质”“重短期不重长远”“重产出不重应用”和“一刀切”的负面评价，寻求制度的完善与改革。如Plomp指出，由于论文的评价带有长期性和不确定性，造成了短期影响因子与长期影响因子可能会不一致，不应简单运用某一特定时间点的影响因子指标判断论文质量①。Kostoff认为，引文计数在学科间会有很大差异，抛开学科进行评价是没有意义的，在选取指标时必须考虑学科因素②。叶深溪和许为民指出，引文分析法是当前最有效的以文献数量和质量测定各机构基础研究发展水平和速度的方法，但有其局限性③。Fairweather认为，以“一刀切”的模式进行学术评价是不合理的，应针对不同的学科设置不同的衡量尺度，且需确定各个学科的主要期刊来评价学术生产力④。Moed总结了运用科学计量学指标进行科研评价存在的问题，分析了引文分析在科研评价中发挥的作用，认为可以将论文的被引次数作为评价某一研究工作质量的精确测量指标⑤。段洪波对200余所高校教师进行调研发现，高校科研评价指标过于集中于科研项目和论著，没有将教学研究成果也视为科研成果，且没有针对不同学科、不同类型成果开展分类评价，缺少对科研成果实际转化率的考核⑥。

三是实践证成。Hegel认为，人们必须通过实际接触制度内容，确认内容与个人的确信是一致和结合的⑦，即人们对制度的认知性期待和规范性期待要通过实践证实，而非证伪，才能获得人们的认同。丁兆梅和史家亮认为，一种制度能否得到认同或在多大程度上得到认同，其核心在于制度在实践中的效果以及实践效果展现出的制度优势、彰显的制度科学性⑧。研究表明，高校科研评价制度执行阶段的评价方法要素，根据其实践中的表现，尽管得到了科研人才一定程度的认同，但也引发了科研人才的一些不满。如Medsker等认为，科研评价带

---

① Plomp R. Statistical reliability of citation frequency as an indicator of scientific impact [J]. Scientometrics, 1989, 17(1-2): 71-81.

② Kostoff R.N. Citation analysis of research performer quality[J]. Scientometrics, 2002, 53(01): 49-71.

③ 叶深溪，许为民.文献计量学在科研评价中的应用进展[J].图书馆论坛，2003，23(04)：12-14.

④ Fairweather J.S. The ultimate faculty evaluation: Promotion and tenure decisions[J]. New Directions for Institutional Research, 2002, 114(01): 97-108.

⑤ Moed H. F. Citation analysis in research evaluation [J]. Information Science & Knowledge Management, 2011, 57(01): 13-18.

⑥ 段洪波.以人才培养为导向的高校科研评价改革探析[J].中国高教研究，2013，29(05)：74-77+103.

⑦ Hegal G.W.F., Wallace W. The logic of Hegel[M]. Oxford: Clarendon Press, 1874: 220.

⑧ 丁兆梅，史家亮.中国特色社会主义制度认同的三维审视[J].理论学刊，2019，36(05)：91-98.

有一定模糊性①。Ibrahim 等强调，运用文献计量学方法时应按学科进行分类，实行“同类相比”②。Sharp 探究英国实施的 RAE 评价制度效度，认为 RAE 一直采用完全的效标参照评价方式，不同学科评分由相应的评价专家组决定，导致不同专家对评价结果等级标准存在不同理解，影响评价量表效度③。Smith 指出，同行评议法对评价专家的科研水平和质量提出了很高要求④。Albert 和 Mcguire 通过对一批生物医学家、临床科学家、社会学家共计 94 位科研人员的半结构访谈发现，大部分科研人员对在科研评价中采用同行评价的方法持认同的态度，认为使用同行评价的方法是非常必要的⑤。朱军文和刘念才指出，高校科研评价中采用的定量评价方法会对科研行为产生误导、导致定量科研成果的“挤出效应”，且定量指标自身存在缺陷，建议应采用基于代表作的同行评价制度，形成专家评价与定量评价互证机制，同时应延长评价周期，将成果质量置于首位⑥。

在制度目标群体的个体因素方面，研究证明个体因素会影响制度认同。如吴佩通过实证研究发现，教师个体背景特征会影响研究型教师对高校科研评价制度认同⑦。卢晓中和陈先哲认为，个体的利益偏好和价值观念是影响教师对学术锦标赛制度认同的两大因素⑧。

三、研究述评

通过对国内外研究文献的梳理发现，国外较早开展制度认同研究，且多围绕宏观层面的政治制度认同，探讨制度权威和制度合法性问题，为微观的高校层面的研

① Medsker G.J., Williams L.J., Holahan P.J. A review of current practices for evaluating causal models in organizational behavior and human resources management research[J]. Journal of Management, 1994, 20(02): 439-464.

② Silong A.D., Ibrahim D.Z., Samah B.A. Practices that facilitate learner control in an online learning environment[J]. Malaysian Journal of Distance Education, 2001, 3(02): 75-101.

③ Sharp S. The Research Assessment Exercises 1992-2001: Patterns across time and subjects[J]. Studies in Higher Education, 2004, 29(02): 201-218.

④ Smith R. Peer review: a flawed process at the heart of science and journals[J]. Journal of the Royal Society of Medicine, 2006, 99(04): 178-182.

⑤ Aibert M, Laberge S, McGuire W. Criteria for assessing quality in academic research: the views of biomedical scientists, clinical scientists and social scientists[J]. Higher Education, 2012, 64(05): 661-676.

⑥ 朱军文，刘念才.高校科研评价定量方法与质量导向的偏离及治理[J].教育研究，2014，35(08)：52-59.

⑦ 吴佩.研究型大学科研评价制度对教师科研绩效影响研究[D].长沙：中南大学，2010：45-46.

⑧ 卢晓中，陈先哲.学术锦标赛制下的制度认同与行动逻辑——基于 G 省大学青年教师的考察[J].高等教育研究，2014，35(07)：34-40.

究提供了借鉴,以更好地搭建制度认同现状及其影响因素的分析框架。我国制度认同的研究起步较晚,国内学术界立足国情,对制度认同问题开展了积极有益的本土化探索,但是关于科研人才评价制度认同的研究成果相对有限。基于这些有限的研究成果可以发现,尽管制度发挥了一定的积极作用,也得到了科研人才部分肯定,但制度中存在的一些不科学、不合理的问题使科研人才不满,对制度的认同程度不高。

已有研究具有以下特点:一方面,研究尚处在起步阶段。国内制度认同相关研究大致兴起于 2005 年,至今仍仅有少量研究散见于宏观政治制度认同的研究。而关于高校的微观层面制度认同研究,尤其是与高校科研人才制度认同直接相关的研究更为有限。另一方面,研究的应用性较强。无论是宏观还是微观层面的制度认同研究,均体现了研究者对经济社会发展过程中现实制度问题的关注,相关分析为应对现实制度问题,进而推进社会发展提供了理论借鉴。对比分析两个层面的制度认同研究可以发现,二者在制度认同现状、制度认同影响因素研究中的成果所具备的共性与个性,能够为本书的开展提供指导。

已有研究为本书指出了拓展与深化的方向。在研究内容上,高校科研人才评价制度认同是一个还在发展中的研究领域,研究成果多围绕评价制度方法、标准、指标等特定要素的研究,需补充对这一问题的整体性、系统性研究。在研究方法上,本书对高校科研人才制度认同问题的探讨,采用问卷调查与半结构访谈相结合的解释性时序设计的混合研究法,探究高校科研人才对科研评价制度的实际认同情况以及影响因素,旨在助力高校科研人才制度认同的提升。在制度认同现状的研究中,学者对制度认同的划分大致有两种类型:一是从经济学的“经济人”和社会学的“理念人”的角度出发,将制度认同划分为利益认同和价值认同维度;二是从政治学的角度出发,将制度认同划分为合理性认同、合法性认同、现实性认同、实效性认同等维度。同时,学者发现科研人才认同科研评价制度在提高科研动力方面的作用,但是在评价指标、评价方法、评价标准、评价结果运用等制度维度上亦存在不合理、不科学的问题。因此,本书综合两种制度认同划分的思路,从认知、情感、评价、行为四个维度分析高校科研人才对科研评价制度整体的认同情况。在制度认同影响因素的研究中,学者发现目标群体对制度的认知情况、参与度,制度在设计和执行阶段的合理性、规范性、合法性,目标群体个体因素,会影响制度认同。因此,本书立足已有研究中对制度认同影响因素的分析,从史密斯政策执行过程模型出发,围绕制度本身、执行机构、目标群体和科研环境四因素，探究其对科研人才评价制度认同的影响。

第二节 研究方法

一、文本分析法

本书采用文本分析法对样本高校科研人才评价相关的制度文本进行统计和分析。文本分析法是指根据某一研究问题的需要，对研究相关文本信息进行比较、分析、综合，并自主提炼评述性语言的一种研究方法[①]。在教育研究中，文本分析法主要分为三种，一是文本的定量分析，运用内容分析法对文本进行文件年度、主题词词频等统计分析；二是文本的质性分析，阐释文本，开展话语分析；三是将定量和质性分析相结合，对文本进行综合分析[②]。

本书采取综合分析法对样本高校科研人才评价制度进行分析。首先，在样本高校人事处、学校办公室及样本院系官网，筛选和收集与理工科教师职称评聘、年度考核、聘期考核、岗位招聘、科研奖励等活动中与科研人才评价相关的文本文件，共计170余份，并根据高校类型和学科领域，将文件按照世界一流大学建设高校和世界一流学科建设高校下的理工科、理科和工科类型进行分类，以备后续分析，文本分布情况如表3-1所示；其次，梳理与评价指标、评价标准、评价程序等评价制度要素直接相关的关键话语词汇与重要表述，进行比较和分析；最后，阐释当前样本高校科研人才评价制度的特征。

表3-1 样本高校制度文本分布情况

高校类型	学科	数量
世界一流大学建设高校	理工科	53
	理科	45
	工科	38
	总计	136

① 李佳音，郭锦辉.文本分析法在教育研究中的应用[J].国际公关，2019，15(08)：102.
② 王迎，魏顺平.教育政策文本分析研究[J].现代远距离教育，2012，34(02)：15-21.

续 表

高校类型	学 科	数 量
世界一流学科建设高校	理工科	20
	理 科	7
	工 科	10
	总 计	37

注：各校的科研评价制度文本的情况有所差异，有些学校的制度文本细化了学科分类，在文本中体现了理科或工科的学科特性，在本书中分别称为“理科”“工科”。

但是有些学校制度文本根据学科大类划分，不区分理科与工科，因此称为“理工科”。

依据高校科研人才评价制度要素分析框架，本书对样本高校制度文本相关话语内部因子进行量化分析和内容挖掘，梳理出制度文本中涉及制度要素的关键话语和词汇的词频和重要表述。同时，阐释了样本高校科研人才评价制度的设计特点、主要影响和存在的问题。最后，综合量化分析和质性分析结果，总结归纳出当前我国高校科研人才评价制度的特征。研究发现：各高校文本规定具有共性和个性，其在响应国家政策导向、推动制度改革的进程中取得了可观的进展，但同样存在一些问题。

二、解释型序列混合研究法

本书采用混合方法研究之解释性序列设计（Sequential Explanatory Design）研究样本高校理工领域科研人才评价制度认同。约翰逊和奥屋格普兹（Johnson & Onwuegbuzie）将混合研究法视为量化研究和质性研究之后的“第三种教育研究范式”[①]。根据国际混合研究法研究协会主席、美国内布拉斯加大学林肯分校教授约翰·克雷斯威尔（John W. Creswell）对混合研究法的分类，共有六种研究类型，分别是解释型序列混合研究法（定量研究优先）、探究型序列混合研究法（质性研究优先）、聚敛平行混合研究法、嵌入式混合研究法、转换式混合研究法和多阶段混合研究法[②]。由于一种研究数据无法提供充分的数据信息，需要结合定

① Johnson R.B., Onwuegbuzie A.J. Mixed methods research: A research paradigm whose time has come [J]. Educational Researcher, 2004, 33(07): 14 - 26.

② Creswell J. W. Research design: Qualitative, quantitative, and mixed methods approaches [M]. Thousand Oaks, CA: Sage publications, 2013: 541.

量研究和质性研究数据回答不同层面的研究问题，故本书采用解释型序列混合研究，第一阶段运用量化研究进行资料的搜集与分析，在第二阶段搜集与分析质性资料，两种数据在研究的解释阶段进行整合，目标是用质性资料对前一阶段量化研究的初步结论做出解释，探究高校科研人才对科研评价制度的认同现状和影响因素。

具体而言，定量研究运用社会认同理论，收集高校理工领域科研人才对科研评价制度的认同信息。基于定量研究的初步结论，质性研究运用史密斯政策执行过程模型，探讨高校科研人才对科研评价制度的认同体会，深入研究科研评价制度制定和执行阶段的一些因素对认同产生影响的原因。

（一）问卷调查

1. 问卷设计与修订

本书依据前期对样本高校理工领域相关制度文本较为系统的梳理与分析，总结出高校理工领域科研人才评价制度的核心要素，并借鉴国内外经典文献中的成熟量表，如吴佩[①]、于思川[②]研究中所使用的量表。对国外量表进行翻译——回译程序处理，再由理工领域专任教师、理工领域博士生、课题组成员对问卷进行反复修改，以避免教师对问卷题项的理解出现偏差。在汇总专家意见的基础上，调整了问卷中可能造成语意不清、填写困难的表达。经历为期近五个月的调整，编制完成了“高校理工领域科研人才评价制度认同研究调查问卷”（见附录4）。

本书中的制度认同与组织认同、民族认同等都是社会认同的一种特殊形式，是指个体将制度作为认同的对象。获得认同的制度方能得到有效的遵守，否则无法有效施行[③]。已有研究一般将社会认同划分为认知、情感和评价三个维度，但是近年来，学者们在讨论测量社会认同的方法时，逐渐认同了需要在测量维度中增加行为维度的做法[④]，即将社会认同划分为认知、情感、评价和行为四维度。本书采用的是四维度量表，将制度认同依次划分为认知成分、情感成分、评价成分和行为成分。其中认知是指个体对制度各要素的了解；情感是指个体对制度

① 吴佩.研究型大学科研评价制度对教师科研绩效影响研究[D].长沙：中南大学，2010：45－46.

② 于思川.公共政策生命周期理论视角下我国族群政策探析[J].重庆社会主义学院学报，2014，17(04)：27－32.

③ 刘莉，季子楹.现实与理想：目标群体认同视角下的高校科研评价制度[J].高等教育研究，2018，39(03)：37－44.

④ 王卓琳，罗观翠.论社会认同理论及其对社会集群行为的观照域[J].求索，2013，33(11)：223－225.

实施现状的态度倾向；评价是指个体对制度实施结果的评价；行为是指个体对制度发展的关心、为制度效力的行为意愿。

调查问卷主要包括两部分：个人基本信息和制度认同现状。

第一部分个人基本信息共10题，旨在了解研究对象的基本信息，并为后期的影响因素分析提供人口统计学变量。已有研究表明，科研人才的年龄、职称、工作年限、岗位类型等个体特征将影响其对制度的认同程度①。因此本书围绕以上个体特征，确定了9个相关人口统计学变量。

第二部分制度认同现状是问卷的核心部分，共74题，包括认知、情感、评价和行为四部分，以及一道开放题。通过对科研评价制度内涵的分析，将科研人才评价制度划分为评价主体、评价目的、评价标准、评价方法、评价指标、评价程序、评价结果的运用、评价周期八个核心要素。认知部分围绕科研人才对所在高校或院系科研人才评价制度八要素的熟悉度进行设计，共8题。情感部分是问卷的重点，测量科研人才对所在高校或院系科研人才评价制度八要素的实际实施概况的态度倾向，共51题。其中各评价要素的量表设计是基于已有国内外量表，结合样本高校科研人才评价制度文本分析，立足研究需要，经过理工领域专家修正后形成的。如评价目的维度的测量是借鉴了Clevelan等编制②、文鹏和廖建桥修订③的量表，结合高校情境对量表进行了修改，以测量科研人才对所在高校或院系科研评价中，发展性评价目的和奖惩性评价目的的实施情况的态度倾向；其中发展性评价共2题，奖惩性评价共4题。评价程序维度的测量是借鉴了Colquitt编制、黄铃雯等修订④的量表，测量科研人才对科研评价程序公平情况的态度倾向，共6题。评价方法、评价指标等其余六要素是基于评价制度文本的分析，通过与理工领域科研人才多次讨论沟通设计而成。评价部分借鉴了朱光喜在《公共政策执行：目标群体的遵从收益与成本视角》中对公共政策遵从收益和公共政策遵从成本的分类，即遵从收益包括物质利益的获得、生产生活方便程度的改善以及心理上对社会荣誉和舆论评价需求的满足，遵从成本包括物质

---

① 吴佩.研究型大学科研评价制度对教师科研绩效影响研究[D].长沙：中南大学，2010：45-46.

② Cleveland J.N., Murphy K.R., Williams R.E. Multiple uses of performance appraisal: Prevalence and correlates[J]. Journal of Applied Psychology, 1989, 74(01): 130-135.

③ 文鹏，廖建桥.不同类型绩效考核对员工考核反应的差异性影响——考核目的视角下的研究[J].南开管理评论，2010，13(02)：142-150+158.

④ 黄铃雯，廖主民，杨证惠.运动员公平知觉量表之中文化与修订——以组织公平为基础[J].体育学报，2013，46(04)：407-427.

资源的支付、时间的花费以及个体劳务和精力的消耗①;围绕科研评价制度实施结果的评价设计,共 7 题。少量题项运用了反向题的设计,在后期数据分析中采用反向计分方式进行处理。行为部分围绕科研人才对科研评价制度发展的关心情况、为制度效力的行为意愿设计,共 6 题。最后设置了一道开放题,供研究对象填写对科研人才评价制度的意见和建议。在变量测量上,采用李克特 5 分量表,将“完全认同”到“完全不认同”依次赋值 5 分到 1 分。

2. 问卷质量的评价

为了保证问卷数据的真实可靠和问卷设计的合理科学,本书对问卷的量表题进行了信度和效度分析。信度是指问卷调查结果的可靠性、一致性和稳定性,主要检测标准包括重测信度、评分者信度、复本信度和内部一致性信度②,效度是指问卷设计的有效性和合理性,主要检测标准包括内容效度、结构效度、效标关联效度等③。本书通过内部一致性信度、内容效度和结构效度三方面来评价自编问卷的质量。

内容效度的分析方法是使用文字叙述的形式对问卷的合理性、科学性进行说明④,本书以对样本高校理工领域相关制度文本较为系统的梳理与分析为基础,总结出高校理工领域科研人才评价制度的核心要素等,并借鉴国内外经典文献中的成熟量表,再经过专家组的多轮修正,调整了问卷中可能存在的问题,探讨了问卷的逻辑性、反向计分等问题,提升了问卷的合理性、科学性。

结构效度的常用分析方法是使用探索性因子分析进行验证⑤。本书即采用该方法进行了结构效度的分析。本书初始问卷包括 72 道量表题,分属认知、情感、评价、行为四个认同维度。首先,本书对问卷进行了效度分析。效度分析分为两个步骤:第一步是对测量工具进行 KMO 和 Bartlett 球形检验,判断其是否适合进一步做因子分析。结果显示,测量工具的 KMO 值为 0.903,Bartlett 球形检验的 p 值为 0.000,检验值显著,说明量表数据适合进行因子分析。第二步是

① 朱光喜.公共政策执行:目标群体的遵从收益与成本视角——以一项农村公共产品政策在三个村的执行为例[J].云南行政学院学报,2011,13(02):41-46.

② Hubley A.M., Zumbo B.D. A dialectic on validity: Where we have been and where we are going[J]. The Journal of General Psychology, 1996, 123(03): 207-215.

③ 周俊.问卷数据分析:破解 SPSS 的六类分析思路[M].北京:电子工业出版社,2017:6.

④ 周俊.问卷数据分析:破解 SPSS 的六类分析思路[M].北京:电子工业出版社,2017:6.

⑤ 周俊.问卷数据分析:破解 SPSS 的六类分析思路[M].北京:电子工业出版社,2017:6.

采用主成分因子分析法和方差最大化正交旋转法对测量工具进行因子提取和分析。其中，主成分因子提取的标准是特征根大于1，方差最大化正交旋转的题项选择标准是因子载荷系数大于0.4。同时，对个别横跨两个因子的题项亦予以删除。最终在多次探索和筛选后，共保留了60道题目，提取了13个公因子，累积方差解释率为71.53%，每个因子旋转后方差解释率均在10%以上，说明因子分析结果良好。探索性因子分析生成的因子与题项之间的对应关系情况与问卷设计时的假设维度结构表现出一致性，说明题项可以有效地表达因子信息。

本书采用Cronbach's alpha法对问卷各维度进行了信度分析。参照周俊建议的信度检验标准，当Cronbach's alpha系数大于0.7时，说明该问卷信度水平较高[①]。结果显示，四个维度的Cronbach's alpha系数均大于0.7，说明问卷具有较好的可靠性，信度水平较高。各维度的信度测量结果如表3-2所示。

表3-2 问卷各维度的题项数量及各因素信度系数

维 度	题项数量	Cronbach's alpha
认知	8	0.952
情感	39	0.929
评价	7	0.780
行为	6	0.829

综上所述，本书编制的问卷具有良好的效度和信度，验证了本书在问卷设计阶段的理论建构，说明该问卷可以用来评价高校科研人才对科研评价制度的认同情况，且可将认同情况划分为认知、情感、评价和行为四个维度。

3. 问卷数据的收集与分析

本书采用分层随机抽样，依据软科“2019中国最好大学排名”将排名前50的高校分为“世界一流大学建设高校”“世界一流学科建设高校”“其他高校”三组，随机地按比例抽取20所。在每所高校的自然科学、工程与技术两大类学科领域中，分别选择3个理科类和3个工科类一级学科(所选学科均为该校“双一

① 周俊.问卷数据分析：破解SPSS的六类分析思路[M].北京：电子工业出版社，2017：6.

流”重点建设学科或国家级/省级重点建设学科或进入 ESI 全球前 1%的学科），再对相关学科所在学院采用整群抽样，即将学院全体教学研究型、研究型专任教师作为研究对象。样本高校中的理科类学科覆盖了数学、物理学、生物学、化学、天文学、地理学等共 12 个一级学科，工科类学科覆盖了机械工程、光学工程、仪器科学与技术、材料科学与工程、冶金工程、电气工程等 25 个一级学科[①]。经过数据清理后，共获取了 10 051 个科研人才样本。通过问卷星平台(https://www.wjx.cn)发放问卷，发放时间为 2019 年 5 月 22 日至 2019 年 10 月 28 日。以问卷星系统中显示“已打开”为问卷发送成功标志，成功发放问卷 4 508 份，回收问卷 836 份。根据本书对“高校科研人才”的界定，筛去选择教学为主型和其他类型岗位的样本，最终获得有效问卷 808 份，有效问卷回收率达到 17.9%。

本书使用 SPSS24 软件对有效问卷进行分析。一是对有效问卷中的基本信息进行描述性统计，如表 3－3 所示。来自世界一流大学建设高校的样本量和来自世界一流学科建设高校的样本量比例为 7∶3，这与整体抽样时的两类高校比例有关。在学科领域方面，工学领域的样本量高于理学领域，同时还有少量交叉学科的样本。在科研工作年限方面，16 年及以上的样本最多，占比 46.2%。在职称方面，研究员/教授级别的样本最多，占比达到 51.2%。在研究类型方面，以教学研究并重型的样本为主，与当前高校教师岗位设置的实际相符。超过 80%的样本都曾有过海外学习和工作的经历，曾获各级各类科研奖励或人才计划的样本量超过 60%。二是对研究变量开展推断性统计分析，即方差分析。方差分析用于探究具有不同个人背景特征的教师在高校科研评价制度认同现状表现上是否存在显著差异。如探究制度认同在理工领域中的自然科学与工程科学两大类别间是否存在差异。

表 3－3 调查样本基本信息统计表

统计变量	类　别	百分比	统计变量	类　别	百分比
年龄	35 岁以下	18.0%	年龄	46～55 岁	30.3%
	36～45 岁	41.5%		56 岁及以上	10.3%

① 中华人民共和国教育部.学位授予和人才培养学科目录(2018 年 4 月更新)[EB/OL].[2019－04－25].http://www.moe.gov.cn/s78/A22/xwb_left/moe_833/201804/t20180419_333655.html.

续 表

统计变量	类 别	百分比
所在高校	世界一流大学建设高校	70.3%
	世界一流学科建设高校	28.6%
学科领域	理学	32.2%
	工学	58.4%
研究类型	基础研究	48.9%
	应用研究	46.8%
	开发研究	3.1%
海外学习与工作年限	无	18.7%
	少于1年	14.7%
	1～5年	55.2%
	5～10年	8.7%
	10年及以上	2.7%
所获科研奖励或人才计划	国际级	1.6%
	国家级	15.7%
所获科研奖励或人才计划	省部级	38.7%
	地市级	10.4%
	校级	17.7%
	无	38.7%
岗位类型	研究为主型	20.4%
	教学研究并重型	79.6%
职称	研究员/教授	51.2%
	副研究员/副教授	41.6%
	助理研究员/讲师	6.7%
科研工作年限	少于5年	6.7%
	5～10年	22.0%
	10～15年	25.1%
	16年及以上	46.2%

（二）访谈研究

为了探讨高校理工领域科研人才对科研评价制度的认同体会，深入了解高校科研评价制度制定和执行阶段的因素对样本高校理工领域科研人才制度认同产生影响的情况，并收集研究对象对制度改进期待的数据，本书立足问卷调查结果开展了访谈研究。

1. 访谈提纲设计与修订

本书首先根据史密斯政策执行过程模型和已有相关文献设计访谈提纲，探究理想化制度、执行机构、目标群体、环境要素维度对制度认同的影响原因。访谈提纲主要包括两个部分：一是理工领域科研人才对科研评价制度的认同与体会；二是理工领域科研人才对现行科研评价制度的期望与建议(见附录 6)。访谈过程大致如下：首先是访谈双方相互熟悉、建立和谐关系的环节，并向访谈对象出示知情同意书(见附录 5)，介绍研究者与研究概况，征得访谈对象同意后开展访谈，进而通过询问一些开放性问题营造相对轻松舒适的访谈环境。其次结合该问卷填答结果，询问其对科研评价制度的认同体会，深入了解科研评价制度制定和执行阶段各要素对其认同产生的影响情况，最后询问访谈对象对现行科研人才评价制度的期望与建议，并在访谈结束前简单总结访谈，向访谈对象表达谢意。

在完成初步访谈提纲设计后，本书选择总体样本中分属于不同层次类型高校和理学、工学不同学科的 4 名科研人才进行了预访谈。预访谈结束后，再结合被访者的回答和建议、专家组的交流、访谈者的自我反思修改访谈提纲，并不断调整访谈提纲的显性和潜在问题，直至完成访谈提纲最终修订版，确定大致访谈时间，开展正式访谈。

2. 访谈数据的收集与分析

本书采用目的性抽样，选择样本高校理工类学科的专任教师进行半结构访谈。正式访谈开始前，研究者先通过邮件向专任教师发送邀请信和访谈提纲。当对方接受访谈邀请，即与其约定访谈时间和地点。每次访谈前，结合被访者所在高校或院系的科研评价实际对访谈提纲进行灵活调整，如复旦大学自 2012 年起推行了"代表性成果评价制度"，中南大学探索了将发展性评价贯穿进科研人才管理始终，不仅关注科研人才的个人工作业绩表现，还注重科研人才的职业发展等[①]，通过访谈了解相关制度的实施情况。在访谈过程中，研究者以访谈提纲为基础，结合访谈对象的回答进行适当的追问，征得访谈对象同意后录音。访谈结束的标志是达到信息饱和。在访谈至第 11 位时，访谈数据已出现信息饱和的情况，故访谈在完成第 12 位科研人才的访谈后结束。每次访谈时间为 1～2 小时，在访谈结束后及时转录成文字稿用于分析，并做好访谈日志，最后形成 25 万字左右的访谈稿。

本书为提纲式访谈，故采用主题分析(thematic analysis)的方式对访谈稿进行编码[②]。具体而言，首先，基于政策执行过程模型和已有的制度认同影响因素

---

① 王定华.切实推进高校教师考核评价制度改革[J].中国高等教育，2017，53(12)：4－7.
② 库卡茨.质性文本分析：方法、实践与软件使用指南[M].重庆：重庆大学出版社，2017：69－86.

相关文献对访谈稿内容进行仔细、深入的阅读和分析，标记重要文本段，撰写备忘录（如访谈者基本信息、访谈地点和时长、访谈中访谈者的肢体语言、重要的追问问题、访谈后的感受等信息），创建主要的主题类目；其次，使用主类目对现有数据进行编码，编录归属于同一主类目的所有文本段，完成一次编码；再次，界定主类目下的子类目，综合主类目和子类目对所有数据进行系统编码，完成二次编码；最后，形成了整体编码分析框架，如表 3－4 所示。

表 3－4 科研评价制度认同影响因素编码表

主题类目	子条目	编码实例
理想化制度	形式合理性	制度认知情况、制度内容合理性
	实质合理性	制度可行性、科学性，与科研人才需要的匹配
执行机构	主体信任	执行主体分工情况、素质和能力
	程序公正	评价过程中公平公正公开情况
目标群体	制度参与度	参与制度制定或执行
	成果收益分析	物质利益、科研效率、科研成果质量、原始创新研究、科研合作关系、时间精力、心理压力
环境	基础设施条件	硬件支持、软件支持
	科研保障环境	资源分配、报销填表等流程、科研诚信监督机制

12 名访谈对象的信息如表 3－5 所示。出于对访谈对象隐私的保护，本书对每位访谈对象所属高校进行了代号处理。为了更好地展示研究结果，将样本高校科研人才按照理学、工学领域进行编号，理学领域科研人才以 L 为首字母编号，工学领域科研人才以 G 为首字母编号。访谈对象均为男性，来自 9 所不同的世界一流大学建设高校和世界一流学科建设高校，涵盖了理学、工学的多个学科门类，研究类型分属基础研究和应用研究，职称多为副教授/副研究员，且大多数具有在海外工作/学习的经历。

表 3-5 访谈对象基本信息表

编号	学科领域	学 科	学校	职 称	工作年限	岗位类型	研究类型	年龄段	海外工作/学习年限	学校类型
L1	理学	化学	F校	教授	16年及以上	J	基础研究	46～55岁	10年以上	D
G1	工学	机械	J校	副教授	5～10年	J	应用研究	36～45岁	1～5年	D
L2	理学	数学	G校	讲师	11～15年	J	基础研究	36～45岁	5～10年	D
G2	工学	机械	L校	副教授	16年及以上	J	应用研究	36～45岁	1～5年	D
G3	工学	光学	H校	教授	少于5年	J	应用研究	36～45岁	1～5年	D
G4	工学	土木工程	Z校	教授	11～15年	J	应用研究	36～45岁	1～5年	D
G5	工学	信息科学与工程	F校	副研究员	11～15年	Y	应用研究	36～45岁	5～10年	D
L3	理学	化学	F校	副研究员	少于5年	J	基础研究	35岁以下	1～5年	D
G6	工学	物理科学与技术	W校	副教授	11～15年	J	应用研究	36～45岁	1～5年	X
L4	理学	环境科学	K校	副教授	5～10年	Y	基础研究	35岁以下	1～5年	D
G7	工学	物理电子学	K校	教授	16年及以上	Y	应用研究	56岁及以上	无	D
L5	理学	物理学	S校	副教授	11～15年	J	基础研究	36～45岁	1～5年	X

注：① 岗位类型：J代表“教学研究并重型”，Y代表“研究为主型”。

② 学校类型：D代表“世界一流大学建设高校”，X代表“世界一流学科建设高校”。

第三节 "双一流"建设高校理工领域科研人才评价制度及其认同现状研究

一、"双一流"建设高校科研人才评价制度文本特征

(一) 评价导向：分类管理导向突出，依据学科和岗位类型分类

样本高校在开展科研人才评价时，大多坚持分类管理的原则，集中体现在高校层面的总体制度设计，大多数院系在学校相关评价制度的要求下开展评价工作。以专业技术职务聘任工作为例，分类办法大致有两种：一是根据学科(专业)划分，如按人文社科、理科、工科、医科分类[①]；二是根据岗位类型分类，如按教学为主型、科研为主型、教学科研并重型分类[②]。对样本高校的制度文本进行分析发现，20所高校中多数高校综合了两种分类方法设置评价要求，整体分类情况如表3-6所示。部分高校会根据学校实际进一步细化分类，如北京化工大学将岗位类别细化为教学为主型、工程推广型、科研为主型、交叉学科型[③]。各高校基于两种分类再按照岗位职务的不同级别提出不同的科研评价要求。在涉及理工领域具体学科的评价时，部分高校还会综合两种分类构成不同岗位系列、不同学科专业的更

表3-6 样本高校专业技术职务聘任制度分类情况

分类标准	频次	
	世界一流大学建设高校	世界一流学科建设高校
根据学科(专业)分类	2	/
根据岗位类型分类	1	2
综合学科(专业)和岗位类型分类	11	4

① 东南大学校长办公室.东南大学教授(研究员)职务评聘基本条件[EB/OL].[2019-06-26].https://rsc.seu.edu.cn/20166/list.htm.

② 南开大学材料科学与工程学院.各系列专业技术职务评聘业务条件[EB/OL].[2019-07-01].http://mse.nankai.edu.cn/2019/0505/c9314a131603/page.htm.

③ 北京化工大学校长办公室.北京化工大学关于2017—2020年校设专业技术职务公共岗位聘任工作的通知[EB/OL].[2019-04-10].http://xxgk.buct.edu.cn/rsszxx/gwszglypybf/105106.htm.

为详细的分类,如苏州大学在开展专业技术职务聘任工作时,基于理科和工科领域下设的不同学科特性,进一步细化分类,分为理科类(数学)、理科类(物理学)、理科类(化学)、工科类(材料科学与工程、化学工程与技术、环境科学与工程)、工科类(除材料科学与工程、化学工程与技术、环境科学与工程、建筑学以外)等①。

(二)评价标准:"质量"标准重视度提升,强调业绩水平和实际贡献

通过对制度文本的梳理发现,多数样本高校响应了国家破"五唯"的政策,科研人才评价标准重视对科研人才业绩水平和实际贡献的评价,见表3-7。如中南大学土木工程学院的高水平人才选拔文本②、武汉理工大学的年度考核文本③中均明确指出"重实绩、重贡献"的评价标准。为了考察科研人才的工作实绩、工作质量,多数样本高校创新评价方法,或更为科学地设定评价指标。如复旦大学、中山大学、南开大学、重庆大学、华东理工大学、武汉理工大学等高校在文本中均强调代表作成果评价制度,根据不同职称送审相应数量的代表作;为提升评审的科学性,重庆大学强调"同一人选代表作原则上送不同高校专家评价"④。中山大学化学学院在聘任评价细则中阐述了"代表性学术成果"的外延,包括学术论文、学术著作、专利、新品种、应用技术、国家技术标准或行业技术标准等,还可以是申请人多项紧密相关研究成果的组合⑤。不少样本高校鼓励不同学院基于各学科发展、研究实际制定更有针对性、更具合理性的指标,因此有些学院为科研人才设置了限制性和可选性的评价指标,如中南大学数学与统计学院为科研为主岗位的科研人才提供多种可选的科研评价条件,包括获得国家级、省部级科技奖等奖项,获得发明专利,发表SCI论文,获得国家级、省部级人才支持计划支持,年均到款科研经费等⑥;也有一些学院支持各指标间进行合理折算,如吉

---

① 苏州大学人力资源处.苏州大学教师专业技术职务聘任暂行办法[EB/OL].[2019-04-15].http://rsc.suda.edu.cn/3e/60/c1513a15968/page.htm.

② 中南大学土木工程学院.土木工程学院师资选拔工作细则[EB/OL].[2019-07-02].http://civil.csu.edu.cn/Content.aspx?moduleid=11D396BB-505A-4C32-A03D-CC87F0C78FD7&id=ca3a07ca-e70c-44db-9c20-15b06488599c.

③ 武汉理工大学人事处.武汉理工大学教职工年度考核实施办法[EB/OL].[2019-07-02].http://rshc.whut.edu.cn/rshc/detail.jsp?id=352.

④ 重庆大学人事处.重庆大学申报高级职称代表作送审要求[EB/OL].[2019-07-02].http://rsc.cqu.edu.cn/info/1041/1308.htm,2019-7-2.

⑤ 中山大学化学学院.关于公开招聘化学学院教师的启事(2016学年度招聘计划)[EB/OL].[2019-07-02].http://ce.sysu.edu.cn/zh-hans/article/106.

⑥ 中南大学数学与统计学院.中南大学数学与统计学院教师岗位任职条件[EB/OL].[2019-04-17].http://math.csu.edu.cn/info/1506/4732.htm.

林大学材料工程学院在公开招聘启示上对科研成果进行了说明，符合级别和排名的科研奖励、专利发明等可以等同于一定数量的 SCI 论文①。

表 3-7 样本高校评价标准规定情况

关键词句	频次	
	世界一流大学建设高校	世界一流学科建设高校
重实绩、重贡献；质量为先	4	3
代表作评价制度	4	2
可选条件；可折算	12	5

（三）评价周期：更趋灵活，服务科研人才成长

在高校科研人才评价中，评价周期对科研人才的科研行为取向具有重要的影响。一年一评的年度考核周期、三年一评的聘期考核周期，带来的直接影响是可能促使高校科研人才在科研工作中追求“短平快”②。为此，部分高校尝试遵循科学研究的规律，建立合理的科研评价周期。如清华大学和哈尔滨工业大学均实施了人事制度改革，制定准聘和长聘制度。通过 2～3 个聘期的考核，与科研人才签订无固定期限聘用合同③④，目的是为学校留选真正有学术旨趣和学术潜力的优秀骨干人才，激发青年科研人才的学术潜能，助力青年科研人才发展；同时为最终取得长聘职位的科研人才创造较为自由和相对宽松的环境⑤，鼓励科研人才投身长周期、基础性和前沿性的研究⑥。重庆大学在本校“百人计划”

① 吉林大学材料工程学院.吉林大学材料科学与工程学院 2018 年公开招聘专业教师启事[EB/OL].[2019-07-02].http://dmse.jlu.edu.cn/info/1136/3651.htm.

② 张正堂.回归本土大学科研考核评价的本源[EB/OL].[2019-07-09].http://www.moe.gov.cn/jyb_xwfb/moe_2082/zl_2016n/2016_zL4(环境科学)9/201609/t20160920_281620.html.

③ 程曦.激发人才引擎动力助推世界一流大学建设——清华大学全面推进人事制度改革[EB/OL].[2019-07-03].https://www.tsinghua.edu.cn/publish/thunews/9649/2017/20171017162232167952403/20171017162232167952403_.html.

④ 哈尔滨工业大学人事处.哈尔滨工业大学关于印发教师岗位准聘制度实施办法(试行)的通知[EB/OL].[2019-07-03].http://civil.hit.edu.cn/2018/1025/c11161a216505/page.htm.

⑤ 刘强.高校教师“准聘长聘制度”建设思考——以西北工业大学教师聘用制度改革为例[J].中国高校科技，2016，30(03)：50-51.

⑥ 程曦.激发人才引擎动力 助推世界一流大学建设——清华大学全面推进人事制度改革[EB/OL].[2019-07-03].https://www.tsinghua.edu.cn/publish/thunews/9649/2017/20171017162232167952403/20171017162232167952403_.html.

中采用了预聘制，科研人才在1～2个聘期——6年内通过考核可转为终身制[①]，旨在通过这一制度畅通人才发展渠道，吸引国内外具有学术潜质的高层次青年科研人才[②]。而针对部分科研能力突出的优秀青年科研人才，诸如哈尔滨工业大学、四川大学、华南理工大学等多所样本高校为其设置了破格晋升制度[③④⑤]，旨在打破传统任职年限的限制，缩短任职考核周期，调动其积极性和创造性，加速青年科研人才的成长。

（四）评价程序：更为公正，接受科研人才监督

公平公正的科研评价，是高校科研健康发展的前提[⑥]。诸多样本高校理工领域的评价制度文本均体现了科研评价的公平公正公开原则，如中南大学、苏州大学等样本高校在评价制度文本中明确指出要强调评价工作的公平公正[⑦⑧]。各样本高校规范评价程序的相关表述如下：① 实行考核公示制度。大部分样本高校均会公示考核结果，部分高校还会公示科研人才的成果和实绩。如华东理工大学理学院公示了每一位科研人才的考核安排，公示内容包括科研人才的中英文简历、发表与录用论文首页、科研人才的个人简介和安排考核的时间[⑨]。② 实行评审回避制度。在样本高校的制度文本中，评审回避制度主要包括自行回避和申请回避。如四川大学在职务评聘文本中强调“为保证公平公正，申报人的指导教师、代表作合著者或共同研究者、与申报人有亲属关系者应回避”[⑩]，属于自行

---

① 重庆大学电气工程学院.重庆大学电气工程学院诚邀海内外人员加盟[EB/OL].[2019-07-05]. http://www.cee.cqu.edu.cn/info/1116/4792.htm.

② 重庆大学校长办公室.重庆大学教师预聘制管理办法(试行)[EB/OL].[2019-07-06]. http://gongkai.cqu.edu.cn/info/1052/1690.htm.

③ 哈尔滨工业大学人事处.关于开展2018年秋季学期“青年拔尖人才选聘计划”申报及2018年教师准聘岗选聘工作的通知[EB/OL].[2019-07-08].http://today.hit.edu.cn/node/60888.

④ 四川大学人事处.四川大学专业技术职务申报条件(试行)[EB/OL].[2019-04-15]. http://msec.scu.edu.cn/content-114-1484-1.html.

⑤ 华南理工大学人事处.关于开展青年教师破格晋升高级专业技术职务评聘工作的通知[EB/OL].[2019-07-08].http://www2.scut.edu.cn/physics/2018/1025/c14087a291025/page.htm.

⑥ 李松岩，徐治，于洋，等.我国高校科研评价体系对教师科研价值观的影响[J].中国校外教育(中旬刊)，2015，(z2)：201-202.

⑦ 中南大学人事处.关于开展2018年个人年度考核(含教师师德考核)工作的通知[EB/OL].[2019-07-08].http://smse.csu.edu.cn/Content.aspx?moduleid=37f5fe51-bdac-4043-9793-cf273af1395d&id=c9f50e15-088d-4ff2-afc1-52515c03b928.

⑧ 苏州大学人事处.关于做好2017年教师、专职科研人员及实验技术人员高、中级专业技术职务评聘工作的通知[EB/OL].[2019-07-09].http://rsc.suda.edu.cn/f5/b2/c286a128434/page.htm.

⑨ 华东理工大学理学院.通知公告[EB/OL].[2019-07-08].http://science.ecust.edu.cn/5524/list1.htm.

⑩ 四川大学人事处.关于2017年度专业技术职务评聘工作安排意见的通知[EB/OL].[2019-07-08]. http://math.scu.edu.cn/info/1061/1161.htm.

回避；华东理工大学则实行申请回避[①]。③ 设置评审专家库。部分样本高校在职称评聘相关制度文本中明确规定设置专家库。如复旦大学强调，应在同行评审环节设置校外评审专家库，“邀请与申请人研究方向相同或相近的专家进行同行评议”[②]。再如武汉理工大学规定，在校内教授破格申报环节以通讯评审方式进行，“建立通讯评审专家库，通讯评审专家采用抽取的方式产生”[③]。④ 设置申请复议/复核或提请申诉的环节。部分样本高校在职称评聘相关制度文本中允许科研人才复议/复核或提请申诉。如东南大学在专业技术岗位分级聘用工作中强调应“规范评聘程序，严肃评审纪律”，学校设立岗位聘用与考核申诉委员会，负责学校各级的申（投）诉[④]。武汉理工大学在专业技术职务评审及岗位聘任办法中进一步细化了申诉要求，指出科研人才“对评审或评议结果提出异议，并有正当理由要求复议时，必须征得该教授会、学科评审（评议）组 1/2 及以上与会成员同意，并事先明确复议的范围和对象”[⑤]。

（五）评价指标：量化指标仍为高频指标，呈现国际化倾向

当前，大多数样本高校在年度考核、聘期考核、岗位招聘、科研奖励以及遴选高层次教师等活动中明确提出了科研方面的要求，并多为客观的量化指标，包括发表论文的数量和级别、科研项目或课题的数量和级别、年均到款科研经费的数额等。以 2018 年岗位招聘相关科研评价指标，见表 3－8。从表 3－8 可以看出，各高校人才招聘方面的科研评价指标具有较为突出的国际化倾向，主要表现在两方面：一是高度重视在国际期刊发表论文，如清华大学电子工程与应用电子技术系在人才招聘申报要求中提到“在国际主流期刊上发表过高质量论文[⑥]”；再如中南大学交通运输学院则在招聘要求中明确提出“JCR 一区论

① 华东理工大学人事处.华东理工大学关于开展 2018 年度专业技术职务聘任及岗位等级调整工作的通知[EB/OL].[2019－07－10].http://personnel.ecust.edu.cn/2018/0411/c7434a74850/page.htm.

② 复旦大学人事处.关于做好 2016 年复旦大学“青年杰出人才”正高级专业技术职务推荐申报工作的通知[EB/OL].[2019－07－09].http://life.fudan.edu.cn/Data/View/2551.

③ 武汉理工大学人事处.武汉理工大学 2017—2020 年专业技术职务评审及岗位聘任办法[EB/OL].[2019－07－09].http://rshc.whut.edu.cn/rshc/detail.jsp?id=96.

④ 东南大学校长办公室.关于开展 2016 年专业技术岗位分级聘用工作的通知[EB/OL].[2019－07－09].https://rsc.seu.edu.cn/20166/list.htm.

⑤ 武汉理工大学人事处.武汉理工大学 2017—2020 年专业技术职务评审及岗位聘任办法[EB/OL].[2019－07－09].http://rshc.whut.edu.cn/rshc/detail.jsp?id=96.

⑥ 清华大学电子工程与应用电子技术系.清华大学电机系诚邀海内外人才加盟[EB/OL].[2019－07－01].http://www.eea.tsinghua.edu.cn/pages/articleFC.html.

文不少于一篇①”的条件。二是部分高校对申请教师的海外研究和工作经历作出了要求，如四川大学化学学院特聘副研究员的招聘，要求申请教师应有1年及以上的海外学习或工作经历②。

表3-8 样本高校2018年副教授/副研究员招聘科研方面具体要求

高　校	院　系	论　文	科研经费	科研项目	海外经历
清华大学	工业工程系	有国际SCI期刊论文	/	/	/
复旦大学	航空航天系	发表高水平论文	/	/	/
华中科技大学	/	2篇国际一流期刊论文	/	主持国家纵向项目1项	/
南京大学	地理与海洋科学学院	8+篇核心期刊及以上论文，6篇SCI/SSCI/A&HCI或EI源刊或地理学报等	年均到账经费15万元以上	主持国家项目/课题1项	/
中山大学	化学化工学院	2+篇中科院分区表二区或JCR一区期刊论文	/	/	/
四川大学	化学学院	/	/	/	应有1+年海外学习或工作经历
中南大学	交通运输工程学院	1+篇JCR一区论文	/	/	/
吉林大学	计算机科学与技术学院	1篇国际学术期刊论文 2篇SCI论文	/	负责A类项目1项	1+年海外交流、工作经历者优先

① 中南大学交通运输学院.中南大学交通运输工程学院招聘启事[EB/OL].[2019-07-01].http://stte.csu.edu.cn/Content.aspx?moduleid=d26d33e5-c4b1-4724-82a1-cac34a266160&id=2cad456a-6579-454d-a3e0-e685f6237b32a.

② 四川大学化学学院.四川大学化学学院教学科研岗位招聘启事——特聘副研究员[EB/OL].[2019-07-03].http://chem.scu.edu.cn/news/contentshow/402e04f0-0a85-47da-b2fe-932730b8828b.

续 表

高 校	院 系	论 文	科研经费	科研项目	海外经历
华东理工大学	化学与分子工程学院	3 篇 SCI 论文	/	负责国家级项目 1 项	/
北京化工大学	机电工程学院	发表高水平论文	/	独立承担国内外研究课题的经历	/

注：数据缺失的高校未列入表中。

（六）评价方法：重视作者署名顺序，依据署名顺序确定权重

大多数样本高校科研人才评价方法强调作者署名顺序，具体表现为：在评价学术论文时，第一作者的权重最高，而非第一作者或通讯作者的论文则可能权重较低甚至完全不计数，如南京大学地理与海洋科学学院副教授招聘中指出，申请人需"至少有 2 篇第一作者或通讯作者 SCI 或 SSCI 或 A&HCI 论文发表在学校公布的一级学科二区及以上期刊"①；在评价奖项时，计算排名前 2 或前 3 的奖项，如东南大学在教授(研究员)职务评聘基本条件中，对教授的一项可选性条件要求为"获国家级奖励(前 3 名)或获省部级二等奖以上奖励(前 2 名)"②；在评价专利时，强调第一发明人身份，如中南大学数学与统计学院在岗位聘用时，注明专利成果的评价条件是"作为第一发明人获国家发明专利 5 项以上"③；在评价科研项目时，强调项目负责人身份等，如四川大学在专业技术职务聘任时，要求理工医科的教授和副教授评审必备条件是，申请人需"作为负责人主持国家级科研项目"④。

（七）评价结果：结果多与利益挂钩，体现奖惩性评价导向

结合我国高校科研工作发展的实际，学界一直呼吁"发展性评价"⑤，扭转过

① 南京大学地理与海洋科学学院.地理与海洋科学学院副教授申报条件(校外)[EB/OL].[2019-06-25].http://hrmis.nju.edu.cn/urp-data/rss/post-detail.jsp? post=AP20172042&isElse=.

② 东南大学校长办公室.东南大学教授(研究员)职务评聘基本条件[EB/OL].[2019-06-26].https://rsc.seu.edu.cn/20166/list.htm.

③ 中南大学数学与统计学院.中南大学数学与统计学院教师岗位任职条件[EB/OL].[2019-04-17].http://math.csu.edu.cn/info/1506/4732.htm.

④ 四川大学人事处.关于 2017 年度专业技术职务评聘工作安排意见的通知[EB/OL].[2019-07-08].http://math.scu.edu.cn/info/1061/1161.htm.

⑤ 于剑.评价教师，什么样的机制能实现"发展性"[N].光明日报，2018-04-24(13).

度的利益导向。但本书通过梳理样本高校制度文本发现，多数样本高校在年度考核中仍呈现出较强的利益导向性，显示出典型的奖惩性评价特征。以年度考核为例，样本高校具体制度规定情况见表 3－9。

表 3－9　12 所样本高校 2018 年度考核结果运用规定情况

关键词句	频次	
	世界一流大学建设高校	世界一流学科建设高校
与工资绩效挂钩/作为重要依据	6	2
与晋升挂钩/作为重要依据	6	1
与聘任挂钩/作为重要依据	8	3
与表彰奖惩挂钩/作为重要依据	7	2
与培训挂钩/作为重要依据	1	/

注：数据缺失的高校未列入表中。

如表 3－9 所示，多数样本高校的年度考核明确指出了考核结果与工资、职务晋升、岗位聘用、表彰奖励、培训等利益分配直接相关。如中南大学冶金与环境学院在年度考核中采用工分制①，南开大学“以绩效考核为核心的评价体系”②的做法，突出了绩效考核的理念，强调了评价结果的回顾性③，及其发挥决策依据的作用。

二、“双一流”建设高校理工领域科研人才对科研评价制度的认同情况

公共政策与高校制度的产生途径基本一致，均是通过人为设计产生，由一批代理人充当政策主体设计得出④，高校科研评价制度同理。由于科研评价制度的监督和评价的主体主要为上级党委纪检部门或学校内审部门，高校科研人才的参与度有限，但科研人才对制度执行阶段的体会最为直观，因此本书重点关注

① 中南大学冶金与环境学院.冶金与环境学院教学科研人员 2018 年度考核细则[EB/OL].[2019－07－10].http://smse.csu.edu.cn/Content.aspx?moduleid=37f5fe51－bdac－4043－9793－cf273af1395d&id=c9f50e15－088d－4ff2－afc1－52515c03b928.

② 南开大学人事处.关于 2018—2019 年度教职工绩效考核工作的通知[EB/OL].[2019－07－10].http://www.nankai.edu.cn/2019/0617/c157a178206/page.htm.

③ 李湘萍，林青国.高校科技评价体系改革的思考与探索[J].北京教育(高教)，2018，39(11)：80－83.

④ 朱水成.公共政策与制度的关系[J].理论探讨，2003，20(03)：87－90.

高校科研评价制度的执行阶段中高校理工领域科研人才对制度的认同。本书依据社会认同理论，将社会认同划分为了认知、情感、评价、行为四维度，下面将从四维度阐述样本高校科研人才的制度认同结果。

（一）认知维度：整体认知情况较好，部分要素认知存在提升空间

对制度内容的认识和了解是制度认同的重要前提。本书围绕高校科研人才对所在高校或院系科研评价制度八要素的熟悉度情况来探究其制度认知情况。研究发现，多数高校理工领域科研人才对“评价目的”“评价主体”“评价方法”“评价标准”“评价指标”“评价程序”“评价结果运用”和“评价周期”八要素比较了解，极少数高校理工领域科研人才对八要素完全不了解。其中，对“评价结果的运用”“比较不了解”和“完全不了解”的比例最高，占比10.6%，其次为“评价周期”和“评价程序”，占比分别为7.3%和6.4%。从整体上看，样本高校理工领域科研人才对所在高校或院系的科研评价制度的认知程度较好，但对“评价结果运用”“评价程序”和“评价周期”三要素的认知存在提升空间，见图3-1。

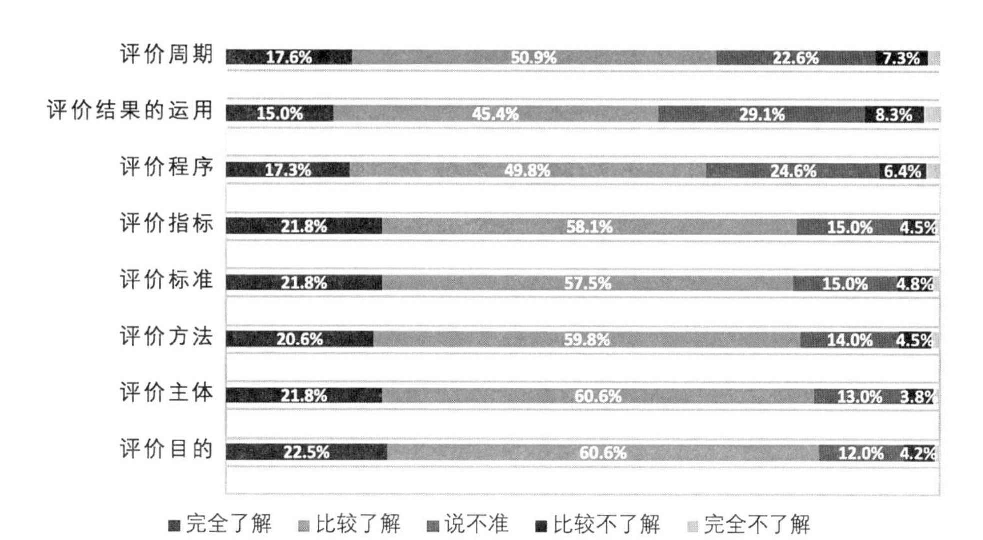

图3-1 样本高校理工领域科研人才对科研评价制度的认知情况

对比分析不同层次类型高校理工领域科研人才对所在高校或院系的科研评价制度的认知情况可见，世界一流大学建设高校理工领域科研人才对制度八要素的认知情况整体优于世界一流学科建设高校理工领域科研人才，前者对各维度“完全了解”和“比较了解”的占比之和高于后者，表明世界一流大学建设高校理工领域科研人才对所在学校或院系的科研评价制度的熟悉度优于世界一流学科建设高校理工领域科研人才。二者对“评价结果运用”“评价周期”和“评价程序”的认知水平均低于其他要素，三要素的认知水平排序与整体的认知程度保持一致，见图 3－2。

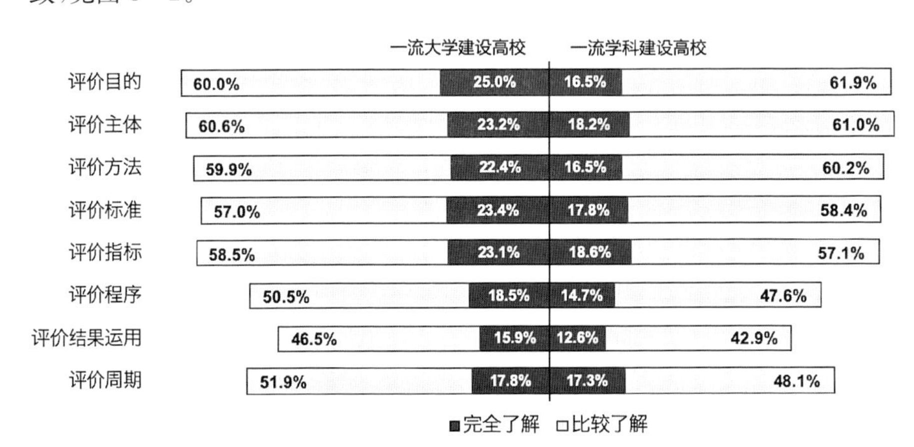

图 3－2　不同层次类型高校理工领域科研人才对科研评价制度的认知情况

对比分析不同学科领域的高校理工领域科研人才对所在高校或院系的科研评价制度的认知情况可见，理学、工学领域的科研人才对制度八要素的认知情况大体一致，对各维度“完全了解”和“比较了解”的占比之和相近。同样的，二者对“评价结果运用”“评价周期”和“评价程序”的认知水平均低于其他要素，三要素的认知水平排序与整体的认知程度保持一致，见图 3－3。

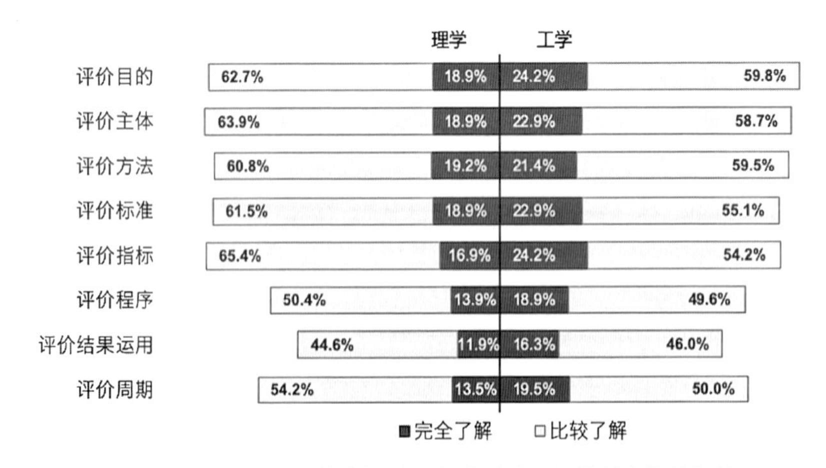

图 3－3　不同学科领域的高校科研人才对科研评价制度的认知情况

（二）情感维度：对评价主体、评价指标、评价方法认同程度不高

认同中的情感维度是指高校理工领域科研人才对所在高校或院系科研评价制度各要素的执行情况的认同情况。由于“评价周期”和“评价结果运用”二要素在问卷预测验阶段的得分不太理想，经过专家审议，考虑到这些要素及“评价标准”的认同情况不易通过问卷调查获取，故通过访谈对这三要素的认同情况予以补充。以下将依据问卷中要素的排列顺序，从评价主体、评价方法、评价指标、评价程序和评价目的五要素依次说明高校理工领域科研人才对科研评价制度情感维度的认同情况。

1. 评价主体：对国外小同行充当评价主体的认同程度最高

本书中的评价主体包括学校领导和院系领导构成的行政领导评价主体，以及国内外同行和第三方机构构成的非行政领导评价主体。问卷调查结果显示，样本高校理工领域科研人才较为认同由小同行担任科研评价主体，且对国外小同行的认同程度高于国内小同行，对行政领导和第三方机构的认同程度均不高，其中对院系领导的认同程度高于对学校领导的认同。分别分析不同层次类型高校间，以及不同学科领域间的科研人才对各评价主体的认同情况，发现不同类别间的科研人才对评价主体的认同情况不存在显著差异，均和整体认同情况保持一致。

在行政领导方面，表示“比较认同”学校领导作为科研评价主体的高校科研人才比例为33.8%，“完全认同”的比例为5.7%。而表示“比较认同”院系领导作为科研评价主体的比例为40.6%，“完全认同”的比例为7.9%。可见，样本高校科研人才对院系领导的认同程度高于学校领导，但整体上看，对行政领导作为评价主体的认同程度不高。以对行政领导的认同为例，分别分析不同层次类型高校间，以及不同学科领域间的科研人才对行政领导的认同情况，可以发现，各类别科研人才对评价主体的认同情况和整体认同情况保持一致，即对院系领导的认同程度均高于对学校领导的认同，见图3-4。

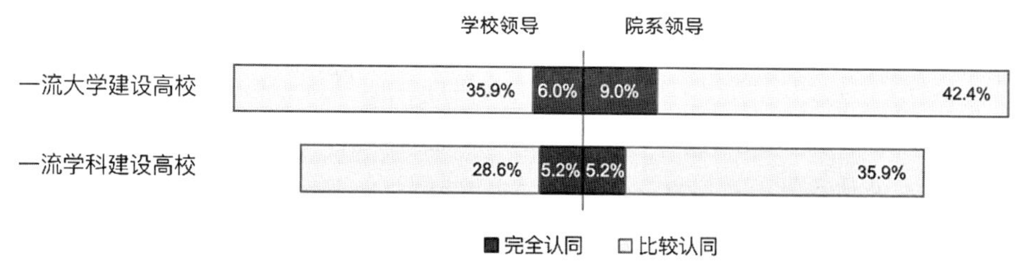

图3-4 不同层次类型高校理工领域科研人才对行政领导的认同情况

在非行政领导方面，样本高校理工领域科研人才对国外小同行的认同程度高于对国外大同行的认同程度，如图 3－5 所示。具体而言，68.4％的被调查者认同国外小同行作为评价主体（其中 51.7％表示"比较认同"，16.7％表示"完全认同"）；56.1％的被调查者认同国外大同行作为评价主体（47.8％表示"比较认同"，8.3％表示"完全认同"）。对于国内大、小同行，样本高校理工领域科研人才对国内小同行的认同程度同样高于对国内大同行的认同程度。64.2％的被调查者认同国外小同行作为评价主体（50％表示"比较认同"，14.2％表示"完全认同"）；47.1％的被调查者认同国外大同行作为评价主体（39.9％表示"比较认同"，7.2％表示"完全认同"）。对比国内外同行的认同程度情况，可以发现，样本高校理工领域科研人才对国外小同行的认同程度最高，其次是国内小同行。还有 37.1％的被调查者"完全认同"或"比较认同"第三方机构作为评价主体，认同程度不高。

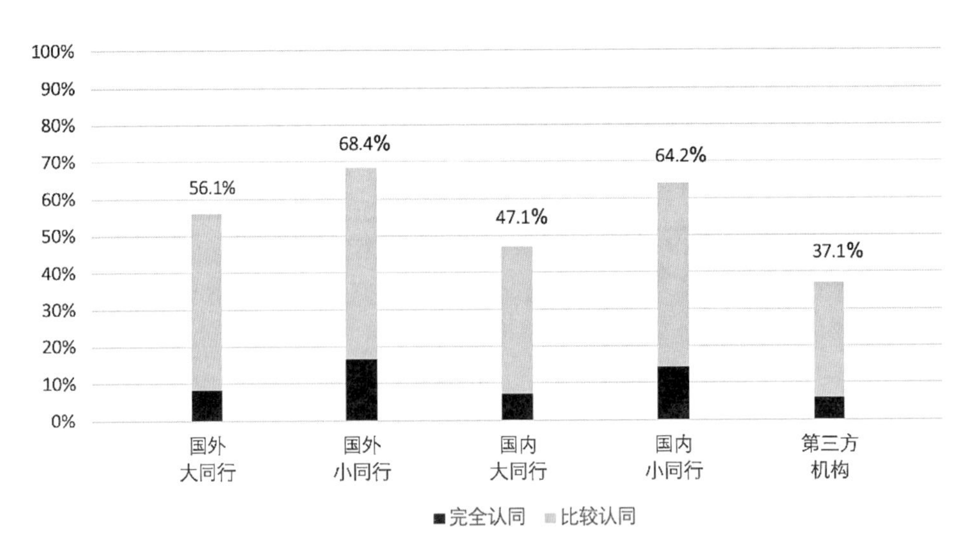

图 3－5 样本高校理工领域科研人才对非行政领导评价主体的认同情况

2. 评价方法：对合作成果计算方法认同程度不高

本书中的评价方法包括成果评价方法和合作成果计算方法，其中成果评价方法主要指定量评价、同行评议和综合评价，这部分数据将主要通过访谈结果呈现，在此不做赘述。合作成果计算方法主要指在合作著作、论文成果计算时对作者署名的要求和合作项目时对作者排序的要求。结果显示，样本高校理工领域科研人才对"合作著作、论文成果计算中只计算第一作者或通讯作者"的做法的认同程度不高，该做法获得的“完全认同”与“比较认同”的比例之和为 46.5%，而样本高校理工领域科研人才对“合作项目中只计算负责人”的做法认同程度更低，选择“完全认同”与“比较认同”该做法的比例之和仅为 28.8%。

对不同层次类型高校间以及不同学科领域间的科研人才对各合作成果计算方法的认同情况分别分析可以发现，各类别的科研人才的认同情况均和整体认同情况保持一致，但在不同学科领域间存在差异，见图 3-6。理学领域的科研人才对“合作著作、论文成果计算中只计算第一作者或通讯作者”的成果计算方法的认同程度低于工学领域的科研人才，而后者对“合作项目中只计算负责人”的成果计算方法表示“比较认同”的比例低于前者。

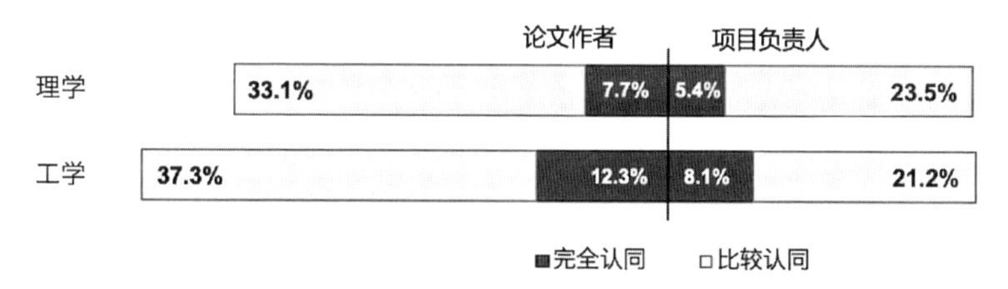

图 3-6 不同学科领域的高校科研人才对合作成果计算方法的认同情况

3. 评价指标：对评价指标的认同程度不高，不同学科间存在认同差异

本书中的评价指标主要包括论文相关指标和其他指标两类。论文相关指标包括“*Nature*、*Science*、*Cell* 等顶尖期刊发文导向”“ESI 高被引论文的数量要求”“JCR 一区二区的 SCI 论文的数量要求”“EI 源刊论文的数量要求”“高影响因子期刊论文的数量要求”和“论文被引频次要求”；其他指标包括“国家授权发明专利的数量要求”“专利成果转让的项目到账经费的数量要求”“年均到款科研经费的数量要求”“国家级、省部级等科研项目的数量要求”“国家三大奖、省部级科技奖等奖项的数量、级别、排名要求”“国家级、省部级人才支持计划的类型、获奖要求”和“著作的等级、数量、字数要求”。

在论文相关指标方面，结果显示，样本高校理工领域科研人才对所在高校或院系的多项论文相关指标的认同程度均不高，其中对“论文被引频次要求的认同程度”这一指标的认同程度最高，表示“完全认同”和“比较认同”这一指标的理工领域科研人才比例达到了 51.4%，对“JCR 一区二区的 SCI 论文的数量要求”这一指标的认同程度次之，为 43.6%。表示“比较认同”“*Nature*、*Science*、*Cell* 等顶尖期刊的发文导向”的比例为 33%，“完全认同”的比例为 12.3%。对于“ESI

高被引论文、EI 源刊论文、高影响因子期刊论文的数量要求”三项指标，选择“说不准”“比较不认同”和“完全不认同”的比例之和均超过了 60%。比较不同学科领域间的科研人才对评价指标的认同情况，可以发现，理学领域的科研人才对论文相关指标的认同程度均高于工学领域的科研人才，见图 3－7。

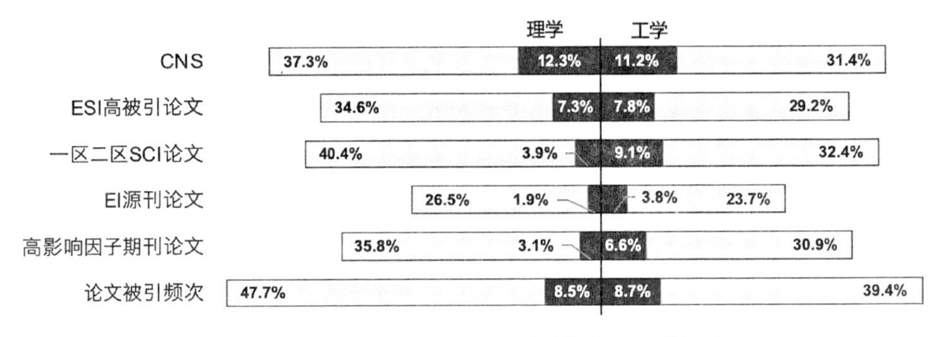

图 3－7 不同学科领域的高校科研人才对论文相关指标的认同情况

注：CNS 指 Science、Nature 和 Cell 论文。

在其他指标方面，样本高校科研人才对所在高校或院系的专利成果转让、经费、项目、奖项、人才计划和专著的指标要求认同程度不高。其中，表示“完全认同”和“比较认同”“专利成果转让的项目到账经费要求”的占比之和最高，为 48.3%，其次是“国家三大奖、省部级科技奖等奖项的数量、级别、排名要求”和“国家级、省部级等科研项目的数量要求”，占比之和分别为 44.7%和 42.9%。而对“国家级、省部级人才支持计划的类型、获奖要求”“国家授权专利的数量要求”“年均到账科研经费的数量要求”“著作的等级、数量、字数要求”四项指标表示“完全认同”或“比较认同”的样本高校理工领域科研人才的占比之和均不到 40%。比较不同学科领域间的科研人才对其他指标的认同情况，可以发现，工学领域的科研人才对七项其他指标的认同程度均高于理学领域的科研人才，见图 3－8。

比较不同层次类型高校的科研人才对评价指标的认同情况，可以发现，除了“国家授权专利的数量要求”这一指标，一流大学建设高校科研人才对其他各项评价指标的认同情况均高于一流学科建设高校科研人才。

4. 评价程序：对评价程序的公平、公正、公开情况的认同程度较高

在评价程序方面，本书主要测量了样本高校科研人才对科研评价过程中的

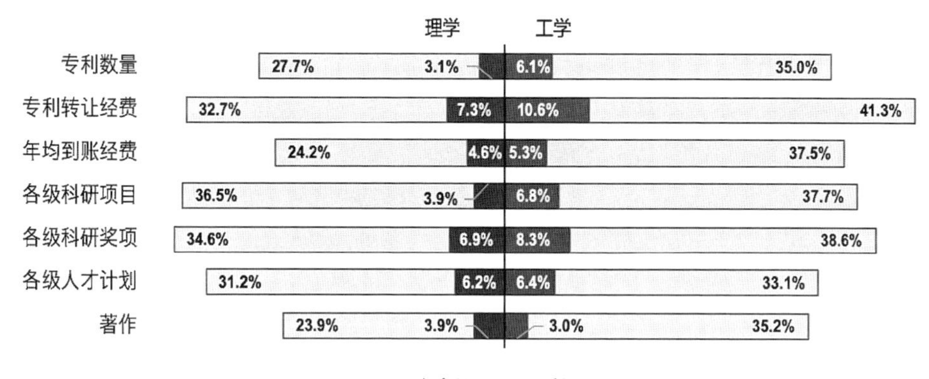

图 3-8 不同学科领域的高校科研人才对非论文相关指标的认同情况

公平、公正、公开情况的认同程度。结果显示，样本高校科研人才对评价程序要素的 7 道题项均表示了较高的认同。不同类别间的科研人才对评价程序的认同情况不存在显著差异，均和整体认同情况保持了基本一致。如图 3-9 所示，样本高校科研人才对 7 道题项表示“完全认同”或“比较认同”的比例均接近或超过 80%。可见，样本高校科研人才较为认同所在高校或院系在科研评价过程中“与科研人才进行沟通”“重视科研人才的意见”“对科研人才一视同仁”“评价过程公开透明”“基于真实和完整的信息开展评价”和“畅通科研人才申诉渠道”方面的做法。

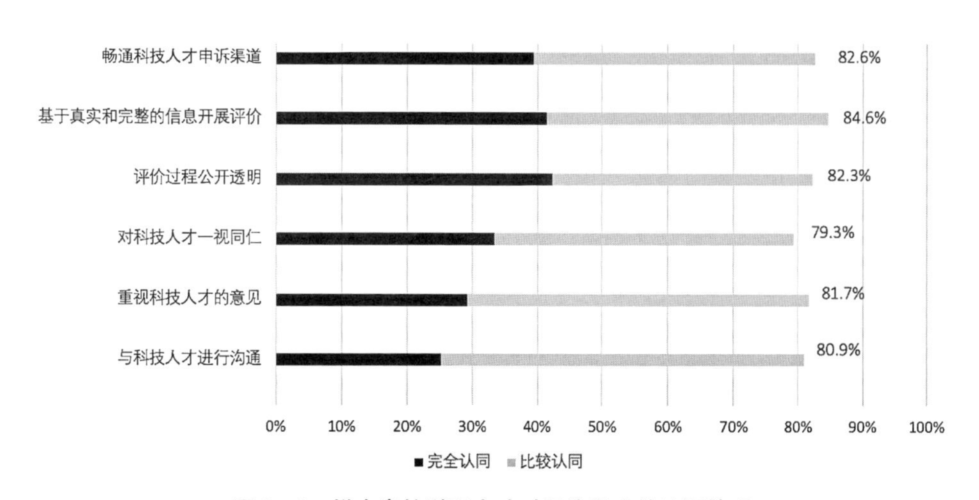

图 3-9 样本高校科研人才对评价程序的认同情况

5. 评价目的：对发展性评价的执行情况认同程度略低于奖惩性评价

评价目的包括发展性评价目的和奖惩性评价目的[①]。结果显示，样本高校理工领域科研人才对两种类型的评价目的的执行情况均表示了高度认同，但对发展性评价目的的执行情况认同程度稍低于奖惩性评价。不同类别间的科研人才对评价目的的认同情况不存在显著差异，均和整体认同情况保持了基本一致。如图 3－10 所示，表示“完全认同”或“比较认同”奖惩性评价在“提供晋升决策依据”“甄选优秀科研人才”“评判科研人才过去的科研成绩”三方面执行情况的比例接近 80%。但对发展性评价在“识别科研工作的优势和劣势”“帮助科研人才确定清晰的个人发展目标”两方面执行情况表示“完全认同”或“比较认同”的比例则分别为 69%和 70.9%。

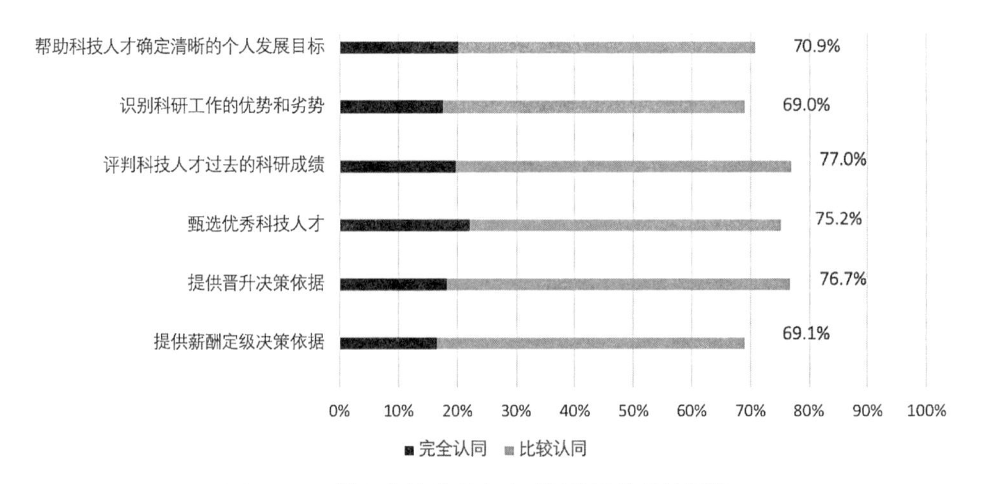

图 3－10 样本高校科研人才对评价目的的认同情况

（三）评价维度：科研评价制度给个体带来的消极影响比较明显

认同中的评价维度测量的是个体对制度实施结果的评价。本书问卷中的评价维度即指样本高校科研人才对所在高校或院系科研评价制度实施结果的评价，包括积极评价和消极评价。整体上看，样本高校科研人才认为当前所在高校或院系的科研评价制度给个体带来的消极影响比较明显。如图 3－11 所示，在对所在高校或院系现行科研评价制度的评价表述中，认为科研评价制度“增加了心理压力”的表述“完全符合”或“比较符合”自身实际的科研人才占比高达

① 王斌华.奖惩性与发展性教师评价制度的比较[J].上海教育科研，2007，27(12)：39－41.

78%,而认为科研评价制度"提高了科研工作效率""提升了科研成果质量"的表述"完全符合"或"比较符合"自身实际的科研人才占比仅约为 33%;认为科研评价制度"减少了用于科研的工作时间精力"表示"完全符合"或"比较符合"自身实际的科研人才占比高达 58.1%;而认为科研评价制度"鼓励了科技人才的原始创新研究"的表述"完全符合"或"比较符合"自身实际的科研人才仅占 30%。

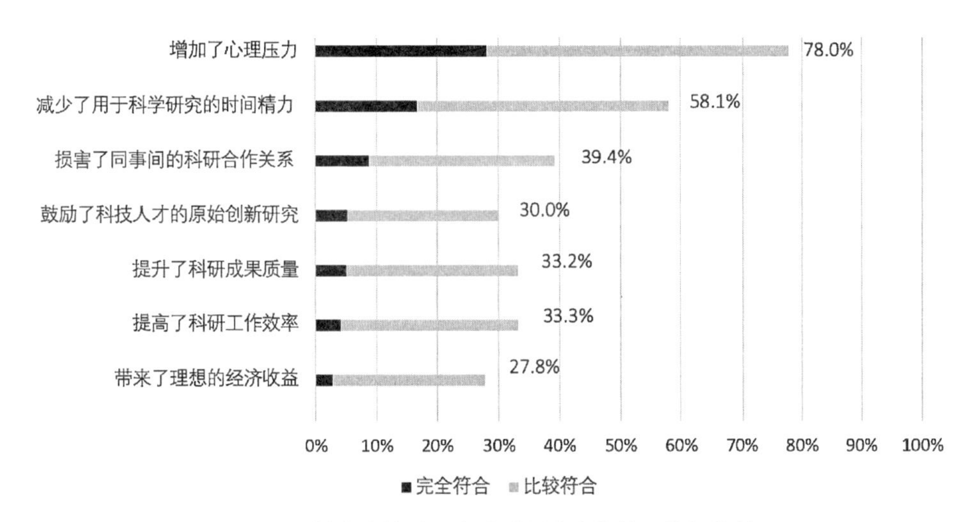

图 3-11 样本高校科研人才对制度实施结果的评价情况

分别比较不同层次类型高校、不同学科领域的科研人才对所在学校或学院科研评价制度实施结果的评价情况,可以发现,工学领域的科研人才对积极评价和消极评价的认同程度均高于理学领域的科研人才。而世界一流大学建设高校理工领域科研人才对积极评价的认同程度高于世界一流学科建设高校科研人才,对消极评价的认同程度多数低于世界一流学科建设高校科研人才。

(四) 行为维度:愿以行动支持科研评价、关注制度未来发展

认同中的行为维度主要测量个体对制度的关心、为制度效力的行为意愿。本书中的行为维度包括样本高校科研人才对当前科研评价制度的支持行动意愿和对科研评价制度未来发展的行动意愿两方面。总体而言,样本高校理工领域科研人才愿意在当前制度环境下继续以行动支持科研评价,亦愿意关注科研评价制度的未来发展,并为之出谋献策,但"参与科研评价的制度设计和执行的相关活动"的意愿最低。不同类别间的高校科研人才行为意愿情况不存在显著差异,均和整体行为意愿情况保持基本一致。如图 3-12 所示,在对科研评价制度的支持行动意愿方面，认为愿意“继续平衡教学、科研和社会服务的时间接受科研评价”和“在当前科研评价制度下，继续开展科研合作”的表述“完全符合”或“比较符合”自身实际的科研人才占比超过了70%；而对“继续在当前科研评价制度下，更积极地开展科学研究”的表述表示“完全符合”或“比较符合”自身实际的科研人才占比亦接近70%。在对科研评价制度未来发展的行动意愿方面，认为“关注科研评价制度的发展”的表述“完全符合”或“比较符合”自身实际的科研人才占比达到了73%，愿意“为科研评价制度的完善建言献策”的科研人才占比为67.8%，愿意“参与科研评价的制度设计和执行的相关活动”的科研人才占比略低，为54.9%。

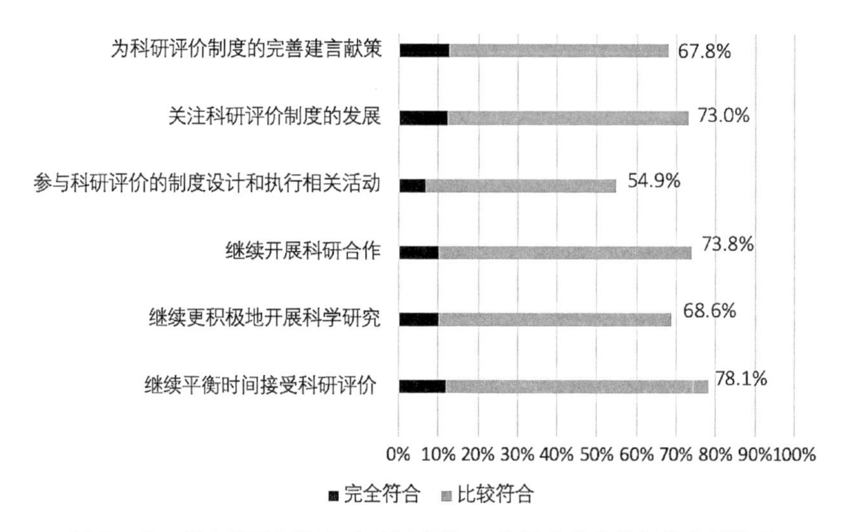

图3-12 样本高校科研人才对制度关心、为制度效力的行为意愿情况

（五）认同差异：不同背景特征的科研人才存在认同差异

由上述可知，不同学科领域和不同层次类型高校理工领域科研人才对科研评价制度的认同存在差异。为了进一步探索高校科研人才认同差异，本书运用单因素方差分析，比较不同学科领域、不同科研年限和不同年龄段的高校科研人才在认同方面是否存在差异。研究发现，三种类型的科研人才在不同的认同维度存在显著差异。

1. 不同研究类型科研人才的认同差异

本书对不同研究类型的科研人才对科研评价制度不同维度的认同进行了单因素方差分析，在数据通过方差齐性检验的前提下，研究发现，不同研究类型的样本高校理工领域科研人才在认知维度、评价和行为维度的认同不存在显著差异。如表3－10所示，在情感维度的“论文相关指标”“其他指标”和“其他评价主体”方面的 p 值小于0.05，即不同研究类型的科研人才在以上方面的认同存在显著差异。

表3－10 不同研究类型科研人才对科研评价制度认同的方差分析

变量大类	变量亚类	研究类型(平均值)		F	p
		基础研究	应用研究		
情感维度	论文相关指标	1.14	−0.12	5.419	0.001**
	其他指标	−0.16	1.17	7.536	0.000***
	其他评价主体	0.10	−0.10	2.910	0.034*

注：① * 表示 $p<0.05$，** 表示 $p<0.01$，*** 表示 $p<0.001$。
② 论文相关指标是指“*Nature*、*Science* 和 *Cell* 等顶尖期刊的发文导向”“论文被引频次要求”及“ESI高被引论文、JCR一区二区的SCI论文、EI源刊论文和高影响因子期刊论文的数量要求”；其他指标是指“专利转让的到账经费数量要求”“年均到款科研经费的数量要求”“省部级及以上科研项目、科技奖、人才支持计划”的要求和“著作”的要求；其他评价主体是指国内外大小同行及第三方机构。

样本高校从事基础研究的科研人才在“论文相关指标”方面的平均值为1.14分，高于从事应用研究的科研人才，所以他们对“论文相关指标”的认同程度高于后者。同理，在“其他指标”方面，样本高校从事应用研究的科研人才的平均值为1.17，高于从事基础研究的科研人才，故其对“其他指标”的认同程度高于后者。同时，从事基础研究的科研人才对“其他评价主体”的认同程度高于从事应用研究的科研人才。这一现象可能与从事基础研究的科研人才的科研成果多以原创导向的论文、著作为主，同行评议的方式更适用于其成果的评价有关。而从事应用研究的科研人才的科研成果不局限于论文，更多地展现在技术开发、成果转化和社会效益方面，同行评议方式不能完全满足成果评价的要求。

2. 不同科研工作年限科研人才的认同差异

本书对不同科研工作年限科研人才对科研评价制度不同维度的认同进行了单因素方差分析，在数据通过方差齐性检验的前提下，研究发现，不同科研工作年限科研人才在评价维度、行动维度方面不存在显著性差异，但在“认知”维度、“情感”维度的“论文相关指标”上存在显著性差异，见表3－11。

表 3-11 不同科研工作年限科研人才对科研评价制度认同的方差分析

变量	科研年限(平均值)				F	p
	少于5年	5~10年	11~15年	16年及以上		
认知	−0.33	−0.09	0.02	0.08	3.447	0.016*
论文相关指标	0.27	1.14	−0.02	−0.10	3.770	0.011*

注：① * 表示 $p<0.05$。
② 认知维度是指高校科研人才对评价目的、评价主体、评价方法、评价指标等科研评价制度八要素的熟悉情况。

为了进一步了解不同科研工作年限的样本高校科研人才间认同差异的情况，本书运用 LSD(最小显著差数)方法对样本进行“两两比较”。如表 3-12 所示，在“认知”维度方面，从事科研工作时间少于5年的科研人才组与从事科研工作时间为11~15年、16年及以上的科研人才组之间存在显著性差异，而与科研工作时间为5~10年的科研人才组间无显著差异。从事科研工作年限少于5年的高校科研人才组在“认知”维度方面的平均值为−0.33分，少于得分为0.02的11~15年的高校科研人才组和得分为0.08的16年及以上的高校科研人才组，故对于所在高校或院系的科研评价制度，科研工作年限为少于5年、11~15年、16年及以上的高校理工领域科研人才的认知程度逐渐递增。这一现象可能是因为从事科研工作年限越长，越有机会参与科研评价的相关事务，以及接受更多种科研评价，因而对制度的认知程度越高。同理，从事科研工作年限为少于5年的高校科研人才组在“论文相关指标”方面，与从事科研工作年限为16年及以上的高校科研人才组的认同存在显著差异，且前者对“论文相关指标”的认同程度高于后者。这一现象可能是因为科研工作年限少于5年的高校科研人才多为新进人员，需要接受晋升、评聘等多种考核，在当前的科研评价制度下，更需要产出论文来达到评价要求。而从事科研工作年限为16年及以上的高校科研人才大多已没有硬性的晋升、评聘等考核要求，可能不会过于重视论文数量指标，可以更灵活地接受其他指标的评价[①]。

① 钟灿涛，李君.刍议我国研究型大学“终身”教授的科研绩效评价[J].科研管理，2009，30(S1)：94-99.

表 3-12 不同研究年限与科研评价制度认同情况的比较

变　量	研究年限 1	研究年限 2	均值差	显著性
认　知	少于 5 年	5～10 年	−0.24	0.122
		11～15 年	−0.35*	0.022
		16 年以上	−0.42**	0.004
论文相关指标	少于 5 年	5～10 年	0.13	0.397
		11～15 年	0.29	0.059
		16 年以上	0.37*	0.011

注：① 均值差为“研究年限 1 -研究年限 2”所得。
② 认知维度是指高校科研人才对评价目的、评价主体、评价方法、评价指标等科研评价制度八要素的熟悉情况。

3. 不同年龄段科研人才的认同差异

本书对不同年龄段科研人才对科研评价制度不同维度的认同进行了单因素方差分析，在数据通过方差齐性检验的前提下，研究发现，如表 3-13 所示，不同年龄段科研人才在认知维度、评价维度方面不存在显著性差异，在情感维度、行动维度的部分维度上存在显著性差异。

表 3-13 不同年龄段科研人才对科研评价制度认同的方差分析

变　量	年龄段(平均值)				F	p
	35 岁以下	36～45 岁	46～55 岁	56 岁及以上		
论文相关指标	0.26	−0.03	−0.09	−0.10	4.313**	0.005**
其他指标	0.01	−0.12	−0.09	0.20	3.375*	0.018*
当前行动	0.15	0.05	−0.08	−0.22	3.181*	0.023*

注：① * 表示 $p<0.05$，** 表示 $p<0.01$。
② “当前行动”是指愿意在当前高校科研评价制度下，继续平衡教学、科研和社会服务的关系接受科研评价，更积极地开展科学研究并继续开展科研合作。

为了进一步了解不同科研工作年限的样本高校科研人才间认同差异的情况，本书运用 LSD(最小显著差数)方法对样本进行“两两比较”。结果显示，在

“论文相关指标”方面，35 岁以下的高校科研人才组与 36～45 岁、46～55 岁、56 岁及以上三组高校科技人才两两比较，存在显著性差异。如表 3－14 所示，35 岁以下的高校科研人才组在“论文相关指标”方面的得分为 0.26 分，高于其他三组，故其对于“论文相关指标”的认同程度分别高于其他三组。这一现象和不同科研工作年限科研人才间的认同差异类似，可能与年轻科研人才需要接受多种科研评价有关。同理可知，36～45 岁的高校科研人才组对“其他指标”的认同，与 46～55 岁、56 岁及以上的高校科研人才组存在显著性差异，且 36～45 岁的高校科研人才的认同程度分别低于其他两组。这一现象可能是因为 36～45 岁的高校科研人才大多正值晋升考核的关键期，因此在量化考核为主的科研评价中，会将更多时间和精力用于论文发表方面。此外，这一年龄段的高校科研人才可能在申请省部级以上项目、奖项等时的竞争力不如 46～55 岁、56 岁及以上的高校科研人才，因此难以通过“其他指标”获得晋升、评聘。35 岁以下的高校科研人才组在“当前行动”维度上的认同程度与 46～55 岁、56 岁及以上的高校科研人才组存在显著性差异，且对“当前行动”维度的认同程度分别高于后两组。同时，36～45 岁的高校科研人才组在“当前行动”维度上的认同程度与 56 岁及以上的高校科研人才组存在显著性差异，且前者的认同程度高于后者。这一现象可能是因为相较于 46～55 岁和 56 岁及以上的高校科研人才，35 岁以下和 36～45 岁的高校科研人才仍处在接受晋升、评聘的关键时期，因此需要继续平衡教学、科研和社会服务的时间，更积极地开展科学研究和科研合作。

表 3－14　不同年龄段与科研评价制度认同情况的比较

变　量	年龄段 1	年龄段 2	均值差	显著性
论文相关指标	35 岁以下	36～45 岁	0.29**	0.004
		46～55 岁	0.35**	0.001
		56 岁及以上	0.36**	0.009
其他指标	36～45 岁	35 岁以下	−0.13	0.199
		46～55 岁	−0.21*	0.012
		56 岁及以上	−0.31*	0.010

续 表

变　量	年龄段 1	年龄段 2	均值差	显著性
当前行动	35 岁以下	36～45 岁	0.10	0.300
		46～55 岁	0.23*	0.028
		56 岁及以上	0.37*	0.008
	36～45 岁	35 岁以下	−0.10	0.300
		46～55 岁	0.13	0.128
		56 岁及以上	0.26*	0.031

注：① * 表示 $p<0.05$，** 表示 $p<0.01$。均值差为“年龄段 1－年龄段 2”所得。

② 论文相关指标是指“*Nature*、*Science* 和 *Cell* 等顶尖期刊的发文导向”“论文被引频次要求”及“ESI 高被引论文、JCR 一区二区的 SCI 论文、EI 源刊论文和高影响因子期刊论文的数量要求”；其他指标是指“专利转让的到账经费数量要求”“年均到款科研经费的数量要求”“省部级及以上科研项目、科技奖、人才支持计划”的要求和“著作”的要求；“当前行动”是指愿意在当前高校科研评价制度下，继续平衡教学、科研和社会服务的关系接受科研评价，更积极地开展科学研究并继续开展科研合作。

第四节　“双一流”建设高校理工领域科研人才评价制度的认同影响因素研究

本书从高校科研人才视角出发，通过访谈样本高校理工领域 12 位科研人才，从理想化制度、执行机构、目标群体和环境四方面，探究高校理工领域科研人才对科研评价制度认同的影响因素。

（一）理想化制度：对制度的形式合理性与实质合理性认同程度不一

理想化制度因素包括两方面：一是制度设计阶段的形式合理性，如制度认知情况、制度内容的合理性等；二是制度执行阶段的实质合理性，如制度可行性、科学性，与科研人才需要的匹配性。访谈发现，科研人才对二者的认可程度不一，从而影响了科研人才对评价制度的认同。

1. 形式合理性

在访谈中，高校科研人才在现行科研评价制度的形式合理性评价上认可不一，因此在制度认同上持有不同的态度。一部分被访者认可所在高校或院系帮助科研人才认知制度方面的举措，肯定了制度设计的初衷，认同相关制度要素；而另一部分被访者则持否定态度，认为所在高校或院系在帮助科研人才认知制度方面工作不力，制度在设计层面存在不合理、不可行的问题。

1）对制度的认知情况不一

对制度的认知是科研人才对制度认同的重要前提。在被访科研人才中，出现了三种认知情况：

第一种情况是被访者认为制度可以自行理解。具体而言，G1（机械）、G2（机械）、L3（化学）、L5（物理学）通过所在学校或学院的信息公开或签订的合同，自行理解科研评价制度，并认为制度内容不用培训，“每个老师都知道得清清楚楚、明明白白。绩效考核、年终考核、岗位考核的评价标准是什么样，老师们自动排队在这个‘指挥棒’指挥下去做。”

第二种情况是被访者肯定了所在高校或院系在帮助科研人才认知制度方面的做法。L2（数学）、G3（光学）、G4（土木工程）肯定了所在高校、学院在帮助科研人才了解制度方面的行动。L2（数学）提到学院有微信、QQ 群等平台做支撑，负责人会为教师普及评价流程。G3（光学）说道，“我们学校做的这一点还是比较好，到了时间点都会提前留出充足的时间，告诉这件事情要发生了，可以找谁去咨询。而且如果说一口气有七八项的制度或者项目下来，它还会详细把这个拆分出来，具体告诉这项是什么、那项是什么。”G4（土木工程）表示，学院会通过各种会议、通知以及一个校内专用的政策 APP 帮助大家了解制度。

第三种情况是被访者认为认知渠道不够通畅，还需改进。G5（信息科学与工程）、G6（物理科学与技术）和 L4（环境科学）认为认知渠道存有改进空间。G5（信息科学与工程）提到，“对大部分青年老师，这种渠道不是很通畅的……目前做得不是很开放。官网上自己去挂，一般是学术委员会的几个专家定了之后，让行政领导开会投票决定之后就直接开放了。一般老师有知情权，但是之前大部分老师是接触不到任何信息的”。G6（物理科学与技术）和 L4（环境科学）表示所在学校或学院的做法均是自上而下发一个制度，让老师们自行阅读、自行理解，并没有主动培训、解读制度。

2）对制度形式合理性的肯定

在形式合理性方面，部分被访科研人才在评价目的、评价标准、评价周期、评价方法、评价程序、评价指标和评价改革等七方面均表示了对制度设计或改革初衷的肯定，认为其具有一定的合理性，从而对相应制度要素表示了认同。

在评价目的方面，部分样本高校科研人才对科研评价目的表示了肯定。G2（机械）在访谈中认可了科研评价的出发点，“科研评价……给一些科研工作者的鼓励和奖励，它不是为了去批判，为了去约束。出发点是好的，（说明）对科研工作很重视。”

在评价程序方面，L2（数学）、G2（机械）认为评价程序的设计流程上没问题，申诉渠道也是畅通的，在设计环节体现了公平公正。G2（机械）提到“申诉都有渠道，你可以提出复议”；在设计环节体现了公平公正，L2（数学）表示“我觉得至少我们学院现在应该还算是公平的吧。因为大家都是自己人啊，可能大家对彼此的工作都还算了解。”

在评价标准方面，个别被访科研人才肯定了所在高校或院系的现行分类评价规定，认为“研究方向、研究情况都会发展变化，不要规定得太细”（G3，光学）。而L4（环境科学）认为量化考核也能够体现成果的创新质量，以及老师的实际贡献。

在评价方法方面，G3（光学）认同合作论文的署名顺序计算方法，认为如果没有这一要求，那么可能出现科研人才间帮忙挂名的现象，“（互相帮忙挂名）就打破学术伦理和道德了”。更多的科研人才探讨了定量评价的合理性，认为当前没有比量化评价更好的方法，而同行评价的人为因素太多。而G1（机械）、L2（数学）、L3（化学）、G6（物理科学与技术）、L4（环境科学）均认为数量指标可以作为评价的参考，但不能是唯一参考。

在评价周期方面，部分被访高校科研人才认同一年或三年的评价周期。L2（数学）认为年度考核和三年聘期考核“可以给老师比较充足的时间，如果合理地安排这些时间，有时间也有条件去探索一些比较基础的攻关性的问题”。G7（物理电子学）认同三年的评价周期，三年已可以看出科研人才的科研工作是否能取得成果、是否被社会认同、是否有利于推动科技进步，四年以上的周期太长了。

在评价指标方面，多数被访科研人才肯定了各项评价指标设计的初衷。在论文相关指标方面，多位被访科研人才认为论文影响因子相关指标代表论文的认同程度、影响力，另有几位科研人才认为 *Nature*、*Science* 代表了论文发表水平。L3（化学）和G7（物理电子学）均肯定了“ESI高被引论文”指标，L3（化学）认为高被引论文至少对某一个小领域而言是有意义的，高被引说明“成果有影响力，哪怕是错的也能引发大量的思考”。G7（物理电子学）认为期刊的影响因子高是因为期刊的知名度非常高和引用率高，“在它上面发表的论文引用率比较高就是说明业内同行专家认同这个期刊”。G6（物理科学与技术）和G7（物理电子学）均表示，论文若能发表在 *Nature*、*Science* 等期刊上，说明作者取得了比较突出的成果。对于“人才支持计划”指标，高校理工领域科研人才认为该指标有利于促进个人发展，同时获得人才支持计划的科研人才是团队前进的引路人、掌舵人。G1（机械）和G4（土木工程）均认为其能够激励老师们开展科研。L2（数学）认为“一个团队的发展和前进，需要一些有‘帽子’的人去带领，因为他们能够第一时间获取更有意义的、更值得我们去做的一些问题，第一时间可以把我们大家的成果变成一些具有产业化倾向的应用，开阔我们的视野……他们可能把更多的精力花在了对于未来的把握上”，人才支持计划获得者是团队中最重要最核心的人。对于“科技奖项”指标，L2（数学）和G5（信息科学与工程）均认同了该指标的设计初衷，L2（数学）认为其是“对团队工作的一种认同”，G5（信息科学与工程）认同各级科技奖项的导向，指出其是为了鼓励优秀人才，鼓励优秀成果的。科研人才认同“专利的转让经费”指标的设计初衷，认为该指标能看出它的实际应用和实际效应（L4，环境科学）。此外，L3（化学）和L4（环境科学）认同了“年均到账经费”指标的设计初衷，他们认为经费对于开展科研是非常必要的，拿到经费才可以开展研究。

在评价改革方面，部分高校为了提升科研评价质量进行了科研评价改革，包括破格申报专业技术职务制度、代表作评价制度等，部分被访科研人才肯定了评价改革的出发点。G4（土木工程）认为破格申报专业技术职务体现了对高层次人才还有青年拔尖人才的选拔。L3（化学）、G6（物理科学与技术）和L4（环境科学）均认同代表作评价的初衷，L3（化学）、G6（物理科学与技术）表示，“评审人不可能有时间把所有研究都看一遍，自己最了解自己的工作，自己抽出最精华的部分也是合理的”，代表作评价对于小同行评价来说，“节约了时间，提高了效率”。L4（环境科学）认为代表性成果评价能够体现一位学者最高的研究水平，也能体现他对学科、行业和社会的贡献。

3）对制度形式合理性的否定

不少高校科研人才在访谈过程中提及了制度形式不合理的问题，对相应制度要素的设计不太认同。被访科研人才指出现行科研评价制度的评价标准、评价指标、评价周期、评价方法等要素在设计环节显示出一些局限性，亟待改善。

在评价标准方面，多位被访科研人才认为评价标准不合理。当前的科研评价标准较为看重成果数量，在这种评价标准下，即使是所在研究领域的国际权威人士，也可能无法通过考核。L5（物理学）指出当前看重科研量化成果，是在“用工业生产的理念做科研”，讲究产出，对研究未来的发展前途考量不足。

在评价指标方面，这是在高校科研评价制度中讨论最多的要素。

多位被访科研人才谈及了论文相关指标存在未考虑到学科差异、忽视国内期刊、期刊分区不合理、人为操纵影响因子等问题。几位工科的科研人才认为评价指标在设计上对工科特点考虑不足，工科成果不能完全通过论文衡量，论文相关指标对工科应该只是一个参考，工科的成果考量的应该是解决问题的广度和深度。“论文发得好，说明大家都认同你的原理和方法。但是原理方法如果最后没有变成一个技术，变成一个产品，甚至没有在这个行业里面有广泛应用，就不能说是真正的很好的成果”（G2，机械）。部分被访科研人才不太认同当前 *Nature*、*Science* 的发文导向，认为其并不适用于所有学科。L4（环境科学）同意这一观点，并且指出这一指标没有充分考虑学科差异，“做生物或者做医学就比较容易发。*Nature*、*Science* 论文编辑会考虑到读者的范围，需要发广大读者很感兴趣的论文。如果做的是比较冷门的学科，那可能根本就发不了，数学家根本发不了，做其他很冷门的也发不了，相当于是对别的研究领域的打击或者是抑制”。

关于高校对国际期刊论文指标的重视，多位被访科研人才表示了不认同，认为该指标不完全能代表一个国家所急需的工业科技发展方向，可能导致一国的科技发展受到国外期刊这一指挥棒的引导，甚至影响一个国家科技政策的制定和科研资源投入的领域，造成资源浪费。部分被访科研人才不太认同当前的论文分区，认为分区合理性和科学性不足，会在一定程度上破坏学术生态。G5（信息科学与工程）指出中科院的论文分区过于庞杂，“学科分类里面所有的工程技术是混起来和生物一起来比的……这导致在工程技术里面所有的一区论文都是纳米类的……伤害了大量的真正的工程技术学科”。部分被访科研人才认为高影响因子期刊指标不合理，主要原因在于该指标存在人为操作空间，计算方法存在提升空间，以及影响因子并不一定能够代表论文水平。L2（数学）指出高影响因子期刊有内部操作的现象，部分期刊会特意回避国内学者。L4（环境科学）认为该指标存在计算方法的问题，它固定了某一个时间段，但是有的论文可能需要更长的时间去累积被引量，在限定时间段里可能测不出论文实际水平，“有些论文可能被关注的速度比较慢，比如说过了10年之后可能被引用100次，但是有的论文可能过一年就会被引用20次，但是不能说10年之后引用100次的那个论文就不重要了”。

关于对项目、奖项、经费、著作等指标，被访科研人才表示不认同。关于“国家级、省部级等科研项目的数量要求”指标，被访科研人才不太认同“凭项目来源论英雄”的做法，认为该指标易造成马太效应(G4，土木工程)，存在学科、研究方向差异(G5，信息科学与工程)以及人为操纵空间[L4(环境科学)、L5(物理学)]。与项目指标存在问题类似，对于“国家三大奖、省部级科技奖等奖项的数量、级别和排名要求”指标，被访科研人才认为该指标存在马太效应(G4，土木工程)、人为操纵空间[G5(信息科学与工程)、L4(环境科学)]。对于经费相关指标，被访科研人才人为科研经费数量在学科间差别太大[G4(土木工程)、L2(数学)]，未充分重视专利运用到产品中的产业化及其社会效益(G6，物理科学与技术)。对于“著作的等级、数量、字数要求”指标，被访科研人才认为著作指标存在“一刀切”问题，形成功利导向。L2(数学)认为，现在对著作的指标导向，会让老师们只是为了达到指标去出书，而不是为了静下心来讨论一个研究问题，或者写一些好的教材供学生或者同行交流而写书。

在评价周期方面，引起了理工领域被访科研人才广泛热议。他们认为，较短的评价周期不利于科研人才尤其是青年科研人才做原始创新和重大突破性研究，还会过分增加科研人才的压力。在工学领域，G2(机械)谈到“我做的事情已经十几年了，到现在，至少技术上还不完全认同”，因此无法得到评价体系的认同，认为合适的周期应该是五年一次。G5(信息科学与工程)指出“这种短期的(评价)，都去追求短平快，一年发几篇论文，重大的科学问题和技术的关键理论问题就没人做了”。在理学领域，L3(化学)、G6(物理科学与技术)提到了新进青年科研人才的评价问题，“从国外所谓的热门领域引进的人……他们回来之后，这些人做的无非是博士后阶段的研究……当然有一些改变的。(一年一次的考核)让人家没有时间去思考了，也有压力，三年就一小考，六年要一大考”(L3，化学)，会引导老师做一些急于求成的研究。“每年评聘、每年考核，我觉得时间太短了，来了以后还没熟悉，一两年就过去了，对于特别优秀的可能没有问题，以前有过合作经历的也没有问题，但是对于大多数一般的老师来讲都有一个适应期”

(G6,物理科学与技术)。

在评价方法方面,G4(土木工程)、G5(信息科学与工程)、L4(环境科学)和G7(物理电子学)认为当前合作成果的成果计算方法有待完善,该计算方法不利于鼓励科研人才开展科研合作,科研人才亦不太有动力开展合作。以合作项目的成果计算方法为例,G5(信息科学与工程)表示:“如果是校内参与别的老师的课题是不算的,只看学术负责人一个人……也就是说去参与校内别的老师1千万的项目,不如自己去独立申请一个50万的项目,对本人的评价更有利一些。”

2. 实质合理性

不少被访科研人才对科研评价制度的实质合理性表达了消极评价,突出体现在评价指标在实际执行中的不科学、不合理的方面。也有部分被访科研人才肯定了所在高校或院系在科研评价过程中程序公平公正等方面的做法或表现。

1) 对实质合理性的肯定

被访科研人才对所在高校或院系科研评价制度的实质合理性的肯定主要集中在评价导向的科学性、评价程序公平公正、评价方法的改进、评价标准对质量的重视方面,具体如下:

在评价导向方面,多数被访科研人才认同所在高校或学院评价程序的科学性和公平公正性。G4(土木工程)表示学校和学院评价导向科学,通过学术委员会改变数数量的做法,做更专业的判断。G1(机械)认为评价的公平公正性“现在逐渐改善,不可能做到百分之百让所有人都满意,或者是绝对完美,比如说有的时候要考虑均衡发展,都可以理解”。G5(信息科学与工程)指出,学院不存在评价主体过度集权乃至出现寡头的问题,还是比较公平公正的。

在评价方法方面,G4(土木工程)认为教授委员会在评价的时候会采用基于量化结果进行讨论的综合评价方法,这种评价方法比较合理。而关于以往在科研评价量化考核中出现的成果重复计算问题,L3(化学)指出学校已经出台各种文件明确要求不允许成果重复计算,“现在各种文件已经有了明确的要求,这篇论文用过就划掉。已经落实到纸面了,很多评选明确指出要注意论文是否已经被用过了,不能重复计算”,因此成果重复计算问题得到了改善。

在评价标准方面,G4(土木工程)表示当前的评价已经尽量体现了对质量的重视,通过教授委员会和学术委员会考量声誉等质量,不完全是数数量。而G6(物理科学与技术)认为在当前的科研奖励制度下,科研人才会兼顾成果的质量和数量。“一个是质量，一个是数量，肯定会有一个兼顾……发表在更高水平期刊上面的论文，奖励的力度更大”。

2）对实质合理性的否定

不少被访科研人才在访谈中立足自身实际谈及了当前制度的实质合理性方面的局限，主要体现在评价导向、评价指标、评价标准、评价程序、评审专家库和代表作评价等方面。具体如下：

在评价导向方面，被访科研人才认为整体评价制度缺少发展性维度考量。G7（物理电子学）和L5（物理学）均认为整体评价制度以总结性、奖惩性导向为主，对发展性的考量不足。多是对过去工作的量化评价，而不是衡量科研人才下一阶段工作的可行性、科研团队的凝聚力等发展性评价，无法为科研人才的未来研究提出建议。L5（物理学）谈道：“（科研评价制度）太看重过往的科研成绩了，不管从引进人才还是从青年教师评价的角度，都看重过去发表的论文、（获得资助的）项目或者是过去取得的荣誉。对于老师未来想开展的工作，涉及的太少。”

在评价指标方面，被访科研人才指出，各项评价指标没有适应不同学科领域和不同研究类型科研人才的不同科研需求，突出表现在论文、人才支持计划、经费等指标上。

在论文相关指标方面，被访科研人才认为在运用相关指标评价时未能区分基础研究、应用研究的研究类型，亦没能区分不同学科类别进行比较，导致评价不合理。G1（机械）、G6（物理科学与技术）、L4（环境科学）均指出引用率在不同学科间差异大，G3（光学）、L3（化学）和G7（物理电子学）则指出了影响因子的学科差异以及研究类型间差异，L3（化学）认为做该领域研究的人多，则影响因子会得到提升，因此不应将所有学科领域的成果混在一起评价，L3认为“不同的领域不一样。我有一个师兄是做生态学的，他说整个领域国内国外加在一起就几百个教授，但在细胞遗传领域，过去开一个大会能来一万人。生态学的引了10次（的论文）并不一定就比细胞的引了100次（的论文）差”。

在其他指标中，被访科研人才谈及最多的是人才计划，认为该指标与资源、利益捆绑过紧，带来一系列问题，如引起马太效应、集聚效应，导致科研人才在获得“人才帽子”后科研动力不足，打击无“人才帽子”的科研人才的积极性，使部分科研人才片面追求“人才帽子”而失掉研究初心等。G1（机械）提到一位科研人才有多个“人才帽子”的现象，造成了资源的过度倾斜。而“人才帽子”与资源、利益的密切捆绑,引发了各高校、学院科研人才对“人才帽子”的争夺。G5(信息科学与工程)、L4(环境科学)、G7(物理电子学)均认为这种争夺破坏了学术生态和科学初心,引导科研人才为了获得“人才帽子”做研究,而不是基于研究兴趣,破坏了不同单位间机会的公平性。G5(信息科学与工程)和L5(物理学)认为资源的过度倾斜带来了集聚效应、马太效应,“(‘人才帽子’获得者)有话语权,帮助梯队里面积蓄更多的人才帽子。各个单位的差异性持续扩大,机会相对不均衡”。L2(数学)和L5(物理学)指出,部分获得“人才帽子”的科研人才所做的科研工作质量不如获评前。L5(物理学)认为这造成了“挖来一个人才,拿了很高的年薪,但进行养老式的工作方式”的现象。当前把“人才帽子”获得者“捧得太高”,将学术人物模范化、道德化,实际上伤害了很大一部分科研人才,也产生了一些新的问题。

被访科研人才指摘的其他指标还有“年均到账科研经费的数量要求”和“国家授权发明专利的数量要求”。L3(化学)指出“年均到账科研经费的数量要求”指标的实质不合理问题,“多少钱能到账,多少钱不是以经费的方式到账,这里面就有点模糊不清。这种情况之下,谁做基础研究?……基础研究很难申请横向经费”,认为该指标存在人为操纵空间,会引导科研人才不再做基础研究,而是做应用研究或是做所谓交叉领域的研究去申请经费支持更高的项目,最终影响国家基础研究发展。部分被访科研人才认为,“国家授权发明专利的数量要求”指标导致我国目前的不少专利空有数量,没有质量。G5(信息科学与工程)谈到,为了鼓励科研人才申请专利,“每个高校都有经济方面的补贴,只要申请专利,申请人本身就有一定的奖励。为了追求短期的奖励,必然有老师会发大量的专利。专利费、维护费由学校管,不用老师自己管,教师不用负担成本,难度也非常低”。综合评价环境、评审人的素质和高校对专利申请的大力支持,导致科研人才“为了迎合评价体系去钻空子,去写很多专利,不管有没有用,能不能转化,就是为了赢得经济上小的奖励”(G7,物理电子学),造成了专利指标的表面繁荣。

在评价标准方面,高校或院系在破“五唯”和分类评价方面落实不到位,引发了多位被访科研人才对制度实质合理性的批评。在破“五唯”方面,G1(机械)指出,高校将“五唯”由明面上的要求变为了默认规则。G2(机械)、G3(光学)、L3(化学)均表示这是科研评价制度本身固化的问题。G5(信息科学与工程)、L4(环境科学)指出,破除“五唯”的改革需要自上而下推动,即需要国家进一步从口号和精神导向上引导高校将其落实到可操作性的指导意见和规范上。在分类评价方面，部分被访科研人才指出当前所在高校或院系的分类评价标准不科学，没能体现学科差异。关于针对不同学科领域开展的分类评价情况，G1（机械）、L3（化学）、L4（环境科学）、G7（物理电子学）认为当前的分类评价是对学科大类的分类，不够细致，L2（数学）指出，将理工科划分为理学、工学开展评价亦不合理，“比如数学、物理、化学都属于理学，但是经费、论文数量、影响因子差别特别大……数学、物理、化学用一个标准来评价，对数学学科不太公平”。G4（土木工程）谈到，当前很多科学研究是交叉的，研究内容涵盖了工科和理科，而当前的分类评价下会将所有的研究成果混在一起进行评价。关于针对不同岗位开展的分类评价情况，L2（数学）认为当前的分类标准过于苛刻，“我们有一个实验室的老师，原来走的是实验员系列，但是他本人也在做科研，所以就面临一个比较尴尬的情况：他做科研的同时也要做实验员，但是评价的时候，只能以实验员的标准来评价……如果按照科研体系评价，他应该是做得还不错，但是如果按照实验员那个体系评价，他做得就很差”。

在评价程序方面，部分被访科研人才认为，评价程序的公平公正性在科研评价实际中未能得到保证。G2（机械）指出，评价程序的制度规定本身没有问题，但是在实际评价中存在操作不透明等问题，科研人才也无法解决：“流程上没有什么问题……标准搞得很合理，我申请的任何项目都是公开公正公平的。投诉没用，因为（评价）没有违反（标准），也没有受贿，大家都是投票”。L3（化学）表达了类似观点：“规则上面这些东西都有……任何一个评选，不管是校级的、市级的、还是国家级的‘帽子’，都是先去评选，后出章程，有一段时间的公审期，再给予确认……比如说评选的，我觉得今年这个人靠关系或者有什么问题，公报上面都留了一个电话，也有一个联系人”，但是在实际中很难进行有效沟通，无法保证公平公正。G6（物理科学与技术）表示，科研评价虽然设置了反馈通道，但是反馈效果不理想，“反馈通道还是有的，就是往上面反馈，但是有没有人理你，有没有回应？那就没有了”。

在评审专家库方面，部分被访科研人才认为存在人为操作空间。G5（信息科学与工程）认为“不能让评审人知道是谁，没有任何途径知道那个人是谁，操作也不是特别透明。不知道这个名单怎么来的，谁选的，或者跟谁比较熟，谁邀请的。这里面的操作空间非常大”。L3（化学）认为实际上没有发挥真正效用：“比如我跟你关系比较好，我现在邀请人来评我，第一步我先把你加进专家库，第二步我通过专家库邀请你”，人为因素仍较为突出。

在代表作评价方面，部分被访科研人才认为，代表作评价的实质仍是量化，且没能体现学科差异。G5（信息科学与工程）、L3（化学）和G6（物理科学与技术）谈到，代表作评价的做法比单纯数数量好一些，但是实质仍是量化评价，即证明科研人才的作品是代表作的方法还是影响因子、发表期刊，最后又回归了数数的评价方法。L3（化学）说道，“什么叫有代表性呢？无非就是影响因子比较高”。G6（物理科学与技术）表示，“现在都提代表作制度，如何判断论文有影响？最后还是量化了，还是被引的多（的论文）就是他的代表作……大家还是会去看，一个人发表了五篇论文，一个人发表了十篇……假设大家都是五篇，比的还是影响因子”。G5（信息科学与工程）认为在代表作评价中数影响因子、数论文分区、数引用率的做法，“会牺牲大量学科”。

（二）执行机构：相比行政领导评价，更认同同行评价

本书中的执行机构因素涉及高校科研人才评价中的主体信任和程序公正两方面，包括科研评价中的分工情况、执行主体的素质和能力等，并涉及科研评价公平、公正、公开的问题。

问卷调查结果显示，样本高校科研评价主体包括学校领导、院系领导、国外大同行、国外小同行、国内大同行、国内小同行。访谈发现，被访科研人才较为认同以同行为主的评价主体分工，并认为同行的评价能够更加客观、合理；以行政领导为主的评价将很难实现纯学术评价，且无法准确、科学开展评价；科研人才作为被评价者需要在评价中有效发声，但是实际的评价还是需要交给专业的人士开展。

1. 对分工情况的认同情况

高校或学院的科研评价主体分工存在差异，基于不同的评价主体分工，科研人才对制度表达了不同的认同态度。主要体现在以下三个方面：

第一，评价主体分工是学校领导不参与，院系领导和其他同行参与了评价，评价结果以同行意见为主，这也是多数被访科研人才提到的校内科研评价的宏观分工情况。各院系开展评价时，一般会组成党政联席会、学术委员会、教授委员会等评价组织，在组织中行政领导与其他同行、教授之间的分工是被访科研人才认同与否的关键。G3（光学）提到，学术委员会是由行政领导以及一些资历较深的教授构成，规模为三十多位到四十位，其中以其他教授为主体，领导层面所占比例很小，评价结果也主要是由教授决定，G3 对这一分工情况表示了认同。L3(化学)表示，科研评价是由系或学院委员会组织，报学校审批，人员构成有党委书记和资深教授，尽管“党委书记一般情况下不会直接评判，由委员会或者资深教授决策”，但是“有的资深研究者本身也是学院领导”，无法确定他们的评价决策是从学者身份还是从管理者身份作出的。同时，还存在强弱学科间话语权差异大的问题，即学院里面包含很多的二级学科，有强势的二级学科，也有弱势的二级学科。强势二级学科的教授可能在评价委员会中占了比较多的席位，所以他们在评价中更有决定权，可能把票投给自己所在的学科，这样对弱势的学科是不公平的。

第二，评价主体分工是科研评价直接由学校人事处负责，没有同行的参与。G2(机械)对这种分工明确地表示了不认同，“操作的人全部都是外行，可能是一个小青年，刚刚大学毕业……(评价)完全不专业”。

第三，评价主体分工是科研评价中有专门的行政老师为科研人才提供帮助。G3(光学)则肯定了评价中行政老师的参与，行政老师会专门负责制度的公示和解释，而且分工很细致，“他们的服务我很满意……包括我交上去的材料不好，他们会主动帮忙修改。(因为)他们对政策比较了解，会协助做的”。

2. 对执行主体的能力和素质的认同情况

从整体上看，被访科研人才均不太认同评价执行主体中行政领导的能力和素质，较为认同同行，尤其是国外小同行的能力和素质。同时，被访科研人才认为作为被评价者的科研人才，需要在评价中有效发声，但是并非专业评价人员，可能无法进行科学评价。

在行政领导方面，被访科研人才表达了基本一致的观点。L3(化学)指出，由于行政领导具有政绩观，为了在任期内出成绩，容易“唯结果论”，引导科研人才永远在追热点，“下一个热点出来的时候总是会重新招人，重新买仪器。都找好了，出了两篇论文，(热点)又换了，再重新招人，重新来一遍……会发现三到五年引进的人全部都是一个类似领域了”，造成了资源的浪费，并且长此以往导致理工科的研究高度相似，正常的学术生态被破坏。L2(数学)与 G3(光学)均认为，行政领导无法真正从对研究问题的理解或是学科之间的差异出发来综合评价科研人才的科研工作，尤其是无法把握不同方向和不同学科的差异。G2(机械）和L4（环境科学）指出科研评价应该由同行或者行业评定，行政领导不能以领导身份参与评价，应该以学术身份参与。

在同行方面，对于不同的同行分类，被访科研人才表达了不同的态度。多位被访科研人才认为，当前的院系科研评价仍是国内大同行评价，G3（光学）和G6（物理科学与技术）对此表示了肯定。G3（光学）认为院系科研评价中没有太多行政干预因素，同处一个行业的教授能够对不同学科和研究方向的工作量、论文质量作出很好的判断，结果公平可信。G6（物理科学与技术）谈到不太可能找到研究方向完全一致的同行，专家库里的专家在具体的学科方向上有一定的影响力，“作为大同行来讲，如果写得够清楚的话，他还是能看明白（你的研究）”，肯定了国内大同行的能力和素质。L2（数学）、G2（机械）、L3（化学）则认为国内大同行对研究内容可能不太了解，且资深的老专家们不易接受新兴学科研究，导致大同行可能无法很好地把握研究内容。

对于国内小同行评价，G3（光学）和G4（土木工程）表示了肯定。G3（光学）认为国内小同行彼此之间更了解，评价能够更准确。G4（土木工程）指出国内小同行评价与院系评价不同，院系在进行评价时候更重视SCI论文，国内小同行可能直接看发表论文的质量和影响力，而不是盯着期刊。G3（光学）和G7（物理电子学）则思考了国内小同行评价的公平公正问题。L2（数学）、G3（光学）认为国内小同行评价存在利益共同体和圈子文化，尽管人数占比很少，但是影响很大。G7（物理电子学）谈到，在国内小同行评审时，因为大家都在一个圈子，比较敏感，怕得罪人，可能不会太客观，不太敢说真话，“现在都是人情在前面，集体利益放在后面，我评他了，我帮他了，他下次帮我”。

对于国外同行能力和素质的评价，被访科研人才态度不一，但整体的表态较为积极，且较为认同国外小同行评价。G5（信息科学与工程）认为，理工科的研究要追求国际化、参与国际竞争，要接受国外同行评价，他指出“不管是高校还是学科，要走到前沿去，肯定要跟全世界竞争，不管是技术竞争还是理论竞争，要接受全世界的学术共同体同行的检验”。L4（环境科学）则肯定了国外小同行的评价，他认为“国外的大同行相对小同行来说没那么懂（研究问题），如果去参加评议的话，很容易受到国外人际关系的干扰，因为他不太懂，所以人际关系稍微干扰一下，他就会做出误判，但是小同行比较懂，主要还是根据实际的质量来评价”。

同时，也有部分被访科研人才指出了国外评审的局限性，G2（机械）和G7

（物理电子学）提到工程领域的一些成果需要保密，无法送国外评审的情况。G6（物理科学与技术）认为，让外国的专家评审，需要全面的管理，材料都要全英文的，这会给评审工作造成很大的困难，且相当于把评审的权利交给国外的人：“相当于不相信自己国家的专业技术人员，这个很显然是不太现实的”。

在被评价者参与科研评价方面，多数被访科研人才持理性的态度，而非大力支持。L2（数学）表示，让科研人才参与评价，可能做得不一定更好，应该让更有经验的人负责评价。G2（机械）和 G6（物理科学与技术）认为在当前的评价体系下，被评价者参与评价并不会有效改变评价。G5（信息科学与工程）指出：“让所有的老师都参与，从价值观来讲是支持的，但是从操作层面不知道怎么去执行。”L3（化学）认为，现在评价委员会里的同行组成比较局限，可能集中在某几个领域而不是比较广泛的领域，需要其他领域的科研人才在评价中发声，表达实际诉求。

（三）目标群体：评价带来一些负面影响，较少参与评价制定与执行

本书中的目标群体因素主要讨论作为目标群体的高校科研人才接受科研评价的成本收益分析情况和制度参与度。访谈发现，多位被访科研人才认为接受科研评价制度带来的一些负面影响，因此影响了其对制度的认同，亦有部分被访者肯定了制度的影响或表达了中立态度；大多数被访科研人才没有参与或未能有效参与到制度的设计或执行中，但是由于多数被访者对参与制度的设计与执行持理性态度，因此制度参与度对制度认同的影响有限。

1. 成本收益分析

本书中的成本收益分析包括两方面：一方面是制度是否让科研人才获得了物质利益、提高了科研效率、提升了科研成果质量和鼓励了科研人才开展原始创新研究的收益分析；另一方面是制度是否损害了同事间的科研合作关系、减少了用于科研的时间精力、增加了心理压力的成本分析。

在收益分析方面，部分被访科研人才认为，评价制度带来了比较理想的经济收益，达到了提高工作效率、提升科研成果质量的效果，也有利于支持年轻科研人才成长。L2（数学）认为该制度虽然还不算很完美，但毕竟还是处在发展阶段：“给我们提供了很多机会，很多工作还是能够被同行们认同”。部分被访科研人才认为，目前年轻科研人才逐渐成长起来，并且有能力有兴趣的学生与科研人才一起做探索性的研究，加上学校专项创新基金的支持等多方条件，有利于科

研人才开展科研创新。G3(光学)表示了对科研创新氛围的认同,“工科谈不上原始创新,信息获取渠道是从实际的企业或者往国家的项目需求本身去引导”,科研评价整体上能够鼓励科研人才去做创新研究。

当然,也有部分被访科研人才认为,科研评价制度对物质利益、科研效率、科研成果质量和创新研究方面产生了一些消极影响。G2(机械)、G5(信息科学与工程)认为目前的科研评价制度引导科研人才“追热点”,研究容易发论文的问题,做“短平快”的研究。G2(机械)谈到没有人钻研机械工程领域的问题,而真正踏实做机械工程领域研究的科研人才“在学校里面没有学术话语权也没有教学话语权……因为他发的论文比较少,也没有招博士的资格,在这个评价体系里面是不受待见的”,导致很难获得科研资源,并形成马太效应。L3(化学)认为,当前的科研评价制度让科研人才只是想着如何更快地发表更多的论文,不能安下心来做一些周期长一点的研究或追求高质量的成果,不容易产出原创成果,也不能真正提高科研效率,只能在考核允许的范围内做一些探索:“在现有的条件下很难谈科研质量,我只想好发论文。明明知道这样做这种问题更清楚,但是我不能这样做,因为这样做的话也许论文发得慢。还有效率……我知道怎么做但没有办法真正去做。这个肯定不能叫科研效率的提高,当然要以论文发表数来说那还是不错的,这一点我觉得不能否认,大家还是积极发论文,数量上肯定有增加。”

在成本分析方面,多位被访科研人才提到当前科研评价制度中对合作成果的计算方法对科研合作的阻碍。G2(机械)、G3(光学)、G5(信息科学与工程)均认为在当前科研评价制度下的科研合作会损害自身利益。G2(机械)谈到几次科研合作“几乎都是不欢而散”,因此尽管自己所在的研究领域很需要科研合作,现在自己都是单独做科研或是带学生一起做。L3(化学)指出,因为合作成果计算的原因,科研人才付出时间、精力和经费,产出的成果却无法计算,相当于白做,即使科研人才因为个人交情可以不计成本开展合作,但因为学生毕业也有论文发表的要求,因此也需要考虑,“比如我们俩关系好。不是说我非要抢,哪怕我不需要署名,我的学生要不要毕业啊,那他怎么办啊”。L4(环境科学)和L5(物理学)认为当前的科研评价制度增加了科研人才的心理压力。L4(环境科学)主要提及了评价周期的不合理,“我觉得一年一次完全没必要,因为很多研究不可能一年就保证出结果,一方面是对科研人员造成的压力比较大,带来的结果就是导致科研效率不升反降了”。L5(物理学)作为一名基础研究的科研人才,谈到了教学和科研上时间精力的冲突问题，指出基础学科的科研人才教学压力大，且大部分精力是用在教学上的，因此教学任务越多，用于科研的时间越少，导致论文等科研产出少、产出慢，压力增大。

2. 制度参与度

访谈发现，多数被访科研人才未能参与或有效参与科研评价制度的制定与执行。对此，被访科研人才表达了自己的不同思考。G1(机械)和L2(数学)认为科研人才不太需要参与评价。G1(机械)表示，相较于让大量科研人才直接参与评价，不如让评价集中在国际、国内小同行这一层面进行。L2(数学)认同现在的整体评价的公开透明度，沟通渠道畅通，科研人才与学院老师的交流、申诉很方便：“对评价结果有异议的话，可以通过各种方式申诉或者是和这个学院的老师去交流、去讨论，然后再看。有一个公示期，会把所有的通过标准的老师的一些材料公布，大家可以看得到”，因此不太需要让科研人才参与到评价中。G2(机械)、G4(土木工程)和G6(物理科学与技术)均谈到科研人才参与评价与否均不能影响科研评价的整体方向或是根本制度设计。基于这一现实，G2(机械)认为真正的评价改革需要将评价分为三部分：“学术的部分就由学术共同体去评价，教育的部分就由市场去评价，效益的部分就应该由社会来评价”。G4(土木工程)和G6(物理科学与技术)均提到所在学校每年的科研评价制度都在征求意见，出讨论稿，但是只是让科研人才参与指标数值上的讨论。G4(土木工程)通过座谈会参与了科研评价，但只是对评价指标中数量要求等进行小的修改，学校会结合科研人才的意见对制度进行调整，但是并非真正的根本性调整，所以科研人才们不太关注制度，很多文件在学校征求意见时都没人提。

(四) 科研环境：基础设施条件较为完善，科研保障环境有待改善

本书中的环境因素涉及影响科研人才开展科研活动各项直接和间接因素，包括由软件、硬件资源支持构成的基础设施条件以及由资源分配、报销填表相关流程、科研诚信监督机制构成的科研保障环境，探讨科研环境与科研评价制度的适切性。一个得到科研人才肯定的科研环境，有助于发掘科研人员潜力，促成更高的工作成果产出，成为科技人才成长的沃土[①]，将有助于提高科研人才对制度的认同程度。访谈发现，多数被访科研人才较为认同所在高校或院系的基础设

① 江海贵.关于高校科研环境与科研团队建设的探讨[J].武汉冶金管理干部学院学报，2017，27(04)：41-44.

施条件，认为基础设施条件能够满足科研工作的基本需要，但认为资源分配和报销填表等流程尚有改善空间，且认为当前缺少强有力的科研诚信监督机制，不利于科研人才专心投入科研工作。

1. 基础设施条件

科研基础设施条件包括科研经费、实验仪器设施、文献数据库等构成的硬件条件，以及对学术交流与合作活动的支持力度这一软件条件。

在硬件条件方面，多数被访科研人才认同所在高校或院系的科研基础设施条件。根据被访科研人才的描述，可以分为“完全满足型”和“择其一满足型”两种。第一种类型，“完全满足型”。G5(信息科学与工程)和L3(化学)认为当前的硬件支持水平已达到世界一流水准。G5(信息科学与工程)谈到，“目前我们中国的硬件绝对是世界上最好的国家之一，这一块没有什么其他的要求了”。L3(化学)表示“(硬件支持)这一点国内跟国外比没有太大差别了”。第二种类型，“择其一满足型”。G2(机械)和L5(物理学)肯定了当前的数据库资源能够满足基本需要，查阅很便利。但他们亦提到了在仪器设备方面存在提升空间。G2(机械)表示，学校提供基础设备，大型的仪器设备主要是由企业提供，自己“在企业里面做实验，在企业里验证，甚至到工地上去验证”。L5(物理学)谈及了设备购买的“一锤子买卖”问题，没有预留后期维护的费用，导致设备坏了无法维修甚至导致老师换研究方向：“现在我们这个实验室……已经10年没有变化了……我们一次性地投入买了设备……对我们来说，一台大型的科研设备的使用寿命里，三分之二的经费用在它后期的维护上面。但是现在我们有一笔投入，先买回来，后面怎么用、用得好不好是其他的事情……如果这个仪器坏了，这个老师又等不了，他就把方向换掉了。”

在软件条件方面，不同的学校，支持力度不同。学校大多是给予平台、信息或环境支持，而不是经费支持。根据被访者的描述，可将学校的支持力度分为三种类型：“大力支持型”“不支持不反对型”“需要竞争型”。第一种“大力支持型”以L2(数学)和G4(土木工程)为代表。L2(数学)谈到，学校支持学术交流，为此提供了很多机会和条件，甚至允许科研人才选择半年左右的时间不用上课，去做一些短期或长期访问。访问经费可以由科研人才自行申请，不需要学校出。G4(土木工程)表示，学校搭建学术合作平台，提供出国访学信息和经费，支持老师们出国访学或交流。第二种“不支持不反对型”以G2(机械)、G3(光学)、L3(化学)和G6(物理科学与技术)为代表。他们认为,科研人才的学术交流或合作均靠课题组经费,不靠学校,自主权在老师手中。第三种“需要竞争型”以G1(机械)、L4(环境科学)和L5(物理学)为代表。他们认为,出国交流的指标有限,需要竞争,通常要按照资历排序。

2. 科研保障环境

科研保障环境包括资源分配、报销填表等相关流程、科研诚信监督机制等。访谈发现,多数被访科研人才认为当前科研保障环境存在多方问题,但亦有多位被访者肯定了科研保障环境的逐渐改善。

在资源分配方面,部分被访科研人才认为当前的资源分配存在马太效应、集聚效应,需要论资排辈,以及专业技术人员配备不足的问题。G2(机械)、G4(土木工程)、G5(信息科学与工程)和L5(物理学)谈到当前人才支持计划、科研项目和科研奖励等评价指标存在马太效应,资源分配不平衡不充分,拥有更多资源的科研人才会继续得到资源,乃至帮助自己团队的科研人才获得资源,形成聚集效应;而本身就缺少资源的科研人才却很难获得资源,导致各个学科、各个课题组之间的差距越来越大,不利于各学科、各课题组的均衡发展。L5(物理学)谈及目前很多经费的使用、项目的申请需要进行论资排辈,“这其实是学术话语权的问题。有头衔的,有很多项目的教授,话语权比较大。他在学科经费的使用方面有优先权,可以争得更多的资源”,不利于年轻科研人才的成长。而L5(物理学)谈到了高校实验员、工程师等科研辅助人员配备不足的问题,“现在大量的人才浪费也在这一点,留的都是博士,博士要晋升,副高要晋升正高,但他们什么活都得自己干,或者指望学生。没有实验员,所以他们既当电工,又当钳工,又得当采购,什么都得干……但他干得又不精”,导致科研人才工作量增加,且科研效率降低。

在报销、填表等流程方面,根据被访科研人才所述,部分高校已逐渐开始推行电子化填表或建立数据库,从而帮助科研人才节约时间、提高办事效率,但是整体上看,这部分高校信息整合度尚不足以满足所有表格填写的情况,因此各校大多仍存在重复填表的问题;在报销流程方面,多位被访者提到,目前报销管理越来越严格,报销程序随之变得更为繁琐,占用了科研人才很多时间和精力。L2(数学)和G4(土木工程)谈及了学校在报销填表流程方面的改善。L2(数学)谈到,学校现在已经开始给老师建立个人主页和电子的个人档案,科研人才在填表的时候就可以直接用勾选的方式填表,填写结束后会自动地生成一个电子表格，科研人才打印、签字、提交电子版即可，不需要科研人才每次填表都从头填起。但是该技术只是一个起步，尚未覆盖到所有表格填写情境，“很多东西(数据库)没有提供……没有做得那么完善，还有很多漏洞”，目前还存在重复填表问题。G4(土木工程)的描述与L2(数学)相似，其提到学校的相关数据库正在建设中，部分表格的填写可以通过数据库来生成，但是很多时候还是需要人工填表。L5(物理学)和G5(信息科学与工程)则认为当前的经费报销流程、重复填表需要花费大量时间、精力，表达了希望学校能够建立电子数据库、简化流程的意愿。L5(物理学)提到反复去财务处报销提交报销申请的情况，“有的时候去财务处跑一趟，人家说不行，还要回来再弄，弄了以后又不行，又要再跑，多跑几趟就知道有多麻烦了”。G5(信息科学与工程)认为，事务性工作对科研人才有限科研时间的占用过多是非常令人痛心的现象：“手续越来越繁琐……造成了很多无效的工作并浪费了时间……比如说报销一个小器件，可能需要厂家、发票号、生产日期、型号、验收日期、采购日期、负责人、放置地点等，几十块的东西每一项都要填写。”

在科研诚信监督机制方面，多位被访科研人才谈到了目前对学术造假、学术不端行为的监督力度不足，造成很多科技人才钻漏洞，为了通过科研评价而学术造假。G2(机械)提到“发论文要有实验数据。但是没有实验数据，他们不会去扎扎实实获取，因为太难了，就编造了，这样的话就能够很快地发论文”，而由于工程研究的数据多来自实验现场，因此很多科研人才的数据造假行为不会得到惩戒。G5(信息科学与工程)提到，为了满足专利成果转让经费的数据要求，科研人才可以私下签订协议，开一个证明，“这种数字目前非常随意……大家写多少就多少……(因为)缺少有效的监督”。

第五节 主要结论

本书在对20所“双一流”建设高校科研人才评价制度进行文本分析的基础上开展问卷调查，探究高校科研人才对科研评价制度的认同情况，并对部分高校科研人才开展访谈，研究制度认同的影响因素。主要结论如下：

一、高校科研人才评价制度不断改革，科研人才期待制度未来

通过对样本高校科研人才评价制度的文本分析发现，从宏观上看，样本高校

均响应国家号召，推行相应的高校或院系层面的评价制度改革，尝试逐步在评价中体现“重实绩、重贡献”的导向，实行分类管理等。问卷调查与访谈研究也发现，为了帮助科研人才从填表、报销等繁琐事务中解脱出来，多所样本高校为科研人才建立了数据库，提升填表、报销等的信息化程度；为了提升评价的公平公正、科学性，设立校外评审专家库、进行项目异地评审等，样本高校正从科研基础设施和制度设计层面不断完善科研评价。同时，从微观上看，高校之间科研评价制度改革进度不尽相同，且均存在一定共性或个性的“历史遗留问题”，如在评价中仍多采用易量化的评价指标，且指标仍相对单一，“重数量轻质量”的问题仍然存在，奖惩性评价导向突出，没有发挥评价的发展性功能等。高校科研人才评价制度存在的一系列问题，与科研创新的需求不相适应，亟待探寻解决路径。

综合问卷调查与访谈结果可以看出，多数样本高校科研人才对制度的未来发展充满期待，愿意“关注科研评价制度的发展”，并“为科研评价制度的完善建言献策”。多数科研人才认为当前各高校在国家政策的指导下，将不断完善评价制度，科研评价会逐渐趋近科学、合理、公正。

二、制度整体认知情况较好，评价程序和评价目的认同程度较高

从制度认同的认知维度上看，样本高校科研人才对所在高校或院系的科研评价制度的整体认知情况较好，对评价目的、评价主体、评价方法、评价标准、评价指标等要素比较了解。各样本高校科研评价制度的信息公开程度较为理想，部分高校还安排了专门人员负责制度的宣传与解释，说明当前样本高校较好地保证了科研人才对科研评价制度内容的认识和了解，努力创造制度认同的前提条件。

基于对制度的较好认识和了解，科研人才从各自研究领域的实际出发，对各制度要素表达了不同的认同程度，构成了制度认同的情感维度。其中，对评价程序和评价目的的认同程度较高，认为所在高校或院系在开展科研评价时较好地保证了程序的公平、公正、公开，包括能够与科研人才进行沟通、对科研人才一视同仁等；科研人才更为认同科研评价发挥的奖惩性评价的作用，但科研评价还需进一步贯彻发展性评价的理念，促进科研人才的学术成长与职业发展。

三、对评价主体、指标和方法认同程度不高，产生一定消极影响

在制度认同的情感维度上，样本高校理工领域科研人才对评价主体、评价指

标和评价方法三大制度要素的认同程度不高。访谈发现，主要原因在于科研人才认为当前的科研评价制度仍是体现自上而下、行政主导的导向，学术共同体在其中的话语权仍有待提升。评价中仍存在“一把尺子测量所有学科领域、研究方向”的问题，且部分评价指标与利益联系过于紧密，易造成马太效应，不利于年轻科研人才的成长。同时，高校科研评价仍然“重数量轻质量”，过于看重对过去科研成果的总结性评价，对科研成果的长期效益以及研究的未来走向等方面的评价仍不到位。

在制度认同的评价维度上，研究发现，样本高校理工领域科研人才对消极评价的认同程度整体高于积极评价。多位被访科研人才在访谈中指出，当前科研评价制度造成的消极影响集中体现于部分学科或科研人才个体话语权缺失，无法获得物质利益；且在“重数量轻质量”的评价导向下，科研人才忙于在评价周期内应付各类量化考核指标，增加了心理压力，难以真正实现科研效率的提高，亦无法真正提升科研成果质量。更有甚者，部分科研人才为了达到评价要求，走上数据造假等学术不端的道路。同时，当前科研评价制度对于合作成果的计算方法，在较大程度上影响了科研人才的合作积极性，导致不少科研人才面对所在学科领域迫切需要科研合作的实际，继续“单打独斗”，做“个体户”研究。即使部分科研人才组建或加入了科研合作团队，亦可能出现团队成员各自为战，无法集中精力开展研究的情况。

四、评价制度的认同存在差异，分类评价实施不到位

问卷结果显示，来自不同层次类型高校，身处不同学科领域、不同研究类型、不同职称、不同年龄段等个人背景不同的科研人才对所在高校或院系的科研评价制度的认同存在差异。认同差异正是凸显了不同背景的科研人才的不同科研工作特点和需求。如理学和工学领域科研人才在合作成果的计算方法、评价指标方面的认同差异较为突出，彰显了二者科研成果的差异——前者多侧重论文、著作成果，后者则侧重能推向市场、具有应用价值和社会效益的产品、技术，不适宜片面使用论文数量指标衡量后者的科研成果，体现了针对不同学科的特点推进分类评价的需求。

通过制度文本分析发现，当前各样本高校开展了对理学、工学学科分类评价及不同岗位系列的分类评价，旨在更好地尊重不同科研人才的科研工作特点和

需求。访谈发现，多数被访科研人才认为目前的分类评价实施不到位，在实际评价中仍以论文、项目、经费等为主要指标，缺少对学科大类下不同研究方向及跨学科合作等情况的考量，在分岗位的分类评价中过于简单化等，未能达到预期分类评价效果。亟待未来进一步健全评价标准，形成更为专业科学的分类评价体系，以确保分类评价真正“落地”实施。

五、制度设计与执行、执行机构等因素影响了制度认同

基于史密斯政策执行过程模型和已有的制度认同影响因素相关文献，本书通过访谈探讨了理想化制度、执行机构、目标群体和科研环境四个因素对样本高校科研人才制度认同的影响。研究发现，四个因素均会影响科研人才的制度认同。

理想化制度因素考量了科研评价制度在设计与实际执行阶段的合理性。结果显示，部分科研人才认同所在学校或院系在畅通制度认知渠道方面的做法，认同制度在制度设计与执行阶段的科学性，因此对评价制度认同程度较高。而部分科研人才认为制度的部分要素在制度设计阶段显示出一定的局限性，或是制度设计的初衷是合理的，但在实际执行过程中凸显了评价不公平不合理、执行不到位的问题，由此降低了对制度的认同程度。

执行机构因素考量了评价执行主体的分工情况、主体的素质和能力。研究发现，科研人才较为认同以同行为主的评价主体分工，认为同行的评价更客观合理，行政领导为主的评价很难实现纯学术评价。因此认为评价中由行政领导占据主导地位的这部分科研人才大多表示了对制度较低的认同程度，反之则较高。

目标群体因素方面考量了科研人才接受科研评价的成本收益分析情况与制度参与度。结果显示，认为制度带来的提高科研效率、提升科研成果质量等积极影响更为突出的科研人才对制度认同程度较高。与之相对的是，认为制度带来的损害科研合作关系、减少用于科研的时间精力等负面影响更为突出的科研人才对制度认同程度较低。而多数科研人才对直接参与科研评价制度的设计与执行持理性态度，更倾向于通过加强评价主体与科研人才间的有效沟通来提升评价科学性，因此制度参与度对制度认同程度的影响有限。

科研环境因素考量了科研基础设施条件与科研保障环境。研究发现，多

数科研人才认为当前的科研基础设施条件能够适应科研评价制度，满足科研需要，因此对制度认同程度较高。而部分科研人才认为资源分配、报销填表等流程、科研诚信监督机制等科研保障环境方面存在的诸多问题，影响了其对制度的认同。

（蓝晔，刘莉，董彦邦）

第四章
一流大学建设高校人文社会科学领域科研人才评价制度认同研究

人文社会科学，亦通常所说的文科，是在知识分类基础上形成的一种科学门类，是人文学科与社会科学的统称，常与哲学社会科学、社会科学（广义）等术语混用。总体而言，文科是一个界定模糊的概念，涉及对“认识活动、科学化界标准和知识分类”[①]等基本理论的理解，学术界对此虽未达成普遍共识，但以“文科”或“人文社会科学”作为学科领域相关术语加以运用已约定俗成[②]。人文社会科学由人文学科和社会科学组成，是以人类社会或个体精神作为研究对象，探索人类生命本质或研究社会发展规律的科学。

“人文社会科学的范围和各个分支学科”构成的有机联系的整体代表着人文社会科学的学科体系[③]。独立学科的形成有三个要素：独特的研究对象、构成严密逻辑系统的理论体系、特定的研究方法[④]。基于不同的使用需求和应用目的，国内外现存诸多不同的学科分类标准。国内常见的学科分类体系包括：国家技术监督局发布的《中华人民共和国学科分类与代码国家标准》、用于学位教育的《授予博士、硕士学位和培养研究生的学科、专业目录》、用于社科研究项目申报的国家社会科学基金项目申报数据代码表等，借鉴叶继元对三种学科分类体系的比较，纵然三者一级学科数量、名称、排列次序均有所不同，但现已基本形成我国人文社会科学的学科体系，包括哲学、文学、历史学、哲学、经济学、政治学、社会学、法学、教育学、民族学等。国外主要的学科分类体系而言，综合教科文组织

---

① 刘大椿.人文社会科学研究成果评价体系研究[M].北京：经济科学出版社，2009：5－58.
② 叶继元.国内外人文社会科学学科体系比较研究[J].学术界，2008，23(05)：34－46.
③ 叶继元.国内外人文社会科学学科体系比较研究[J].学术界，2008，23(05)：34－46.
④ 谭荣波.“源”与“流”：学科、专业及其关系的辨析[J].教育发展研究，2002，22(11)：114－116.

的“国际教育标准分类”(International Standard Classification of Education, ISCED)及其与美国、英国、日本、德国、俄罗斯、韩国的学科分类情况的比较,一般情况下,人文学科和艺术类包括,语言文学、艺术学、哲学、历史学、宗教学等,社会科学类学科包括经济学、社会学、政治学,考古学、人口学、法学等[1]。综合国内外的人文社会科学分类体系,在人文学科中,语言文学、哲学、历史学是涵盖所有类别的学科门类的,这也充分印证了“文、史、哲是人文学科的三大原始载体”[2]一说,而在社会科学的门类中,政治学、社会学、经济学囊括所有的社会科学学科门类。

20世纪90年代以来,我国人文社会科学进入了快速发展阶段,研究成果的量化评价特征及由此带来的问题日益凸显。当前学界学术失范和学术腐败行为屡见不鲜,带来人文社会科学学术产出的泡沫化现象,有激烈的学术期刊评价,更包括使教师倍感压力的各类职称评价,其评价标准、评价效度不一,更是加剧了文科科研评价的失范现象[3]。总体而言,我国人文社会科学评价目前仍处于探索阶段,尚未形成符合人文社会科学发展规律,且具有针对性、导向性、科学性和可操作性的科研人才评价办法和标准。因此,当前文科科研评价的行政化倾向和非规范性使人文社会科学的科研管理面临一定困境,如何科学、客观、公正地开展人文社会科学领域科研人才的评价活动,以实现人文社会科学科研管理的创新,是当前高校文科发展刻不容缓的现实问题。

本书从高校文科科研人才的视角出发,探究我国一流大学人文社会科学领域科研人才评价制度现状及科研人才对评价制度的认同情况,主要聚焦以下研究问题:高校人文社会科学领域科研人才评价制度的现状如何?高校人文社会科学领域科研人才对现行科研评价制度的认同情况如何?人文学科与社会科学领域科研人才对现行评价制度的认同存在哪些异同?由于在人文社科领域科研人才一般统称为文科教师,因此,本章后续行文有时也会采用“文科教师”代替“人文社会科学领域科研人才”这一概念进行阐述。

---

① 叶继元.国内外人文社会科学学科体系比较研究[J].学术界,2008,23(05):34-46.
② 袁曦临.人文社会科学学科分类体系研究[D].南京:南京大学,2011:96.
③ 刘大椿.人文社会科学研究成果评价体系研究[M].北京:经济科学出版社,2009:5-58.

第一节 文献综述

一、高校人文社会科学领域科研人才评价制度研究

美国对人文社会科学研究领域教师的评价重点是对研究水平的评价①。Grimes 和 Register 针对美国 102 位从业 25 年的经济学教师，调查他们的科研产出与职业发展情况，试图寻找经济学学者发表论著的数量与质量和职业成就之间的关系，结果显示，高水平论著的发表与职位级别呈正相关，且职位级别高的教师不仅论著数量居多，质量也较高②。国内高校人文社会科学领域科研人才评价通常以科研成果为核心，评价制度面临的困境主要源于学科属性、定性评价方法与定量评价指标的局限等，具体表现为：对人文社会科学的研究特性重视不足、同行评价及其运行过程中的固有问题、量化指标在评价中过度使用。

（一）对人文社会科学的研究特性重视不足

Zuckerman 和 Merton 指出，人文社会科学高度依赖经验的特质以及自然科学编码转化知识经验并实现精准预测的特点，反映出自然科学与人文社会科学在研究对象和研究方法方面存在较大差异③。Hodges 等在对英国 RAE 评价标准的研究中，比较了 4 所高校自然科学、社会科学、艺术、工程、医学等五个学科领域在研究生、科研产出和科研经费方面的差异，发现五个学科可以划分为两大群体：其一是自然科学、工程及医学；另一群体是社会科学、艺术。这在一定程度上说明，人文社会科学与自然科学的学术评价不适宜套用相同的评价方式④。

学科差异使人文社会科学领域科研人才评价使用与自然科学相似的评价方法与评价指标时产生排异反应，显然，人文社会科学所蕴含的学科特性使之区别于其他学科领域的科研人才评价，主要问题在于：

---

① 吴建华，邱均平. 人文社会科学研究评价之国际比较研究（中）[J]. 山东社会科学，2008，22(01)：64－69.

② Grimes P.W., Register C.A. Career publications and academic job rank: Evidence from the class of 1968[J]. Journal of Economic Education, 1997, 28(01): 82－92.

③ Zuckerman H, Merton R.K. Age, aging, and age structure in science[J]. Aging & Society, 1968: 292－356.

④ Hodges S, Hodges B, Meadows A.J., et al. The use of an algorithmic approach for the assessment of research quality[J]. Scientometrics, 1996, 35(01): 3－13.

首先，研究地域化和研究成果多样性导致科研质量难以统一认证。Huang和Chang① 对24位西方文科学者引文来源的论文进行汇总后发现，人文社会科学引用源以图书为主，除了心理学、经济学和法学的期刊引文占50%以上，其中政治学、哲学、宗教、音乐学科高于80%。另外，人文社会科学的研究成果往往具有一定的语言发表倾向和地理分布集中趋势，因为其研究主题通常与本国或本地区的社会现实相关，因此，人文社会科学领域科研人才一般会以本国语言撰写论文并投稿到本地期刊作为首选。被SSCI和A&HCI收录说明学者研究成果在国际上有一定可见度和影响，但并不能说明未被收录的非英语语言的论文不是高质量的成果。所以，人文社会科学学者的研究产出，因其成果形式多元、图书引用比率高、议题本土化等特征，区别于依赖国际发表和定量指标的评价形式②。

其次，较长的引文周期和发表语种制约了对研究者学术影响力的判别。对人文社会科学领域科研人才的学术影响力的甄别并非朝夕之事。人文社会科学引文周期较长，如遇经典之作，被引十年以上也是家常便饭③。陈光华和陈雅琦选取THCI、ACI、WOS及Scopus引文索引资料库，比较分析学者著作的被引情况，结果显示，人文社会科学领域科研人才的著作以中文为主，且中文成果比英文更易被引，在中国台湾地区的引文索引资料库中的被引次数也远多于国际引文索引资料库，可见学者研究成果的影响力多局限于区域，足见地域限制对于文科学者影响力证明的阻碍④。

（二）同行评价及其运行过程中的固有问题

同行评议作为学术系统中最为盛行也最为核心的审查与评价制度⑤，在人文社会科学领域科研人才评价中也得到了广泛使用。同行评价的判断功能、选择功能、预测功能和导向功能在整个评议过程中可以帮助同行评议专家作出正

---

① Huang M.H., Chang Y.W. Characteristics of research output in social sciences and humanities: From a research evaluation perspective[J]. Journal of the American Society for Information Science & Technology, 2008, 59(11): 1819 - 1828.

② Crossick, G. Journals in the arts and humanities: their role in evaluation[J]. Serials the Journal for the Serials Community, 2007, 20(03): 184 - 187.

③ Jones C, Chapman M, Woods P.C. The characteristics of the literature used by historians[J]. Journal of Librarianship, 1972, 4(03): 137 - 156.

④ 陈光华，陈雅琦.探索人文社会学者研究产出之综合轨迹：以台湾大学人文社会高等研究院为例[J].图书资讯学刊，2014，12(02)：81 - 116.

⑤ 阎光才.学术共同体内外的权力博弈与同行评议制度[J].北京大学教育评论，2009，7(01)：124 - 138.

确的评议[1]。以美国大学哲学领域的科研人才评价[2]为例，学术共同体对评价对象的认可非常重要，即使被评价者没有任何正式的期刊论文或著作产生，其在课题和讲座中体现出来的学识和见解如能产生较大影响，也能得到同等的评价。具体到职称评聘的过程中，由学术委员会这一学术共同体对著述情况予以评价，在学术论文或著作的量上并没有硬性数量标准，而是更看重作品的质量和学术影响，对于刊载论文的期刊等级尤为重视，因此不乏部分知名教授著述极少的情况。

但同行评价也存在一些问题。吴述尧[3]认为同行评价存在两方面的问题：一是同行评价中存在的固有问题，包括公正性问题与创新性成果评价问题；二是同行评价运作过程中存在的一系列问题，如人际关系问题与专家剽窃问题。姜春林[4]将同行评价中存在的问题归纳为利益相关者主导的外部因素与认知惯性主导的内在因素，利益和人情主导的外部因素影响了评价的公正性与客观性，感知惯性和思维惯性主导的内部因素造成了同行专家对于创新成果的偏见乃至不认可，继而影响到同行评议的有效性和公正性。

对人文社会科学领域科研人才评价而言，同行评价的影响主要体现在评价主体价值判断的多元性与主观性以及对评价对象影响力的判别上。Andersen[5]对 618 位丹麦社会科学研究者以及作为对照的 170 位自然科学研究者进行调查，考察他们心目中认为的 20 世纪最有影响力的学者与期刊，结果发现研究人员之间的共识程度并不高。显然，在进行同行评价的过程中，即便存在相应的评价准则，每个专家对于研究质量的评判都有自己的看法，基于不同的立场做出非共识判断是在所难免的。Jonathan 和 Gary[6] 结合自己的研究和其他科学社会学研究的结果指出，在所有的科学领域，对“何谓好的研究工作、谁在做好的研究工作、什么研究具有发展前景”等问题的看法都相当不一致。Travis 和 Collins[7]发现在同行评价中存在一种认知上的特殊性倾向，即评价者对于与自身领域相

---

① 戚涌，李千目.科学研究绩效评价的理论与方法[M].北京：科学出版社，2009：106－108.

② 李森.美国大学的人才评价[J].人事管理，2002，17(11)：17－18.

③ 吴述尧.同行评议方法论[M].北京：科学出版社，1996：3－28.

④ 姜春林，张立伟，刘学.中外同行评议研究现状及问题探讨[J].科技管理研究，2015，35(03)：163－166.

⑤ Andersen H. Influence and reputation in the social sciences – how much do researchers agree? [J]. Journal of Documentation，2000，56(06)：674－692.

⑥ Jonathan R.C.，Gary S，Simon G.A. Chance and consensus in peer review[J]. Science，1981，214(4523)：881－886.

⑦ Travis G.D.L.，Collins H.M. New light on old boys：Cognitive and institutional particularism in the peer review system[J]. Science Technology & Human Values，1991，16(03)：322－341.

似的项目更倾向于采纳积极性评价，对于超出其专业领域的争议性、前沿性研究会不自觉地采取消极评价。另外，由于专家水平的局限，评价主体在短期时间内对评价客体的长期工作存在难以准确把握的情况[①]，可见，此类情况在学者研究影响力不易判别的文科领域更难以回避。

(三) 量化指标在文科科研人才评价中过度使用

在以科研成果为科研人才评价核心的前提下，不少人文社会科学研究机构将进入国际索引系统的论文价值置于国内期刊发表的论文之上。尽管近年来我国在以国外引文索引期刊发表为导向的学术研究呈现出数量方面的强劲增长，但相对于自然科学领域而言，人文社会科学始终处于陪衬地位，毕竟，在本土期刊上发表往往更符合人文社会科学研究的语言表达。量化评价之风行，不仅影响了人文社会科学领域学者学术成果的发表形式与打磨时长，也背离了非英语国家的语言习惯，促成了量化、客观化的学术风气[②]。

学术评价的定量化专注于评价内容的“可计算性、可预测性、效率至上性、技术取胜性”[③]。就评价指标而言，自美国著名科学计量学家尤金·加菲尔德(Eugene Garfield)提出引文索引并于1958年创立美国科学情报研究所(Institute for Scientific Information, ISI)以来，他所建立的“科学引文索引”(Science Citation Index, SCI)、“社会科学引文索引”(Social Science Citation Index, SSCI)和“艺术和人文科学引文索引”(Arts & Humanities Citation Index, A&HCI)三个引证工具在人文社会科学评价领域已经产生了相当大的影响。文献之间的相互引用体现了知识内容的学术影响力，他提出的“影响因子”等科学指标反映了科学论文的受关注程度与热门程度，对社会科学的科研评价做出了开创性的贡献[④⑤⑥⑦⑧]。2005年加州大学圣地亚哥分校的一位普通物理学教授乔治·希尔

---

① 刘益东.问题谱系比较评议法——同行评议方法新探[J].自然辩证法研究，1998，14(10)：31-35.

② 覃红霞，张瑞菁.SSCI与高校人文社会科学学术评价之反思[J].高等教育研究，2008，29(03)：6-12.

③ 里茨尔.社会的麦当劳化[M].上海：上海译文出版社，1999.

④ Garfield E. Citation indexes for science. A new dimension in documentation through association of ideas[J]. Science, 1955, 122(3159): 108-111.

⑤ Garfield E. Random thoughts on citationology its theory and practice[J]. Scientometrics, 1998, 43(01): 69-76.

⑥ 邱均平，任全娥，谭春晖.国外对人文社会科学研究成果的评价[J].科学管理研究，2006，24(04)：22-26.

⑦ 黄慕萱，张郁蔚.人文社会学者学术评鉴指标之探讨[J].图书资讯学刊，2006，4(1&2)：17-47.

⑧ 姜颖.地方高校人文社科成果评价研究[D].上海：华东师范大学，2008：23.

施(Jorge Hirsch)提出H指数,并将其作为评价研究人员的指标,H指数是研究者被引频次大于或者等于H的论文数,代表着研究者的论文影响力,因其规则简单且易于操作,遂被部分高校用作评价学者的指标,不排除后续成为核心评价参数的可能[①②]。我国自20世纪80年代引进SCI并在高校科研人才评价中广泛应用以来,SSCI也实现了在人文社会科学评价领域的广泛传播。发端于20世纪90年代的"中文社会科学引文索引"(Chinese Social Science Citation Index, CSSCI)以及"中国人文社会科学引文数据库"(Chinese Humanities and Social Science Citation Database, CHSSCD)反映了我国人文社会科学领域科研人才的学术水平与科学研究的基本走向,成为我国人文社会科学领域科研人才评价过程中文献计量与引文分析研究的重要依据[③]。科学计量指标的风行不仅凸显了中国学术发展在全球化背景下强烈的进取心,也逐渐反映出中国学术研究的现状与问题[④]。另外,代表性学术成果也是科研人才评价的重要形式,通过同行专家评议予以实现。代表性学术成果即能反映被评价者学术水平与学术地位的成果,以学术著作和学术论文为主要形式,蔡曙山[⑤]以清华大学为例,明确指出代表性学术成果之于人文社会科学领域科研人才评价的必要性。

即便在西方,量化评价的风气也对人文社会科学领域科研人才评价产生了极大的影响。Bell[⑥] 对美国与加拿大神学院协会(Association of Theological Schools in the United States and Canada, ATS)实行的将科研作为教授晋级的标准进行研究,试图形成一个科研生产力的参考值。研究发现,学术出版在职称晋升和聘期考核中的地位由20世纪70年代的无足轻重转为20世纪90年代的举足轻重,目前,量化、客观化的学术风气产生了面向数据的研究,一定程度上影响了大学人文社会科学的研究范式。

---

① 丁楠,潘有能,叶鹰.基于CSSCI的文科学者h指数实证研究[J].大学图书馆学报,2009,27(02):55-60.

② 万锦堃,花平寰,宋媛媛,等.h指数及其用于学术期刊评价[J].评价与管理,2006,4(03):1-7.

③ 周霞.《中国人文社会科学引文数据库(CHSSCD)》的建设、应用与发展[J].情报资料工作,2002,23(04):30-32.

④ 覃红霞,张瑞菁.SSCI与高校人文社会科学学术评价之反思[J].高等教育研究,2008,29(03):6-12.

⑤ 蔡曙山."代表性学术成果"是哲学社会科学评价的重要指标[J].中国高等教育,2004,40(23):40-41.

⑥ Bell S. Research priorities in the seminary professorate: Scholarly research and academic writing as criterion for rank advancement in graduate theological education[J]. Journal of Research on Christian Education, 2005, 14(02): 129-157.

就引文分析而言，Annette 和 Dianne[①] 在介绍以引文分析为主的大学教师科研绩效评价指标时，指出了语言、期刊的历史长短与格式、刊期以及主题领域对引文率高低的可能性影响。而人文社会科学在语言、主题等领域都较为局限。Kotiaho[②] 从研究引文行为出发，探讨引文分析方法可能带来的误差，误差之一便是引文歧视，包括：来自第三世界国家的论文在引文中受到歧视；引用指向学术权威与合作者、朋友，而非论文最相关文献；作者姓名排序的无意识歧视，强调运用引文分析作为评价工具时应该持审慎态度。丁楠、潘有能等[③]学者以 CSSCI 为来源数据库对文学、历史学、哲学、法学、经济学等文科学者 2002 年至 2006 年间的 H 指数进行实证研究，并计算学者的被引总次数、被引篇数、篇均被引次数等传统文献计量学评价指标，分析表明被引次数 C 与 H 指数的相关性最大。

在我国，量化评价及其发展不仅制约了人文社会科学评价，也影响了科研人才的发展。刘大椿[④]指出当前人文社会科学领域科研人才评价中存在对量化评价方法“过度迷信”的情况，致使机构到学者乃至成果的人文社会科学各个层级的整体矮化。王若颖和张卓[⑤]认为现行人文社会科学领域科研人才绩效评价体系中存在的问题包括量化评价指标过度、定性与定量结合不理想等等。不论定出什么标准，都会有反例指控其缺陷，目前一时难以建立具有较强认同感和公信力的评价标准，这也是当前人文社会科学领域科研人才科研评价的基本难题[⑥]。

二、高校人文社会科学领域科研人才评价制度的认同研究

当前高校人文社会科学领域科研人才评价制度的认同研究主要是科研人才对科研评价制度整体乃至评价方法的认同，尽管部分研究指出了学科差异在科研人才评价中可能产生的影响，但整体而言，缺少对其他评价要素的认同研究。

首先，科研评价在人事决策评审中占据重要地位。在教学与科研的衡量中，

---

① Annette V, Dianne R. On the evaluation of faculty research impact of citation analysis[J]. Journal of Applied Business Research. 2000, 16(02): 1 - 14.

② Kotiaho J.S. Ethical considerations in citing scientific literature and using citation analysis in evaluation of research performance[J]. Journal of Information Ethics, 2002, 11(02): 10 - 16.

③ 丁楠，潘有能，叶鹰.基于 CSSCI 的文科学者 h 指数实证研究[J].大学图书馆学报，2009，27(02)：55 - 60.

④ 刘大椿.人文社会科学评价的限制与超越[J].中国人民大学学报，2007，21(02)：149 - 156.

⑤ 王若颖，张卓.高校人文社科类教师科研绩效评价刍议[J].人力资源管理，2010，5(10)：135 - 137.

⑥ 覃红霞，张瑞菁.SSCI 与高校人文社会科学学术评价之反思[J].高等教育研究，2008，29(03)：6 - 12.

Ganesh 和 Tripathy 通过邮件对美国各大学商学院市场营销系的评审委员会主席、成员进行咨询发现，无论职务晋升、终身职申请还是职称评定，教师普遍认为研究比教学更重要；职务晋升和终身职申请的时候，比在职称评定时更加重视科研[①]。Bell 在研究中也发现，研究型大学的教师评价标准明确地侧重在研究方面[②]。叶继元[③④]通过对于教育部社会科学委员会部分委员和大学教师的问卷调查发现，尽管人文社会科学科研评价具有复杂性与特殊性，建立科学的评价指标体系和评价办法仍有其必要。

其次，量化评价仍是不可或缺的，同行评价是必要的。Jauch 和 Glueck[⑤] 调查了美国密苏里大学 23 个系所中 86 位硬科学领域的教授对量化指标和质化指标的看法，被访者认为同行评价是评价教师科研产出的最佳评价方式，所以，即便是在引文计量法盛行的自然科学评价领域，学者也毫不否认同行评价的重要性。另外，被访者们认为期刊数量并非是有效的评价指标，更支持按照科研出版物的重要性进行分级并赋予不同权重的评价方式。Bell[⑥] 研究发现，在绝大部分学院，学术出版促进学术、专业或公共交流已经成为学院文化的一部分，但同行评议期刊出版作为区分学术活动的必要手段并没有得到教师的广泛认同。在 20 个大学神学院中，只有 11 个学院在决定教师晋升及获得终身教职时以某种方式对在同行评议期刊出版作出要求。叶继元[⑦]向部分教育部社会科学委员会委员和大学教师发放关于科研评价的问卷，调查发现，相对于“科学性”“前沿性”“获奖次数”等评价指标，调查对象对“被引次数”与“创新性”两项指标最为认可。日本京都大学人文学科所所长金文京[⑧]通过对日本 13 个人文学科类研究所的

---

① Ganesh G.K., Tripathy N. The relative importance of teaching, research and service in performance evaluation of marketing faculty[J]. Marketing Education Review, 1996, 6(01): 65 - 75.

② Bell S. Research priorities in the seminary professorate: Scholarly research and academic writing as criterion for rank advancement in graduate theological education[J]. Journal of Research on Christian Education, 2005, 14(02): 129 - 157.

③ 叶继元.高校文科科研定性定量评价与学术发展[J].云梦学刊，2007，28(04)：19 - 22.

④ 叶继元.人文社会科学学术期刊及研究成果评价的调查分析[J].学术界，2007，22(04)：61 - 69.

⑤ Jauch L.R., Glueck W.F. Evaluation of university professors' research performance[J]. Management Science, 1975, 22(01): 66 - 75.

⑥ Bell S. Research priorities in the seminary professorate: Scholarly research and academic writing as criterion for rank advancement in graduate theological education[J]. Journal of Research on Christian Education, 2005, 14(02): 129 - 157.

⑦ 叶继元.人文社会科学学术期刊及研究成果评价的调查分析[J].学术界，2007，22(04)：61 - 69.

⑧ 吴建华，邱均平.人文社会科学研究评价之国际比较研究(中)[J].山东社会科学，2008，22(01)：64 - 69.

研究人员进行问卷调查发现，科研人员对量化评价基本持消极态度，原因之一在于科研成果影响力的判定需要时间检验，但量化评价之势已成定局，一时无法扭转。

最后，学科差异影响人文社会科学领域科研人才评价制度的认同。韩亚菲①通过对某综合性大学十余个院系近四十名学术人员的访谈发现，人文社会科学领域的国际发表，不仅在不同学科之间存在差异，在同一学科内部不同研究对象、不同研究范式之间也存在差异。人文社会科学领域科研人才从事研究的方式（合作或独立研究），学术训练背景所形成的不同习性，进行国际发表的不同动机等，都会影响到学术人员国际发表的意识与行为。

三、研究述评

综上，关于高校人文社会科学领域科研人才评价制度的研究，多集中于人文社会科学领域较之于其他学科的局限性的论述，重点关注学科特性、评价指标与评价方法对于人文社会科学领域科研人才评价的影响。在以科研成果评价为核心的评价体系内，人文社会科学学者往往不得不在有限的自由空间内“戴着镣铐跳舞”，以遵循社会认可的、在前人那里行之有效的方式行事②。人文社会科学领域科研人才缘何如此？不仅仅是源于人文社会科学本身的研究特性，也受制于当前科研评价的外部条件。由于人文社会科学研究的复杂多元性，人文社会科学科研评价因其评价成果形式多元、议题本土化、引文周期长等特征，使人文社会科学科研人才的科研产出和科研影响力的测量相较于自然科学更有难度。人文社会科学科研人才普遍认可同行评价，但对学术共同体而言，评价主体之间更容易存在价值判断上的差异。对于量化评价，尽管有其发展与激励人才的必要，但也不可避免地影响了人文社会科学科研人才学术成果的发表形式与成果质量，背离了非英语国家的语言习惯，容易导致过度量化。

在研究方法方面，国内对人文社会科学科研人才评价制度的研究多以思辨性及综述性论文为主，实证研究较少；国外对人文社会科学科研人才评价的研究

---

① 韩亚菲.人文社会科学领域国际发表中的若干影响因素——基于某大学十余院系学术人员的访谈研究[J].教育学术月刊，2015，32(07)：21－26.

② 陈平原.学者的人间情怀[M].上海：生活·读书·新知三联书店，2007.

以定量研究居多，相关质性研究较少。因此，本书以访谈法深度挖掘我国一流大学建设高校人文社会科学科研人才评价制度现状与认同情况，在研究方法层面有一定突破。

在研究内容方面，已有研究以对人文社会科学科研成果的评价研究为主，较少聚焦于科研人才评价。在不同学科领域的评价方面，针对人文社会科学科研人才评价的相关研究屈指可数，大多站在人文社会科学整体视角进行宏观论述，尚缺乏落实到某一类学科的科研人才评价制度。就其内部而言，对社会科学领域科研人才评价的研究多过对于人文学科的相关研究，对定量评价的关注多过对于同行评价的关注。本书立足于人文学科和社会科学领域科研人才评价制度设计及执行两个层面，探讨科研人才的感受和期待，对于改革与完善人文社会科学科研人才评价制度具有现实意义。

第二节 研 究 方 法

一、文本分析

文本分析法是指通过对文本自身的文字、符号、语境等方面的信息进行分析、鉴别和归纳[①]。从文本的表层深入到文本的深层，从而发现那些不能为普通阅读所把握的深层意义。其方法论意义在于，不再将制度文本视作是需要加以解读诠释的语篇，而是将制度文本视作文字形式的数据，其基本书路径是将文本数据通过编码过程转化为统计数据进而运用各种统计分析技术开展实证研究[②]。对文本的分析、编码十分关键，它依据研究问题和框架的需要，将大量杂乱无序、分类模糊的资料通过层层分类，最后整合成条理清晰、分类明确的主题、概念或类型等[③]。

制度文本不仅是制度运行和评价的重要依据，而且是评价主体开展相关管理行为的记录[④]，文本分析包括三种类型：一是对文本语句展开的定性分析，属

① Roberts C.W. A Conceptual Framework for Quantitative Text Analysis[J]. Quality & Quantity, 2000, 34(03): 259 - 274.

② 任弢，黄萃，苏竣.公共政策文本书的路径与发展趋势[J].中国行政管理，2017，33(05): 19 - 20.

③ 克里斯多夫·哈恩.质性研究中的资料分析：计算机辅助方法应用指南[M].乐章，陈彧，译.重庆：重庆大学出版社，2012: 4 - 6.

④ 任弢，黄萃，苏竣.公共政策文本书的路径与发展趋势[J].中国行政管理，2017，33(05): 96 - 100.

于从一定角度出发对文本进行阐发的话语分析；二是对文本关键词进行词频统计的文本定量分析；三是定量文本分析与定性文本分析互相结合的综合分析[①]。本书使用第一种文本分析方法，对我国一流大学建设高校人文社会科学领域科研人才的制度文本展开定性分析，在充分收集三所样本大学校级和文科院系的科研评价制度文本的基础上，本书运用文本分析法截取并归纳八大评价要素的相关内容，对高校、学科在各要素方面的异同加以整合、提炼，以呈现人文社会科学科研人才评价制度设计的概貌。

二、质性访谈

质的研究是“以研究者本人作为研究工具，在自然情景下采用多种资料收集方法对社会现象进行整体性探究，使用归纳法分析资料和形成理论，通过与研究对象互动对其行为和意义建构获得解释性理解的一种活动”[②]。访谈法是质性研究的常见研究方法之一，是研究者通过访问或寻访的形式与访谈对象进行沟通交流的活动[③]。访谈是“研究性的交流活动”，通过研究者和访谈对象之间的互动为解答研究问题服务，访谈法在教育研究领域也得到了较为广泛的应用[④]。访谈法一般可根据访谈结构分为：“结构式访谈”“无结构式访谈”和“半结构式访谈”三种。“结构式访谈”是按照遵循既定标准程式进行的问答式采访；“无结构式访谈”形式较为灵活，通常无固定访谈主题或主题边界模糊；“半结构式访谈”介于两者之间，会根据访谈情况实时调整访谈方案，并适当进行追问[⑤]。针对我国一流大学建设高校人文社会科学领域科研人才评价制度的运行现状和制度认同情况，本书采取半结构式访谈法开展研究，即通过既定的访谈提纲（见附录 8），首先出示访谈知情同意书（见附录 7），根据访谈问题与访谈对象进行一定范围内的自由交谈，但对于提问的方式和顺序没有特别要求，根据访谈过程中的实际情况做出相应的调整。通过与人文社会科学领域科研人才的一对一访谈，在有限文本的基础上进一步研究人文社会科学领域科研人才所在院系的评

---

① 涂端午.教育政策文本分析及其应用[J].复旦教育论坛，2009，30(05)：24 - 29.

② 陈向明.质的研究方法与社会科学研究[M].北京：教育科学出版社，2000：1 - 167.

③ 陈向明.质的研究方法与社会科学研究[M].北京：教育科学出版社，2000：1 - 167.

④ 党登峰，王嘉毅.浅析教育研究中的访谈法[J].教育评论，2002，18(02)：29 - 31.

⑤ 吴雁.“访谈法”在教育研究中的运用——以陶行知研究中的专家访谈为例[J].现代基础教育研究，2010，11(06)：58 - 63.

价制度现状，以及科研人才对于当前人文社会科学领域科研人才评价制度的感受与期待。

(一) 样本选择

本书以QS世界大学学科排名(QS World University Rankings by Subject)中的人文学科排名、社会科学排名及我国第四轮学科评价结果为选样依据，侧重选择人文社会科学水平实力相对雄厚的综合性研究型大学。QS大学排行榜是由国际高等教育研究机构QS(Quacquarelli Symonds)发布的全球性高等教育质量评价榜[①]，其排名系统包括久负盛名的QS世界大学排名(QS World University Rankings)、QS世界大学学科排名(QS World University Rankings by Subject)等，被誉为“世界上最为知名的大学排行榜之一”[②]。全国第四轮学科评价是教育部学位与研究生教育发展中心按照对全国具有博士或硕士学位授予权的一级学科开展的四年一次的整体水平评价。本书选取2018年QS世界大学学科排名的人文科学排行榜和社会科学排行榜前200名的高校，同时将位列全国第四轮学科评价人文社科领域前30%(B档及其以上)的高校作为选样区域[③④]，从中选择F校、N校与D校这3所一流大学建设高校为样本大学。

在院系层面的选择上，基于前文对于人文社会科学的分类体系的分析，本书依据《中华人民共和国学科分类与代码国家标准》(GB/T 13745—2009)[⑤]，在三所高校中各选六个与文科经典一级学科——哲学、文学、历史学、政治学、经济学、社会学相对应的文科院系，对其教学研究型或研究型专任教师展开访谈，具备一定代表性和典型性。

采用目的性抽样并遵循信息饱和的原则，最终确定F校、N校与D校三所高校部分文科院系的39名教学研究型和研究型教师作为研究对象，考察其对于评价制度的理解和认同情况，对于“双一流”建设及科研人才培养而言，具有一定的代表性、典型性及战略指导意义。

---

① 刘强，丁瑞常.QS大学排名体系剖析[J].比较教育研究，2013，49(03)：14.

② 茅锐，范文，张明珠.QS世界大学排名评估体系[J].教育与职业，2012，96(16)：92-94.

③ QS TOP UNIVERSITIES. QS World University Rankings by Subject 2018.[EB/OL].[2018-12-15]. https://www.topuniversities.com/subject-rankings/2018.

④ 教育部学位与研究生教育发展中心.全国第四轮学科评估结果公布.[EB/OL].[2019-5-25]. https://www.cdgdc.edu.cn/xwyyjsjyxx/xkpgjg/.

⑤ 中国国家标准化管理委员会.中华人民共和国学科分类与代码国家标准(GB/T13745—2009).[EB/OL].[2019-5-25].http://c.gb688.cn/bzgk/gb/showGb?type=online&hcno=4C13F521FD6ECB6E5EC026FCD779986E.

（二）数据收集与分析

关于文本资料的收集，主要包括两类：一是校级层面公布的涉及科研人才评价的制度文本，如D校教师手册、F校教师高级职务聘任实施办法等；二是院系层面发布的科研评价制度文本，如F校哲学学院高级职务岗位招聘信息、N校历史学院教师职称评聘工作条例等。

关于访谈信息的收集，通过对于目标院系官方网页上教师公开邮箱的收集和访谈邀请邮件的三轮发放，本次研究共正式访谈人文社会科学领域科研人才39人，其中人文学科21人，社会科学18人；中级职称占21%，副高职称占28%，正高职称教师51%。被访科研人才基本信息如表4-1、表4-2所示，根据被访科研人才的对应编号，教师编号开头为D、F、N的分别对应的是D校、F校、N校的教师，编号首字母后的第一个数字意味着被访科研人才的所在学科，1、2、3、4、5、6分别对应的是文学、历史学、哲学、政治学、经济学、社会学领域教师，被访科研人才对应编号的最后一位数则是访谈的序列号。因此，以D11和D12为例，意指D校文学领域的两位被访科研人才，而F21和N21则分别指F校和N校历史学领域的两位被访科研人才。

表4-1 人文学科被访科研人才基本信息

编号	学科门类	学校	职称	工作年限	岗位类型	年龄段
D11	文学	D校	正高	11～15年	教学科研并重	46～55岁
D12	文学	D校	正高	16年及以上	教学科研并重	55岁及以上
F11	文学	F校	正高	11～15年	教学科研并重	46～55岁
F12	文学	F校	正高	16年及以上	教学科研并重	55岁及以上
F13	文学	F校	中级	1～5年	教学科研并重	25～35岁
F14	文学	F校	副高	16年及以上	教学科研并重	36～45岁
F15	文学	F校	正高	16年及以上	教学科研并重	46～55岁
N11	文学	N校	正高	16年及以上	科研为主	55岁及以上
N12	文学	N校	副高	16年及以上	教学科研并重	46～55岁

续 表

编号	学科门类	学校	职称	工作年限	岗位类型	年龄段
D21	历史学	D校	副高	6～10年	教学科研并重	36～45岁
D22	历史学	D校	正高	16年及以上	教学科研并重	46～55岁
F21	历史学	F校	副高	6～10年	教学科研并重	36～45岁
N21	历史学	N校	副高	11～15年	科研为主	36～45岁
N22	历史学	N校	副高	6～10年	教学科研并重	36～45岁
N23	历史学	N校	正高	6～10年	教学科研并重	36～45岁
D31	哲学	D校	副高	16年及以上	教学科研并重	46～55岁
F31	哲学	F校	正高	16年及以上	教学科研并重	46～55岁
F32	哲学	F校	正高	16年及以上	教学科研并重	46～55岁
F33	哲学	F校	副高	11～15年	教学科研并重	36～45岁
N31	哲学	N校	中级	1～5年	科研为主	25～35岁
N32	哲学	N校	中级	1～5年	教学科研并重	25～35岁

表4-2 社会科学领域被访科研人才基本信息

编号	学科门类	学校	职称	工作年限	岗位类型	年龄段
D41	政治学	D校	正高	16年及以上	教学科研并重	46～55岁
D42	政治学	D校	正高	16年及以上	教学科研并重	55岁及以上
F41	政治学	F校	正高	6～10年	教学科研并重	36～45岁
F42	政治学	F校	副高	1～5年	教学科研并重	25～35岁
N41	政治学	N校	副高	6～10年	科研为主	36～45岁
N42	政治学	N校	中级	1～5年	教学科研并重	36～45岁

续 表

编号	学科门类	学校	职称	工作年限	岗位类型	年龄段
D51	经济学	D校	中级	1～5年	教学科研并重	25～35岁
F51	经济学	F校	中级	1～5年	教学科研并重	25～35岁
F52	经济学	F校	正高	11～15年	教学科研并重	36～45岁
F53	经济学	F校	正高	16年及以上	教学科研并重	36～45岁
N51	经济学	N校	中级	1～5年	科研为主	25～35岁
N52	经济学	N校	副高	6～10年	教学科研并重	36～45岁
N53	经济学	N校	正高	16年及以上	教学科研并重	46～55岁
F61	社会学	F校	正高	16年及以上	科研为主	46～55岁
F62	社会学	F校	正高	16年及以上	教学科研并重	55岁及以上
F63	社会学	F校	中级	1～5年	教学科研并重	25～35岁
N61	社会学	N校	正高	16年及以上	教学科研并重	36～45岁
N62	社会学	N校	正高	16年及以上	科研为主	55岁及以上

本书对取得的数据资料进行文本分析及三级编码。文本分析阶段主要根据所得制度文本的特征,围绕不同评价要素进行文本资料的选择、对比、分析和呈现。首先选择D校、F校和N校的科研人才评价制度文本,明确对应维度要收集的信息,确定需要呈现的文本类目,再以连贯的逻辑思路和表达形式呈现三所学校包括不同学科在内的评价要素内容。

三级编码又称主轴式编码(Axial Coding)或选择式编码(Selective Coding),主要用于访谈资料的分析。在访谈过程中,所有的访谈在取得参与者同意的情况下录音,并转录成文字稿用于分析。访谈的数据收集与分析同步进行,在数据整理的过程中,首先对访谈内容进行转录并撰写备忘录,随后对所有的质性访谈数据进行三级编码的处理[1]。在三级编码阶段,研究者适当悬置已有的

[1] Creswell J.W. Educational research: Planning, conducting, and evaluating quantitative and qualitative Research[M]. Boston: Pearson Education, 2012.

研究假设与理论框架，首先对原始访谈资料进行阅读和整理，借助质性分析工具 NVivo，选取相关信息进行开放式编码，大致涉及人文社会科学科研人才所在高校的评价制度，包括评价主体、评价标准等方面的现状描述，使之区别于科研人才对于自身所处评价制度的看法及评论；接下来，研究者对开放式编码加以提炼，在轴心式编码阶段探寻开放式编码彼此之间的联系，对科研人才的认同程度有一个基本的归纳和衡量，并且适当提炼影响科研人才认同态度的原因，形成或重新界定出新的类属；最后，研究者在选择性编码阶段选择影响人文社会科学领域科研人才的认同情况原因作为核心类属，分析学科特性等因素是如何影响核心类属的。

第三节 一流大学建设高校人文社会科学领域科研人才评价制度现状研究

制度的合理性不仅体现在制度的文本设计上，也体现在制度的运行上，因此，本书从制度文本设计和制度运行情况两方面呈现我国一流大学建设高校人文社会科学领域科研人才评价制度的现状。D 校、F 校、N 校作为我国人文社会科学领域科研发展态势较好的三所高校，其科研评价制度设计存在一定代表性与典型性。在制度设计方面，通过对三所高校人文社会科学领域评价制度文本的分析，可以管窥我国一流大学建设高校人文社会科学领域科研人才评价制度设计的概况，在制度的运行方面，通过对三所高校部分人文社会科学院系专任教师的访谈开展研究，可以呈现我国一流大学建设高校人文社会科学领域科研人才评价制度运行的基本情况。

研究发现，不管是在制度的设计还是运行中，人文社会科学领域科研人才评价制度在评价主体、评价方法等要素中逐渐呈现多元化状态，但制度的设计和运行之间存在一定差异，而人文社会科学领域科研人才在评价制度的运行中往往处于被动地位。

一、制度设计概况

对人文社会科学领域科研人才的评价，在职称晋升、年度考核、聘期考核的评价活动中均有重要体现。

本书对D校[1][2][3][4]、F校[5][6][7][8][9][10]、N校[11][12][13][14][15][16][17][18]关于聘任、晋升、考核等人事制度文本进行收集和分析后发现，尽管部分高校提出按照教学科研型、科研为主型、教学为主型的不同岗位类型设计了不同的分类评价方案，但目前为止，我国一流大学建设高校大多并未针对人文学科和社会科学的学科领域分别设计具有针对性的评价方案，涉及院系层面的职称评审工作亦鲜有相关文件公示，在公开性与透明性方面稍有欠缺。值得一提的是，个别高校已明确按照"无固定期限预聘制"(Tenure-Track，简称"预聘制")的形式对全体教师开展科研评价工作，只有从预聘职位的助理教授或副教授升为长聘职位(Tenured)的副教授或教授，方

---

① D校.D校教师手册[EB/OL].[2019-10-28].https://hr.pku.edu.cn/document/20161111154449516147.pdf.

② D校.D校教学科研职位分系列管理规定[EB/OL].[2019-10-28].https://hr.pku.edu.cn/zczd/xxjbmzd/index.htm.

③ D校.关于校本部2019年度老体制副教授和讲师聘任教研系列长聘职位的通知[EB/OL].[2019-10-28].https://hr.pku.edu.cn/zxgg/310813.htm.

④ D校.D校学术委员会章程[EB/OL].[2019-10-28].https://hr.pku.edu.cn/docs/20180821111857843331.pdf.

⑤ F校.F校教师高级职务聘任实施办法[EB/OL].[2019-5-25].http://xxgk.fudan.edu.cn/d7/7d/c13611a55165/page.htm.

⑥ F校教授(研究员)校聘岗位常规聘任实施方案.[EB/OL].[2019-5-25].http://www.xxgk.fudan.edu.cn/bd/2d/c13611a48429/page.htm.

⑦ F校.F校学术委员会章程.[EB/OL].[2019-5-25].http://www.xxgk.fudan.edu.cn/bc/f2/c13419a113906/page.htm.

⑧ F校.F校章程.[EB/OL].[2019-5-25].http://www.xxgk.fudan.edu.cn/1f/b4/c8354a73652/page.htm.

⑨ F校.F校人事处教学科研招聘[EB/OL].[2019-5-25].http://www.hr.fudan.edu.cn/15364/list1.htm.

⑩ F校.F校文科权威期刊目录[EB/OL].[2019-10-28].http://xxgk.fudan.edu.cn/xxjlzd/list1.htm.

⑪ N校.N校教师高级职务岗位招聘申报最低标准(文科)[EB/OL].[2019-10-28].https://hr.nju.edu.cn/5970/list.htm.

⑫ N校.N校教职工聘期考核办法[EB/OL].[2019-10-28].https://hr.nju.edu.cn/a2/c8/c6662a434888/page.htm.

⑬ N校.N校专职科研聘期考核表[EB/OL].[2019-10-28].https://hr.nju.edu.cn/77/b6/c6667a161718/page.htm.

⑭ N校.N校教职工年度考核办法[EB/OL].[2019-10-28].https://hr.nju.edu.cn/a2/c7/c6662a434887/page.htm.

⑮ N校.政府管理学院人才招聘[EB/OL].[2019-10-28].https://public.nju.edu.cn/cpyc/cpyc/index.html.

⑯ N校.N校历史学院教师职称评聘工作条例[EB/OL].[2019-10-28].https://history.nju.edu.cn//xxgk/gzzd/20190927/i38651.html.

⑰ N校.哲学系引进、选留人才工作条例[EB/OL].[2019-10-28].https://philo.nju.edu.cn/f2/c1/c4702a127681/page.htm.

⑱ N校.N校文科一流期刊目录[EB/OL].[2019-10-28].https://skch.nju.edu.cn//glgz/cgxg/cgrd/20160719/i43082.html.

可工作至退休，否则，聘期内未获得长聘职位的教师将随合同期满终止聘任[①]。部分高校则明确提出在科研评价工作中采用“代表性成果”评价制度[②]。“预聘制”和“代表性成果评价”制度的实施体现着我国一流大学建设高校在科研人才评价方面的积极探索。

从文本分析结果可以看出，三所高校人文社会科学领域科研人才评价制度有一些共同特征：在评价目的方面，职称评审和年度考核以终结性评价为主，而聘期考核以发展性评价为主；在评价主体方面，院系组织或个人、校级组织、校外同行专家这三类评价主体占据主导地位；在评价客体方面，被评价者反馈自身意见的渠道较窄，但部分院系科研人才具备校外同行专家选择权；在评价程序方面，大多呈现出“先自上而下，再自下而上”的U型评审模式，在职称评审中表现尤为明显；在评价方法层面，同行评价和定量评价兼而有之；在评价标准方面，评价制度文本体现出对科研成果质量的重视；在评价指标方面，主要围绕期刊论文、学术专著、科研项目三类学术成果对人文社会科学领域科研人才进行评价；在评价周期方面，除职称评审外，年终考核一年一次，聘期考核三年一次，见表4-3。

表4-3 D校、F校、N校人文社会科学领域科研人才评价制度设计特征

评价要素	制 度 设 计
评价目的	职称评审和年度考核以终结性评价为主，聘期考核以发展性评价为主
评价主体	院系组织、校级组织、校外专家三类评价主体
评价客体	被评价者的意见反馈渠道较窄、申诉内容受限，但有同行专家选择权
评价程序	先自上而下，再自下而上的U型评审模式
评价方法	职称评审以同行评价为主，聘期考核与年度考核以定量评价为主
评价标准	以学术质量为首要评价标准，逐渐关注教师发展潜力

① D校.D校教师手册[EB/OL].[2019-10-28].https://hr.pku.edu.cn/document/20161111154449516147.pdf.

② F校.F校教师高级职务聘任实施办法.[EB/OL].[2019-5-25].http://xxgk.fudan.edu.cn/d7/7d/c13611a55165/page.htm.

续　表

评价要素	制　度　设　计
评价指标	国内外权威期刊论文发表的等级与数量、学术专著的出版、承担的科研项目的等级与数量
评价周期	年度考核一年一度，聘期考核三年一度，新教师六年非升即走

（一）评价程序

在人文社会科学领域科研人才评价制度设计的评价程序中，三所高校大多呈现出“先自上而下，再自下而上”的U型评审模式，“自上而下”指评审工作的方案及相关评审通知往往由校方制定和发布，经由院系传达给科研人才个人，“自下而上”指被评价科研人才个人申请并提交材料，经过院系层面乃至校外专家的考核和筛选，再由校方人事部门组织进行进一步考核，最终获得评审结果的过程。职称晋升的评价程序较之于聘期考核、年度考核更为复杂和周密。

1. 职称评审程序：层层递进

以F校[①]的文科教师职务聘任程序为例，院系首先根据学校批准的岗位数量发布招聘信息，在信息发布的基础之上，有意应聘的教师以个人申请的形式申报相应系列的高级职务，提交申报材料和能代表自身学术水平的有效科研成果；然后，院系便以教授大会的形式对申请者进行资格投票，推举出合适的候选人，一般情况下，候选人人数不超过学校发布的核定岗位数的两倍；接着，结合学校建立的校外评审专家库，邀请与申请人研究方向相同或相近的专家展开同行评价工作；在此基础上，院系再进行候选人材料公示并结合专家评审意见进行综合考察，选出正式推荐人选；在院系考核的基础之上，再由校方学术评议专家组进行学术终审；最后由人事处审核并报学校正式聘任。按照“学校批准岗位数量——院系发布通知——个人申请——院系教授大会投票——校外专家评价——院系公示与综合考察——校学术委员会终审——正式聘任”的程序，处于评审环节首端和尾端的“批准岗位数量”和“校学术委员会终审”均体现出校方在评价程序中的决定性作用，而院系层面的评审权主要体现在中间环节，重在对评审工作的执

① F校.F校教师高级职务聘任实施办法[EB/OL].[2019－5－25].http://xxgk.fudan.edu.cn/d7/7d/c13611a55165/page.htm.

行和申请人的考察和筛选。除了校级层面学术委员会等部门的把关，校级相关人事单位也会委派相关人员对部分评审环节进行监督，如学校人事处、监察处可委派工作人员作为观察员，列席院系专业技术职务评审会议，向学校汇报评审过程中的客观情况，以确保院系层面教师评价工作的客观性和公正性。

再以D校①②长聘职位的文科教师聘任程序为例，校方在评价程序的开始和结束阶段均处于决定性地位。评价程序包括六步：第一步，在校方给定各院系相应岗位名额的前提下，符合条件的教研系列人员向院系提交个人申请，其中关于科研工作评价的材料包括：任现职以来的科研成果及未来科研计划等内容的完整陈述报告，不超过10篇或10部的个人任现职以来代表性学术论著或其他学术成果，5至10名校外同行专家名单，另可酌情提交不超过3名的建议回避评审的同行专家名单；第二步，外送评审，院长或系主任结合申请人推荐的5至10名同行专家名单，再从专家库中选择不少于10名的专家，组成不少于15人的同行专家名单，经由院系层面组织的特别评价委员邀请以上专家进行评审，在获得不少于10位评审专家的实质性反馈意见后，特别评价委员会形成关于候选人的综合评价报告和外审情况报告；第三步，院系学术委员会根据相关材料与报告提出总体评价意见，并就拟聘长聘职位进行表决；第四步，在上述评审工作的基础之上，院长或系主任对候选人的科研业绩、学术水平和发展潜力进行独立评价并提供书面独立意见；第五步，校级人才评价专家小组将人文社科类教师与理工科、医科类分开进行会议票决形式的表决工作；第六步，关于长聘职位聘任的最终决定由学校批准后生效。可见，D校“个人申请——院系特别评价委员会外送评审——院系学术委员会评价表决——院长或系主任独立评价——校人文社科学部人才评价专家小组评审表决——校方批准”的长聘职位聘任程序，同样呈现出“先自上而下，再自下而上”的U型评审模式，院系层面的评审环节虽位居中间，仍是评价结果诞生的根基。

2. 聘期考核程序：自下而上

相较于层层递进、步步审查的职称评审，聘期考核则大多免去了校外专家评审的环节，部分大学以量化打分形式对被评者进行聘期考核，“自上而下”的体现并

① D校.D校教师手册[EB/OL].[2019-10-28].https://hr.pku.edu.cn/document/20161111154449516147.pdf.

② D校.D校教学科研职位分系列管理规定[EB/OL].[2019-10-28].https://hr.pku.edu.cn/zczd/xxjbmzd/index.htm.

不明显，按照“自下而上”的顺序，实现从个人到院系再到学校，如“个人总结—部门测评—院系测评—学科组评议—学校评定”的过渡。以N校[①]人文社会科学领域教师聘期考核为例，聘期期满的教师首先填写岗位考核表，汇报并总结聘期内完成的包括科研工作在内的工作履职情况；接着，由教师所在部门（如教研室）内部除了被评价者之外的人员根据其述职材料进行百分制打分，按得分进行排序，给予建议等级（各个等级名额不设比例限制）；部门测评完毕后，由教师所在院系组织聘期考核小组以百分制对被评价者进行述职测评打分，所在部门测评打分提供给评委做参考；在后半阶段的校级层面考核环节中，人事部门按相近学科门类分别组织学科组，对相关院系教师聘期考核情况进行评议，并对被人事部门抽查到校述职人员进行考评。最终形成学科组建议等级，提交学校考核工作领导小组审定。最后，学校考核工作领导小组根据学科组建议审定个人考核等级，并给出具体考核意见，并下达各单位做好聘期考核后的续聘工作。

3. 年度考核程序：较为简易

年度考核的评价程序较之于职称晋升与聘期考核则更为简易，在操作性方面进一步省却了主观评价的环节。以D校[②]教师年度考核为例，被评价教师首先需提交包含科学研究工作在内的年度业绩成果，并进行个人述职，述职完毕后，则由校二级单位考核聘任委员会审议确定并公示年度考核结果。D校年度考核的流程大抵如此，若出现年度考核结果为“基本合格”或“不合格”档次的，如本人有异议，可在复核的时效期内以书面形式向本单位提出复核申请。最终，学校审核并公示年度考核结果。N校[③]的年度考核与D校类似，按照“个人总结—民主测评形成群众测评意见—院系党委考核小组提出等级意见并上报校考核工作领导小组—校考核工作领导小组确立考核等级—校方反馈考核结果”的顺序，完成年度考核环节。

（二）评价主体

在高校人文社会科学领域科研人才科研评价制度中，所涉及的评价主体大

---

① N校.N校教职工聘期考核办法[EB/OL].[2019-10-28].https://hr.nju.edu.cn/a2/c8/c6662a434888/page.htm.

② D校.D校教师手册[EB/OL].[2019-10-28].https://hr.pku.edu.cn/document/20161111154449516147.pdf.

③ N校.N校教职工年度考核办法[EB/OL].[2019-10-28].https://hr.nju.edu.cn/a2/c7/c6662a434887/page.htm.

致可分为三类，即院系（含个人）、校级组织、校外同行专家这三类评价主体。

1. 院系层面

在院系组织层面，院系层面的学术委员会、教授大会、特别评价委员会、聘期考核小组、院长或系主任等组织或个人是在院系层面考核起关键作用的评价主体。如F校的院系教授大会以投票形式对申请人进行资格审核与推荐，D校院系组织的特别评价委员会专门负责在职称晋升中向同行专家发出同行评审邀请以获取评审结果，N校的聘期考核小组则对教师进行打分（百分制）。此类组织的构成，以N校历史学院①的内部职称评聘小组为例，该小组是院系结合岗位设置和学科分布设立的，正副组长分别由院长、院党委书记担任，其基于学科平衡的考虑会进行成员的定期轮换，组员一般不得连任超过三年。该职称评聘小组须上报学校，获准后方可开展评审工作，院职称评聘小组根据学校下达岗位，对申报者所有材料进行综合审议，并投票决定上岗人选，上报学校人力资源处。可见，院系层面的评价主体以大同行为主，也有小同行的存在。

2. 校级层面

在校级层面，一般由具有一定权威性的人文社会科学校级人才评价专家小组或学术评议专家组直接参与到科研人才评价工作的决策中来，校级学术委员会制定的相关科研评价方案作为科研人才评价工作的先决条件，除此之外，校级相关行政单位，如人事处、监察处亦起一定辅助作用。校级层面的评价主体以大同行乃至外行为主，小同行数量较之于院系层面显然更为稀少。如负责D校的长聘职位聘任的校级评审组织人文社科人才评价专家小组，其专家小组会议一般由专家小组组长主持，所有审议环节涉及投票表决的，委员实到人数达到应到人数的三分之二以上为有效，同意票达到实到人数的三分之二以上方可通过②。这意味着大同行的认可在职称评审中尤为重要。校学术委员会作为于院系学术委员会层面之上的评审机构，并不一定直接参与到教师的聘任、考核的评审环节中来，但其主要职权之一是制订学校教师职务聘任的学术标准与办法，如D校的校学术委员会或授权相关专门委员会的职责明确包括“讨论决定教师职

① N校.N校历史学院教师职称评聘工作条例[EB/OL].[2019－10－28].https://history.nju.edu.cn//xxgk/gzzd/20190927/i38651.html.

② D校.D校教学科研职位分系列管理规定.[EB/OL].[2019－10－28].https://hr.pku.edu.cn/zczd/xxjbmzd/index.htm.

务聘任的学术标准与规程”“审查评定教师职务拟聘人选”[①]等工作，因此，校学术委员会是文科教师科研评价主体之一，虽不一定直接参与对文科教师的评审，但其所制定的学术标准决定着教师职位申请的门槛。再以 F 校为例，该校学术委员会是校最高学术机构，下设五个学部，包括人文学部、社会科学与管理学部、理学部、工程技术学部和医学部，这体现了按学科进行分类评价的原则，“委员会委员由校教学科研岗的在编教师代表组成，其委员及主任由民主选举产生，人数为 43 人左右”[②]。校党政领导不参加校学术委员会，除非受委员会邀请列席会议。校学术委员会每届任期四年，委员可连任，但任期一般不超过两届，且连任人数不应超过上届总人数的三分之二，以确保委员会成员的新鲜血液[③]。

3. 校外同行专家

除了学校内部，学校外部的校外评审专家库或学术机构目标群的同行专家皆是科研人才评价不可或缺的评价主体。学术机构目标群是 D 校各院系单位依据各自学科发展规划所设立，由 15 至 50 所不低于该校该学科当前水平的学术机构组成，作为该学科今年内学科发展的目标和赶超对象，一般情况下，长聘职位聘任评价的外审同行专家务必是学术机构目标群中已取得长聘制的全职教研系列人员[④]。在 D 校的长聘职位聘任中，院长或系主任从目标群学术机构中推荐的不少于 10 名的同行专家和被评价者本人推荐的 5 到 10 名同行专家共同组成校外评审的专家名单，且原则上海外同行专家应不少于外审专家总数的一半，此外，院系还需从学术机构目标群中选取 3 至 5 名比较对象供评审专家进行比较[⑤]。为了规避人情关系或个人价值判断差异在同行评价中存在的可能影响，不同学校的评价制度文本均不约而同地指出，对教师的评议过程实施亲属关系主动回避原则和不利申请回避原则，“申请人在提交申报材料时，可提出需回

① D校.D校学术委员会章程[EB/OL].[2019－10－28].https://hr.pku.edu.cn/docs/20180821111857843331.pdf.

② F校.F校学术委员会章程[EB/OL].[2019－5－25].http://www.xxgk.fudan.edu.cn/bc/f2/c13419a113906/page.htm.

③ F校.F校章程[EB/OL].[2019－5－25].http://www.xxgk.fudan.edu.cn/1f/b4/c8354a73652/page.htm.

④ D校.D校教学科研职位分系列管理规定[EB/OL].[2019－10－28].https://hr.pku.edu.cn/zczd/xxjbmzd/index.htm.

⑤ D校.D校教学科研职位分系列管理规定[EB/OL].[2019－10－28].https://hr.pku.edu.cn/zczd/xxjbmzd/index.htm.

避的校外专家的名单，但最多不得超过 3 名”①，“可提交不超过 3 名建议回避评审的同行专家名单，并提供专家简要基本情况和建议回避的理由”②，从而尽可能地减少阻碍评审公正的因素。尽管如此，校外乃至海外专家的评审仍然代表着最贴近教师研究方向的小同行的评审意见。在校内外同行各自发挥的作用方面，校内专家多以投票形式确立候选人资格，佐以校外专家以匿名评审的形式考察候选人科研水平，两派评价主体以不同的数量和不同的形式作出决策，其优劣在一定程度上彼此抵消，达成制度设计层面表面公平。

综上，在内部认可和外部意见的综合之下，在小同行、大同行乃至外行的共同评价下，科研人才评价过程中不同的评价主体形成了不同的纽带，连接起科研人才评价工作中各个桥梁，最终产生相应的评审结果。

（三）评价客体

由三所高校人文社会科学科研人才评价制度的相关程序可知，评价客体即科研人才在评价过程中基本处于被动评价的地位。尽管当前科研评价制度文本对于校内外专家意见格外重视，再由校学术委员会和相关行政单位加持，评价主体呈现出多元化的倾向，但对于候选科研人才的自我评价仍缺乏一定关注，评价客体的参与或诉求在评审过程中的体现并不显著，大多仅限于对评审程序或结果的申诉。

1. 评审结果申诉权

在 F 校教师职称评审工作中，“在评审结果公布之后的 5 个工作日内，当事人可向学校提出书面申诉，并提供相关证明材料。超出规定期限不予受理。申诉范围为聘任程序是否符合规定；是否存在不当行为。学校会根据当事人的书面申诉，成立申诉处理小组。申诉处理小组由纪委监察部门、人事处和有关学科专家组成。申诉处理小组应在 15 个工作日内完成调查，形成调查意见，并报分管校长审定后，通知当事人。申诉处理后，若无新证据，不再受理重复申诉”③。可见，评价客体的申诉存在时效短、次数少等特征。

---

① F 校.F 校教师高级职务聘任实施办法[EB/OL].[2019 - 5 - 25].http://xxgk.fudan.edu.cn/d7/7d/c13611a55165/page.htm.

② D 校.D 校教学科研职位分系列管理规定[EB/OL].[2019 - 10 - 28].https://hr.pku.edu.cn/zczd/xxjbmzd/index.htm.

③ F 校.F 校教师高级职务聘任实施办法[EB/OL].[2019 - 5 - 25].http://xxgk.fudan.edu.cn/d7/7d/c13611a55165/page.htm.

以D校[①]的晋升相关事项的申诉为例，校方设立了临时性的申诉机构组织——“评价和晋升申诉委员会”，该临时机构由校方评审组织，即校“人才评价专家小组”负责人任命成立，主要由申请人所在学院/系的学术委员会成员、学校“人才评价专家小组”成员以及非申请人所在院系的相关学科专家组成。一旦作出关于申诉的结论性报告并书面告知申请人，该委员会即自动解散。评价客体申诉的事项存在一定局限，评价客体可对评价或晋升过程中受到的非学术性因素的歧视进行申诉，可对评价或晋升实施过程中存在违反学校规章或程序的情形从而影响到评审结果的环节进行申诉，但申请人对于学校现有规章制度和程序规定本身不得提出申诉，对于评价或晋升过程中各类评价专家小组作出的专业学术评判结果，评价客体不得提出申诉。可见申诉内容有限，申诉组织临时性是评价客体在申诉过程难免会遇到的情况。且学校仅受理院系学术委员会提交的申诉[②]，这意味着评价客体和校学术委员会之间的信息断层，来自一线教师的声音未必能准确及时地传达至校方评审组织。

2. 校外同行专家选择权

值得一提的是，在科研人才评价工作的前半阶段，个别高校开始在同行外审环节适当给予评价客体主动参与评价制度的机会，即F校[③]的长聘职位聘任中，强调评价客体自身在提交材料中务必附带5～10名校外同行专家名单，“并提供专家简要基本情况和专业方向描述、联系方式、与本人关系等”，而这5～10名校外同行专家和院系选出的数名专家库专家共同构成了校外同行评议的评价主体，可见评价客体参与制度设计的功能开始显现。

(四) 评价方法

针对不同类型的评价活动，三所高校人文社会科学领域科研人才评价在制度设计层面所侧重的评价方法各有不同。当前科研人才评价方法主要分为两类，即以同行评价为主要形式的定性评价方法和参看成果数量和等级等硬指标的定量评价方法。从制度设计上看，职称评审在制度设计层面以同行评价为主，定量

---

① D校.D校教师手册[EB/OL].[2019-10-28].https://hr.pku.edu.cn/document/20161111154449516147.pdf.

② D校.关于校本部2019年度老体制副教授和讲师聘任教研系列长聘职位的通知[EB/OL].[2019-10-28].https://hr.pku.edu.cn/zxgg/310813.htm.

③ D校.D校教学科研职位分系列管理规定[EB/OL].[2019-10-28].https://hr.pku.edu.cn/zczd/xxjbmzd/index.htm.

评价为辅；聘期考核和年度考核则以定量评价方法为主，定性评价方法为辅。

1. 职称评审以定性评价为主

由职称评审各环节可知，高校人文社会科学领域科研人才评价在制度设计层面以定性评价为主，以校内大同行的投票表决和校外小同行评审专家的意见为主要参考依据。在F校评价过程中的各个投票环节，候选人往往须获得实际参加投票人数的三分之二及以上（并超过应出席人数二分之一）的赞成票方可通过[①]；具体到学科内部，N校哲学系[②]在教师引进和留用的评价过程中，院系在得到学校关于该系本年度教师岗位设置数的明确答复后通知相关学科对候选人进行综合评价，相关学科带头人通知学科内所有教师参加，学科内教师超过三分之二以上同意者，方视为学科通过了对候选人的教学及科研水平的评价。D校[③]在重视学科内同行评价的基础上，“海外同行专家应不少于外送同行专家总数的二分之一”再次体现了对海外同行评价的重视。

以小同行评价为主要评价方法的代表性成果评价制则是当前我国一流大学建设高校人文社会科学领域科研人才评价过程中较为先进且正在普遍探索的评价机制。目前虽鲜有关于代表性成果评价机制的说明文件，也可从评审过程中提交的材料中窥见一斑。F校[④]明确指出采用“代表性成果”评价机制，教师在个人申请环节，需提交申报材料和能代表自己学术水平的成果，申请正高级职称一般仅需提交3～5项代表性学术成果，申请副高级职称一般提交2至3项代表性学术成果。与之类似，D校教师申请长聘职位时，其所提交的任现职以来的代表性学术论著或其他学术成果不应超过10部/篇。可见我国一流大学人文社会科学领域科研人才评价制度设计正在逐步扭转重数量轻质量的倾向。

2. 聘期考核以定量评价为主

与职称评审相比，聘期考核以定量评价方法为主。在N校[⑤]教师聘期考

---

① F校.F校教师高级职务聘任实施办法.[EB/OL].[2019－5－25].http://xxgk.fudan.edu.cn/d7/7d/c13611a55165/page.htm.

② N校.哲学系引进、选留人才工作条例[EB/OL].[2019－10－28].https://philo.nju.edu.cn/f2/c1/c4702a127681/page.htm.

③ D校.D校教学科研职位分系列管理规定[EB/OL].[2019－10－28].https://hr.pku.edu.cn/zczd/xxjbmzd/index.htm.

④ F校.F校教师高级职务聘任实施办法[EB/OL].[2019－5－25].http://xxgk.fudan.edu.cn/d7/7d/c13611a55165/page.htm.

⑤ N校.N校教职工聘期考核办法[EB/OL].[2019－10－28].https://hr.nju.edu.cn/a2/c8/c6662a434888/page.htm.

核中的关键环节是部门测评和院系测评，均以百分制打分的形式对被评价者进行评价，按照聘期考核的测评分给出相应的等级，评分等级与要求如表4-4所示。

表4-4　N校聘期考核评分等级与要求

等　级	测评分	要　　求
A：优秀	≥90分	综合业绩远超岗位要求
B：合格	≥70分	较好完成岗位任务；至少一项业绩超出岗位要求
C：基本合格	≥60分	教学、项目、论文三项岗位业绩核心指标中至少完成两项
D：不合格	<60分	教学、项目、论文三项岗位业绩核心指标中至多完成一项

来源：N校.N校教职工聘期考核办法[EB/OL].[2019-10-28].https://hr.nju.edu.cn/a2/c8/c6662a434888/page.htm.

（五）评价标准

一流大学人文社会科学领域科研人才评价仍然以学术质量为首要评价标准，强调高质量学术成就。F校[①]申请正高级职务的人员，要求在"所从事的学科领域内应取得达到国内先进水平的成果，在同行中享有较高的学术声誉和学术影响，是本学科的优秀学术骨干"；申请副高级职务的人员，"在所从事学科领域内应取得同行认可的成果，是具有发展潜力的主要学术骨干"。

除了注重科研成果的质量，相关制度文本也体现出对人文社会科学领域科研人才发展潜力、在同行中所处的水平、国际学术地位和影响力的关注。在D校，按照晋升长聘教授职位的基本程序，院系邀请校外同行专家进行同行评价时明确要求评价主体就候选人"科研和学术成果是否在本学科研究前沿领域；是否达到国际或国内领先水平（与同层次人员相比所具有的影响力）""候选人将来可能的成就前景和潜力"[②]给出实质性评价。N校政府管理学院[③]也在人才招聘中

① F校.F校教师高级职务聘任实施办法.[EB/OL].[2019-5-25].http://xxgk.fudan.edu.cn/d7/7d/c13611a55165/page.htm.

② D校.D校教学科研职位分系列管理规定.[EB/OL].[2019-10-28].https://hr.pku.edu.cn/zczd/xxjbmzd/index.htm.

③ N校.政府管理学院人才招聘[EB/OL].[2019-10-28].https://public.nju.edu.cn/cpyc/cpyc/index.html.

注重国际人才的引进，将具有海外知名高校或研究机构的访学或留学经历者予以优先考虑。

（六）评价指标

高校人文社会科学领域科研人才评价主要围绕被评价者国内外论文发表的期刊等级与数量、学术专著的出版、承担的科研项目（含国际合作项目与政府咨询项目）的等级与数量三类指标展开。人文社会科学领域科研人才评价所涉及的国内期刊一般以CSSCI作为期刊等级依据，且部分一流大学建设高校专门发布了《文科权威期刊目录》[①]或《文科一流期刊目录》[②]以作为论文发表的主要参考依据，如《中国社会科学》皆位列F校的社科综合类权威期刊与N校的文科一流期刊目录，《文学评论》与《中国语文》均位列F校与N校中国语言文学类学科的权威期刊或一流期刊目录，与之类似，《哲学研究》之于哲学学科、《经济研究》之于经济学学科、《社会学研究》之于社会学学科，两校发布的期刊目录存在很大的相似性，也证明了此类期刊在国内人文社会科学评价领域的地位；科研评价中涉及的国外期刊一般以SSCI、A&HCI作为发表依据，且以处于分区前列的期刊为优先，但相关制度文本也并未做过多详细说明；关于专著在职称评审中并无硬性的数量或等级要求，部分高校甚至可以将专著折算为数篇期刊；不论是发表期刊论文还是出版专著，均要求科研人才本人是第一作者（外文期刊通讯作者亦可）身份。人文社会科学领域的科研项目一般包括国家社会科学基金项目、教育部人文社科重大课题等国家级课题，以及教育部人文社科研究一般课题等省部级课题。另外，获得一定的科研奖励、科研经费数目、承担的政府咨询项目、获得重要领导的批示也是部分一流大学建设高校人文社会科学领域科研人才评价的参考性指标。

以F校[③]竞聘校聘关键教授（研究员）岗位的申报资格条件为例，除了教学业绩和职责类业绩，人文、社会科学领域的教授或研究员在六年之内需满足以下各类科研业绩条件的其中之一，方具备竞聘资格。在论文（著）类业绩条件方面，候选人需要满足以下条件：“人文、社会科学申请人需在本学科领域具有较重要

---

① F校.F校文科权威期刊目录[EB/OL].[2019－10－28].http://xxgk.fudan.edu.cn/xxjlzd/list1.html.

② N校.N校文科一流期刊目录[EB/OL].[2019－10－28].https://skch.nju.edu.cn//glgz/cgxg/cgrd/20160719/i43082.html.

③ F校.F校教授（研究员）校聘岗位常规聘任实施方案[EB/OL].[2019－5－25].http://www.xxgk.fudan.edu.cn/bd/2d/c13611a48429/page.htm.

的学术贡献：近6年来，以第一作者身份在《中国社会科学》等国内顶尖综合期刊或SSCI、A&HCI上发表过1篇以上论文，同时在本专业国内权威期刊发表4篇以上论文；或在本专业国内权威期刊发表6篇以上论文，论文被多次他引；或出版过具有国内同行公认的具有重要学术影响的专著”；在项目类业绩条件方面，候选人需满足“国家哲学社会科学基金重大项目（50万）首要负责人、教育部人文社会科学重大课题攻关项目（50万～80万元）及以上项目（含连续资助项目）首要负责人”或“负责承担产生重大影响或经费数额巨大国家与地方重大政府咨询项目”；在获奖类业绩条件方面，候选人需获得“国家哲学社会科学基金项目优秀成果奖二等奖，排名第一顺位”或“教育部人文社会科学优秀成果奖二等奖，排第一顺位”。

结合表4－5所示的N校人文社会科学领域教师申报教授和副教授的科研要求[①]可知，科研项目、学术期刊、专著的确是我国一流大学文科教师科研评价的核心指标，部分指标明确的等级和数量要求彰显着量化评价的重要性。

表4－5　N校申报人文社会科学领域教授与副教授的科研要求

指标类型	申报教授科研要求	申报副教授科研要求
发表的等级与数量国内期刊（CSSCI，第一作者）、国外期刊（SSCI/A&HCI，第一/通讯作者）	任现职以来，至少12篇论文被SSCI/A&HCI或者CSSCI收录，其中必须至少包含1篇SSCI/A&HCI期刊论文或CSSCI一流期刊论文，SSCI发文期刊分区要求在三区以上。	任现职以来，至少8篇论文被CSSCI收录，如果成果中包含1篇SSCI/A&HCI期刊论文或CSSCI一流期刊论文，则数量要求为6篇，并且在同等条件下优先。
专著发表情况（第一作者）	专著（第一作者）可折算2篇CSSCI期刊论文，有多部专著时最多可折算3部专著。	专著（第一作者）可折算2篇CSSCI期刊论文，有多部专著时仅可折算1部专著。
科研项目等级与数量	任现职以来，主持1项国家级课题或2项省部级课题。	任现职以来，主持1项省部级课题或主持1项国家社科基金重大招标、教育部人文社科重大招标课题的子课题（以批准的项目投标书为依据）。

① N校.N校教师高级职务岗位招聘申报最低标准（文科）[EB/OL].[2019－10－28].https://hr.nju.edu.cn/5970/list.htm.

续 表

指标类型	申报教授科研要求	申报副教授科研要求
科研经费	作为横向课题负责人，社会科学学科申请人获得横向经费 60 万元以上、人文学科申请人获得横向经费 30 万元以上，可以折算为 1 个省部级课题。	作为横向课题负责人，社会科学学科申请人获得经费 30 万元以上、人文科学学科申请人获得经费 15 万元以上，可以折算为 1 个省部级课题。
学术活动活跃度	积极参加学校与院系单位的发展规划、学科建设、平台建设等工作；积极参加国际国内学术交流活动。	积极参加学校与院系单位的发展规划、学科建设、平台建设等工作；积极参加国际国内学术交流活动。

来源：N 校.N 校教师高级职务岗位招聘申报最低标准（文科）[EB/OL].[2019－10－28].https://hr.nju.edu.cn/5970/list.htm.

聘期考核指标所考察的评价指标与职称评审类似。以 N 校①②聘期考核为例，在科研评价方面，科研人才主持的纵向课题、以第一作者或通讯作者发表的科研成果是其考察的重点。

（七）评价周期

就评价周期而言，三所一流大学建设高校人文社会科学领域科研人才评价的年度考核基本一年一度，聘期考核三年一次，职称晋升每年均可申请，但一般会有最低任职年限和申请次数的相应要求，中级职称级别的教师在“非升即走”的岗位聘用制度趋势下，一般给予 6 年一次的评价周期。密集的考核周期需要教师在不同时间阶段不断产生新的科研成果，以应付各类考核需求。

关于职称评审的评价周期，以 D 校③文科教师申请聘任教研系列长聘职位为例，学校按每年两批次进行评审，分别安排在 6 月与 12 月。在 D 校④，教研系列岗位中获聘预聘职位的助理教授和副教授，一般需要在聘期第 6 年启动并完成长聘职位的聘任评价。教研成就特别突出的，提前申请启动评价。预聘职位

① N 校.N 校教职工聘期考核办法[EB/OL].[2019－10－28].https://hr.nju.edu.cn/a2/c8/c6662a434888/page.htm.

② N 校.N 校专职科研聘期考核表[EB/OL].[2019－10－28].https://hr.nju.edu.cn/77/b6/c6667a161718/page.htm.

③ D 校.关于校本部 2019 年度老体制副教授和讲师聘任教研系列长聘职位的通知.[EB/OL].[2019－10－28].https://hr.pku.edu.cn/zxgg/310813.htm.

④ D 校.D 校教师手册[EB/OL].[2019－10－28].https://hr.pku.edu.cn/document/20161111154449516147.pdf.

的聘期原则上为 6 年，根据学科情况最长不超过 8 年。在聘期内未获得长聘职位的，按合同约定终止聘任预聘。聘期结束后终止聘任的受聘人，在当前合同期满前给予不超 1 年的离校缓冲期。因此，对于 D 校文科教师而言，即便在旧体制时期已取得副教授职称，在预聘制的新体制范围下，仍然需要申请转为长聘职位的考核，否则也存在离校的可能，但考虑学科情况，部分学科所在院系不需严格遵守 6 年的评价周期，予以适当的延期或调整，甚至于提供 1 年以内的弹性缓冲期。

就职称评审相关的年限要求而言，D 校①文科教师在获长聘副教授职位后的 3 年内，受聘人一般不能申请晋升教授职位。F 校②申请正高级职务的博士学位教师，需担任 5 年及以上副高级职务；申请副高级职务的博士学位教师，需担任 2 年及以上中级职务。职称评审过程中，一般情况下，申请人进行申请时采纳的成果基本是任现职以来获得的科研成果。

关于聘期考核的评价周期，各校亦会制定相应的聘期考核周期与方案，D 校③获聘预聘职位的助理教授和副教授，院系应在其合同聘期的第 3 年至第 4 年完成中期发展状态评价，并向学校提交完整评价报告，学校进一步组织学校层面的评价答辩；获聘长聘职位的副教授和教授，任职每满三年同样有一次综合评价考核。与 D 校相比，N 校④的聘期考核周期则更为灵活，综合教师两次聘期考核获得的等级结果，评价主体会对评价客体下一步的聘期考核评价周期予以调整，两次不合格者将不再续聘或解除聘用合同，见表 4 - 6。

表 4 - 6　N 校教师聘期考核结果的运用

上次考核	本次考核	考核结果运用与聘期调整
优秀	优秀	可申请长期聘用
	合格	3 年聘期

① D 校.D 校教师手册[EB/OL].[2019 - 10 - 28].https://hr.pku.edu.cn/document/20161111154449516147.pdf.

② F 校.F 校教师高级职务聘任实施办法[EB/OL].[2019 - 5 - 25].http://xxgk.fudan.edu.cn/d7/7d/c13611a55165/page.htm.

③ D 校.D 校教师手册[EB/OL].[2019 - 10 - 28].https://hr.pku.edu.cn/document/20161111154449516147.pdf.

④ N 校.N 校教职工聘期考核办法[EB/OL].[2019 - 10 - 28].https://hr.nju.edu.cn/a2/c8/c6662a434888/page.htm.

续 表

上次考核	本次考核	考核结果运用与聘期调整
优秀	基本合格	院系提醒谈话，调整聘期为2年
	不合格	教育谈话，调整聘期为2年，降低岗位津贴
合格	优秀	可申请6年聘期
	合格	3年聘期
	基本合格	缩短聘期，院系提醒谈话
	不合格	缩短聘期，教育谈话，降低岗位津贴
基本合格	优秀	恢复3年聘期，恢复津贴，可申请6年聘期
	合格	恢复3年聘期，恢复津贴
	基本合格	教育谈话，调整聘期为2年，降低岗位津贴
	不合格	教育谈话，降职聘用，调整聘期为2年
不合格	优秀	恢复3年聘期，恢复津贴，可申请6年聘期
	合格	恢复3年聘期，恢复津贴
	基本合格	教育谈话，降职聘用，调整聘期为2年
	不合格	不再续聘或解除聘用合同

来源：N校.N校教职工聘期考核办法[EB/OL].[2019-10-28].https://hr.nju.edu.cn/a2/c8/c6662a434888/page.htm.

(八) 评价目的

当前高校人文社会科学领域科研人才评价制度的评价目的主要基于对科研人才个体的考察和优秀科研人才梯队的筛选，相较于多数一流大学建设高校在职称评审过程中体现出的终结性评价，聘期考核更接近发展性评价。以D校[①]预聘教师的聘期考核中的科研评价为例，其聘期考核(又称“中期评价”)主要目的在于给予被评价教师合理的科研指导、促进被评价教师科研发展，并指出被评

① D校.D校教师手册[EB/OL].[2019-10-28].https://hr.pku.edu.cn/document/20161111154449516147.pdf.

价教师科研工作存在的问题。通过聘期考核，评价主体可较全面地了解被评价教师在一定时间内取得的学术成就和科研发展状态，明确发展中存在的可能问题和努力方向，从而为被评价者在预聘制聘期后期阶段进一步提升其学术发展水平和确定职业发展轨道提供适当指导与帮助。年度考核的周期虽然最为频繁，但是其发展性评价的目的并不似聘期考核般显著，更接近终结性评价，作为教师年度工作的总结，其等级结果与教师评奖、工资待遇、职称评审优先权挂钩，与未来教师科研发展起一定关联作用的多限于“基本合格”或“不合格”档次下薪资待遇、绩效奖励、工作岗位的调整乃至聘用合同的解除①。当然，目前的科研评价制度不乏宏观层面的评价目的，多以集体性战略目标为导向，如“建设世界一流大学师资队伍的战略目标，引导学术事业健康发展”②等等。制度设计是制度执行的前提，一流大学建设高校人文社会科学领域科研人才评价制度的设计是评价制度执行过程中的文本依据，是科研人才认知产生的基本前提。D校、F校、N校作为我国一流大学建设高校人文社会科学科研发展态势较好，科研评价制度对于评价程序与评价主体设计的描述大多较为详细，但校级层面的科研评价制度文本在评价标准、评价方法等层面则采取了相对笼统的语言，并未根据不同学科的差异按分类评价的原则给出不同的评价方案，仅在部分制度描述中将人文社会科学与理学、工学等学科门类区分开来，其要求相对宽泛，在具体的院系或学科层面尚未见到完整且成熟的人文社会科学科研人才评价制度文本。多数高校并未把人文社会科学科研人才的指挥棒交到院系手中，以校级层面的领导者和大同行为代表的校级评价主体仍然以或明或暗的形式在评价程序中发挥主导作用。

二、制度运行现状

院系层面运行的评价制度，因为结合各院系实际情况，往往与校级层面的制度文本有一定的差异。与制度设计相比，制度的运行情况更能体现制度方案与现实的契合情况，从而为科研人才制度认同提供现实依据。结合被访人文社会科学科研人才对于评价制度的认知情况，从制度运行层面描述人文社会科学科

① N校.N校教职工年度考核办法[EB/OL].[2019－10－28].https://hr.nju.edu.cn/a2/c7/c6662a434887/page.htm.

② F校.F校教师高级职务聘任实施办法[EB/OL].[2019－5－25].http://xxgk.fudan.edu.cn/d7/7d/c13611a55165/page.htm.

研人才评价制度的现状。

(一) 评价程序

近年来,我国一流大学建设高校人文社会科学领域科研人才评价制度及其评价程序也进行了一些调整。与D校较为显著的体制改革带来的评价程序复杂化相比,F校的评价程序改革仅限于教授会评价环节的省略。但是不论变革大小,各校职称评审的U型评价程序始终未变,评价程序的执行也基本按照制度设计的流程开展。

D校新体制——“预聘制”的复杂评价程序令诸多科研人才印象深刻。该聘任程序借鉴国外的终身教职制度,根据不同科研人才的描述,人文社会科学领域科研人才每年需经过院系学术委员会和评价小组的初步筛选,再经过海内外同行专家的评审,在此基础上院系进行综合考量并上报至校学术委员会,基本与该校“先自上而下,再自下而上”的U型评审模式相吻合。

> 名额是有限的,要经过好几轮的评审,去向学术委员会申请,学术委员会筛选以后才允许申报。每个人只有一次机会,这次机会没有评上去就得离校。学术委员会同意申请之后会组织一个评价小组来评价候选人的科研,再邀请海内外15个同行进行评议,且必须收到三分之二以上的评价意见。外审之后的意见先经过系学术委员会,再通过校学术委员会,如此才可以成为长聘副教授。三年之后再评长聘正教授的时候,所有的流程再走一遍。
>
> ——D11

> D校基本参照国外的长聘制度,在第六年或第七年有一次tenure的评价,他们的成果要发到全球去评审,大概要接受10到15位专家的评议,然后根据这个结果再经过院系和学校的聘任委员会的审核。如果是通过,那么就可以从助理教授变成长聘副教授,如果没有通过就得走人,这就是非升即走。如果通过了,从长聘副教授到长聘教授同样也是这样的一个程序。如果评上了长聘副教授,不会解聘,有两次评长聘教授的机会,如果两次都没有通过,可能一辈子都是副教授了。
>
> ——D21

F校与N校人文社会科学领域科研人才评价程序与校学术委员会制订的评价流程也保持基本一致。人事部门发布职务聘任通知后,首先由教师个人申报并进行资格审查公示，然后由院系教授大会投票表决，接着由专家库的数名校外专家进行匿名评审，最后由院系学术委员会和学校学术委员会进行审查，再由校方通知结果。在评价过程中，对于成果数量不多、期刊级别不达标的候选人，除非有著名专家大力推荐，通过率才有可能提升，但此类情况很少发生。

首先是名额分配到学院，学院会给有条件可以参评的老师发电子邮件，然后就是教师自己申请。申请的时候，根据评审要求准备申报材料，材料交上去后由学术委员会小组进行审核，然后公示，同事之间都可以看到。接下来就是学院的学术委员会面试，得到学术委员会认可之后，学院申报到学校层面，学校的学术委员会再进行审核。当然，期间还有一个送外审的程序。

——F33

政治学院一般是院内先审，院内都会有排序，再推荐出去外审。随后在学校层面投票的时候好像需要九个学院的院长投票且有三分之二以上的支持票才算通过，后面再上报人事处及公示。

——N42

区别于制度设计中存在的教授大会投票环节，2017 年之后，教授大会的评价主体身份在部分文科教师职称评定中已经取消，其所对应的投票环节也一同取消，院系学术委员会直接进行资格审查并送外审，进行后续的环节。

以前的话是需要系里的全体教授来进行评审，即在教授大会上进行投票，比如今年有两个评教授的名额，如果申报的人有六个的话，有可能会由全体教授来投票，从里面选出四个人送外审。外审回来之后再由学术委员会开会决定，如果出去了四个人，外审都通过了，学术委员会再投票决定究竟哪两个最终能够升上去，但是从前年开始教授大会取消了。

——F14

那个时候，我们要全体教授来进行投票。现在听说这个环节取消了，不需要全体教授会投票了。材料公示之后，直接由系学术委员会进行投票，投票通过的就送出去盲审。

——F15

聘期考核的程序也基本与相关制度文本的程序相吻合，按照从个人到院系再到学校评审的环节展开。然而，学校层面组织的评审环节并不涉及每个人，而是基于科研人才所在部门和院系的测评分数，按院系比例被评为较低等级的“基本合格”的科研人才，需要进行校级层面的考核。N校甚至有聘期考核未通过而被降职的先例，这与N校制定的聘期考核结果的运用相一致，说明制度的设计得到了有效的执行。

对聘期考核中获得“基本合格”的老师，学校会重新组织一次考核。要求每个单位的最后一位“基本合格”的老师进行“过堂”考核，过堂的时候评委一般都是学校的领导和各个院系的负责人。他们会请那个人陈述，为什么这三年这个没有多少成果，如果他们认为合格的话，就继续聘任。如果还是不合格的话，就会降职，教授聘成副教授。我们有过降职的先例，从教授降为副教授，因为科研成果不过关。

——N12

聘期考核主要看是否达标，因为合同上已经写了要完成怎样的工作。

——N51

年度考核的评价程序在运行过程中更为简易，被访科研人才一般不会直接参与到院校层面的评价中。所以，在被访科研人才看来，人文社会科学的年度考核基本是以算点数、计工分等量化形式进行教师年度工作的结算，“只要把材料交上去，几篇核心期刊，几本专著，再来打分就可以了”。(F31)基本不需要太多的同行评价环节，更多是基于科研成果的统计与前瞻性规划来进行。

年终考核是算点数的，只要发表了论文，论文是哪一个档次的，直接给打分就可以了，不需要学术委员会讨论，行政直接就做掉了。

——F11

年终考核比较简单，因为每年都有，基本是考核工作量是不是到位。其实通过年终审核也是统计一下全院的科研成果产量，可以与兄弟院系相比，看看有进展还是有退步。既考虑到个人的也考虑到一个宏观的、整体的学术水准，会有一个年度的总结和来年前瞻的规划。

——F33

(二) 评价主体

三所一流大学建设高校人文社会科学领域科研人才评价的主体在制度执行中分为两大类：一类与制度设计中的三项评价主体基本一致，即院系大同行、校级外行、校外小同行这三类显性评价主体；另一类则是在显性评价主体之外的隐性评价主体，即高校外部环境中对科研人才开展评价的群体，如期刊编辑、项目评审人、期刊审稿人等，他们对教师科研成果水平的鉴定间接影响着教师在晋升、考核中的定位，这本质上是一种评价权力的外放。在显性评价主体中，倘若大同行只看表面数量，小同行流于形式，那将不利于合理地筛选人才。

1. 隐性评价主体

鉴于科研评价中对于论文发表的重视，以期刊编辑为例，此类隐性评价主体基本脱离学校内部环境，当前期刊发表环境复杂，部分期刊虽居 CSSCI 之列，但是否真正具有客观衡量教师科研成果的资格与能力，尚不得而知。

> 我们这种大学慢慢地一定程度上放弃掉了自己的评价，把评价外包给期刊。比如评教授的时候，把学术成果交给外面的人，外面的人说可以就是可以的，外面的人说不可以就不可以。
>
> ——F53

> 现在的学术评价实质是把决定权拱手让给了期刊的编辑。本来人文学术应该依赖于内部评价，依赖于同行的口碑，可现在大部分学校都把这个评价权交给了学术之外的机构，比如说期刊。
>
> ——D22

2. 显性评价主体

院系层面的评价主体以大同行为主，通过院系学术委员会、教授大会等形式履行评价职责。访谈发现，院系学术委员会以资深教授为主，教授大会以院系全体教授为评价主体。

> 我们学院的学术委员会在每个学科挑选一到两位资深的教授/博导，他们在自己的领域里面都是很资深的，如果有老先生退出需要新的委员，也是通过全院无记名投票来产生的，所以还是具有一定的客观性和权威性的。
>
> ——F33

院系学术委员中具有行政职位的成员一般并不会只具备行政职位，往往同时也是资深教授。可见，在诸如职称评审等相对重要的评价活动中仍然以学术评审为主要依据，在评价主体层面不存在过多的行政人员干预现象。当然，年终考核的评审工作因其程序化与机械性，部分工作由专职行政人员承担即可。

> 学术委员会基本上都是教授来承担的，校级的学术委员会也是没有纯粹的行政人员的。因为很多教授一般也会兼任一些行政职务，比如说我们系主任本身就是教授，是学术委员会的成员，同样系里面很多副校长他们本

身也是学术委员会成员，不带学术身份的行政人员是没有的。

——D21

比如说我们的书记，是做党务的，但是人家本身也是教授，本身也是非常优秀的学者，我们的主任、副主任每一位都是教授，每一位也都是专业人员。

——F15

在校级层面的科研评价中，评价主体以校学术委员会、校高级职称评定委员会等组织为主，尽管多数高校的校级学术委员会有意识地将人文社会科学与理工科教师进行分类评价，但人文社会科学内部在科研评价工作中并不做进一步区分，因此在校级层面的评审工作中，有可能出现文学、历史学、哲学等人文学科与政治学、经济学、社会学等社会科学教师同台竞聘的情况，校级评审部门本质上是以“外行评内行”的形式开展科研评价工作，仅有个别专家与被评价者方向较为接近。

学校负责科研评价的人才委员会，有固定的人选也有非固定的人选，看每年候选人的情况，除了固定人员之外，也会挑选相关院系的资深学者去参加评审和投票。

——D22

校级层面可能就看大致的发表情况，但跟研究不是很远的专家至少还是要有的，校级评审时本学科的专家可能会发表一下意见，他在里面会有一定的作用。

——F41

从制度设计上看，校外专家评审作为小同行评价的直接体现，其评审结果理应具备重要的参考意义及人才筛选功能。然而在制度实际运行的过程中，外审专家作为校外专家库中与被评价者学科或研究方向最为接近的评价主体，尽管是最能客观评价科研人才的群体，其评价功能和结果有时却流于形式。人文社会科学科研人才评价工作决策的真正落脚点在于院系或学校层面的考核与推荐。

评职称的时候，材料会寄到外单位的一些同行专家，但是问题在于能不能走到那一步，它前面有很多道关卡。到了外审那一步，倒是没有太大问题，因为会送到业内比较有分量的学者手里。但是前面这些基本上就是院系和学校两个层级单位在操作，这个时候不一定是同行了。大同行在小同行之前筛选人才，难免是有风险的。

——D12

个人感觉外审现在是一个走过场的形式，因为一般的外审作用于评职称，那些专家对非自己单位的评职称为什么要有这么多关心呢？

——F21

（三）评价客体

与制度设计中完善的申诉程序非常不同的是，在制度执行过程中，评价客体反馈意见或进行申诉的情况并不多见，多数科研人才并未参与过科研评价制度的设计与运行，被访科研人才或者不知道渠道，也从未了解尝试过，或者知道存在相关的渠道但并未实践过，只有少部分被访科研人才有过作为被评价者反馈意见的经历，反馈效用也各有不同。总的来说，人文社会科学领域科研人才在制度反馈上基本处于"无声"状态。

结合被访科研人才的认知情况，评价客体参与评价制度的渠道一般分为两类：正式渠道与非正式渠道。正式渠道包括院系组织的教授大会、青年教师座谈会、人事部门调研、科研处问卷调研等；非正式渠道包括直接找领导谈话、网络论坛等。

首先，大多数被访科研人才，作为被评价者并未有过参与评价制度的设计与运行的经历，也几乎没有发声的意愿。

我没有参与过，可能学校也会征询意见，有一定的程序，但是我没有这方面的信息，我也没有参加过。

——N22

其中，相当一部分被访科研人才表示，渠道可能是有的，但大多停留于表面文章，普通一线教师群体根本无法直接有效地参与到评价制度中来，反馈效力也相当有限。"说了也没什么用"是多数被访人文社会科学一线教师不愿发声的原因。

渠道应该是有的，问题是不一定有用。我一般就不会去说这种事情，因为说了也是白说。

——D12

渠道应该也有，但是也没什么效果，这个指标不会到一线教师这个层面去讨论，是领导层面去决定的。老师反映渠道肯定是有，但是有没有效果是另一回事。

——D31

这些事情不会同普通教师商量，都是院系象征性地征求意见，最后或巧妙或直接地让各种反对的声音消失。

——F32

学校在决策过程当中可能会找一些院长，或者说著名的有影响力的教授，可能在这个过程中征求一些意见，但是一旦制定了之后不会征求一般教授的意见。整个从上到下都是高度行政化的。

——N62

N42曾因其籍贯问题在申请课题时受阻，并且尝试进行过反馈，但评价主体层面给出的模棱两可的回应和看不到结果的反馈令他颇为无奈。

要怎么样保障反映问题的老师不会出什么岔子，现在牵涉到实名，匿名举报就有可能是不当攻击。学校并不见得会根据反映了什么而做出改变。

——N42

1. 正式渠道

精力旺盛的青年科研人才是科研创新的关键力量。对部分青年科研人才而言，青年教师座谈会是相对来说较为官方且有效的发声渠道，教师们可以在座谈会上提出自己对于科研评价的想法和依据，倘若遇到负责任的院系领导，便会尽力给出相应的解释或答复，并尽量帮助教师解决问题。

我们学院每年年终大会前后会另外召开一个40岁以下的青年教师座谈会。这个座谈会是实打实的，每个老师畅所欲言，副院长会很认真地记录下老师们的意见，至少从学院层面上能解决的，学院就直接解决了。我们领导也比较年轻，思路比较开放，主观上也很希望尽一切力量帮助大家，让大家可以尽可能的没有后顾之忧地往前发展，安安心心做科研。

——F33

我们系是有固定的青年教师座谈，可以反映青年教师的一些问题。

——F13

院长曾经召集我们年轻老师开会，问过我们有没有什么意见。最主要是这样一个渠道，大家如果有意见的话，是可以随便提的，反响也还行。

——N51

部分文科院系会在评价文本初稿发布之初征询科研人才的意见，再以教授大会的形式讨论，并酌情制定新的评价方案。F61 曾在邮件反馈之后有机会前往院系教授大会作发言，陈述意见与建议，其发声取得了一定成效。当然，这也和院系对此的重视程度相关。

> 一个评价指标体系或者评教授的规定初稿出来之后，学院会群发 email 征求大家意见。我们可以反馈意见，教授大会如果认为这个意见有一定代表性或者可以进一步讨论的，会让去教授大会发言。有一次，我觉得他们对项目的评价不合理，我就发了个 email，他们就说开教授大会的时候请你过来讲讲，然后我就去讲了一下，讨论了一下为什么觉得不合理。后来他们也有降低标准，定了新的方案。
>
> ——F61

除了上述院系层面评价主体与客体之间的互动，偶有校级层面的相关管理部门，如人事处、科研处，以不同形式征询科研人才意见。F33 指出该校科研处曾经以问卷调查的形式考察教师对当前科研评价制度的认同情况，当然，即便有所改革，科研人才也未必能第一时间感知到变化。D22 指出学校人事部门也会进行相关的调研，不过调研的对象一般是院系领导和学科带头人，并不涉及全体科研人才。

> 有时候我们学校会发一些调查问卷，学校的科研处，有关部门会给没有参与到评价机制之内的教师发调查问卷，问觉得有什么合理还是不合理，学校的支持力度怎么样，大概是为了解这样一个机制当中有什么问题，希望有一些改进。当然，除非进行宣传或者是强调有什么样的改革，一般我们是感受不到下文的，哪怕的确是有改革或者是有调整。
>
> ——F33

> 学校人事部门有时候会到我们系来调研，我们会向学校负责职称评审、人才聘任的部门反馈。当然这种调研会，院系领导会参加，我们这些学科带头人会参加，并不是与全体教师进行座谈。
>
> ——D22

2. 非正式渠道

评价客体参与人文社会科学科研人才评价制度的非正式渠道一般包括两类：一类是直接找院系领导进行反馈，另一类则是以网络论坛的形式提建议。

在部分文科院系,科研人才可以直接找院系领导进行申诉,了解诸如评审为什么无法通过的问题,在被访科研人才看来,这是最直接的方式。

对评审结果有意见的人,可以直接到院领导那边去申诉。

——N53

如果对评价体系有看法的话,有时候正好见到院长就抱怨几句,当面说一说或者找他谈一谈有什么想法。

——N21

在信息化的背景下,社交媒体发展迅速。不少高校建立了可以相对自由发言、共享信息的社交媒体平台,如微博、论坛、贴吧等,这不失为广大科研人才表达看法的非正式渠道。校方出于控制舆情、保护声誉等立场,若有科研人才对评价制度提出异议,往往能在较短时间内得到相关部门的关注与反馈。但是,在BBS等媒介的衰落和高校对于外网访问权限的控制下,非正式渠道的发声功能渐趋弱化。

我们学校有BBS,相对来说反馈更快。如果要发帖子吐槽,很快会有人来查。如果对科研成果评价有不满的,也可以提,他们肯定能看得到。有什么问题解决不了,就直接发帖,马上会有人打电话联系,因为这个是实名制。有让管理部门听到声音的地方,但是至于他们能不能做,那就是能力的问题了。BBS其实是一个很有效的渠道,但因为现在BBS这种媒介本来就在大幅度衰落,而且我们高校又经常不让外网访问,所以知道这个发声功能的人越来越少了。变成校长信箱了,但实际上大家用得不是很多。

——N31

与设计完美的申诉程序相对立的,是执行过程中的申诉,往往会演变成“损人不利己”的局面,不少被访科研人才指出,申诉有时候会演变成竞争关系的互相揭发,变成不合乎人情的申诉,这显然与制度设计的初衷和科研人才合理发声的初衷相违背。在这种情况下,评价客体的发声不仅无益于学术发展,而且是负面的。

现在评职称不是个人的申诉,而是互相揭发。比如一个人去评,大家觉得他水平不行,就会揭发这个论文是不是他写的,甚至揭发他其他的学术不端行为。因为竞争比较激烈,有的时候就会发生这种故事,写揭发信这种情况会时有发生。这种情况下申诉就是基于竞争关系的互相检举,脱离了对科研水平本身的探讨，完全异化掉了。

——F62

理论上可以申诉，也发生过申诉的事，比如说别人评上了，他没有评上，他不太服气，就去申诉，结果最后是大家都没有评上，学校也是这样的，既然这个说不清楚，那这次你们两个都不评吧。

——F11

F14以该校文学院某位教师对评职称的申诉为例，该教师申诉令另一位已评上教职称的教师失去了当年的名额，而该教师也因此饱受院系其他教师的诟病，因此在次年的职称评审中失去了同行认可，未能评上。显然，在人情上的不明智行为干扰了同行对其在科研水平上的判断，最终导致自身在同行口碑中的地位下降，可见人际关系、人情因素仍在科研评价中占据相当的比重。人情在科研评价中也并非完全起干扰或阻碍作用，因为人情处理能力与人际关系，某种程度上包含了对评价客体个人品质的全面考量。

前年我们有一位老师因为那一年没评上，到学校里面去告了，结果把另外一位老师给弄下来了。现在这个系里都很讨厌他，所以他第二年又没评上，正常来说，他也差不多应该能评上了，但根本没有人投他。他当年又没给自己带来什么好处，不仅仅害了被拖下来的人，也等于害了系里面后面所有的要评审的老师，职称都是很紧张的，那年的名额就少了一个，而且第二年还会被扣名额，所以后来就根本没人会投他的票了。

——F14

（四）评价方法

研究发现，在人文社会科学领域，认为当前评价方法是定性定量相结合的被访科研人才人数，与认为目前评价方法以定量评价为主的被访科研人才人数基本持平；而认为当前科研评价方法以定性评价为主的科研人才占据少数。与人文学科相比，社会科学领域更多的被访科研人才认为当前科研评价方法是以定量评价为主，可见，相比人文学科，社会科学领域在科研评价中更多地运用了定量评价方法。

在实际评价过程中，定性评价与定量评价方法是无法截然分开的。科研人才发表的论文等级或数量会间接影响到大小同行对其水平的认定，而诸如期刊发表等外部同行评价的评审结果则决定了科研成果的数量或等级，因此，定性评价和定量评价之间是紧密关联的。可以肯定的是，在当前的人文社会科学科研人才评价体系内，三所高校均一定程度上综合采纳了定性评价方法与定量评价方法。

1. 定性与定量互相结合——有门槛的代表作评价制

与制度层面的科研评价方法的侧重情况较为一致的是，在不同评价活动中，两种评价方法的结合程度有所不同。N51 也指出同行评价一般在职称评审中所占比重较大，在其他评价活动中则以定量评价为主。

代表作制度（又称代表性成果机制）强调在科研评价中以同行评价的形式考量科研人才的代表性学术成果，而非只注重科研成果的发表形式或堆砌的数量，该制度的推行体现出我国高校逐渐注重科研成果质量的学术评价风气。由于 F 校代表作评价制度推行较早，所以当前科研评价方法是定性和定量互相结合的也多以 F 校为主。

> 学校是两种评价方法都看重的，一个是指标体系本身的硬指标；另外同行评议也是非常重要的，大家也担心论文送出去到底能不能通过。
>
> ——F62

> 两种评价方法都有结合吧，学校 2011 年作出改革之后，对硬性评价指标的要求虽说没那么严格，但还是有一些基本的要求，不再强调必须几篇论文、几个项目了。会有评审委员会这些专家对成果进行评审，即使数量不够，但是质量过关了也可以。
>
> ——F15

F 校诸多被访科研人才指出，如今的代表作评价机制已历经改革，不再是当初丝毫不看科研成果数量或发表形式的同行评价，而是建立在一定的数量门槛的基础上，这种“有门槛的代表作评价机制”在人文社会科学领域的相关院系得到了较为普遍的落实。

各学院在校级基本门槛的基础上依据实际情况设立符合学院自身评价情况的具体要求。

> 目前学校有一个最基本的门槛，这个门槛是对全校通用的。然后各个学院各个院系在基本门槛之上再制定细则要求，当然各个学院自己的门槛不能低于学校的门槛。有些理工学院就比学校定的门槛要高多了，这也和他们的学科性质相关。
>
> ——F63

F11 以“一半的代表作制度”来形容目前 F 校文科科研人才评价中的代表作

制度，其中一半是代表作评价原本所意味的不强调任何科研成果形式或数量的同行评价，则另一半则是那些有门槛但并不十分严苛的数量要求。

> 在职称评定中，我们的代表作制度是一半的代表作。真正的代表作是不管究竟发多少篇论文，只要能够拿得出几篇代表作就行了，但是现在不是这样的，是要求发表的作品基本达到了一定的量之后，才可以拿代表作出去评审。但数量的要求的确是没那么严格了，以前是差一篇都不行，现在就是差一篇两篇没关系，只要代表作评得好就可以了。
>
> ——F11

与之类似，F14 以定性和定量评价方法“双轨并行”来归纳其所在科研评价体系的评价方法，定量评价的轨道对文科科研人才的论文发表等级提出了 C 刊的要求。

> 以前的代表作制度是未经发表的手稿都可以作为代表作去评的，但是后来又经过了修订，要求代表作的论文必须是 C 刊，数量上面要求不是很多。比如两个人去评职称，那么这个人在 F 校权威期刊《文学评论》上发了很多论文，另外一个人大多数发的一般的期刊，那他可以走代表作的途径申报职称，当然发了权威期刊的还是会被优先考虑。相当于原来的代表作评价和定量评价的方法双轨并行。
>
> ——F14

关于代表作评价机制实施变革的可能原因，F31 指出，原本的代表作制由于对科研成果的发表形式不作要求，易导致科研人才不会特意倾向于在核心期刊上发表，这与校方以核心期刊为导向的要求并不十分吻合；F32 则从同行评价的主观性和代表作评价对于项目制的削弱补充了原本的代表作机制未能得以进一步推行的原因。在 F 校的哲学学院，代表作评价制度似乎已经成为过去。

> 得到完善实行的代表作制度更适用人文学科或一切想出大成果的，需要有耐心的基础学科。代表作制度后来渐渐听不到相关的风声，原因可能有两个：第一，代表作制度进入外审阶段后无法完全克服评价者的主观性；第二，它削弱了项目制的权重，这也许是最关键的。代表作制度因为推行时间较短，难免有这样那样的缺陷，但仍可以继续探索。
>
> ——F32

实际上，除了 F 校，N 校与 D 校在文科教师科研评价中也或多或少体现出了代表作评价的痕迹。虽未有官方评价方案直接点明代表作评价的形式，但也体现着定性和定量科研评价方法的互相结合。

代表作评价在我们系以前的老体制时期也实行过，评职称的时候要提交代表作，同时也附上全部成果的清单，也就是还要兼顾一下成果的数量。毕竟我们系还没有发现有哪个教授凭借一两篇论文或者是一本书，就完全鉴定了他的学术技能。

——D22

我们不仅要提供代表作，而且也要把科研成果和科研活动全面地展示。代表作的数量没有特定的要求，也不一定是一流期刊上发表的，但肯定是对他来说最能代表他水平的作品。

——N53

2. 定量评价已成趋势

与持上述观点的科研人才数量几乎持平的是，仍然有相当一部分被访科研人才认为目前的评价方法以定量科研评价方法为主，且以社会科学领域的科研人才居多。定量评价方法除了在评价过程中以科研成果的数量或等级等硬性指标作为参照之外，部分一流大学文科科研评价制度文本中“以专著折算为数篇论文”的做法同样也是定量评价的体现。

学校一般都是先看量，数量越多越好。在答辩的时候，其实只有五分钟，只能展示有几篇论文有几个项目，就是这么直观。

——N42

主要是在硬性的指标和量化的评价方法基础上来展开评价。这是建立在同行评议出来的论文的基础之上，但是有很多论文也是有人情关系的，所以接下来就变成大家数论文了。

——F53

现在明显侧重定量评价，看论文数量和等级，中文期刊看《中国社会科学》，英文期刊看 SSCI，再一个就是课题，领导人乃至于官员的批示之类的，很明显侧重于量。

——N62

当然，在人文学科领域，也不乏部分被访科研人才认为当前科研评价还是以定量评价为主。有被访科研人才指出，论文发表的数量和等级都是最为直观的，同行评价往往在隐形的层面发挥其功用，间接影响着显性的定量评价。

还是以量化评价为主，一般就是论文发表的期刊、获奖、项目之类。当这些折算成可以打分的评价形式的话，同行的口碑并不直接体现出来，但可能处在间接的隐形的层面，比如在同行当中的影响力可能会影响到申请项目的成功率，可能也会影响到发表的成功率。

——F33

主要还是量化的分析，因为同行评价也不是每个教师都懂你的东西，还是会有很大一部分被期刊的权威性影响，如果发表在很好的期刊上，教师也会先入为主，觉得这篇论文应该很好。

——F13

此外，N21 指出外审小同行群体的定性评价在运行过程并未对评价结果起到关键作用，这与上文评价主体部分对于外审小同行这类评价主体往往流于形式的看法是一致的。换言之，当前外审专家的同行评价尚不能真正发挥其作为小同行专家的关键性评价效力。

当然是侧重定量评价方法，外审的话同行评价一般都没有问题。在整体水平比较高的情况下脱颖而出，肯定还是有水平的，同行评价就是过个场，能够送出去基本上意味着能评上了。

——N21

3. 定性评价仍有一席之地

结合被访科研人才对科研评价制度及评价方法的认知，少数被访科研人才认为其所在院校实际是以定性评价的方式开展评价。以 D 校为例，不管是在老体制还是新体制“预聘制”时期，尽管同行口碑在一定程度上与科研成果数量关联，但该校在职称评审中并不对科研人才提硬性的数量要求，因此同行评价在职称评审中仍有一席之地。

据我的观察，我们学校特别是我们历史系，还是以同行评价为主。在晋升的时候，不论是老体制还是现在的新体制都没有量化的要求，也没有明确期刊级别的要求，基本上大家的认可度，来自学术著作的影响，这也是同行口碑的体现。当然这些实际上跟成果的量是有一定关系的，但是的确没有明确的量化要求，这对人文学科来说是契合的。

——D22

（五）评价标准

科研人才评价标准一般包括科研成果质量、数量、创新质量与实际贡献。结合被访科研人才对当前评价制度的认知，科研成果质量和数量是当前科研评价的两项标准，关于更为侧重科研成果数量还是更为侧重质量，说法不一。倘若将科研成果的等级计入科研评价质量的标准范畴内，则我国一流大学建设高校人文社会科学科研人才评价实际上还是更重视科研成果质量标准，以科研成果数量标准为次，这与制度设计情况基本一致。尽管在前两项标准的侧重上略有分歧，但对于科研成果的创新质量与实际贡献这两项标准，三所高校人文社会科学科研人才普遍认为在人文社会科学科研评价领域不仅难以界定，同样也难以体现。

1. 以质量标准为主

人文社会科学科研人才的科研成果质量一般通过两方面体现：一是科研成果等级，二是同行的口碑或评价。科研成果等级显而易见的，同行口碑一般是难以以较为显著的形式得到体现的。

首先，诸如期刊等级、项目等级等科研成果等级一定程度上体现着学术质量。

> 论文发表的期刊等级一定程度上代表了它的质量，发表到好的期刊上，代表了这个研究有一定的水平，有一定的创新程度和贡献度，不然它怎么可能会被好的期刊接受。所以我觉得论文的质量从发的期刊好坏可以看出来。
>
> ——F63

> 从形式上说，期刊等级的高低是作品质量的反映，假定评上的是很高的等级，一定程度上说明水平比较高。
>
> ——F14

其次，科研成果质量的关键仍然在于同行评价，关乎学术共同体内部对科研人才科研水平的判断。

> 我们挺注重质量的，大家在一个圈子里面共事相互比较了解，如果一味追求数量的话，大家会有点看法的。我们系在兄弟院系里（无论）水平还是口碑（都是）很好的，鼓励质量的，所以有的时候哪怕低产，大家也会给空间。
>
> ——F33

比如某某副教授的水平比教授还高之类的，就属于隐性的同行口碑。因为大家心里有数，有些教授表面职称很高，其实学问怎么样，大家心里清楚得很。

——D31

2. 以数量标准为辅

科研成果数量一般包括论文发表的数量、专著发表数量、项目申请数量等硬性指标。数量和质量两项标准并不是截然对立的，在强调科研产出质量的基础上，科研产出数量作为质量的补充，更能形成一种规范化导向，科研人才彼此之间的竞争在形式上更能促进科研成果数量的增长。

首先，被访科研人才指出，数量标准还是非常需要的，尤其是针对质量标准中类似“同行口碑”这样“看不见，摸不着”的模棱两可的标准，数量标准就像定量评价方法一样，有着不可替代的直观性与客观性。

数量会被兼顾到，坦率来讲，现在职称评审中评审专家仔细阅读的情况并不是很多，有时候也还要看发表多少篇论文，或者写了几本书，论文在哪发表的。这些可能是印象性的东西，也还是会起作用，毕竟有时候口碑也是一个说不清楚的东西。

——D22

每年大家都在数数，毕竟质量可能只是在一个小同行里有一些体现，管理层面其实没办法判断的，最后只能数数。

——D31

因此，数量标准在很多方面有着不亚于质量标准的重要性，然而，当科研成果等级均到达了一定的标准，同一评价体系内的数量门槛便容易“水涨船高”，“拼数量”的量化评价趋势就会开始显现。

2016 年有一个同事提交了 28 篇 C 刊论文，评副高没评上，因为评上的有 8 篇 A&HCI 论文。去年，另一个同事提交了 15 篇论文，有 1 篇一流期刊，也没评上，所以今年我们都提交了十几篇，像他是提交 2 篇一流，14 篇 C 刊，都有国家社科。

——N31

所以，倘若科研成果质量标准不包含科研成果等级，单纯意味着同行口碑、学术声誉，则当前对科研评价数量标准的侧重远甚于质量标准。

3. 创新、质量、实际贡献标准难以体现

关于创新、质量与实际贡献，不少科研人才表示，人文社会科学的创新和实际贡献时常难以体现，这也与人文社会科学的学科特征有着极大的关联。人文社会科学科研人才大部分基础学科的学科特征和生产力的矛盾决定了部分学科在实际贡献标准上的局限性。

创新和实际贡献在评价里面很难呈现，大家都觉得自己研究的是最有意义的事，怎么去评价？文科不直接作用于生产力，它不可能很快得到检验。

——N22

文科基础研究有时候和社会贡献没法挂钩。考量一个社会问题，把它考量清楚了，对社会基本没什么意义，仅存的一点意义可能就在于人类智慧在这个问题上的延展。每次申请各种项目的时候，非常头疼的就是填后面那一项：“它产生的社会效应是什么?”这个没法产生社会效应，我们叫无用之用，但无用之用也会是大用。

——N12

当然，如果说创新、质量和实际贡献是质量标准的更高层次的体现，那么科研成果等级的高低一定程度上能体现该成果的创新质量和实际贡献度。

创新质量和实际贡献，都很难讲，创新最核心的是看是否用新方法提出了新解释，这是衡量学术质量的重要体现，主要是看原创性。

——N22

如果能发到好的期刊上面，就是有一定的创新程度和贡献度。

——F13

(六) 评价指标

各学校在评价指标方面的数量要求各有不同，就三所高校而言，D 校对于评价指标的要求最为宽松，通常没有硬性的评价指标，F 校则需要满足一定的数量要求，N 校则是三所高校中评价指标数量中要求最高的。尽管如此，三所高校在论文、专著、项目这样的科研评价指标中，还是存在许多共同的特征。

根据访谈结果，人文社会科学科研人才评价主要围绕论文、专著、项目三大核心指标展开。因此，关于评价指标的描述主要围绕三大核心指标的现状展开，而诸如第一作者、国际期刊、译著、会议论文这些指标在“其他评价指标部分”简要概述，认同情况部分也是这样安排。

1. 专著指标

1）对专著的重视程度远小于论文

不论是将专著视为必要评价指标的F校和N校，抑或将专著视为非必要评价指标的D校，人文社会科学科研人才评价体系对论文发表数量及等级的重视程度远大于专著的出版。就学科而言，人文学科比社会科学更重视专著。在大部分人文学科，专著虽然不讲究字数或等级，而且是必要的评价指标之一，而在一些社会科学领域，如经济学领域，专著的出版甚至不作为必要的评价指标。

2）有些专著是论文的汇编

对于专著在评价体系内的地位，很多人文社会科学科研人才认为，专著在其形式上与论文集更为相近，换言之，一部专著可以拆成数篇论文进行发表，只不过论文发表在先，专著发表在后而已，这也与专著解决问题的系统性和论文探究问题的集中性相关。

> 学界的专著，有相当一部分的专著是论文集的汇编，所以说这个专著和论文没有什么太大区别，包括很多非常知名的人物都是这样，看他的专著就是他一系列论文的汇编，只不过稍微磨一下，磨成一个东西就成为一本书。
>
> ——F11

3）专著折算成论文的数量有上限

在人文社会科学科研人才评价领域，专著折算成论文的数量有上限，这一定程度上再次体现了评价系统内专著较之于论文的较低地位。

> 在N校，专著再多，总共只能折算六篇。比如有十本专著最多只能折合成六篇，一本折合成两篇，三本也就是算六篇，十本也只能算六篇。
>
> ——N21

2. 期刊等级指标的运行现状

目前人文社会科学科研人才的论文发表等级依据可分为两类：一是CSSCI或北大核心期刊目录；二是各校自己制定的校级期刊目录。三所高校基本都有发布对应的人文社会科学一流期刊（或称A类期刊、权威期刊）目录，与其他的核心期刊（或C刊）区别开来，此类期刊一定程度上代表着人文社会科学评价领域较为认同的论文发表阵地，但在院系层面基本不会再有相应的期刊目录。在人文社会科学领域职称评审过程中，在一流期刊发表的论文的价值远胜于C刊等二级期刊。

评职称要看发表在顶尖的一流期刊上的论文，各个学科有一流期刊，有些都是自然而然形成的。在没有分级的情况下，C刊其实对于评价没有特别大的决定性的作用。

——N21

3. 项目指标的运行现状

除了D校对科研项目的等级或数量不做硬性要求，F校和N校均对的项目等级和数量提出要求，其运行现状与制度设计差别不大。关于科研项目所对应的科研经费额度的评价指标，在职称评审过程中一般不作为必要性指标，至多在年终考核中以并不高的权重计入工分，仅作检查与统计，这一点与制度设计略有区别。

4. 其他科研评价指标运行现状

1）鼓励但不硬性要求国际期刊论文的发表

对于人文社会科学的国际期刊论文的发表，三所高校的人文社会科学基本不作国际期刊论文发表的数量或等级的硬性要求。但国际期刊论文可以和国内期刊论文可以进行一定的换算，倘若科研人才能在SSCI或A&HCI上发表论文，F校SSCI三区以上可等同一篇权威，D校会给予五千至六千左右的奖励，N校的商学院则对非升即走的海归教师有一定的国际期刊论文发表的硬性要求。

2）坚持第一作者的署名顺序

第一作者（含外文期刊的通讯作者）身份仍然是论文、专著、项目评价的先决条件。根据访谈结果，在部分高校年度考核的科研成果统计系统中，第二作者的相关科研成果直接不予录入。但在有的院系，如F校社会学系，会对二作、三作的科研成果给予指定系数的折算，当然对应的分值也会小很多。另外，个别学科如经济学，在某些情况下主要以姓氏首字母排序，无法从顺序上去区分第一作者。

3）译著和会议论文不作为科研评价的参考指标

在人文社会科学领域，译著并不能算作严格意义上的科研成果，至多在年度考核中计一点分，与其他科研指标的权重相比有着相当大的差距；而会议论文基本不算做科研成果，至多算是科研活动量的体现。

（七）评价目的

在科研评价制度的实际运行过程中，评价目的以终结性评价为主，以发展性评价为辅，发展性评价至多在同行专家评审中有一定体现。

在宏观层面上，高校科研人才评价的目的是促进国家科研水平的发展，促进学科发展，促进学术生态的繁荣；在微观层面包含两方面的评价，非功利性和功利性评价目的。非功利性目的既包括回顾过去、总结得失经验，也包括展望未来、提升科研水平；功利性目的在于获得职称之后相应的酬劳、薪资或奖励，以带来物质水平的提升或社会地位的增值。

由于当前科研评价制度在某些指标方面的硬性要求，其强制性与规范性在一定程度上促进了科研人才整体科研水平的上升。但在整体水平有所提升的前提下，难免会有偏差或漏洞，无法避免指标异化之下有心之人“钻空子”的情况。

> 现在的评价的确有鼓励教师发展、提升科研水平的。因为不逼一把的话，有些人可能就不做了，这样也会让大家去考虑怎么做更高效。
>
> ——F63

> 制度设计是立足于科研发展这样的目标，当然中间会有偏差，尤其是有些指标设计得不合理的时候，有人会去钻空子，异化无所不在。本来是想鼓励科研，最后变成有人去灌水，找一些讨巧的方式去提高互相的引用。制度设计出来，总归是有漏洞的，也会在未来不断去完善，但制度设计的初衷仍需要是明确的，是好的。
>
> ——F61

在制度设计中，功利性评价目的通常不被强调，在运行过程中，对科研人才个人而言，基于生存和生活需要的功利性目的因人而异，但通常也会非常重要。

> 科研评价算是对自己学术水准的一个认定，但是还牵涉很多其他的现实情况，包括与金钱挂钩的利益各方面的东西，还涉及招博士、带学生的问题。当然也有一些老师可能不在乎这些东西，觉得这些都是浮云。
>
> ——F14

（八）评价周期

评价周期的运行情况与制度设计基本一致，除了年终考核，三所高校目前对新入职文科科研人才基本执行六年非升即走的办法，六年作为两个聘期，期间会有一次聘期考核。而对于非升即走体系之外的“老教师”，在满足一定工作年限的基础上，每年均可申请职称晋升，且有三年一度的聘期考核作为考核周期。

职称评审、聘期考核、年度考核因各自评价性质和评价标准的不同，其对应的周期也各有区别，大体基本还是根据现实情况而制定相应的评价周期。

1.“老人老办法”

对于那些非升即走体系之外的老师们，即老体制或长聘体制外的教师而言，虽然没有非升即走的压力，学校也有相应的年限规定，副高职称评正高职称一般需任职五年以上，而诸如在指定年龄之前未评上职称的，需要进行相应的岗位调整。

> 评教授的话，五年之后就可以评了，也可以提前评。但提前评大多不现实，一般是连续申请三次，不通过停一年再评。
>
> ——F31

> “老人”倒没有什么，但是现在有的老讲师虽然是没有非升即走，但是学校也有相应的规定，比如说年满40，经过多少聘期没有能够转成副高，要进行岗位调整，比如调到行政岗。
>
> ——N22

三年一次的聘期考核虽然也是正式的考核，实际上对科研成果并不做类似职称评审那样严格的要求，大多通过阶段性的工作总结进行督促，确保科研产量，因此通过率较大，科研人才一般不太有聘期考核方面的压力。

> 我们这边是每年年终有个总结报告，每三年有个考核，大部分当然都是流于形式，但算是一个时间节点来提醒，这个时间周期太短了，有危险，当然大部分人其实是走不了的，所谓“老人老办法”嘛。
>
> ——N62

> 三年考核，按照规定的考核标准、考核内容和考核时间，只要达到这个标准就没问题了。
>
> ——F53

年度考核较之于聘期考核则更流于形式化，是对工作量的考核，并与绩效工资挂钩。

> 一年一次的考核不是特别正式，比较正式的应该是三年一次的聘期考核，年度考核相当于对正常的工作量的确认，比如说完成多少教学量，发表两篇论文，这种不是硬性的，基本上就是检查一下岗位责任有没有完成而已。
>
> ——D12

> 年度考核看一年的科研成果，和绩效工资挂钩，我们现在有一部分工资叫绩效工资，这也是工资的一个新改革。绩效工资是把工资的一部分扣除，

等到年终的时候进行考核,考核之后根据学术表现再发。

——F15

2.“新人新办法”

对于刚引进的青年科研人才,推行为期六年的非升即走制度,这在D校称为“预聘制”,其岗位在N校为“专职科研岗”,在六年期间会有两个三年一度的聘期考核。不乏有科研人才未在指定年限内升职而不得不走人的情况。

现在人事都在不断地调整,2012年以后的专职科研岗执行非升即走。所以2012年以后学校就不再引进讲师了,他们的职称是助理研究员。

——N22

非升即走从2012年开始,去年是第一次到期,其实每一年都可以申报副教授,但是开始成果不多,他们不敢申请。去年我们单位有几个专职科研岗,其中有三位顺利地在此前转为副教授。但有一位老师去年没来得及,因为他的国家项目是考核完之后才拿到的,学校时间点一到马上停发所有工资,他就没有收入了,这个也是很残酷的。

——N12

非升即走内部的聘期考核实则并不算严格,科研人才大多都能达标。

六年两个聘期,第一个聘期考核合格之后再是一个聘期,三年聘期的考核标准并不是很高。基本上大致过得去就给下一个聘期。

——D22

实际上,我国部分一流大学建设高校的非升即走制度实施起来没有那么严格,在国内的学术环境和人情体制内,非升即走制度的评价周期尚存一丝弹性和余地。在三所高校的文科院系,真正非升即走的人其实并不多,换言之,教师们留下的概率还是非常大的,这体现出源于国外的非升即走制度在中国本土化的过程中呈现出的弹性与柔性,较之于国外严格的高淘汰率的tenure(终身)制度,国内的长聘轨仍然存在些许变通,但较多的长聘轨岗位名额如何真正起到筛选高水平人才的作用,似乎又与其模仿国外相关制度的本质有所不同。

在我们历史学院,基本上想留这个人的话,百分之七八十是会让他留下来的,这一点我觉得做得还算人性化。

——N21

总的来说,国内压力实际上比国外要小。因为国外所谓进入长聘轨的

tenure 制度，淘汰率是非常高的，而国内长聘轨的岗位是比较多的，有点像铁饭碗。我们制度实行这么多年，实际上才走了一个，真正在执行当中还是有很多变通的，延长到七年甚至八年的都有，然后也不是让他走，会安排转岗。比方说不一定是教学科研编制，而是转过去做行政。

——F61

第四节　一流大学建设高校人文社会科学领域科研人才评价制度认同状况研究

制度范本和制度运行共同构建了被评价者对于评价制度的认知情况和了解程度，从而决定了科研人才的认同倾向。从学科分类评价的角度，本书将被访人文社会科学科研人才的制度认同情况分别进行阐述，并作对比分析，寻找其认同差异并浅析其原因所在。研究发现，人文社会科学科研人才认同程度高的评价要素居少，而认同程度低的评价要素居多，认同程度的高低与科研人才认为该评价要素能否相对合理地衡量科研水平有关。另外，人文学科和社会科学领域教师的认同情况在评价方法、评价标准等方面存在较大差异，其中人文学科与社会科学的学科特征和研究规律的不同是导致科研人才认同差异的重要原因。

一、人文学科科研人才科研评价制度认同情况

人文学科一直“不好评”，其特有的主观性、发散性时常将人文学科与其他学科的科研成果评价区别来开。通过对人文学科科研人才制度认同的分析，其认同倾向与学科研究规律、研究特征有紧密关联。

（一）人文学科科研人才对评价程序的认同

当前人文学科的评价程序虽然较为复杂，但评价程序整体得到大多数被访人文学科科研人才的认同，但仔细斟酌评价程序的个别环节和学科特征的矛盾，难免存在偏颇之处。

1. 基本认同各评价环节对科研成果质量的重视

关于人文学科科研人才评价的程序，当前评审环节逐渐开始注重同行评议及科研成果质量，多数被访人文学科科研人才对此持肯定态度。

我觉得挺公平、透明、公开的，如果的确是水平不行的话，学院这关都过

不了。在我评的那两年，学校开始有了比较大的改革，从以前比较注重学术成果的数量转为开始注重学术成果的质量，毕竟完全看量的话其实也是有失偏颇的。

——F33

很多学校照搬美国的聘任方式，有它的合理性，毕竟人家经过了很多年的努力。评价程序如果对大家都是一样的话，我觉得没什么问题，既然有个现行规则，如果不是总有变化的话，我想一般人都是应该没问题的，一视同仁就可以了。

——F21

也有科研人才对现行评价程序免去教授会投票环节给予肯定，因为这样在一定程度上可以减少科研评价论资排辈、牵涉人情利益的可能，有利于评审结果的公平性。

对我们而言，虽然这个程序这么繁琐，这么折腾，但是也比原来好。因为原来的体制有一个教授会评审的环节，人选人就存在一些操作的空间，比如说有的教研室保自己的人，或者说老师年龄太大了该升上去了，这样的话就会变得没有规范，即便有的年轻人可能方方面面的指标都很突出。所以现在无论这个要求有多苛刻，它总是有一个规定。

——D11

2. 海外评审环节未考虑语言发表特征

对于部分学科的科研人才而言，评价程序的统一执行并不意味着绝对的公平。当前人文学科科研评价程序的部分环节设置未考虑学科内部平衡、语言发表特征而难以获得部分教师的认同。如历史学研究以中文发表为主，因此D校历史学研究的科研人才在海外同行评审环节中处于相对不利地位。

因为我是世界史学科的，海外同行评价这个环节对于世界史有一些不利的地方，因为同行专家的推荐信要求有一半以上是来自海外，但我们的研究主要面向中国人，是立足于国内视角客观地介绍并研究外国的历史，海外同行不懂中文就可能没办法进行合理的评审。

——D22

（二）人文学科科研人才对评价主体的认同

三所高校人文学科领域的科研人才都最认同小同行评价。评价主体身份的资深度和权威性、与学科研究方向的接近程度决定着人文学科被评价科研人才的认同程度，评价主体资历越深、与被评价者学科研究方向越接近，科研人才对该评价主体的认同程度越高。换言之，小同行与大同行乃至外行之间的差距，关键就在于评价主体“懂不懂”“能不能客观衡量”的问题。

1. 外行专家决策分量在校级评价中过重

结合评价程序，校级评审组织在评价过程中的决定性地位实则各有利弊，尽管减少了人情操作的空间，但也削弱了院系在评价方面的自主权，院系层面同行数量的不足对于客观判断科研人才的水平存在一定阻碍，实际评价结果和预期评价结果产生了偏差。因此在多数被访科研人才看来，当前人文学科科研人才评价仍然存在外行决策分量较重、小同行数量不足进而影响评审结果客观性的问题。

> 校级层面评价的合理之处在于，能在一定程度上避免院系出于人情关系的考虑推荐一些不是很合适的人选，学校阶段会全面地衡量、把关一下。弊端就是剥夺了院系在人才使用方面的自主权。院系这一级里的同行并没有增加，所以候选人的水平究竟如何，同行中的评价、口碑影响力怎么样，多数评委并不清楚，他们只能看推荐信，看他们发表的成果数量和级别。我们系已经出现不止一例，系里面认为是合适的人选，但是到学校那边就没有能够批准，所以人就进不来，哪怕这个人我们很需要，而且学术影响、学术水平也都不错，但是在学校就没有成功，所以有利有弊。
>
> ——D22

2. 大同行评价在院级评价中基本合理

对于教授大会这一院系评价组织，从杜绝人情的角度出发，人文学科科研人才一般对取消教授大会予以认同，如 F14；但从小同行数量稀缺这一点来看，人文学科科研人才对于教授大会仍有一定认可，如 F12。总之，被部分高校取消的院系教授大会虽然难免人情关系的存在，但因其小同行占比较高，故而存在一定程度的合理性。

> 教授会更合理，学术委员会一个学科只有一个人，教授会一个学科肯定不止一个人，比如说古汉语的文字学里面，我跟其他语源学类教师的研究领域不一样，看不懂当然就打不好了，教授会小同行至少会多一点。
>
> ——F12

> 教授大会应该取消的，因为教授大会是一帮不同学科的人，完全没有道

理来评定其他的学科。像中文系评语言学，其他专业的教授可能不大会去评价他，因为不懂。但是现代文学又谁都可以来评一评，所以会有这样的问题。另外开教授大会的时候，申请人去评审，下面坐着的可能是比你早评上教授的你的学生，这也是一个非常尴尬的事情，而且是完全没有必要的。

——F14

尽管学科内部的研究方向迥异，还是有部分被访科研人才认为，大同行在科研评价中仍然存在基本的判断能力，尤其是对有一定资历的人文学科科研人才来说，毕竟人文学科的大范畴内，文、史、哲之间还是有彼此的共通之处。如 N11 作为学术委员会主任，对于其他学科研人才的水平还是有一定的把握的。

即使学科不同，只要大家到了一定的水平，除了太专精的东西看不懂以外，一般来说也还是会有一个基本的判断。哪怕我是做戏曲的，另一个人做考古的，只要能看明白他的东西，我就能够对他的学术水平有一个基本的判断。

——N11

其实现在的每一个学科彼此之间可能不是小同行，比如说我是做现当代文学的，但是文艺学的东西拿过来，都是中文系的，好的差的我们都能看出来的，文史哲本身就是不分家的。

——F15

3. 校外评价小同行中的海外专家难获认同

如评价程序部分所述，海外评审这一环节中的海外同行专家，在部分被访人文学科教师看来权威性有余，但客观性不足，特别是对于人文学科而言，其海内外研究背景、研究主题和学科发展水平均存在着较大差异，故以海外同行专家作为评价主体固然体现了学科人才的国际影响力，但作为小同行与被评价者研究的相似度以及对被评价者研究的了解程度并不一定能胜过国内学者，而且由于语言障碍问题，届时仅凭寥寥英文摘要衡量个人科研水平，实难获得人文学科科研人才的普遍认同。

以中国史研究为例，全世界最好的中国古代史的学者都在中国，现在这 15 个送审专家里面要求必须包括一半的海外专家。一方面当然是语言的问题，因为中国古代史的学者大多用中文去发论文，那么怎么让国外的这些学者看中文呢？那么再比如说世界史，中国的世界史是跟世界的水平肯定没有办法比，那么我们中国学者的世界史研究的成果送去海外，那这样的话这个差距肯定是相当之大的。况且，他们可能只能从摘要里面简单地看到在说什么，但是一个论文的摘要如何看得出一篇论文的整体质量和它的论证呢？

——D21

4. 跨学科专业评价同行难寻

针对部分专业包含跨学科研究性质的科研人才，在将科研成果送外审的过程中不乏遭遇“找不到小同行”“送到其他学科领域专家手里”的情况，如此一来又衍变成“外行评内行”的情况，部分小众学科或小众型研究方向的教师难获认同，难免有碍人文学科学术创新的发展。

会有一些跨专业的老师，比如说我们学校电影学研究以电影史研究为主，长期以来是放在中国现代文学的框架下面，但是后来电影学独立了，跟戏剧放在一起叫戏剧影视学，变成一个独立的学科，这样的话我们学科既做现代文学又做电影学的话，材料送出去时就会碰到问题。我前年评职称，外审材料就有三个人给我打的C档，他们肯定都是电影学的老师。他们看到我那么多的现代文学的成果，觉得根本都不算电影学的，肯定觉得很不爽的，对跨学科的老师来说这是不太公平的。

——F14

人文学科科研人才普遍认同小同行对自身科研水平的评价，但在小同行数量的问题上，常有被访者指出当前专业分类太细，以至于学术评价共同体的同行难寻的困境，如N21指出“有的学科上稍微隔了一点，评价的时候就可能难以把握了”。目前过于细化的专业分类体系造成了大同行之间的互评的隔阂，所谓“专业分太细”实际指向的是，院系单元内各类专业分支太多，而专业分支内部的共同体却太少了，导致小同行太少不好评价，所以当前人文学科科研评价的小同行问题背后，包含了纵向院系专业分支过多和横向分支内部共同体太少的矛盾。

5. 隐性评价主体潜在干预过多

关于外部隐性评价主体，有人文学科被访科研人才指出，当前外部学术环境、出版环境和高校内部机制之间存在一定矛盾，哪怕学校尽最大可能给予科研人才相对自由的发展空间，但其科研成果在外部环境中能够顺利发表是校方难以保障的，期刊、出版社的额外要求极有可能与教师原始成果的发表初衷相违背，乃至于影响对其科研水平的正确判断。

学校有一个很大的保护机制允许老师们去自由创作，去最大限度地保护老师的科研热情和研究兴趣，在研究方向上给他们自由度，但是这些创作成果能不能得到顺畅的发表，又是另一回事了，这也是我们现在的学术出版环境的一个问题。已经有很多这样的例子，老师论文写出来质量非常高，但是投去出版社就说不行，很多地方要改，老师表示如果让我去做这样的删改我是不接受的，宁可不发表。如何去评价这样的学者呢？拿什么标准去评价他呢？

——D21

（三）人文学科科研人才对评价客体的认同

多数被访人文学科科研人才认为一线科研人才理应有合理的、常设的发声渠道；部分被访科研人才觉得评价客体的全体反馈其实不是特别有必要，参考权威人士的观点足矣；部分被访科研人才在改革态势消极、反馈流于形式的科研环境下，评价客体的发声意义不大；个别被访科研人才则能站在制度设计者或学院领导的角度，对当前评价客体的"失声"予以理解。

科研人才对评价客体的参与度和评价主体对客体声音的关注度、反馈效力是分不开的，当科研人才认为自身的声音能够受到关注且能够得到评价主体一定程度的反馈时，认同程度一般较高，反之则低。

1. 需要积极反馈意见

多数被访人文学科科研人才认为建立评价客体的参与和反馈机制极其必要。F15 从学科特征角度出发，指出人文学科的科研评价工作易掺杂各类主观因素，不同的评价主体也有可能出现不同的评分情况。当评价客体对评审结果难以接受时，有一个合理的发声渠道非常重要。

对文科来说，不同意专家们的评价结果的话，有一个申诉的渠道还是很重要的，尤其对文科来说，因为文科成果的评价往往比较主观。比如说一篇论文，有的专家可能觉得很好，有的可能觉得一般，但是现在对文科的评价只依靠专家，这就决定了里面是有很多的主观因素，势必会造成最后的评审结果未必被当事者接受，这是由文科的特点所决定的，这个时候他们有提意见的途径是非常重要的。

——F15

除了 F15，D11 也从制度的实施与设计之间的差距，强调一线科研人才作为科研评价制度的最直接的关联者，往往比设计者更深知制度在实施方面的情况，包括制度之下那些“无形的潜规则”,“就好像对待高考制度,只有高考学生和一线教师最能清楚规则,知道怎样把自己的选择最优化,否则看面上的设计都是很美好的东西”(D11)。因此,聆听一线科研人才的意见不乏其合理性。此外N22也在此基础上强调“常设性反馈渠道”的需求,即在科研人才感受到并知道有类似渠道的前提下,以相对正式的形式专设相关部门处理科研人才的意见,解决他们的问题:“最好比如说有一个什么部门设置某些程序让大家进行反馈,也许学校这方面是有的,但是由于种种原因我们没有感受到。”(N22)

2. 适当发表意见即可

部分被访人文学科科研人才认为,并不一定需要照顾到科研人才群体的声音,由院系领导或者资深专家出面反映情况,在操作可行性上更切实一些,同时也能确保评价主体的权威性。

> 当然争取的面广一点更好,但是因为涉及实施的可操作性,人太多,有时候你一言我一语的,包括人事部门的时间也都有限,所以从可操作性来讲,有院系领导、权威学者的意见也就可以了。
>
> ——D22

> 渠道应该也有,但有些内容不会到教师这个层面去讨论,而是领导层面去决定的,取决于这个系领导有没有能力去争取,比如说多要一个指标,多要一个名额。老师其实是很被动的,决定权还是在领导层。
>
> ——D31

3. 发声效用有限

基于评价客体在制度运行中发声较为微弱的现状,部分被访人文学科科研人才对评价客体的发声并不看好。究其原因,一方面评价主体或制度设计者难以兼顾到每个人的需求,毕竟从个人利益的角度出发,每个人都会站在对自己有利的立场提要求,“众口难调”;另一方面,与当前社会管理模式对应的是,科研评价权力配置自上而下的本质尚未得到改变,再多形式上的发声最终还是取决于上层的决策。

> 其实征求意见似乎也不是很有必要,因为征求来征求去,对所有人都是同样的,一定程度上是合理公平的,并不是说非要征求每个人的意见,那样每个人都有可能会提对自己有利的一些条件,那样又会显得不合理了。
>
> ——F14

整体来讲，我们现在科研管理本来就自上而下式的，不光是学院的问题，也不光是我们学术圈的问题，现在社会都是这样的，只是看似有开放的口子而已，决定权并不在整个链条的底部，这和整个社会的管理模式是对应的。

——F21

4. 能够理解管理层的难处

与F14的观点类似的是，N11和N21也站在制度设计者或学院领导的角度进行换位思考，对当前评价客体的群体“失声”予以适当的理解。他们指出，在更切实有效的制度出现之前，现行制度经过时间与实践的检验，确有其存在的合理性，毕竟制度设计者在设计时无法只考虑评价客体的利益，也要从学校发展的角度考量，院系领导处在上下两个层级的夹缝中也有其难处。

院长有时候也挺为难，总共有两个名额，多出来的人肯定要刷掉，有淘汰率就没办法。有时候可能会对大家的意见多照顾一点，有时候我们老是批评院长怎么样，其实自己在那个位置体会一下也是蛮难的。以前也是有抱怨，但是现在想也能够理解了。

——N21

提意见的人大部分都从自己的立场出发，可是设计一个学校的学术评价体系的时候是要从学校的角度出发，尤其不同学科之间、不同人之间的差异是现实存在的，大部分人总是会倾向于朝自己有利的方向去提意见，但设计者还是要考虑整个学校的学科发展。

——N11

(四) 人文学科科研人才对评价方法的认同

定性评价与定量评价各有利弊，这是毋庸置疑的。结合被访人文学科科研人才的观点，一方面，以同行评价、代表作评价为主要形式的定性评价，对于人文学科的科研特征而言更为契合，也更为注重对学术成果本身的考核，但是同行评价始终无法排除人情关系、主观价值判断差异等因素的干扰；另一方面，尽管定量评价带来的唯数量化评价趋势饱受人文学科科研人才的诟病，但其在公平性和客观性上的意义是定性评价无法替代的。因此，大多数被访人文学科科研人才认同将定性评价方法和定量评价方法互相结合以开展评价，与之相关联的“有门槛的代表作评价制”也颇受绝大多数被访人文学科科研人才的认同。

1. 定性评价契合学科特征，但难免主观判断的差异与人情关系的干扰

人文学科的评价还是要看成果，看论文或专著的内容和价值，而对成果本身的考量，基本依赖同行评价才能够较好地实现。人文学科的科研成果诞生周期较长，科研的价值判断又高度依赖主观经验，“这是学科的特点所决定的，只能让这些同行们来评价”(F15)。因此，基于评价主体主观判断的同行评价更能较为准确地考量科研人才的水平。与此同时，部分高校在科研评价制度中设立的回避机制、盲审机制、匿名评审机制也能最大限度地确保其公平性。

> 评价的时候还是应该看论文本身，也就是说看这篇论文是不是真的有内容、有价值，这是要通过同行评价来实现的。人文学科当然也有它的特殊性，有的时候看一个东西，不同的人立场不太一样，这个时候评价会有点悬殊，但是相信多数学者还是比较公平的，所以还是采用同行专家的评审比较合适。
>
> ——D12

然而，同行评价自身需要独立的执行才能较好地实现其科研评价方法的功能，确保其对于人文学科科研评价的适切性，但目前问题的关键是，“同行评价”往往并不独立，通常会受到很多方面因素的干扰。

首先是主观价值判断上的分歧，如上文D12所述，N12也提出，在面对同一份评审材料时，不同专家的立场未必能保持一致，当观点存在一定争议时，如何尽量客观公正地进行评审，对评审专家还是有一定挑战性的。

> 同行评价不能说不科学，但是有时候需要看运气，如果单纯地评价是完全可以的，但是万一正好遇到此类观点有争议，专家对某一个问题进行争论的时候，就比较棘手。以前我们有同事在评职称的时候，他的论文是真的好，但他的论文正好派到了一个跟他的导师有矛盾的人手里，就提了一条还不是很严重的意见。学校的人一看这个人有意见，其他人都没意见，所以就把他排到最后，排到最后的就没评上了。所以聘请的评审专家还是要有公心，不能囿于私心。
>
> ——N12

其次，在同行评价存在固有主观价值判断差异的前提下，人文学科的创新也会间接受到影响，“只能小创新，不能大创新”(F11)成为人文学科基础研究的常态。在这样的背景下，在西方的理论基础上只做一点点改动来进行微创新，就能

够以较为安全的形式获得好评，大创新则很难有被认可的空间。

> 比如我自己审到一篇论文，这篇论文跟我的观点不一样，我会给他不太好的评价。实际上很可能他远远超过了我，但我自己没有这个评判水平，这样的结果就是真正好的东西出不来，所以代表作制度反而从某种意义上只会鼓励大家微创新，就是说做一点点创新。大的创新走得太远，别人难以理解的时候，就会被否掉。
>
> ——F11

再次，在由各种关系织成的人情网中，人情关系与个体利益彼此牵连，在同行评价中也不能避免，“打声招呼”“论资排辈”“推己及人”的情况总是无法避免。虽然不少科研人才意识到并明确指出了人情关系对于评审结果公正性的损害，但不可否认的是，他们也会从人情角度考虑问题，哪怕对此有抱怨，也大多不愿触及人情底线，为追求形式上的公正而背上“不近人情”的标签。

> 人情社会就是这个样子，事实上在评职称前都是一个一个要去打招呼的，其实评之前跟自己熟悉的老师打电话或者打招呼什么的，就是说这种评价体系都不是很机械的，总归都有人情的关系在里面。每个参加评职称的老师，具体的情况都会影响到这些专家的投票，有的老师可能是生病了什么的，或者家里条件特别差的，可能就会同情他，这个也是很自然的。
>
> ——F14

> 比如说这个老师岁数不小了，快退休了，如果他还是以副高退休的话可能不够体面，这个时候假如他能够基本达到的话，一般从正常的感情来讲也是愿意让他先过的。哪怕到时候跟他同一个平台上竞争的另外一个年轻教师甚至成果比他多，但是晚一年大家也基本可以理解。
>
> ——N21

2. 定量评价“一刀切”难获认同，但其客观性与公正性显而易见

“一刀切”的定量评价方法得到了多数被访人文学科教师的反对，因为人文学科往往需要积累沉淀，部分人文学科科研成果的诞生往往需要较长的研究周期。定量评价引导的数量化趋势对人文学科科研人才的发展不利，其科研成果质量也极有可能大打折扣，这一定程度上体现出评价制度对我国一流大学建设高校人文社会科学科研人才学术自律性的不信任。另外，以定量评价为主导，评价主体的非专业性也影响科研评价结果的合理性。

现在最大的一个问题,也是我们教师来最为焦虑的一个地方,如果以定量评价去要求产量的话,那每个人可能就是会下蛋的母鸡,看谁下的蛋多;是会挤奶的牛,看谁挤的奶多。那么问题就来了,那些挤奶的牛要不停的靠抗生素去维持,奶质量又有多少呢?有什么样的保证?

——D21

如果完全按照量化的方式来评价的话,那么也不需要专家,也不要学术委员会,科研处的人数一数就行了,这其实是很糟的。

——F21

因此,对于部分高校评价制度中“一篇专著折算成数篇论文”的量化评价方法,在文学、历史学、哲学领域均有教师不予认同,此种折算是将专著和论文的对应关系进行了简单化的量化处理,其科学性值得商榷。

这种折算完全是管理部门不懂专著的价值,在那乱算,因为有时候水平高的专著折算成三篇论文算少的了,有时候一篇论文的价值甚至比专著高得多,而专著本身差别也很大,这样只是把它作为一个概念数字化而已。

——D31

尽管定量评价方法对教师的科研产出频率提出了较高的要求,不可否认的是,定量评价的客观性和公正性仍然是显而易见的,这一点恰恰弥补了定性评价的先天不足。F33 和 N11 不约而同地以唯分数的“高考制度”类比定量评价方法,定量评价避免了人情关系、主观判断差异的操作空间,其直观性和客观性的优势使得部分被访科研人才对其合理性予以认同。在没有更优选择的前提下,定量评价方法的存在有其不可替代的必要性。

定量评价的合理性,这个问题跟高考一样,我也反对,但是还是需要,因为相对公平。高考可能有一万个缺点,但是它有一个好处就是公平。凭权利、金钱、私人关系的相对比较少。

——F33

以目前的学术道德的生态来说,量化评价比同行评价更公平。就像考大学一样,如果没有高考制度会变成怎么样,那些没有好的家庭背景的好学生可能就深受欺负。还是高考好了,无奈地选择它比放弃它更好,这未必是最优解,但也未必是最坏的选择。

——N11

3. 代表作评价制度获得较高认同

在大多数被访人文学科科研人才看来，将定性评价和定量评价互相结合，即以定性评价为核心、以定量评价为保障，由教师遴选不超过一定数量的、代表着个人水平的作品，无疑是相对合理的评价方法。

这两个方法各有优缺点，并不是哪一个就优秀，其实两个优缺点都很显著。同行评选就跟人情江湖很有关系，量化管理太机械，但真正的科研是属于兴趣的。

——F11

所以，建立在一定数量门槛上的代表作评价机制获得了大多数被访人文学科科研人才的认同，这意味着"用精品代替数量"的评价方法和对学术成果质量的重视，纯粹定性的无门槛代表作制则并不受多数被访人文学科教师的认同。

我支持代表作，学术评价的时候提交代表作还是必要的，不能说有十篇论文的一定比有九篇论文的水平就高，但如果人家十篇论文，你只有一篇论文，也很难说凭借一篇代表作就比十篇论文要好，所以要同时考虑成果的质量和数量。

——F22

在学科特征方面，有门槛的代表作机制更符合人文学科的科研规律，人文学科科研人才的水平经常无法量化，如此便能避免单纯以"堆数量"形式评断科研人才水平的片面性。

我觉得代表作评价还是蛮有吸引力的，这代表了学术作品的质量和科研发展的逻辑、路径，是不是有延展性，有哪些现实意义，这些从代表作的选取都能看出来。

——F33

对人文学者而言，一辈子拿出手的也就这么几篇论文或者几本书，而且很多东西是无法去量化的，比如说一个人的水平高低、对历史的理解、个人的领悟力等等，都是无法量化的。近代史领域有一些很有名的专家，他可能一辈子也不写几篇论文，但是他的水平大家都公认的。

——N22

无门槛的代表作评价相当于没有数量或等级予以支撑的同行评价，同行评价的弊端也会随之暴露，部分被访科研人才明确指出无门槛代表作机制根本无法避免外部评价环境的干扰因素，故难获认同，F校初始版本的代表作评价历经改革也很大程度与这一点有关。

> 无门槛的代表作会养懒人的，况且任何一个大学的学术都需要量的支撑，个人的学术产量代表了个人的学术状态和他从事学术所付出的心力，仅仅用代表作和同行评价是无法体现的。如果不想评职称，就慢慢做，如果想评职称就得出东西。
>
> ——N11

（五）人文学科科研人才对评价标准的认同

在人文学科科研人才看来，当前评价标准的难点在于如何把握好质量与数量标准的平衡。因此，被访科研人才认为，人文学科的科研人才评价需要权衡好质量与数量标准的尺度，而且不能让数量标准过于占上风。

1. 把握数量与质量标准之间的平衡点

在质量评价标准和数量评价标准的权衡上，大多人文学科科研人才认为需要质与量的结合，其内部需要以质量标准为主，同时需要数量标准的支撑。质量标准是需要的，人文学科科研人才大多对这一点持肯定态度，关键在于质量与数量的结合度应该维持在怎样一个水平且如何较好地维持这个水平。

首先，以科研成果质量作为首要评价标准是无疑的，然而由于质量标准在成果等级或同行口碑中未必能得到明确的体现，诸如成果等级之类的质量标准难免其片面性，因此需要数量的补充来证明其质量。

> 奖项或者等级也只是某种程度上证明它的质量，毕竟这种也是人评出来的，都是各种各样的事。
>
> ——F14

其次，“量变引起质变”，数量的累积在一定程度上意味着科研人才个体科研水平的增长和思想深度的进步。有科研人才指出，在大部分情况下，所谓“十年磨一剑”的说法固然意味着传统人文学科需要较长的积累与沉淀，但优秀的高水平的科研人才往往同样也很高产，科研水平和科研成果数量通常存在一定正向关联。

> 数量是基础，累积到一定数量的时候，质量一定会上去的。写论文不是说写完了以后这个题目就没有了，写完了以后可能会有新的思路出来，这是一种正向强化。人文学科的研究，总是后来居上，总是要不停地向前滚动。
>
> ——N11

我也知道很多学者认为要十年磨一剑，不要这么多数量的要求。这个想法当然有合理的地方，但是以我们的实际经验，目前还没发现某一个学者十来年不写论文，到最后写出一篇惊世骇俗的论文，往往是那些优秀的学者反而很高产。

——D22

然而，部分被访人文学科科研人才也指出，在满足数量或等级门槛上“拼数量”显然是不合理的。在三所高校的文科院系，由于院系内部教师共同置身于同一个评价系统，院系内部的科研人才水平通常旗鼓相当，在达到基本数量要求的基础之上，为了确保竞争优势，科研人才必然会争取数量上的优势。这种“水涨船高”表面上看是学术繁荣，然而科研人才一旦疲于数量的比拼，其成果质量也必然大打折扣。更何况，即便在人文学科内部，有的学科需要很长时间才能诞生一篇论文，有的学科短时间内很快就能出成果，研究周期并不一致。所以科研评价中的科研成果数量标准需要得到控制，这也在一定程度上与代表作机制的要求相呼应。

当我们内部对比的时候，……就变成水涨船高。像N校评副教授，表面上说要有省部级科研项目和七八篇的C刊论文，其实满足了院系门槛以后，大家都满足了，怎么脱颖而出呢，那必须要有国家级项目，发十几篇论文，这样才具有压倒性的优势。

——N12

因此，唯数量的趋势与人文学科的研究规律并不契合。有被访科研人才指出，目前人文学科评价标准越来越趋向遵照自然科学和社会科学的标准，这与人文学科的研究传统也渐趋背离。在此基础上，同行口碑等质量标准的价值也由此显现。

数理化的数量标准，从形式上看是尽量撇清主观因素的“客观标准”。但从真正的学术标准来看是更不合理的。人文学科讲究厚积薄发，不能像农民种地那样每年考核收成，人文学科的学科本质有它行内的准衡，只有行家里手才能真正欣赏和批评，是无法量化的。

——F32

2. 创新质量标准难获认同

多数被访人文学科科研人才认为，创新固然重要，但在人文学科得到体现，不仅要有前提条件而且在操作上难度很大，因此这一评价标准并没有得到广泛认同。

首先，人文学科科研人才一致认为，创新是需要的，但首先应对人文学科的创新有一个基本的界定。例如，N12 认为，对待传统文化的创新往往需要建立在传承的基础上去“守正出新”。

> 创新可以是对传统经典的一种新阐释，这是传承；还有一种创新，是对新理论新方法的系统结构的创新。因为中国有悠久的文化，对传统文化的传承本身是一个很漫长的习得过程，所以人的学问有时候跟他的阅历是有关系的，需要累积和沉淀，古人的作品有时候不到那种年龄或心境，可能都体会不了它的含义。我们不仅要创新，一定还要有传承，是在传承的基础之上去创新。
>
> ——N12

N15 则认为，创新是学者有意识地进步，发掘新的材料或观点，避免重复自己。

> 优秀的学者不会写没有任何新意的论文，可以提出新的观点，发现新的史料，有些人就是在炒冷饭，只要一直在这个领域里面耕耘，有没有新东西一眼都能看出来的，如果不断地重复自己或者别人，那宁可不写。
>
> ——N15

即便界定了创新质量的标准，在人文学科领域明确科研成果的创新程度，又是一个操作上的难题。人文学科的科研成果的价值需要时间检验，因此其创新水平未必能在较短时间内得到认定。

> 人文学科的东西，它到底好还是不好，不是这一两年内能看得清楚的，有的都要沉淀十几年或者二十几年，最后发现某位学者很多年前的一篇论文，对某一个问题做了很好的研究，它都是要一个历史的时期来慢慢检验。
>
> ——D12

（六）人文学科科研人才对评价指标的认同

围绕专著、论文、科研项目三项核心指标及第一作者、译著等其他指标，人文学科教师大多辩证地指出了当前评价指标背后评价制度的不足。

1. 人文学科科研人才对专著的认同情况

1）专著重要性不亚于论文

诸多人文学科科研人才认为，专著作为人文学科科研成果的一种表达形式，往往是不可或缺的，甚至有科研人才认为，就学术形式而言，专著的重要性不亚于论文。这也和学科特征有一定关联，专著可以系统性地解决多个问题，对于动辄长篇大论的人文学科而言，专著更能畅所欲言，而论文的表达空间则相对局限。写出一本好的专著，对人文学科教师证明自身学术价值和科研水平来说是至关重要的。

> 按照评价管理系统还是觉得论文重要，其实专著更重要。论文毕竟是解决个别问题，专著是解决多个问题。比如说一本书有五章，每一章相对独立的一个问题，一本书是更加系统性的。
>
> ——F12

> 我觉得专著比论文更能表达人文学科想要表达的思想。理工科写一个简洁的公式就能表达它的意思，文科不可能，文科就算写了一个公式，也必须要有一个阐释，而文科的阐释需要根基很深厚才行。因为人文学科的任何一个问题，都是牵扯到方方面面的。论文有的时候是一个奇思妙想，当然也会显示出水平。但是从体验和厚重程度来讲，我个人认为专著应该比论文更好。
>
> ——N12

2）专著缺乏严格的评审机制和出版市场

专著水平难以衡量，缺乏像期刊论文那样相对严格的评审机制和出版市场，所以，“专著难评”成为人文学科科研的常态，逐渐造成了专著在科研人才心中地位普遍不高的情况。这和前文“认为专著重要”是不矛盾的，前者专著重要的是作为人文学科成果载体在科研人才心中的重要性，后者是专著在评价体系内的较低价值和地位带来的低认同感。出版专著的便捷性进一步加剧了专著在评价体系内的薄弱地位。

> 现在大家出书反而比发论文更便利，出书的话，可能自己攒一本书，找一个出版社自费就可以出来了，而论文的话大家都会知道，论文好坏，期刊的好坏，有一个三六九等，每个人都差不多都了解，所以很多人就会走这样一个捷径。
>
> ——D21

> 中国的出版体制跟西方跟美国不一样，我们学术著作的出版，在出版之前没有一个严格的同行评审机制，学术专著很多是滥竽充数的，只要有钱就愿意出，这种形式体现出我们的出版市场，特别是学术出版市场不够规范。
>
> ——D22

据了解，在 20 世纪 80 年代的时候我国没有“补贴出书”，当时的专著出版需要经过严格的遴选和审核。但是现在，在出版社企业化的背景之下，将出版社的等级作为评价专著好坏的依据已经不具备任何现实意义。

出版社早就已经是企业了，所以我们只能够无奈地放弃把出版社的优劣当作评价学术著作水平的一个指标。包括这种补贴出书和出版社出的书都没法分辨，就显得更不可靠了。

——N11

3）专著与论文价值换算的不对称性

从科研评价量化统计的角度出发，专著折算为数篇论文有一定的便利性，但就专著本身的价值而言，不少科研人才并不认同这样的折算。如前所述，专著水平参差不齐，所以并不能确保其对应的折算数目和专著本身价值的契合度，倘若将一部水平较高的专著仅折算为两篇核心期刊，那显然是不合理的。

专著和论文没有办法横向等值比较，我个人并不认同这样的一个方式。

——D21

这完全是管理部门不懂专著的价值，在那乱算，好的专著不是几篇论文抵得上的，但不排除有时候一篇论文的价值比专著高得多，这样只是把它作为一个概念数字化而已。

——D31

2. 人文学科科研人才对期刊等级的认同情况

少数人文学科科研人才认为，当前期刊等级的划分的确能在一定程度上反映论文的学术水准，但大多数被访人文学科科研人才还是对当前的期刊等级划分持批判态度。

1）期刊等级一定程度可以反映论文水平

经过了一定的筛选和评审，权威期刊在一定程度上能够反映科研水平和科研成果质量，加上相对严格的评审机制和较低的用稿率，在学术共同体内部有一定权威性，是同行口碑的客观折射。

我们做学术委员，在看这些成果的时候，还是要关注一下候选人是在哪些期刊上发表的论文，如果说在比较强的期刊上，比如《中国社会学研究》，可能认为他的水平还是不错的。因为毕竟这些期刊有严格的评审机制，而且用稿率很低，所以稿源很好，一般来说能够在这上面发表论文还是反映出了学术水平的。如果说这个申请者发论文都是小期刊的，甚至是没有核心期刊，都是论文集，对他的评价肯定会降低。

——D22

CSSCI作为人文学科期刊的主要阵地，由于其相关的评价部门具备一定的专业性，并且长期从事期刊筛选这方面的工作，所以还是具备相关经验并拥有较高认同程度的。

等级划分本身是一个专业工作，我们没有人专门做这个，我们就借鉴C刊的，毕竟他们做了这么多年了，从这个角度来说是相对合理的。

——F11

除了上述原因对期刊发表等级予以认同的观念，大部分被访人文学科科研人才表示，期刊等级能反映的科研水平主要还是片面的。

2）游离在评价体系之外的好期刊

总有一些在同行口碑中评价不错的期刊，并不在核心期刊之列，也就是说在评价体系内并不受硬指标的认可。

的确存在一些好的非C刊的学术期刊，或者一些没有列入C刊的好期刊，基本上不在考核人员的视野当中。

——F21

有一些期刊在C刊和C扩之间游移，特别是一些有特色但有点偏科的期刊容易被逐出C刊。这样过于苛刻的分级不利于文科发展。

——F32

3）部分核心期刊"德不配位"

有的论文发表在核心期刊乃至权威期刊上，但未必是好的论文，这意味着仍然存在一部分期刊，其内部发表机制存在许多人情、寻租、腐败的空间。

有一些卖版面的C刊，是进入学校的黑名单的，在这些期刊发表论文是不算的。我就不明白这些期刊为什么会进到C刊？这种期刊的每一篇论文都是两页，既不可能有转载率，也不可能有引用率。哪怕前面有几篇重要的好论文，也被这些烂论文稀释到薄得不能再薄。

——N11

核心期刊、权威期刊里面也有寻租，也有权力，通过权力的交易来获得论文也是有的。

——F31

当这种学术寻租和利益交换变成潜在的发表规则，那么科研评价制度的外部环境可想而知，又如何保障高校内部科研人才评价的合理性呢？

中间产生了很多幕后交易，但这只是冰山一角，可以想象这样一个评价系统的恶果是什么，那些投机取巧的人抢占了论文资源，而真正埋头做学问的人反而被边缘化。

——N12

4）不应让论文载体凌驾于论文本身之上

期刊只是论文的载体，评判论文质量还是要看论文本身，而不能外包给外部评价系统的期刊及其等级，更不能让外部评价系统凌驾于论文本体之上。

本来衡量一个科研工作者水平到底是高还是不高，应该是看论文本身，也就是说论文的本体才是第一的，论文的载体根本就是不重要的，现在就变成是论文的载体非常重要，那个论文本身是什么，好像大家不关心了，这一点就很莫名其妙了。

——D12

在期刊的选择上，为了确保自身发表成果的完整性，个别被访科研人才甚至倾向于发表形式不受拘束的普通期刊，以免期刊对于论文的过多修改与干预，体现出人文学科学者的学术坚持。

老师们在自己写的时候，也是在挑这些期刊的，但并不是说越好的就越高级，更多关心的是会不会给我瞎改、会不会接受我这样的论文之类的事情。

——D21

3. 人文学科科研人才对科研项目指标的认同情况

人文学科鲜有科研人才认同科研项目这一评价指标，科研项目不论是从过程、结果、形式上来说都与人文学科存在很大的矛盾。

1）项目指标是计划不是成果

在人文学科科研人才看来，科研项目本身并不是科研成果，好的开题并不意味着好的结项，这样的评价指标很多情况下会演变为对国家指挥棒的追随，而无关乎学术本身。

文科，不是说我承担了这个项目，就能够做出成果，很多项目在结项的时候实际上做得不是太好。在文科的研究过程当中，很大的程度上是取决于什么时候有了灵感了，才有了新的东西出来。

——D22

2）项目级别和项目蕴含的科研价值未必成正比

大部分被访科研人才指出，国家级项目未必意味着项目本身价值含量或创新性一定比省部级高。F11 指出，很多情况下，国家重大课题都是属于汇总性质的研究，把以前的研究汇总起来，或者在同一个研究平面上同样再走一圈。与之相对立的很多青年项目虽然项目级别不高，却时常很有创新性。

3）项目申请成功率与资历有关

青年科研人才有时会认为项目申请成功存在偶然性，有运气的成分："会不会中有时候是看运气，就像会不会抽中礼物一样。对我来说没中也不代表说一定就不好，可能只是运气不好而已。"(F13)但其实，在实际的项目评审过程中，有经验的科研人才指出，申请者的身份，即"江湖地位"实际上才是决定其能否成功申请的关键。

如此一来，除了马太效应之外，会出现科研人才精力旺盛的创造高峰期与重大项目可获得时期的错位。当一个专家学者拿到了很好的项目时，可能已经错过了他的创造高峰期，这对年轻人的创新来说必然是不利的。D12 就是典型的例子。

现在就形成一个很搞笑的局面，就是年年评那些社科基金项目的时候，都让我做通讯评审，可是我当年去申报，一次也不给我。这是对人才的极大浪费，因为在我精力最旺盛、最有动力、最有冲劲、最有感觉的时候，在我非常需要一个科研项目来资助我的研究的时候，我是拿不到项目的。现在人也老了，也干不动了，白给我一个重大项目，我都不一定愿意了，因为我不想干了，现在做不动了。

——D12

4）科研经费来源受科研项目牵制

当科研经费和项目挂钩时，一定形式上约束了科研人才支配科研经费的自主权和能动性，"没有项目就没有经费"，许多院系单位对科研经费支出和报销过于严格，为科研人才使用科研经费增添了很多不必要的麻烦。所以，很多人文学科科研人才认为，科研项目不应当是科研经费的唯一实现途径，而经费报销也不应当过于繁琐，而且应当给予教师相对自由的经费支配权。

只要是做这个研究的人都应该有一些经费，而不能够全都靠项目，不然这会导致手里没有项目就没有经费。

——F11

有的一流大学的教师会直接配套科研经费，只要真正去做事情，提出申请，经费就自动给。不必要搞什么报销，我在新加坡申请方言调查就是这样，只要他认为提出的费用是合理的，这个钱就给了，根本连报销都不要的，日本的教授除了他的工资之外，每个月还有 30 万到 50 万的科研经费。

——D12

5）对后期资助项目认同程度较高

后期资助项目是在科研成果较高完成度的基础上，科研人才再去进行申报的项目形式，不少科研人才指出，后期项目的科研水平基本上已经可以衡量，在一定程度上结合了科研人才的研究兴趣，是一种较为契合人文学科科研成果产生规律的项目形式。

现在基本上都是前期项目，所谓前期项目就是在做之前，先去申报说要做这个，然后拿到钱去做。这个不符合文科的科研规律，后期项目就是做出来或者做得基本上差不多了，再去申请，这样的话因为前期有东西了，就比较容易评价好坏。

——F11

现在国家社科基金有后期成果申报，自己写的东西确实学术成就很高，可以申请后期成果资助，这样既满足了自己的学术兴趣，同时还能够得到鼓励。社科基金有后期资助，写好了书拿去申请，后期资助就按照重点课题给拨钱。

——F33

当然，有科研人才指出，由于不同学科所需的科研经费投入不同，有时社会科学比人文学科更需要前期的投入，所以，人文学科比社会科学更适合后期资助的项目形式。

现在国家后期资助其实也开始多起来了，在项目要完成百分之七八十的时候，一个问题已经研究成熟了，后期资助是比较合理的形式。当然社会科学研究要调查，要做前期的投入，就不太容易拿到后期资助。

——N12

4. 人文学科科研人才对其他指标的认同情况

1）不宜硬性要求国际论文的发表

被访人文学科科研人才一致认为，不宜硬性要求国际论文的发表，换言之，如果过于重视国际期刊论文发表的话，势必会被诸多人文学科科研人才否定。究其原因，一方面是人文学科的研究主题以本土性议题为主，另一方面也有英文语言表达方面的困难。

首先我国本土性研究议题的主要研究阵地还是在国内，尤其是在传统人文学科领域，其语境一般都是汉语文化语境，除非是基于与国际接轨、外部宣传等因素，一般情况下，国内的学术环境已经是相关研究的高地，因此也没有必要发表国际期刊论文。此外，在英文语言表达方面也会存在一些困难："中国的老师各个院系不一样，真正能达到纯熟地用英语直接写论文的本土学者的比例，我想在传统人文学学科领域还是比较小。"（D12）但是因为语言表达上的优势，部分有过留学或海外经历的人文学科海归教师对国际期刊论文发表还是有较高认同程度的。

2）一作认同程度和科研合作需求有关

人文学科科研人才对第一作者指标要求的认同，往往因其所在学科的研究合作需求程度而异，合作需求高的科研人才一般不太认同只看一作，合作需求低的科研人才则认为只看一作比较合理。从学科特征出发，有科研人才指出，人文学科鲜有真正意义上的科研合作，从这个层面上来说，只看一作是合理的。

> 人文学科很难去做真正意义上的合作的。就是一个稿子，这个思想完全是我自己的，从头到尾是比较完整的，我一个人的思想才能比较完整地完成这个稿子，所以它的性质就不适合多人合作。比如，分析历史研究基本上就是一个人在做。
>
> ——D21

然而，在研究方法逐渐往自然科学靠拢的时代，人文学科领域也开始出现较为稳固且频繁的合作关系。对应用语言学方向的 F13 来说，科研合作是其开展研究的重要形式，这种情况下，继续强调第一作者显得极为不合理。在量化评价中若能取一作的一半分值给二作，也未尝不可。坚持第一作者实际并不鼓励开展科研合作，这也与跨学科的研究趋势有所背离。

> 现在都已经 21 世纪了，那种单打独斗的情况已经越来越不能适应新的

形势了，现在越来越讲究合作，跨行、跨院系、跨学科都需要合作，可是却宣布：凡是第二作者，都不算你的成果。这种评价体制不就是鼓励不要合作吗？

——D12

3）好的译著不亚于论著

不少人文学科科研人才对译著这一评价指标予以认同，好的译著有着不低于一般性研究的重要价值。

如果所译著作是厚重的著作，如经典类著作、重要二手文献等，如果翻译质量上乘，应该赋予和论著同等的分值。

——F32

译著的价值被边缘化，是不重视国际文化传播的表现。优秀的译著可以使学者站在被译著作的基础上看待问题。在传统人文学科领域内，本土学者，尤其是上了年纪的老先生吸收国外知识的速度较为缓慢，如果有译著的帮助，无疑将有利于对原始文本的快速理解和运用，进而促进科研人才的发展和提高学术门槛。D12 以其在日本工作一年所见译著为例，对比突出了我国当前不重视国外学术经典引进的困境。

我在日本工作过一年，在那一年我经常去图书馆。让我非常震惊的一件事情是，国际上所有不同语种的重要的语言学的著作，基本上都有日文版，那么小的一个国家，基本上重要的学术著作全有日文本，甚至都奢侈到有两个日文本，比如说有一本法国的方言地理学的著作，他们 20 世纪 30 年代就翻译过去了，到了 20 世纪 50 年代，他们又重新翻译成白话，但那本书到现在一个中文本都没有。

——D12

译著固然重要，译著翻译水平好坏的判断需要时间和人力的成本，故而进一步加剧了其在科研评价中的边缘性地位。

翻译的东西鱼龙混杂，有时候很难得到确切的考证，在目前的情况下不宜作为重要的指标。

——D22

因为现在翻译质量很高的书不多，翻译出书又快又多，也导致了现在真正好的译著不多。

——F15

4）会议论文不足以成为科研成果

会议论文作为一种并未正式发表的论文形式，在大部分被访人文学科科研人才眼中，都不能算成果。且国内文科会议规模不一，大多无门槛，更决定了这种初稿形式的论文水平难以断定，最后还是要看它发表在期刊上的论文来进行决策。若将会议论文计入评价体系内，“那么越不认真做学问的人，开会越积极”（F12）。此类“钻空子”的现象将比比皆是。

当然，相较于国内的会议，经由国际会议筛选的会议论文相对而言较受认同。毕竟国际会议“严肃一点，级别高一点，遴选得严格一点”（N11）。

（七）人文学科科研人才对评价周期的认同

人文学科的研究周期普遍较长，相当一部分被访科研人才认为职称晋升等相关的评价周期可以适当延长。对于年度考核和聘期考核，科研人才普遍认为只要其评价标准不太高，符合科研发展的大致轨迹，其对应的评价周期也并没有太大的问题。研究发现，多数情况下，在人文学科科研人才看来，评价周期本身并不是问题，问题在于周期所对应的制度是否符合学科特征，是否有其合理性。

1. 研究周期与评价周期大致契合

在大部分被访科研人才看来，科研评价周期虽然并不一定与研究周期很好的吻合，难免有缺乏学科异质性考虑、存在产出空白期等问题，但毕竟不同的研究问题交错对应着不同的研究时间，大致与科研人才发表的轨迹和时间要求并不存在太多的冲突。

首先，在学科异质性上，一般来说，人文学科更注重积累与经验，研究周期不仅比理工科长，甚至比某些社会科学学科的研究周期长。哪怕在同一院系或一级学科内部，不同的研究方向也有不同的研究周期。

> 学科是千差万别的，就像文科里面，我是做古典文献的，尤其是像做汉语史这样的专业，发表论文不仅周期长，同时也很难写。相比较而言，有些学科，比如文艺学，或者现当代文学，一个晚上就可以写一篇。所以我们有的同事如果想写，一年可以写个几十篇，但是也有的同事，他们做简帛文字考据的，一年能写出一两篇有价值的论文，就已经很不错了。
>
> ——N12

不止一位被访科研人才提到关于研究产出空白期的问题，在一个研究问题得到解决而另一个研究问题尚未产生成果时，就会有类似的空白期出现。总体来说，这样的情况并不多见，多数科研人才尚能够适应大多数科研评价活动的时间要求。D21 提出，如果可以的话，8 年左右是更为适合的职称评审周期。毕竟，历史学是典型的需要依靠大量积累的学科，不仅是史料的积累，也需要人生阅历的积累，做历史就是看过去的人和事，如果达不到一定的人生阅历的积累，是看不懂过去的人和事的。还有一些研究方法的训练，是一个长期的过程。有的学科成才会非常快且早，因此每一个学科成才的规律是不一样的。这一点又回归到学科差异性的问题上来了。

> 评价周期再稍微长一点会更好。就我个人来说，当时觉得 6～7 年应该是够了，从我自己的经历来看，出成果最多的也就是前几年，因为博士毕业以后就会有大量的成果已经在那了。但像我现在，之前的那个阶段已经结束了，处在开始转题目转方向的过程中，所以就有了空白段，很长时间内发表会比较少。
>
> ——D21

> 人毕竟不是机器，特别是做基础研究。像文科的(科研)还是需要有一些深度，需要一些时间去思考。很有可能在想的一个问题，不是很成熟，就不能贸然地把它写成论文，可能就没有发表，没有作品，这个时候考核就比较尴尬了。
>
> ——F33

要求科研人才在有限时间内出较多的成果，会导致科研人才不太愿意开展需要较长周期的研究。F12 以其耗费较长时间编纂的一系列专著为例，“像这样的书，副教授是不肯写的，讲师更不愿意了”，指出类似的科研成果在学术评价市场中的尴尬处境。同样地，F14 也曾负责过至少需要十年研究周期的项目。

> 其实我以前一个课题做了很长时间，可能至少有十年，因为我做的是现代阶段的研究，涉及不同的研究领域和时间跨度，我们要去查那些民国的文献，看民国的报刊，这些都要花时间花功夫去找，而且很多地方不一定能随便复印拍照。
>
> ——F14

此外，一般来说，职称评审看的是被评价者任现职以来的成果，若有评价周期内要求的成果年限有所变动的情况，将更不合理。

> 有些人早期的时候够了，现在又不够了。我们最近还有一位同事，按照

原来的标准他是够的，但是最近又说要看最近五年的成果，他因为拖了比较长的时间，他是慢慢攒够的，只看最近五年的话，他成果又大大减少了。

——F11

即使或多或少地存在以上问题，尤其是学科特征与研究周期契合度的问题，但大多数被访人文学科科研人才还是认为目前评价周期还算合理，基本符合实际。

人文学科的确是需要时间的沉淀，有的题目可能要做十年，有的题目可能要做三年，但做十年也不会吃亏，院系也会考虑到这些因素。

——F15

2. 对非升即走的周期要求

1）基本认同非升即走的评价周期要求

关于非升即走六年的评价周期要求，多数被访科研人才还是能够认同的。一方面，这是美国大学教师职称评审的普遍周期，有他者的经验在这里；另一方面，六年时间也能够在一定程度上证明一个人的科研水平的高低。

六年是可以的，……关键是能做出好东西或者符合理想的东西，当然我觉得如果做六年都做不出能够符合期待的东西来，那可能水平也就那样了。

——N11

六年已经可以了，这是美国大学比较长期实行的评价周期，如果说六年还做不出比较有影响的成果，可能这个人并不适合，不能进行原创性的知识生产。

——D22

当然也有人文学科科研人才结合人文学科"长效性"的学科特征以及科研人才的人生发展阶段，认为适当延长周期比较好。F31 和 N12 分别认为十年和九年是更契合人文学科讲师升副教授的科研发展规律和人生发展轨迹。

从讲师到副教授，需要适应环境、教学一大堆事情，他可能刚刚结婚、买房、生孩子，这都是一个过程。能力有限，精力也有限，更重要的是人文学科是一个慢周期的专业，"长效"是要"长期培养才能有效果"。要给他充分的时间，五年一小考，十年一大考，十五年或者二十年一个终极考核，这样对学者来说是公平一点的。

——F31

六年是太短了。我觉得九年时间比较好。对于一个学者而言,在这么高强度的压力之下,给他九年时间的话,升到副教授应该是可以的。在人文学科,九年还评不上,那他也该走了。

——N12

2) 非升即走的评价周期背后存在潜在问题

除了评价周期时间要求方面的问题,"非升即走"制度自身仍然存在不少缺陷,包括"留文不留人"、缺乏配套的人事流动制度等问题,不利于人文学科青年科研人才的成长。

首先,科研人才最富有创造性、科研精力最充沛的时间往往是职称晋升过程中的那几年。很多科研人才往往要等评上教授之后才能做自己想做的事情,但在研究精力最充沛的那几年,却没有很好的施展机会。与社会科学领域 F52 的看法类似,N12 同样认为,非升即走是典型的"留住了论文,却不一定留人才"的制度。

非升即走制度其实是,学校拿很多的钱,去养了一批年轻人,年轻人为他打工,在他们最有创造性的六七年时间,把他的成果都给奉献给了这个学校,但是学校最后下来的名额有可能是很少的。

——N12

一旦升不上,面临着可能走的局面,那就涉及非升即走的评价周期不匹配的科研人才生存、生活的现实需求问题。

没有编制的话,小孩上学、买房子是很麻烦的。这个问题在国外是不怎么存在的。假如说在 N 校设一个 Tenure 制度的话,到这个年龄段大概都有小孩了,或者即将结婚,小孩上幼儿园就很成问题,我其实还蛮同情三十几岁的同事,没有编制,小孩进各个学校的幼儿园很有困难的,因为没有房子。这对他们是很不公平的。我觉得这种制度是应该跟整个的社会环境要联系起来,尽管它的初衷是好的。

——N21

其次,非升即走走去哪?部分被访人文学科科研人才指出,该制度与人事流动机制之间难以互相匹配,换言之,"非升即走"制度缺乏与之配套的人才流动机制,给予"走掉的科研人才"生存的空间。

我们国家目前的人事制度并不是一个人才充分流动的制度。现在各个地方的人事制度都有些僵化。按理说北大当不上教授，到南大去当教授总够吧？可是北大当不上教授，南大、东大也不会要的。所以非升即走让人家到哪去？要有整个人事制度作为配套的，不然不是欺负年轻人吗？整个人才市场流动起来，有一个梯级，超一流的学校当不了教授，我可以到一流学校、二流学校去当教授，总能够有学校接住，这个时候这个政策才有意义。

——N11

3. 对聘期考核与年度考核的周期要求

不论是对聘期考核的周期还是对年度考核的周期，在大部分被访人文学科科研人才看来，只要其制定的标准不太高，就能达成基本认同。标准制定太高了，与之对应的周期则必然会显得不合理。

三年之内，指标不能定得太高，太高的话会把一个人提前透支，透支以后他的积累就会很快降下去。因为一个人的激情不可能保持很长时间，一定是一个长期的过程。人文学科需要这样一个很长的过程，但社会科学有一个比喻叫旋转的陀螺，永远停不下来，永远处在这样一个"调查——撰写"的循环中。

——N12

当然，正如上文研究周期与评价周期契合度部分所述，人文学科存在"积累性"(N12)、"有产出空白期"(D21)等研究特征，所以适当将聘期考核拉长至五年也是比较合适的。

长一点的话，五年比较合适，因为文科的东西，如果要思考一个比较大的问题，一两年不着急出东西的话，可能就没有东西。其实一流学校的老师自己都会给自己加压力的，自己会鞭策自己的。

——D12

年度考核同样也是如此，只要对于人文学科科研人才各方面的指标要求不那么高，对于评审的要求不似职称晋升那般严格，还能获得科研人才基本的认同。

一年一度比较密集，D校做得比较合理的，有考核，但要求也并不是很严，也不是说一年考核不行了就给怎么样，算是个综述，填个表，总结这一年做什么了就行，这样老师也会有压力，一年什么都没有，对他们也是个压力，我觉得这个制度还是合理的。

——D22

(八) 人文学科科研人才对评价目的的认同

在人文学科科研人才看来，制度规范上的要求的确能够提升科研产量，保障科研人才的整体水平，防止出现制度“养懒人”的情况。然而一旦防得太多，设置的条件太多，制度对科研人才的不信任就显现出来，学术自主性就受到限制。我国高校人文学科科研人才通常自身完全能够具备相应的学术自觉性和积极性，施加的镣铐太多，必然会引起反感，这种情况下的科研评价制度对于科研人才发展就不再发挥正面作用了。

1. 能够促进科研产出

从制度的约束效力和规范效力来说，当前科研评价制度一定程度上实现了对科研人才发展的促进作用，尤其是对于那些缺乏科研积极性的科研人才来说，当前评价制度的硬性规定能够避免偷懒。

> 现在的评价体系也防止了过去有铁饭碗的时候，有的老师很懒惰，没有产出，就拿他没办法。现在就必须得动起来，否则就有生存的危机，这是积极的一面，总的来说怎样不过于残酷，同时又能够让老师们发挥自己的价值，是政策制定者要好好考虑的。
>
> ——N12

个别人文学科科研人才还指出，基于社会服务的现实目的的评价也并不与文科科研工作相对立，传统人文学科在与社会保持一定距离的同时，也可适当贴近现实，为国家进步贡献力量。

> 有时候做研究的目的也是为了现实，政策咨询报告之类的指标不是不可以，有些老师们就太过于学究化，太过于学院化，我觉得不好，最终的研究目的还是为了推动国家的进步，给决策层提供准确的有价值的信息。
>
> ——N21

2. 对科研生态和个人学术心态存在一定影响

为什么要评教授？评教授到底意味着什么？有被访人文学科科研人才指出，国内评价制度的目的并不明确。一方面，对集体而言，如果是为了筛选领军人物和较高层次科研水平的人才的话，那目前的教授数量委实偏多，评上教授的人，其资质未必能达到比副教授优异非常之多的水平。

> 职称评审的目标是什么？这个没搞清楚，比如说在国外一个系里面只有几个教授，因此评教授的目标就是作为领军人物，其他的人只有等这个教

授空出来,我需要新的一个领军人物的时候才有,这个是明确的。但我们没有这个限制,所以评上的教授水平也许比副教授水平还低。我们这里就会有这个情况,所以说要搞清楚教授这个头衔到底是干什么的,我们真的是为了职称而职称。如果我们坚持现在对教授的标准,那就往这方面来做,但是我们现在经常又颠倒到那边去。

——F11

另一方面,对个人而言,评职称不是职业生涯的终点,为了评教授而评教授,评上了就没有后顾之忧了,显然是纯粹的利己主义思想。

我们还有一个逍遥派教授,就是评上教授以后他就什么也不管了,什么也不做了,这样的教授有什么用呢?他就真的是为了评上这个教授而评教授。我们有一位老师说,我终于评上教授了,我退休的时候可以告慰自己了。

——F11

所以,在这样的背景下,有人"如鱼得水",有人继续"被改造",现实不允许科研人才基于非功利的纯粹的学术心态发展科研,只能选择独善其身的形式表明自己的立场。

制度和个人发展的耦合性因人而异,有些老师可能在这里如鱼得水,有些老师就未必了。每个人对环境、对体制的适应性是不一样的,也就是一种被改造。学术圈也是社会圈,很多人都是要吃饭的,现实往往不允许一个人完全基于自己真正的研究兴趣做科研,会有很多非学术性因素的干扰,因为不可能完全把环境抽空,学术工作也不是那么纯粹。问题在于要给教师一个有一定自主性的相对宽松的环境管理,但现在实际情况是老师的自主性很小,最后只能做到独善其身。

——F21

3. 发展性评价也有局限性

部分被访科研人才认为,发展性评价立足于科研人才未来发展潜能的初衷是好的,但对未来潜力的预测极有可能是有限的。

发展性评价其实无法预测,只能看既有的,在这么长时间段里面他在做什么工作,他有什么成果,看他的领域是在哪些起点上,那么他将来预期的研究可能会在哪方面有突破,其实是更加注重他的过去,然后推演他的将来，说法很好听，但是不可预测性太多了。

——F21

二、社会科学领域科研人才科研评价制度认同情况

社会科学领域科研人才对评价制度的认同情况在一些方面与人文学科的情况相似，但在一些方面，也存在一些差异。

（一）社会科学领域科研人才对评价程序的认同

大多数被访社会科学领域的科研人才均对当前科研评价程序表示认同，认为其符合一般学术规范。当然，评价程序的合理并不全然意味着评价环节内部和评审结果的合理性，毕竟，即便是资深的同行专家，一个人花半天浏览一群人的著述和表格，与一个人花一个月甚至更多时间读完一个候选人所有参评著作再写出评语，然后评出结果，效果肯定不一样。

和人文学科类似的是，由于在校级层面与人文学科基本共用同一套评价程序，社会科学的评审在学科平衡上同样存在校级评审难以兼顾学科异质性的问题。当社会学遇上经济学等科研成果诞生周期较短的学科时，在发表数量上往往不占优势，不利于评审结果的公平性。

社会学和商学或者经济学、管理学的产量不可能一样，有些学科会大量地生产论文，有些学科相对产量就比较少。不一样的学科，有些是有世界通用的学术语言的，有些是没有的，在这个过程中对有些学科是不利的，产量比较少就容易被淘汰。

——N62

（二）社会科学领域科研人才对评价主体的认同

与人文学科的认同情况类似，社会科学领域科研人才最认同来自小同行的评价。毕竟“隔行如隔山”，了解被评价者的院内同行和隔绝了人情因素的外审专家最受社会科学领域科研人才的认同。

1. 院系大同行具有衡量科研水平的能力

对于院系内部同行的认可，主要源于此类评价主体与被评价者的熟悉程度，在社会科学领域，论及学术共同体内部个人水平的高低，最了解的自然是处在同一评价体系内的相近学科方向的同行，尽管难免派系、人情之阻碍，实际上，大多同行科研人才心中“自有一杆秤”，用以衡量学术共同体内部个人的科研水平。

从这个层面来说，在社会科学领域的科研人才看来，教授大会不失为院系层面较为合适的一类评价主体。

一个院系总有那么几个教授，虽然可能这里面有人情的因素、派阀门第的因素来影响评价，但是基本上关于这个人的水平大家基本都知道的，不管论文多少，论著多少，某种程度上是不需要用那些外在的数量化的东西来衡量的。

——N62

有被访科研人才指出，在当前学科分类越来越细化的背景下，二级学科内部也分不同的研究方向，仅仅是研究方向的不同也会存在"看不懂对方的研究"的情况，社会科学领域科研人才认可的真正意义上的小同行的范围越来越窄，因此即便在院系层面也不乏大同行的存在，但即便如此，有资历的大同行，因其科研水平的高度、学术阅历的广度和学科领域之间的共同性，还是能够予以相对客观的判断，比校级的外行专家们更受被访科研人才的认可。

真正要理解你的水平，理解你做的东西，那是要小同行比较好。大同行基本已经是教授了，也不会说只知道自己一点点的领域，经济学、社会学很多东西是相通的，至少研究方法可能是相通的。从我们学院来说，基本上还是相互之间能够知根知底的，学术水平到底怎么样，基本上也是我觉得还是相互比较了解的，所以我觉得学院层面上的评价还是不太存在跨学科之间不能互相理解的情况。

——F61

我研究德国政治，德国的一些同行专家的评价很重要。我们学院有研究美国、日本、俄罗斯的，不同的小专业，已经有隔行如隔山的感觉了，但是大体上，大家相互之间也有联系，而且我们学院也有自己的院刊，在院刊上发表的论文水平怎么样，每个人心里面也有一杆秤。

——D42

2. 校外小同行匿名评审相对公正

高校内部评价体系之外的校外专家这一评价主体，因其能在一定程度上避免诸如人情关系的非学术性因素的阻碍，就其双盲形式更有利于评审结果的公正性而言，同样受到部分被访科研人才的认可。

我觉得送外审还是比较好的，相对来说更公平一点，不管你是张三李四，没那么多人情。因为评的人和被评的人互相不知道对方的，以前评职称一直有一个资历和成果之间的矛盾，那么送外审会更多的顾及成果本身的质量，否则的话还是要照顾人情、资历一点。

——F62

3. 校级外行专家难以兼顾学科异质性

对于学校层面的评价主体，社会科学领域被访科研人才的看法与人文学科类似，校级层面的评审更近乎“外行评内行”，将政治学、经济学、社会学放在一起评，在学科平衡方面仍然难以进行有效的兼顾，最终仍然沦为对硬性评价指标的比较和考量。当然学科内部会有个别专家对被评价者稍作简介或解答，能够略微弥补在学科平衡上的不足。因此，在多数被访社会科学科研人才看来，在任何层级的科研评价中，没有小同行的参与几乎是不行的。

如果是学校的话，我觉得不算合理，政治学跟商学院放在一起是不是很奇怪？因为商学院发的期刊跟政治学发的期刊都不一样，政治学期刊本来就比较少，而商学院的发文量通常比较大，却在同一个平台上竞争，就算院系的名额可能会有一个分配，但院内排序第一可能会过，然后排序第二的就不一定了。

——N42

评价到了学校层面就困难一点了，学校层面学科比较多，我们学校大文科就文史哲什么的也全部都在里面，但是这时候每个学科会有一个人来介绍一下候选人的情况，接受学术委员会委员的提问咨询，这样能均衡一下，更客观一点。

——F61

4. 隐性评价主体间接影响高校内部评价结果的合理性

关于隐性评价主体，即科研成果评审权力的外放，在部分被访科研人才看来，多数情况下带来的是负面作用。在利益的诱惑下，外部评价主体的权力愈发膨胀，其评价结果的合理性会打折扣，但教师对外部评审的结果更加重视，毕竟这是决定其内部科研评价的先决条件，在这种情况下，科研评价对于学术发展的促进作用日趋式微，“好像研究生的科研成果原本注重的是导师和学院教师的看法，结果最后最在乎的其实是盲审能不能通过，而不是学生到底从导师那里学到什么。导师慢慢地放弃掉了对学生的评价，把这个评价交给外面的人”（F53）。

这在一定程度上反映出社会科学领域高校外部学术生态圈的浮躁性与功利性，进而间接影响高校内部科研自主评价的平衡性和权威性。

> 实际上大学在一定程度上正在慢慢放弃自己的评价，把评价外包给期刊。包括评教授也是一样的，把学术成果交给外面的人，外面的人说可以就是可以的，外面的人说不可以就不可以。能发出来论文就是评价的依据，这样的话会带来很多问题，我会不关心我的同事做些什么，我关心的就是能发论文。但是，大学本来是一个互相学习促进的平台，这样的话大学就有点像什么呢？大学就像企业，就像是老师们就是来这里拿工资、发论文，跟这个学校发展没有什么关系的，彼此也没有沟通。
>
> ——F53

（三）社会科学领域科研人才对评价客体的认同

如果说人文学科科研人才对于评价客体的制度参与大多抱有改善的期待，相当一部分社会科学领域的被访科研人才则更会从时代特征和现实背景的角度出发，在宏观层面上清醒地指出评价客体反馈的局限性和微弱性，尽管社会科学领域的评价客体在制度运行现状中不乏发声的经历，但实际上，掷地有声、落到实处的意见仍然不多。

因此，多数被访社会科学领域的被访科研人才认为程序上的民主发声并没有太大意义；部分被访科研人才认为由院系领导和资深专家代表自身立场足矣；个别被访科研人才则较为“佛系”地认为不必提过多要求，重要的还是享受学术探索的乐趣。

1. 发声效用有限

在并不认同当前评价客体积极参与评价制度的被访科研人才看来，民主的实现对学术环境乃至社会环境的要求都是非常高，“不知情的民主”和“只从个体自身利益出发的民主”（F53）都不是真正出于整体科研实力进步的民主。因此，“不认同”并不意味着要维护评价主体的权威性而抑制科研人才的发声，相反，他们看到制度背后实现“实质性民主”的不可能性，故而并不认可一线科研人才的合力发声一定会有益于评价制度的改革和完善。F52 以经济学领域的“阿罗不可能定理”指出，不同的人对于标准好坏的界定都是不一样的，不存在完美无缺的、人人满意的制度，程序民主会远离实质民主，只能依靠公共权力的推手去运转，这和人文学科被访科研人才 F14 提出的制度设计“众口难调”的观点是类似的。

知道阿罗不可能定理吗？投票是永远投不明白的，……在这个前提下，不可能有一个大家都满意的东西，所以最后还得靠公共权力硬推。比如对交叉学科老师的评价，就需要自我认定，属于哪个学科，列出这个学科最重要的文献，这个东西可以设计，但是实施起来成本是很高的。

——F52

F53同样指出，表面性的、程序性的民主表达在社会科学领域科研人才评价中没有太大意义，评价客体需要在全面了解评价制度的基础上提出自己的意见，但实际上大多评价客体都是以被动的身份参与整个评价程序，无法做到在真正知情的前提下合理发声，从而真正实现理想化的“实质性民主”。

实际上很多人认为反馈意见是一个民主的过程，大家都参与。但是民主的过程其实不是这样的，知情的选民才能去有效地参与民主过程。但在很多时候我们是不知情的。一般来说，反馈的过程是给一个方案，再问对它有什么意见，但方案并没有实施，可以看到有些老师说要改这一条那一条的，看上去都是无害的，只有过了一段时间才发现有很多后果，改完之后会损害有些人的利益。所以说或许确实是有这样的一个程序让教师参与了，但是大多数教师其实都是在这种无知的状态下参与了这个反馈，哪怕不一定了解。

——F53

被访科研人才N61与人文学科F21有相似的观点，高校科研人才评价制度作为社会体系的一部分，其评价权力配置由上到下的实质并未得到改变，一线科研人才的合理发声几乎是很难的，当它执行起来越来越机械的时候，就是对真正学术的一种损害。

学术评价机制是整个社会体系的一部分，各行各业其实都是这个问题，并不单单是说高等教育、学术评价这一块，它是整个社会系统性的一个问题，所以说民意的实现其实很困难。

——N62

2. 适当发表意见即可

部分被访科研人才认为由院系领导和资深专家代表自身立场足矣。D51直接表示，“个人认为初级研究人员不参与制度设计是合理的”。N51同样认为，教师提提意见即可，实际参与的可能并不大。

作为被评价者我觉得自己提到意见就可以了，然后大家能讨论就行了，但是具体的制度制定实际上我们也没有什么可能去参与的。

——N51

3. 专注于科研本身更为重要

在个别教师看来，还是专心做科研比较重要，其他的身外之事不必太看重，不必太较真，当然这也是建立在评价程序和评价主体合乎其要求的基础上。

如果能做到程序正义和小同行评价为主，参评人就可以不过于较真，不要太看重，多体谅点组织者和评委，因为这个事大体也只能做到这个程度，还是将主要或全部精力放在怡然自得、自得其乐的学术探求上吧。

——D41

(四) 社会科学领域科研人才对评价方法的认同

相较于人文学科科研人才偏好综合考虑两种利弊再做决断的思维方式，社会科学领域科研人才对两种评价方法的认同立场更为明确，多数被访社会科学领域科研人才从公平性角度更为认同定量评价方法，这与人文学科差别较大，当然也有部分被访社会科学科研人才指出定量评价之不合理性与定性评价之必要性。对于代表作评价制度，其在社会科学领域科研人才的认可度也远不及人文学科

1. 定量评价相对公平，但也存在一定缺陷

社会科学领域相当一部分被访科研人才，尤其是社会学和经济学学科，支持定量评价方法，主要源于其在直观性和操作上的公平性优势远胜于定性评价，因此在部分被访科研人才看来，同行评价的不合理性胜过定量评价的不合理性，权衡之下，定量评价未尝不是一种选择。

量化评价很客观，分得很细，并且简单易操作，也不容易受人为的主观因素或人际关系的影响，最多受指标设计者的影响，指标设计好之后，大家基本上都是一条线了。总体上在没有找到更客观的标准的情况之下，存在这么一个客观量化的工具，是可以采纳的。

——F61

定量评价的硬指标更有公平性，同行评价主观性太强，还有人情因素。目前院内实施评价也比较侧重硬指标。

——F63

当然，定量评价的固有缺陷也是显而易见的，其在科研成果数量上的引导和无法兼顾学科异质性的特点，使其难以获得部分社会科学基础学科领域教师的认同。

> 数量可以作参考，但不是说看发表数量就能一概而论，还是要有同行评价的成分比较合适。
>
> ——D42

> 在量化评价背景下，每个人对彼此研究的东西其实不太懂，学科和学科之间不一样，但大家都是数期刊，有时候就不是非常公平了，因为有的学科出论文会比较慢的，有的学科期刊也比较多，出的论文也会出得比较快。这对整个大学来说会比较倾向于去发展哪些学科呢？就是那些期刊数量多、发文数量大的学科。这样大家就已经慢慢地不关心研究的本身了，只是关心有什么光环。
>
> ——F53

2. 定性评价有一定必要，但易受人情关系影响

相对于围绕定量评价的优劣分析，同行评价的呼声在社会科学领域其实并不是很高，且能较为明显地指出其易受人情关系影响的特点，但从对社会科学科研成果本身的价值判断的角度来说，定性评价方法仍有一定的必要。

> 我觉得还是应当允许评委对参评者的学术水准的主观判断有较大的作用空间，硬性指标不宜占比过大或干脆不占比较好，一个评委完全可以将只有一本书的某人评为最优，即便其著作数量有可能是最少的。
>
> ——D41

> 搞研究的人都知道，就是小同行才是相互之间最适合、最了解自己的，也是最能够反映客观情况的。小同行因为圈子小，所以很了解被评价者的学术水平，有能力进行评价，但是这个圈子很小的话，相互之间就有一些人际关系的因素在里面，就很难做到客观评价。
>
> ——F61

所以，社会科学领域被访科研人才在提及同行评价时，大多强调“回避机制”“匿名评审”在同行评价中的落实，以规避人情对科研公正性的影响。

> 假如说现在高校里面有一些人，就是留校任教来的，他的导师就可能属于熟人关系，如果他导师又是评委会的，那就可能会参与到对这个人的评价

中来，对自己的学生，他可能不提供意见，就是说要回避。

——N61

3. 基本认可代表作评价制度

对于建立在定量评价基础上以同行评价为内核的代表作评价制度，虽然并未被完全否定，但也并未获得社会科学领域科研人才的一致肯定。有科研人才认为代表作制度并没那么容易实现，也有科研人才认为代表作制度并没有那么必要。

代表作在目前科研评价环境中没有得到明确的界定，但代表作何以称之为代表作，并没有那么简单，需要公正合理的外部学术环境的配合，需要满足很多先决条件，或许才是适合社会科学领域科研人才的代表作评价。

代表作制也不是什么都可以做代表作的，也得有个基本的定义，我觉得如果代表作是论文，那么至少应该是核心以上的期刊，像F校我们学院申请教授要三篇权威期刊，我觉得这个是有道理的。

——F61

经济学有一个信号显示，在国外，代表作证明的信号可以有两方面：第一，能不能发到顶级期刊，第二，书能不能被名牌大学的出版社出版。然而，国内的出版环境中这些信号都是不靠谱的，代表作的产生本身就很难确保它真的是一个代表作，前面都不靠谱，最后怎么能保证靠谱呢？所以这个问题的解决，不是在这个事情本身，而是需要整个中国学术科研产业链的一个大的调整。

——F52

F53提出代表作制度的门槛数量需要得到控制，否则还是以量化评价为主；另外改革不可过于频繁，标准不宜屡次变动。

代表作制度不能够比多，没有理由认为一个发了20篇论文的人就比一个发了10篇论文的好。看一个人的水平像运动员一样，就看他最经典的、最黄金的作品。但是代表作的标准如果经常变就不对了，原来人家好好写论文的人，可能他经过了几年终于把这个论文弄出来了，这个路数又变掉了，原来很多期刊不算的，现在又说都算了，很荒唐的。

——F53

个别被访科研人才指出，人文学科比社会科学更适用代表作制，社会科学因其研究方法和研究周期上的特征，比起传统人文学科，其科研产量相对较多，研究周期相对较短，因此对代表作制的需求也没有那么强烈。

> 代表作评价比较适用的是人文学科。对社会科学而言，发文不难，评的时候指标往往是够的，不太有代表作制的需求。我做的是定量研究，研究方法越来越接近理科。有时候评价制度的要求会倒逼研究方法，改变教师的科研成果发表倾向。
>
> ——F63

(五) 社会科学领域科研人才对评价标准的认同

1. 数量标准与质量标准并不对立

大多社会科学领域被访科研人才认可数量标准与质量标准的结合，他们认为数量和质量标准之间并不是互相对立的，彼此之间是互相转化和互相补缺的关系，这与人文学科部分科研人才的观点不谋而合。此外，社会科学领域科研人才对于数量标准的认可度略高于人文学科。

> 数量能够反映教师科研活动的丰富程度、主动性、积极性，数量当中你做的研究是否能够在一流期刊发表，是一个概率事件。如果论文多，观点比较鲜明，也能反映出水平，也就是说数量跟质量并不是对立的，而是统一的。
>
> ——F53

和上文人文学科评价标准认同部分 D22 与 N11 的观点类似的是，社会科学领域也有部分科研人才指出，尽管不排除有高水平低产量科研人才的存在，但当前学术背景下，高水平的科研人才科研产出也较多。所以，最终的落脚点仍然在于寻找质量和数量标准之间的平衡。

> 好像成果越少的人水平越高，成果越多的人，水平就越差，这是过去一种错误的理解。现在实际上水平高的人产量也不低，但如果他完全是凑数量的话，大家也能识别。但是一个人一点东西都不写，什么成果都没有，很难说自己有水平。
>
> ——F41

同样的，与上文人文学科评价标准认同部分 D12 的观点类似的是，社会科学领域科研人才同样会面临数量标准“水涨船高”的困境，F52 以“水桶理论”类比科研人才评价数量化的趋势，即便科研成果数量的“水位”达到了象征着数量门槛的那块“最短的木板”，但为了争取有限的名额和压倒性的优势，同一评价体系内的每一位竞聘的科研人才都会用多多益善的发表数量争取达到“最长的那块木板”所象征的“水位”。

> 就跟水桶理论一样，学院的标准和学校的标准是不一样的，有时候学院制定的标准是学校的一倍，包括数量和等级，才有资格去进行晋升，而学院内部又有互相的竞争。
>
> ——F52

2. 创新是质量的体现

在社会科学领域的领域科研人才看来，科研成果创新质量并不像人文学科认为的那么难以界定。创新标准隶属于质量标准，尽管发展态势薄弱，但仍存在一定必要性，前沿的科研成果和新颖的研究结论或多或少都可以视为不同程度的创新。

> 如果一篇论文一个研究，没有创新，还谈什么质量或者贡献。引领一个研究方向，或者处于最前沿，这不就是质量吗？
>
> ——N61

> 创新很难，往小了说，可以分成两类：一个是研究的议题，一个是研究方法。那我们进行排列组合，如果这个议题是新议题，用的是新方法，那无疑是创新了；如果是新议题、老方法，或者老议题、新方法，带来新的结论也算一点创新；但如果是老议题老方法，那就没有创新了，我们中国的社会科学创新其实还是尤其薄弱的。
>
> ——F61

(六) 社会科学领域科研人才对评价指标的认同

从评价指标在社会科学领域的认同情况来看，专著重要性相对较低，而期刊发表则比人文学科多了一重意识形态审查的困难。

1. 社会科学领域科研人才对专著的认同情况

就目前的评价环境而言，当专著成为一个都能达到的指标时，就失去了其筛选和识别优秀人才的意义和价值。

1）专著有一定重要性

在社会科学领域部分被访科研人才看来，专著作为科研成果的表达形式在人文学科中没有那么受重视，论文是更适合学科表达形式的载体。

> 对于一个问题的分析，绝对不是体现在一篇论文上，从不同的角度去观

察这个现象,可能写十篇论文,写完十篇论文之后,我要从十篇论文当中抽出来,再把这个问题重新还原,可能最后的成果是一本书,也可能是一篇大论文。经济学写一本书,质量就比较低一点,但是要写一篇论文,质量可能就高一点,这是学科差异的问题。

——F52

少数被访科研人才认为专著的重要性不亚于论文的依据也是从专著对于解决问题的系统性出发。但不论是对社会科学还是人文学科的科研人才来说,专著在评价体系内的重要性都胜过理工科领域。

不能完全按照自然科学的方式来对待文科的评价,从阅读载体上来说,自然科学大多只读论文,而且通常都是读最新颖的追踪国际前沿的论文,但是文科不一样,文史哲先不提,社会学政治学如果没有充分的阅读,是写不出来立得住脚的东西的。所以更重要的是著作,学术专著是一个更系统性的东西。

——N62

2)出版评审不严格

和人文学科类似,不少社会科学领域科研人才同样指出了学术著作缺乏严格的评审机制和良好的出版环境的问题。

专著的评审现在是比较欠缺的,出版业也是类似,有的人自己花钱出两本专著,给他评还是不评,到底质量怎么样,很难说。

——D42

F53对比国外一流大学相对严格的评审程序和相对完善的出版机制指出了当前社会科学专著评审的困境,而要形成类似于国外的专著评审环境,具有一定难度。

国外专著有两种:一种是经过同行评审的专著;还有一类是出钱就可以出的专著。国外可以写一本书去评职称,但是必须是一个比较好的出版社,比如在Cambridge(剑桥大学出版社)出的或者是在Oxford(牛津大学出版社)出的。在中国现在还没有这个金字塔,就没有办法。

——F53

3)专著折算论文存在合理性

社会科学领域半数被访科研人才认为,将专著折算为一般性期刊并无不合理之处，尽管专著折算的论文数目和专著本身的水平未必等值，但从利益平衡的角度考虑，折算是一种效率较高的处理方式。

折算其实就是个利益平衡，利益平衡形成不同的受益人，有的人专著多，看他能不能折算成论文。其实就科研成果内容本身的价值而言，是很难去这样做一个衡量，但是衡量它的成本比较高，也许这样会节省很多成本。

——F41

对于这种折算，当然不乏反对的声音，但同样不及人文学科那么强烈，本质上是基于对这种折算背后的量化评价风气的批评。

我绝对反对，本来数字统计就够花哨了，现在又来这种折算，这个人为的因素很难说，造假的不正之风就更难说了。

——D42

2. 社会科学领域科研人才对期刊等级的认同情况

与人文学科的观点不同的是，社会科学领域多数被访科研人才认为，对社会科学期刊进行等级划分大多较为合理，少部分被访科研人才对期刊等级分类持有异议。

1）基本认同期刊等级划分

对于期刊等级的划分，一方面科研人才认为这样的划分大致参考了学界的共识，所以基本合理；另一方面，有科研人才指出，对于好的期刊而言，即便一开始没有进入C刊之列，但只要坚持标准，还是有可能进入C刊的。

如果说大家公认这个期刊不错，可能一开始不一定进入比较高的等级，比如说核心期刊等，但是如果这个期刊真的能够坚持好好办下去，还是会进入(C刊)的。比如我们专业的一个期刊相当一段时间不在核心里面，也不在CSSCI，但是大家公认，现在已经在了。所以只要这个期刊做得好的话，那学界大致会认可的。

——F62

2）游离在评价体系之外的好期刊

对于社会科学领域科研人才来说，与人文学科一样，存在一些“游离在评价体系之外的好期刊”，坚持自身的办刊理念，注重品位和质量，但在评价系统内，往往处于边缘地带。

像复旦经济学院办的《世界经济文汇》，武汉大学办的《经济评论》，这些主编都有很好的办刊理念，坚决抵制关系稿，注重论文质量，定期组稿，但是它获得的资源很少，没有专项经费支持，毕竟还是按照行政体系来划分期刊等级的。

——D51

3）意识形态审查严格，某些主题发表空间受限

在政治学、社会学等与社会问题紧密关联的社会科学领域，政治审查有时会变成一道难关。有的老师哪怕在投稿和外审中一路绿灯，到了政治审查的环节却亮起了红灯。

很多权威期刊本身就存在政治审查、意识形态审查，往往最直面现实问题的那些社会科学研究，在顶尖的权威期刊上不一定出得来。所以发表在这些期刊上的论文固然大体不错，但那些非常优秀的原创性的里程碑式的东西，几乎是不可能的，但是下面那些可能在黑影里的人们不太关注的期刊，编辑胆子大一点，倒是有可能发表出来。

——F62

3. 社会科学领域科研人才对科研项目指标的认同情况

对于科研项目这一评价指标的认同情况，社会科学领域教与人文学科有诸多相似之处。除了项目级别和科研价值并不一定成正比之外，多数科研人才也指出未完成的项目并不能作为衡量价值的科研成果。

1）项目指标不是成果

有被访科研人才认为，科研项目只能证明具有承担项目的能力，不能算成果，权重不宜太高。

项目的权重有点过高，其次科研项目本身并不能作为一个成果，它只意味着能承担科研项目，有拿到这个项目的能力，但是这个拿到项目本身并不是一个成果，成果应该是以发表为主。

——F61

2）资历是申请成功与否的决定因素

有被访科研人才从自己身为国家社科通讯评审的角度出发，指出项目评审其实并不会严格依据项目内容本身进行决策，有的评审不通过并不意味着科研能力的不足，原因则极有可能是由于申请人“资历太浅”。

如果一个新教师没有操控和做过任何基本的项目，也没有团队，尽管这

个本子可能写得不错，但是评审人怎么放心给通过呢？最多有时候会写：条件允许的情况下，可以资助。所以说有时候这个东西就是一层窗户纸。

——F52

3）项目申请以政府需求为导向

从性质上来说，项目一般无法完全基于科研人才自身的个人兴趣来开展，N53、F62 和 F63 均明确指出，项目的要求本身就是以政府需求为导向，应用价值是实实在在的，能体现一定的学术价值，但并不意味着较高的学术水准。

国家课题是根据国家需要来的，跟大学里面各个不同学科老师们的学术研究的考虑不一定匹配。为了拿到国家课题，必须顺着国家的需要来写。如果顺着自己的学术方向，学术水平再高，也拿不到的，就算拿到了，还得顺着国家课题指南指定的方向去做。

——F62

4. 社会科学领域科研人才对其他指标的认同情况

1）国际论文发表有合理之处

与人文学科较为普遍反对国际论文不同，社会科学领域科研人才对于国际论文发表的看法相对中立，有相当一部分被访科研人才认为国际期刊可以反映判断科研水平，因此对于院系"鼓励但不硬性要求"国际论文的发表，社会科学科研人才大多予以基本认同。

首先，在发表阵地的选择上，有被访科研人才指出，选择外文期刊的确有助于建立学科的国际声誉，提升国际影响力，但是更容易在国际期刊上发表的往往是与我国密切相关的论文，其研究主题的"中国化"一定程度上将无益于其学术影响力的"全球化"，如何处理好国际期刊发表的"全球化"和过度"中国化"之间的关系，是当前包括社会科学学者在内的文科学者在发表之前需要慎重考虑的前提。

中国学者目前写什么题目的论文最容易在国际期刊上发表呢？很可能是与中国密切相关的论文。但如果大家都去多写多发外文论文，很可能导致中国学术研究的过多围绕"中国问题"。显然，真正的世界一流大学应当对很多与本国关系不大的议题或领域也有着较高的研究水准。中国学术要走向世界，就必须注意研究领域的"全球化"。

——D41

其次，当有一定等级发表要求的国际论文可以与国内权威期刊进行换算时，科研人才便不必囿于其学科领域零星的权威期刊，国际期刊的选择空间更为广阔，也可适当缓冲国内权威期刊“僧多粥少”的发表压力。

最后，优秀的英文期刊的确能相对客观地体现和衡量投稿人的科研水平。

> 国外好的期刊，它的评审过程会让人心服口服。即便不录用，都会给出一两页纸的修改意见，会让人很有收获。有好多很有声誉的国际论文，我觉得确实是能够反映学术水平的。更不要说这个学科里面前几名的，一辈子能够在这样的期刊发个一两篇论文，也就很有成就感了。
>
> ——F61

2）基本认同第一作者身份要求

与人文学科不同的是，大部分社会科学领域科研人才对于第一作者身份（简称“一作”）的要求都能予以认同。他们指出，各学科会有一定的权衡和解决办法，首先部分学科的合作是相对松散的合作形式，所以不常有署名上的冲突，其次合作者之间会内部权衡通讯作者和第一作者的分配，或者在不同的成果中当第一作者，以达到“双赢”的局面。

当然也有少部分被访科研人才对“一作”的指标要求持否定态度，认为这一要求不利于科研合作和学术进步。F52 建议以“自曝贡献度”的形式直截了当地报告自己在这篇论文当中的贡献度，“你让你的联合作者报告你的贡献和他的贡献，两者之间算一下就完事了，不用那么机械”。

3）译著的外部缺陷抵消了译著的固有价值

在社会科学领域，译著固然有其存在的意义，但译著的价值似乎不及人文学科那么高，所以对译著的评价也显得不是很有必要。有的科研人才直接阅读英文原著，认为不必参看译本。

> 翻译一本英文的译著有什么用呢？现在谁看英文译著？都看原版了。
>
> ——F52

译著作为一种翻译媒介，不乏创造性的成分在，但其创造性始终是有限的，所以这类工作其实更适合有科研余力的人参与。

> 翻译这里面包括一些创造性，当然创造性很少，但是从学术贡献来讲，它毕竟算是个贡献，在目前的情况下，只有那些不太计较评价数量的人才愿意做这方面的工作。
>
> ——N62

4）会议论文是尚不成熟的科研成果

和大部分人文学科被访科研人才的意见相似，社会科学领域被访科研人才认为，会议论文不仅撰写尚未成熟，其审核机制也极为松散，至多是期刊论文的雏形。此外，文科会议和理工科会议的异质性也决定了理工会议论文在学术价值认定上略高于人文社会科学。

> 文科没有什么非常重要的会议。但是理科非常看重会议，这和学科特点不一样有关，理工科会议是大家交流最新的研究成果，……讲究的是时效性和创新性，当然最后还是要变成正式的期刊论文才能得到检验。像人文社科的话，重要会议比较少，也不太讲究时效，所以会议论文占的比重不大。
>
> ——F61

（七）社会科学科研人才对评价周期的认同

1. 研究周期与评价周期基本契合

首先，人文社会科学的确需要较长的研究周期，但是因为各项研究成果的时间线是交错的，且很多研究需要的周期也不一定要非常长，大部分社会科学领域被访科研人才也并不觉得这个时间太短或者太频繁，基本能满足周期要求。这一点社会科学与人文学科教师相似。

社会科学的研究成果对应的研究周期也分短期和长期，虽然成果数量的多少未必和教师水平呈正相关，但和人文学科评价标准维度D22的观点类似的是，社会科学时常并不需要那么长久的研究周期，在当代知识更新换代频率又高又快的背景下，真正“十年磨一剑”的情况并不多见。

> 周期有长有短，有些大作品可能大家都记得，但是十年磨一剑，这十年当中什么东西都不出，然后一出就出一个大精品，这种概率也很低，全世界来看也很少见。虽然现在评价制度要求很高，感觉大家都是要十年磨一剑，这跟现在知识更新很快是有点冲突的，这样的人其实是很少的。因为不能为天才去设计制度，制度是为普通人设计的。
>
> ——F41

2. 对非升即走的周期要求

1）基本认同非升即走的评价周期要求

对于非升即走六年的评价周期要求，社会科学领域部分被访科研人才还是予以认同的。一方面，这是美国大学职称评审的通用周期，有权威性先例；另一方面，非升即走的压力因其弹性并没有美国那么大；最后，这是高校之间人才的重组和优化。

首先，六年为一个周期在国内外评价体系中具有通用性。

非升即走对青年老师来说，压力当然是有的。没有压力就没有产出。六年够不够，我想这个是通用的一个时间。

——N61

其次，非升即走制度可以一定程度上留住一部分做研究的人，这与非升即走的初衷相一致。

我们这边的非升即走，大家都觉得好像压力很大。跟国外的真正搞科研的人去比的话，我们虽然底数很大，所有人都叫讲师、副教授，可能最后真正搞科研的人就不多了。我们虽然底数大，但是对质量的要求是不高的，通过这么一种机制的话，还是能够把一批真正能做研究的人留下来的。

——F62

最后，非升即走制度有利于促进高校之间、学术机构之间人员的优化重组，有利于形成良好的学术生态。

要是越来越多的高校都采取非升即走这种办法，就是非常良好的学术生态，非常有利于促进高校之间、学术机构之间人员的优化重组。

——N53

2）非升即走制度可制定有弹性的评价周期，否则容易留文不留人

对非升即走制度不乏抱怨之声，其中缘由，与其说是对评价周期的否定，不如说是非升即走制度本身存在的一些缺陷，在社会科学领域难获认同的原因与人文学科稍有不同。

首先，从周期层面来说，在科研人才入职的前两年，往往需要适应新环境中除科研工作之外的其他工作，扣除这些时间，真正投入科研的时间是有限的。

非升即走 6 年的话，其实延迟一两年可能更好些，前一两年还是需要适应各个方面，比如身份的转化，教学工作量等等，真正科研的时间也就大概 3 年，3 年的周期实在有些紧张。

——F63

其次，在社会科学领域的非升即走中同样存在“留文不留人”的情况，科研人才队伍的培养和建设被放在了第二位，第一位则变成了这些科研人才在该单位

发表的论文数量与等级，这显然是不利于科研人才和院校的科研发展的。

> 我之前所在的学校，发表了很多论文，吹牛吹得很好，但是把每篇论文的作者和现在这些作者的单位做一个比较，看看这些人现在在哪里，学校等于就是为了把论文留下来，但是并不注重整个人才队伍的建设，这些人都跑了。
>
> ——F52

最后，评价周期运行现状中指出了当前文科领域“非升即走”的弹性与柔性。评价周期过于灵活多变，并不一定好。若不严格遵守六年的周期的话，那么制度很可能流于形式，也会让年轻老师对延迟周期总是抱有幻想。

> 如果能够坚定地说我们这个像是宪法一样，绝对不变的，也是可以接受的，但是在刚刚开始启动的时候，实际上有很多年轻老师抱有幻想，可能觉得不一定会那么苛刻。就像我们也有老师本以为应该没事的，可以跟学校商量一下，六年过了没有评上也可以不要走，但其实不然。我觉得最不好的就是制度规定总在变。
>
> ——F53

(八) 社会科学领域科研人才对评价目的的认同

从促进高校和个人科研发展的目标来看，约半数科研人才觉得有促进作用。但是也有相当一部分被访科研人才对于当前促进个人和高校科研发展的评价目的持不同意见。

1. 科研发展的目标易受量化评价阻碍

多数社会科学领域的被访科研人才在评价目的方面明确指出，个体科研水平发展的目标易受量化评价导向的阻碍。不仅仅是人文学科，社会科学的一些作品也时常无法量化地、机械式地衡量它的价值，而对科研产出数量的明确要求又不断地压榨着科研人才的精力，不管对科研人才本身还是学科发展而言都是不利的。

> 好多东西内在的价值是没有办法用外在的东西去衡量的，好比用价格去衡量一个东西的价值，给长城做个评价看它值多少钱？鲁迅的杂文，鲁迅的小说，给估个价试试？所以机械化、行政化处理一切并没有鼓励的教师发展，反而是扼杀、降低教师的水平。
>
> ——N62

现在的评价体系并不能促进教师科研发展，有效降低倒是可以。因为要做什么东西都要赶工，这个要赶那个也要赶，然后都是在为了达成指标而向前，所以这个时候就逼着人家去产出一些的话，肯定达不到提升的效果。

——N42

D42也表示，项目、领导批示等各式各样的“名堂”并没有太大的必要，按照国际公认的标准，对论文或专著进行同行评价就可以，没有必要将简单问题复杂化，如此反而会影响教师专心科研。

就是搞的名堂太多，人为的外部的东西太多。学术研究实际上很简单的，一篇论文或者一本专著，它是有国际性的、大家公认的标准的。按照这个标准就可以了，越简单越好。其他的硬指标对提高教师科研水平没有任何帮助，没有什么正面的影响。

——D42

此外，量化制度并不鼓励科研人才开展长期性的、带有创新潜能的研究，并不鼓励科研人才写有质量的书，这一点对科研人才自身发展和学科科研发展的阻碍也是很不利的。

耶鲁大学社会学系的老师都是不写论文的，都是写书的，看他的成就就是写了一些很好的书。但是在国内，如果有年轻的同事来我们学校，我肯定跟他说不能写书，写书一文不值的，一定要在6年里面把论文发出来。尽量不要做那种需要很多年的研究，可能饭碗都没有了。所以现在不太鼓励一个人去做那种长期的研究，稍微有点天赋的人在那种环境里面也没有被鼓励。

——F53

2. 发展性评价可供参考

与人文学科科研人才对发展性评价并不持绝对看好的立场不同，个别社会科学领域被访科研人才开始强调发展性评价的意义，认为在某些情况下优于终结性评价。

已经做出来的科研成果，它已经发生了，能给的评价也不重要，最重要的是未来会怎么样，因为有一个不太好的评价系统对学术发展会不好。要立足于教师未来的发展进行判断，而不是只看过去。

——D41

当然，也有科研人才认为发展性评价作为对未完成成果的评价，有一定的预测性，但只能作为参考，还是要以终结性评价为主，以发展性评价为辅，若以发展性评价作为主要评价目的，不排除引发新的学术道德风险的可能。

发展性评价是针对还没完成的科研成果的评价，最多只是一个参考，如果觉得未完成的东西非常有研究价值、非常有创新性，能够取得大家信任的话，参考价值就比较大。我觉得应该以终结性评价为主，以发展性评价为辅，因为以发展性评价制定标准的话，就有可能引发道德风险行为，比如以次充好、以假乱真，甚至会产生一些虚假行为。

——N53

三、人文学科与社会科学领域科研人才制度认同特征的比较

基于上述对人文学科科研人才评价制度认同情况和社会科学领域科研人才评价制度认同情况的分别呈现，研究发现，人文学科与社会科学领域的科研人才认同情况同中存异。人文学科与社会科学科研人才对于当前科研评价制度的评价程序、评价主体、评价周期、评价目的维度的认同倾向较为接近，而对于评价方法、评价标准、评价指标、评价客体维度的认同倾向，多持有不同观点。

（一）人文学科与社会科学科研人才的认同情况比较

1. 评价程序

访谈发现，评价程序均得到人文学科和社会科学领域科研人才的基本认可，其环环相扣的评价程序已逐步体现出院校在人才筛选过程中对于科研质量的重视。同时，人文学科与社会科学领域科研人才均意识到有限的晋升名额无法兼顾到各个学科的平衡。在这样的前提下，不论是针对同一社科大类的不同一级学科，还是同一院系的不同研究方向，产量较高的学科总是占据优势。就具体的评审环节而言，人文学科科研人才指出部分大学坚持海外评审的不合理性，尤其是对传统人文学科而言，其本土性研究议题的"高地"本就在国内，在此前提下还需要将代表作进行海外评审难免显得有些多余。

2. 评价主体

在评价主体方面，人文学科与社会科学领域科研人才同样呈现出相似的认同倾向，但是在个别评价主体中的侧重点略有不同。首先，对于校级大同行，人文与社会科学科研人才均不甚认可，人文学科科研人才指出校级大同行的决策分量过重，有碍于院系的自主评价，社会科学领域科研人才则指出了大同行评审

在学科平衡上仍然难以有效兼顾。其次，对于诸如教授会这样的院系大同行评价主体，多数被访人文社会科学领域科研人才认为该评价主体与被评价者学科方向略微接近，一定程度上具备评价科研水平的能力，因此基本获得了多数被访人文社会科学领域科研人才的认同，但也有人文学科科研人才指出，院系大同行存在着“人情关系网”这样一层有碍评审公正性但在当前人情社会中又无法磨灭的先天缺陷。再次，对于高校外部以期刊评审为主的学术评审环境这一隐性评价主体，人文学科和社会科学领域科研人才均不予认同，毕竟，倘若没有良好的学术外部生态的保障，高校内部的评价主体再如何公正和规范，在科研成果产生的前提下已经有不合理因素的存在。最后，对于校外小同行这一评价主体，人文学科和社会科学领域科研人才的认同情况同中有异，社会科学领域科研人才在宏观层面上肯定了外审专家作为小同行进行双盲评审的合理性，但具体到校外小同行中相对特别的评价群体，如海外评审专家、跨学科专业对应的专家，人文学科科研人才的见解则稍有不同，他们指出海外同行专家存在语言障碍显著、国内外相关主题研究水平有异等问题。但无论论如何，在以上评价主体中，人文学科及社会科学领域科研人才仍然最认可来自学术共同体内部同一或相近学科的小同行的评审。

3. 评价客体

在评价客体方面，人文学科科研人才对评价客体的参与度和评价主体对客体声音的关注度、反馈效力是分不开的，当科研人才认为自身的声音能够受到关注且能够得到评价主体一定程度的反馈时，认同程度一般较高，反之则低。如果说人文学科科研人才对于评价客体的制度参与大多抱有改善的期待，相当一部分社会科学领域的被访科研人才则更会从时代特征和现实背景的角度出发，在宏观层面上指出评价客体反馈的局限性和微弱性，尽管社会科学领域的评价客体在制度运行现状中不乏有发声的经历，但实际上，掷地有声、落到实处的科研人才意见仍不多见。因此，尽管在人文学科和社会科学领域均有被访科研人才认为评价客体发声没有意义，或由院系领导或权威人士出面发声即可，但部分人文学科科研人才的心态相对更为积极，不少教师认为评价客体应当参与到评价制度中去，院校理应有合理的、常设的发声渠道。

4. 评价方法

在评价方法方面，人文学科与社会科学领域科研人才的认同情况表现出较大差异。相同之处在于，人文学科和社会科学领域科研人才均清晰地、辩证地指出了定性评价和定量评价各自的优劣。定性评价较为符合文科（尤其是人文学科）科研成果价值判断的需求，但存在易受人情关系影响和受个人主观价值判断差异影响的问题；定量评价就其数量化的评价方法而言，如同一把度量尺，有较高的客观性和公正性，但又存在引导数量化趋势、不考虑学科特征的问题。人文学科与社会科学领域科研人才对评价方法认同的差异主要在对定量和定性评价方法的权衡，以及对代表作评价机制的认同程度上。大部分被访人文学科科研人才更认同以同行评价为主的定性评价方法，尽管不否认定量评价的优势，但对于定量评价的劣势更为反感。与人文学科科研人才不同的是，围绕定量评价的优劣分析，同行评价的呼声在社会科学领域其实并不是很高，社会科学领域科研人才反而更认同定量评价在公正性和客观性的优势。与之相对应的是代表作制度在人文学科和社会科学科研人才认同情况中的差异地位，在人文学科科研人才眼中，当前“有门槛的代表作评价机制”以定性评价为主，定量评价为辅，有效互补了两者的优缺点，取长补短，不仅更符合人文学科的科研规律，也体现了对科研成果质量的重视，获得了人文学科科研人才的普遍认同；但在社会科学领域科研人才的眼中，代表作制度虽然并未被完全否定，但也并未获得多数被访社会科学领域教师的肯定，有教师认为代表作制度并没那么容易实现，也有科研人才认为代表作制度并没有那么必要。因此，人文学科比社会科学更适用代表作制，社会科学因其研究方法和研究周期上的特征，比起传统人文学科，其科研产量相对较多，研究周期相对较短，因此代表作制的需求也并没有那么大。

5. 评价标准

在评价标准方面，人文学科与社会科学领域科研人才的认同情况依旧同中有异，他们都认为当前科研评价制度需要数量与质量的结合，并且要把握好数量和质量之间的辩证关系，但人文学科强调的是不能让数量标准占据上风，而社会科学科研人才对于数量标准的认可度略高于人文学科科研人才。通过对评价标准维度的认同差异分析可以发现，两者之间的认同差异是与评价方法中的人文学科与社会科学领域科研人才对于定性和定量评价方法的认同差异是互相对应的，这也与定量评价中意味的数量标准和定性评价意味的质量标准有一定关联。

6. 评价指标

在评价指标方面，人文学科与社会科学领域科研人才对于期刊等级、科研项目、第一作者身份、会议论文四类指标的认同情况较为相似，而对于专著出版、国际论文发表和译著三类指标的认同情况有较大的差异。

关于评价指标认同的相似之处。人文学科和社会科学领域科研人才均能相对辩证地对待期刊等级这一指标的优缺点及其背后所折射的学术期刊市场乱象。首先，人文学科和社会科学领域科研人才普遍认可期刊等级一定程度上能反映教师的论文水平，但不少人文及社会科学领域被访科研人才同时指出，好的期刊所处的等级未必与其发表论文的质量成正比，有很多发表高质量论文的优秀期刊不在C刊之列。人文学科科研人才重点驳斥了当前部分学术期刊的人情、寻租、腐败现象，而在与社会问题紧密关联的社会科学领域，期刊论文发表时常面临意识形态审查的严格把控。对于科研项目，人文学科和社会科学领域科研人才均明确指出，科研项目并不算严格意义上的科研成果，同时资历是科研人才成功申请项目的潜在参考依据，此外，后期资助项目因其符合人文学科科研规律而更受人文学科科研人才的认可。对于第一作者身份，研究发现，当科研合作需求不大时，人文与社会科学科研人才均认同第一作者身份的发表要求，但也都意识到这样的指标是无法促进合作型研究的进步的。对于会议论文，因为不足以被视为成熟的科研成果，人文学科和社会科学领域科研人才普遍认为不能成为评价指标。

关于评价指标认同的差异之处。首先是专著，在人文学科科研人才眼中，专著作为科研成果的表达形式，有着不亚于论文的重要性，但在社会科学领域的部分被访科研人才眼里，专著作为科研成果的表达形式没有人文学科科研人才那么看重，论文是更适合的载体。当然，人文与社会科学领域科研人才均对当前的专著评审和出版机制不予认同。对于国际论文的发表，虽然人文学科和社会科学领域科研人才对当前院校鼓励但不硬性要求国际论文的发表表示认可，但就其具体形式而言，被访人文学科科研人才一致认为，不宜硬性要求国际论文的发表，但与人文学科不同的是，社会科学领域科研人才并不排斥外文期刊的发表载体，有相当一部分被访科研人才认可国际期刊对于判断科研水平的合理性，这样的认同差异也与各自学科领域的研究特征有显著关联。

7. 评价周期

在评价周期方面，人文学科和社会科学领域科研人才的认同情况较为相似，差异较小。在各类考核的周期方面，尽管人文社会科学的确需要较长的研究周期，区别于理工科的“短平快”的研究，但人文社会科学领域科研人才依旧普遍认同当前的评价周期，毕竟“十年磨一剑”的个例已经不多见了，当然，部分被访人文学科科研人才认为职称晋升等相关的评价周期可以适度延长。对于当前一流大学建设高校普遍执行的“非升即走”的六年周期，人文与社会科学领域科研人才也都觉得尚算合理，而关于“非升即走”存在的“留文不留人”等系列问题，问题本质虽不在于周期要求，但也折射出该制度仍然处在适应国内学术环境的过渡期。

8. 评价目的

在评价目的方面，人文学科和社会科学领域科研人才的认同情况也较为相似。在部分被访科研人才看来，制度规范上的要求的确能提升科研产出，保障了科研人才的整体水平，但有人文学科科研人才指出，一旦设防太多、条件太多，对于个人科研水平和整体学术生态的发展会起到负面作用，也有社会科学领域科研人才明确指出量化评价对于科研发展目的的阻碍作用。

（二）人文学科与社会科学领域科研人才认同差异的原因分析

比较分析发现，除了制度设计与运行上的差异和个人主观思维差异导致的认同差异，人文学科与社会科学的学科特征和研究规律的不同是导致科研人才认同差异的根本原因。

首先，人文学科与社会科学领域科研人才对于定量评价方法和数量评价标准的认同差异源于两者研究方法和研究周期的不同。人文学科的研究方法以理解和感受为主，其成果是长期累积和沉淀而成的，这决定了科研人才短期内的科研成果数量通常是有限的，因此，人文学科科研人才会对定量评价方法及数量评价标准认同不高；而社会科学的研究方法逐渐趋向于运用实证研究方法或运用数学工具开展研究，这决定了社会科学领域的科研成果的诞生速度略微快于人文学科，尤其是经济学学科，其研究成果的诞生速度更快，能够在短时间内有较多的成果，因此，社会科学领域的科研人才对定量评价方法和数量评价标准的反对声音没有那么强烈。同样地，人文学科科研人才对职称晋升评价周期的要求略长于社会科学，也是由于这方面的要求，时间的沉淀和累积是人文学科做研究不可或缺的条件。

其次，人文学科与社会科学领域科研人才对于定性评价方法和代表作评价的认同差异源于两类学科领域成果认定形式的不同。人文学科的个性化和非重复性的研究特征决定了其科研成果的认定很大程度上依赖于个人的主观判断，所以最为认同的是同行评价的评价方法，社会科学的科研评价虽然同样需要主观因素的价值判断，但其硬性评价指标体系已经逐渐成熟，数量和质量指标之间是可以相互转化的关系，定量评价方法也有着较高的地位。因此，人文学科科研人才比社会科学科研人才更为认同定性评价方法和以质量标准为内核的代表作评价。此外，人文学科和社会科学领域科研人才对于国际论文发表的不同意见也和人文与社会科学的研究内容和研究方向相关，人文学科的研究具有民族性的特征，以本土性议题为主，因此，在表达语言方面以本土性话语体系为主，因此许多人文学科学者对不硬性要求发表国际论文表示认同；而在社会科学领域的很多学科，其源头甚至就来自西方，因此国际化程度相对人文学科略高，与国际前沿性研究接轨，因此对于国际期刊的发表要求并不排斥。

最后，人文学科和社会科学科研人才对于专著出版的不同意见也与学科特征有关。由于人文学科的思维发散性和专著载体的系统性，专著更契合人文学科科研成果的表达形式，有助于科研人才搭建更完整且宏大的叙述框架，从而解决系列问题。对社会科学来说，论文可以更有针对性地解决个别问题，是更契合社会科学研究周期的载体。

第五节 主要结论

在上述研究的基础上，对我国一流大学建设高校人文社会科学领域科研人才评价制度及其认同得出以下主要结论：

一、人文社会科学领域科研人才评价制度要素呈现多元化状态

通过对我国一流大学建设高校人文社会科学领域科研人才评价制度现状的研究发现，不论是在制度的设计还是在制度的运行上，我国一流大学建设高校人文社会科学领域科研人才评价制度在多个评价要素上呈现多元化状态。

在评价主体层面，除了常见的院系大同行、校级外行、校外小同行这三类显性的评价主体，也存在期刊编辑等决定科研成果等级的外部隐性评价主体，多个评价主体共同作用于人文社会科学领域科研人才评价工作，最大程度上综合不同群体对于被评价者的判断；在评价方法上，我国高校基本是以定性评价与定量

评价相结合的方式，典型的“有门槛的代表作评价制度”是在一定数量门槛的基础上开展的定性评价；在评价标准上，我国高校基本在质量和数量标准上各有侧重，并非单一地只看中其中一项评价标准；在评价指标上，包括期刊、专著、科研项目等硬性评价指标，也包括国际论文、政策咨询报告等附加性非硬性指标，从多个维度评价科研水平，为评价主体对科研人才开展评价提供较为充足的依据；在评价周期上，因评价活动和评价对象的不同也有所不同，除了一年一度的年终考核和三年一度的聘期考核，我国高校文科院系执行六年“非升即走”的考核制度，“老人老办法”和“新人新办法”的双轨并行已是诸多高校科研人才评价的常态，呈现评价体系多元共生的状态。

多元化的评价避免了单一评价模式的片面性，评价要素内部互相取长补短，确保人文社会科学领域科研人才评价结果的合理性。当然，对于评价要素内部不同的评价模式，也并非均衡地予以实行，恰如天平的两端并非完全的平衡，好比D校的评审更侧重于将全体科研人才往新的预聘制引流，而老体制科研人才则需要不断调整来面对新体制的改革主流。代表作评价机制尽管意味着数量标准和质量标准、定量评价和定性评价的结合，然而更看重的是代表作的质量，而不是一味地进行数量的堆砌。所以，多元化也并不一定意味着不同的评价轨道齐头并进，本质上还是需要以现实考量为主，寻找平衡的尺度。

二、科研人才在人文社会科学领域评价制度中处于被动地位

大多数文科院系基本都是在遵循校级制度文本的基础上，制定院系的评价制度文本并实施。制度的设计总是看似公平、合理、规范，然而往往要在实际的制度运行过程中，才能发现制度背后或多或少的灰色地带。在制度设计和运行的夹缝中，在理想和现实的落差中，作为被评价者的文科教师基本处于被动地位。

以评价指标数量要求为例，不论是人文学科还是社会科学，都有科研人才曾经指出，在职称评审过程中，科研人才实际参评的科研成果数量通常是院系要求的一倍，而院系制定的成果数量要求又是在校方基础上增设的，加上职称评审的竞争压力，所有科研成果指标的压力汇聚到被评价者身上来，成果数量不得不“水涨船高”，科研人才被制度和环境的波浪裹挟着向前。在这种情况下，制度的设计与运行之间的差异受到外部评价主体、其他评价客体的干预而越来越大，被评价者自身却是无能为力的。又如评价主体中的除了制度设计的显性评价主

体,又有外部学术评价环境中的隐性评价主体,当隐性评价主体无法对科研成果水平给出合理的价值评定,那么必然会对职称晋升起到阻碍作用。而且在显性评价主体的评价过程中,不乏大同行只看表面数量、小同行流于形式的情况,如此一来,将更不利于合理地筛选人才。再以评价客体的发声为例,与制度设计中完善的申诉程序设计相去甚远的是,在制度运行过程中,评价客体反馈意见或进行申诉的情况并不多见,多数被访科研人才并未参与过科研评价制度的设计与运行,只有少部分被访科研人才有过作为被评价者时期反馈意见的经历,且其反馈效用也大小不一。总的来说,人文社会科学领域一线科研人才在制度反馈上多处于“无声”状态,人文社会科学领域科研人才对于反馈自身意见的消极态度也体现出当前人文社会科学发声渠道的不足和发声效力的微弱。

三、认同程度高的评价要素较少,认同程度低的评价要素较多

研究发现,针对当前评价制度的八项评价要素,人文社会科学领域科研人才认同程度高的评价要素较少,而认同程度低的评价要素较多,认同程度的高低与科研人才认为该评价要素能否相对合理地衡量科研成果水平有关。

人文社会科学领域科研人才认同程度较高的评价要素大多能够相对合理地体现科研成果质量。人文社会科学领域科研人才首先普遍认同评价主体层面的小同行专家,不仅仅是由于其身为同行专家的资历和权威性,更因其与被评价者的学科研究方向更为接近,能够较合理地评价被评价者科研成果的价值。其次,人文社会科学领域科研人才基本认同科研评价标准中的质量标准,尽管科研人才的科研成果数量一定程度上可以体现科研成果质量,但并不能取代质量,因此人文社会科学领域科研人才尤为看重同行口碑对于科研人才工作的价值体现,但由于同行口碑无法以较为显著的方式体现,诸如期刊等级之类能够反映科研成果质量的评价指标也受到了多数被访科研人才的认可,而侧重考察科研成果质量和运用同行评价方法的代表作评价机制也受到了诸多人文社会科学领域科研人才的认同。

人文社会科学领域科研人才认同程度低的评价要素不仅与其无法较为合理地衡量科研成果有关,同时也与当前人文社会科学领域科研人才评价制度中存在的系列问题有关。以评价方法为例,尽管当前同行评价方法存在难以规避的人情问题,且量化评价的确有其客观性和公正性的优势,但人文社会科学领域的

一些成果通常无法机械式、量化地衡量它的价值，而对科研产出数量的明确要求又不断分散教师的科研精力，因此过度强调的量化评价指标并不受同样大多数被访科研人才的认同。再以评价主体层面的校级外行专家和隐性评价主体为例，校级外行专家在评价过程中往往难以兼顾学科异质性，流于对科研成果数量和等级的判断，不仅削弱了院系在科研人才在评价方面的自主权，同时又占据着较重的决策分量，因此多数被访科研人才并不认可；关于期刊编辑等隐性评价主体，由于当前外部学术评价环境的复杂性，不少被访科研人才难以认同，而专著这一原本较为符合人文社会科学发表特征的评价指标因其评审机制的不严格而难以获得被访科研人才的认同。除了专著这一指标，科研项目指标也因其不能算作严格意义上的科研成果而并未受到被访文科教师的广泛认可。所以，从教师反馈出的问题来看，当前人文社会科学领域科研人才评价制度仍有诸多亟须改进的空间。

四、人文学科与社会科学领域科研人才的认同差异与学科特征密切相关

研究发现，我国一流大学建设高校科研人才评价制度认同特征在人文学科和社会科学领域存在差异，尤其是对于评价方法、评价标准、评价指标等方面的认同存在较大差异。在评价方法上，大部分被访人文学科科研人才更认可以同行评价为主的定性评价方法，对于定量评价的劣势更为反感，然而同行评价的呼声在社会科学领域其实并不是很高，社会科学领域科研人才反而更认可定量评价是公正性和客观性的优势。在评价标准上，人文与社会科学领域科研人才都认为当前科研评价制度需要数量与质量的结合，但人文学科科研人才要求不可过于强调数量标准，而社会科学领域科研人才对于数量标准的认可度略高于人文学科科研人才。在评价指标上，对于专著，不少人文学科科研人才认为专著有着不亚于论文的重要性，但是在部分被访社会科学领域科研人才眼里，论文是更适合其学科的科研成果载体；对于国际论文的发表，人文学科科研人才一致强调，不宜硬性要求国际论文的发表，但社会科学领域科研人才大多并不排斥外文期刊这样的发表载体，相当一部分被访科研人才认可国际期刊这一指标判断教师科研水平的合理性。

比较分析后发现，除了学术态度、人情关系网、个人主观价值判断等方面导

致的认同差异，人文学科与社会科学的学科特征和研究规律的不同是导致科研人才认同差异的核心原因。针对评价方法和评价标准方面的认同差异，人文学科的研究方法以理解和感受为主，其成果需要积累，这就决定了科研人才短期内的科研成果数量通常是有限的，因此，人文学科科研人才会对定量评价方法及数量化评价标准不予过高认同；而当前社会科学的研究方法逐渐有运用实证研究方法或运用数学工具开展研究的趋势，这就决定了社会科学的科研成果诞生速度略微快于人文学科，尤其是经济学学科，其研究成果的诞生速度更快，能够在短时间内有较多的成果，因此，社会科学领域科研人才对定量评价方法和数量化标准的反对声音不及人文学科一般强烈。针对专著这一指标的认同差异，由于人文学科的思维发散性和专著载体的系统性，专著是更契合人文学科科研成果的表达形式，有助于科研人才搭建更完整且宏大的叙述框架；而对社会科学来说，论文可以更有针对性地解决个别问题，是更契合社会科学研究周期的载体。

（薛慧林，刘莉，董彦邦）

第五章
“双一流”建设高校医学领域科研人才评价制度认同研究

医学基础研究是现代医学发展的基础，是医疗技术改革和医疗服务发展的前提，对人类健康和经济社会发展具有革命性的影响。高校医学院在人才、学科、设备、团队等方面具有适应医学基础研究发展的综合优势，高校医学院本部教师是从事医学领域基础研究的重要力量，英国《自然》期刊增刊《2019 自然指数-生物医学》的数据显示，我国在生物医学领域的科研总产出位居全球第二，两所高校跻身生物医学领域全球研究机构前 50[①]。但目前我国医学基础研究领域从 0 到 1 的原始创新能力不够，源于本土的自主性、引领性、原创性理论的突破不多。医学领域基础研究的整体水平还远未站在国际前沿，基础研究多为跟随已知靶点展开攻关，国际依赖程度较高，缺乏基于新机制、新靶点的原始创新[②]。统计发现，在 2015—2017 年我国高校医学领域论文的被引占高校论文总被引的比例，明显低于我国高校在 2015—2017 年医学领域论文的数量占高校论文总数的比例，医学领域更多是通过“文海战术”这种“粗放式”的方式为学校提供学术影响力[③]。如何引导和激励高校医学领域科研人才开展科研创新，做出突破性的基础医学研究成果，成为高校医学领域科研管理的重要问题。

高校对科研人才评价是科研管理的重要环节，可以从根本上指引科研人才从事学术职业的行为及发展方向，更好地激励其在创造性的学术工作上的主观

---

① 新华网.自然指数：中国在生物医学领域的科研总产出位居全球第二[EB/OL].[2019-05-16].https://baijiahao.baidu.com/s?id=1633687339466704841&wfr=spider&for=pc.

② 曹雪涛.对我国医学科技自主创新发展的几点思考与建议[J].中国医学期刊，2020，100(01)：1-3.

③ 里瑟琦智库.中国医学类学科对高校“粗放式”贡献——以部分“一流大学”建设高校 2018 年的 ESI 数据为例[EB/OL].[2018-11-25].https://blog.sciencenet.cn/blog-2903646-1148235.html.

能动性[①]。制度认同是制度能否获得成功的重要影响因素。所谓制度认同，就是公民基于自己的理性判断，并认定这一制度有助于自己的利益实现、符合自己的价值取向，即人们遵守制度就懂得制度意味着什么，并把它作为自己行动的理由[②]。当制度获得认同时，制度的目标与自我的实现统一起来，外在的要求转化为自己对自己的要求，制度也会得到较好地遵守[③]；当个人发展期望与制度导向发生冲突时，可以通过各种方法规避制度的影响[④]。因此，当科研评价制度获得高校医学领域科研人才的认同时，制度的要求与科研人才对自我实现的追求相统一，进而激励其主动开展高质量的研究工作。

第一节　文献综述

关于“双一流”建设高校医学领域科研人才评价制度认同的研究，已有研究分别从科研人才和管理者的视角进行了探索。

一、医学领域管理者对科研评价制度认同的相关研究

Beasley 等通过调查美国和加拿大医学院院长对临床医学科研人才晋升过程中科研评价指标的看法，发现基金资助、出版物所在期刊质量、同行评议出版物的数量、服务于期刊委员会等四个指标得到了较高的认同，出版物的影响力并不被重视[⑤]。Atasoylu 等通过调查医学系主任和晋升委员会主席对临床医学科研人才科研评价指标的看法，发现出版物所在期刊质量、同行评议出版物的数量、外部基金资助、国内会议研究报告等四个指标得到了较高的认同，晋升委员会主席比系主任更强调科研出版物和外部基金资助[⑥]。Yeh 等通过调查大学内科系主任对于临床医学教师晋升过程中科研评价指标的看法，发现全国性学术

① 沈红，李玉栋.大学理工科教师的职业发展需要——基于“2014 中国大学教师调查”开放题的分析[J].高等工程教育研究，2016，34(06)：126－132.

② 王结发.公共理性：社会和谐的一个维度[D].上海，复旦大学，2010：45.

③ 王结发.公共理性：社会和谐的一个维度[D].上海，复旦大学，2010：45.

④ 王远.大学教师绩效评估制度有效性[J].河北大学学报(哲学社会科学版)，2004，45(03)：46－48.

⑤ Beasley B.W.，Wright S.M.，Cofrancesco J，et al. Promotion criteria for clinician-educators in the United States and Canada[J]. Jama，1997，278(09)：723－728.

⑥ Atasoylu A. A.，Wright S.M.，Beasley B.W.，et al. Promotion criteria for clinician-educators[J]. Journal of General Gnternal Medicine，2003，18(09)：711－716.

会议报告、同行评议的论文及专著得到了较高的认同。

二、医学领域科研人才评价制度认同的相关研究

Kempainen 等通过调查临床医学科研人才对晋升过程中科研评价指标的看法,发现同行评议的论文得到了较高的认同①。Kevorkian 等通过调查大学物理医疗与康复系的科研人才对晋升过程中科研评价标准的看法,发现同行评议的期刊论文、书章、主持或共同主持的基金项目得到了较高的认同②。李文平通过调查国内部分高校理工领域、人文社科领域和医学领域科研人才对评价制度的满意度,发现年龄越大、教龄越长的科研人才对评价制度的满意度越低,个体发展和工作自主是影响教师满意度的重要因素③。杨继平和张雪莲通过调查山西省部分高校理工领域、人文社科领域、医学领域和艺术领域科研人才对晋升工作的满意度,胡玮薇和叶冬青通过调查合肥部分高校理工领域、人文社科领域、医学领域和农学领域科研人才对绩效评价的满意度,发现年龄与晋升工作和绩效评价工作满意度呈 U 型关系,中级和副高职称教师对晋升工作和绩效评价工作的满意度较低④⑤。张瑞娟和孙健敏通过对理工、社科、农学、医学领域女性科研人才的调查,林祯秀和江琴通过对福建省理工、农学、医学领域科研人才的调查,均发现科研人才对职称评定工作的满意度较低⑥⑦。

尽管已有研究围绕高校医学领域科研人才对评价制度认同现状及影响因素进行了较为深入的探索,但仍存在一些不足,主要有以下三个方面：首先,已有研究重点关注的是高校医学领域科研人才对科研评价制度的整体认同和对科研评价指标的认同,但科研评价制度是由若干规则性要素构成的整体,因此科研人

---

① Kempainen R.R., Mckone E.F., Rubenfeld G.D., et al. Publications and extramural activities of general internal medicine and medicine subspecialty clinician-educators: Amulticenter study [J]. Academic Medicine, 2005, 80(03): 238 - 243.

② Kevorkian C.G., Rintala D.H., Hart K. A. Evaluation and promotion of the clinician-educator: The faculty viewpoint [J]. American Journal of Physical Medicine & Rehabilitation, 2001, 80(01): 47 - 55.

③ 李文平.大学教师对教师评价制度的满意度调查分析[J].高校教育管理,2017,11(03):95 - 103.

④ 杨继平,张雪莲.山西省高校教师工作满意度的调查研究[J].教育理论与实践,2006,26(07):39 - 43.

⑤ 胡玮薇,叶冬青.合肥地区高校教师对现行绩效评价满意度分析[J].中华疾病控制期刊,2012,16(01):64 - 67.

⑥ 张瑞娟,孙健敏.我国女性科技人员工作满意度影响因素的实证分析[J].新疆大学学报(哲学・人文社会科学版),2011,39(02):19 - 24.

⑦ 林祯秀,江琴.教师工作满意度、自我效能感与心理健康关系——基于福建省高校的调查[J].福建医科大学学报(社会科学版),2018,19(02):16 - 19.

才对评价目的、评价标准、评价方法、评价主体、评价周期、评价结果应用等评价要素的认同需要进一步研究；其次，已有研究分析了不同性别、年龄、教龄、职称的医学学科领域科研人才对整体评价制度的认同差异，缺乏对不同学科和研究类型的医学领域科研人才对评价制度的认同差异的研究；最后，已有研究主要分析了高校医学领域科研人才评价制度认同的现状，缺乏对高校医学领域科研人才评价制度认同影响因素的研究，尽管李文平依据知识型员工激励模型分析了个体自主、工作自主、工作成就和金钱财富对高校医学领域科研人才对评价制度认同的影响，但根据奥尔德弗的生存-关系-成长需要理论，该研究主要是从生存需要和成长需要两方面进行了分析，关系需要的满足对制度认同的影响需要进一步探究。

第二节　研 究 方 法

一、文本分析

在阅读文献时，难以估计文字的分布情况，更难掌握文字在文献中的全部使用情况，但文献文字的自然分布状态，携有语言的大量信息[①]。文本分析可以将复杂、凌乱的资料解构组成元素，再通过编码、删减、分类和重构等程序来获得对资料更为深入的理解[②]。在教育研究中，文本分析法主要分为三种，一是文本的定量分析，运用内容分析法对文本进行文件年度、主题词词频等统计分析；二是文本的质性分析，阐释解释文本，开展话语分析；三是将定量和质性分析相结合，对文本进行综合分析[③]。本书主要通过综合分析的方式对高校医学领域科研人才评价制度文本进行分析。

文本分析的过程主要包括两个步骤：一是收集文本，根据 2019 年软科中国最好学科排名，先从基础医学、药学、护理学等 8 个一级学科排名中分别选取排名前 10 的高校，共 38 所高校，从这些高校的人事处和一级学科所在学院的官网收集职称评聘、年度考核、聘期考核、岗位招聘、科研奖励等与教师科研评价相关的制度文件，共 21 份制度文件；二是分析文本，先将文本内容归类到评价目的、

① 李波.史记字频研究[M].北京：商务印书馆，2005：244.
② 蒋逸民.社会科学方法论[M].重庆：重庆大学出版社，2011：259.
③ 王迎，魏顺平.教育政策文本分析研究[J].现代远距离教育，2012，(02)：15－21.

评价标准、评价方法、评价指标、评价周期、评价结果应用等 6 个主类目，再对文本进行词频分析和话语分析。

二、问卷调查

(一) 样本选取

本书采用目的抽样策略，先根据 2019 年软科“中国最好学科排名”，选取基础医学、药学、护理学等 8 个一级学科排名前 20 的“双一流”建设高校(由于临床医学和口腔医学主要设置在高校附属医院，教师的邮箱信息未公开，所以选择的样本不包括临床医学和口腔医学)，共 18 所；再从样本高校中选取一级学科所在学院的专职科研和教学科研并重的专任教师。通过问卷星平台发放电子问卷的方式，共发放 1 679 份，回收 186 份，回收率为 11.08%。样本的基本特征如表 5 - 1 所示。

表 5 - 1 样本的基本特征描述(N=186)

样本特性	分类标准	样本	
		数量	占比
年龄	35 岁及以下	25	13.4%
	36～45 岁	75	40.3%
	46～55 岁	56	30.1%
	56 岁及以上	30	16.1%
学科	基础医学	49	26.3%
	公共卫生与预防医学	61	32.8%
	药学	37	19.9%
	护理学	18	9.7%
	中药学	14	7.5%
	中医学	7	3.8%

样本特性	分类标准	样本	
		数量	占比
职称	中级	24	12.9%
	副高级	74	39.8%
	正高级	88	45.7%
性别	男	85	45.7%
	女	101	54.3%
岗位	教学研究并重	158	84.9%
	研究为主	28	15.1%
研究类型	基础研究	109	58.6%
	应用研究	70	37.6%
	开发研究	3	3.7%

(二) 分析框架

本书从高校科研人才评价制度的评价要素着手，探究“双一流”建设高校医学院本部科研人才对科研评价制度的认同现状。关于高校科研人才评价制度的要素，主要有几种观点：杨建林认为，合理的学术评价机制至少包含评价组织者、评价主体、评价客体、评价标准、评价方式和评价制度等 7 个要素[①]；中国科学院科技评价研究小组提出，评价的基本要素包括：评价目的、评价对象、评价内容、评价方法、评价时期、评价结果的表达与应用等[②]；蒋洪池和李文燕认为，科学健全的评价制度包括评价理念、评价目标、评价主体、评价客体以及评价指标、评价方法等方面[③]。综合已有研究，本书中高校科研人才评价制度包括评价目的、评价标准、评价方法、评价指标、评价主体、评价周期、评价结果应用等 7 个要素。

本书以美国心理学家克莱顿・奥尔德弗(Clayton Alderfer)的生存-关系-成长需要理论(Existence-Relatedness-Growth Need Theory，ERG Theory)为基础，探究影响“双一流”建设高校医学院本部科研人才评价制度的认同因素。ERG 理论认为，个体行为同时受到不同需求的激励，需求从低到高依次分为生存需求、关系需求和成长需求三类：生存需求指人们生存所必须的生理和物质需求；关系需求指人们维持重要人际关系的情感性和主观性需求；成长需求指发展个人潜力和才能的需求[④]。当以上三种需求得到满足时，会激发高校科研人才的工作活力。评价结果往往作为职务聘任、职称晋升、薪酬调整的依据，因此评价制度可以从根本上引导科研人才的创新行为和的科研方向。评价制度直接关系到高校科研人才的生存需求、关系需求和成长需求，当科研评价制度无法满足高校科研人才的这些需求时，将难以对其科研工作产生激励作用，他们也会因此不认同评价制度。

(三) 数据分析方法

为解决本书提出的问题，依次采取了 3 种分析方法：首先，采用描述性统计分析方法，分析“双一流”建设高校医学院本部科研人才对评价制度各要素的认

---

① 杨建林，朱惠，宋唯娜，等.系统论视角下的学术评价机制[J].情报科学，2012，33(05)：670 - 674.

② 中国科学院科技评价研究组.关于我院科技评价工作的若干思考[J].中国科学院院刊，2007，22(02)：104 - 114.

③ 蒋洪池.大学教师学术评价制度创新——基于学科文化的视角[M].北京：科学出版社，2017：8.

④ 赵中华，孟凡臣.知识治理对目标方知识员工行为激励的机理研究[J].南开管理评论，2019，22(03)：4 - 14.

同程度；其次，采用独立样本 T 检验和单因素方差分析方法，分析不同学科、研究类型、职称、性别、年龄的"双一流"建设高校医学院本部科研人才对评价制度各要素的认同差异；最后，采用多元线性回归分析法，分析生存需求、关系需求、成长需求对"双一流"建设高校医学院本部科研人才对评价制度认同的影响。

（四）变量的测量

对于"双一流"建设高校医学院本部科研人才评价制度认同的测量，采用的是非量表式的测量题项，根据高校医学院本部有关晋升、年度考核、聘期考核、科研奖励等制度文本中与科研相关的内容自行编制。调查问卷（见附录 9）主要由两个部分构成：一部分是科研人才评价制度的现状，包括评价目的、评价标准、评价方法、评价主体、评价指标、评价周期、评价结果应用等的现状，其中评价目的分为形成性评价目的和终结性评价目的两类，评价标准分为注重科研成果数量和注重科研成果质量两类，评价方法分为量化计分和同行专家评议两类，评价主体分为国内大同行、国内小同行、国外大同行、国外小同行、被评价者、其他等六类，评价指标分为论文、项目、奖励、专利、经费等五类，聘期考核周期分为 1～3 年、4～6 年、7 年及以上等三类，评价结果应用分为职称评定、工资收入核定、续聘、奖励、学术发展、其他等七类；另一部分是高校医学院本部科研人才对评价制度现状的认同，选项采用的是李克特五级量表的形式，认同程度由低到高分别是"完全不认同""比较不认同""不确定""比较认同""完全认同"。

对于"双一流"建设高校医学院本部科研人才评价制度认同的影响因素的测量，即生存需求、关系需求和成长需求的测量，采用的是量表式的测量题项。佩达泽（Pedhazur E. J.）和施梅尔金（Schmelkin P. L.）指出，不论是题项的设计阶段，还是从可用题项或其他指标中选择题项，建构的定义就是最重要的指南①。因此，本书严格遵循奥尔德弗对三种不同需求的定义，对生存需求和成长需求的测量，采用的是自行设计的量表，对成长需求的测量，借鉴的是已有研究中的成熟量表。关于生存需求的测量，一方面，科研评价结果通常是作为高校科研人才薪酬调整的依据，与科研人才的物质需求密切相关，因此，本书相应地设计了 1 个题项，即"科研评价为我带来了理想的薪酬待遇"；另一方面，科研评价是高校科研人才学术职业压力的重要来源②，"要么发表要么出局"的评价规则也会使

① 佩达泽，施梅尔金.定量研究基础：测量篇[M].夏传玲，译.重庆：重庆大学出版社，2013：76.
② 阎光才.学术职业压力与教师行动取向的制度效应[J].高等教育研究，2018，39(11)：45－55.

高校科研人才在能力或者信心上有所变化，进而引起学术职业的流动[①]，与其生理和情绪状态密切相关，因此，本书相应地设计了 2 个题项，分别为“科研评价产生的压力在我可接受的范围内”和“科研评价会影响我的工作岗位变动”，其中第二个题项为反向题。关于关系需求的测量，有学者指出，科研人才与管理部门的平等对话至关重要，采用民主的方式进行评价制度的设计和实施，赋予科研人才以知情权和话语权，能使考评制度得到科研人才的真正认同，并改变多数科研人才从内心对考核评价与科研人才管理持反感态度的状况[②]，而互动公平关注的是管理者与员工在互动过程中感受到的平等程度[③]，因此，本书借鉴 Colquitt 编制的互动公平量表以测量管理者和科研人才在评价过程中关系的平等程度，包括 4 个题项，分别为“就科研评价的细节问题，院系管理者会与我进行沟通”“院系管理者能够针对我个人的情况与我进行沟通”“院系管理者会给我解释科研评价的结果”“院系管理者会表现出对我的尊重和认可”。关于成长需求的测量，一方面，当个体认为任务处于最佳挑战领域，而不是简单到缺乏挑战或超过个人能力所能完成时，那么能力需求被满足，并且内在动力增强[④]，因此，当科研评价的要求与科研人才的能力相匹配时，才能最大程度上激发科研人才从事科研工作的潜力，本书相应地设计了 1 个题项，即“我的知识和能力能够胜任科研评价的要求”；另一方面，学术创新成果的研究与发表周期相对较长，而那些突破性创新成果的孕育周期则更长[⑤]，且高校科研人才对更高学术价值的追求始终是其发展的不竭动力和最终依归[⑥]，因此，当科研评价制度能使科研人才有足够的时间和经历去追求高水平研究时，才能充分发挥科研人才从事科研工作的才能，本书相应地设计了 2 个题项，分别为“我有充足的时间和精力去追求自己感兴趣的研究”和“科研评价鼓励我去探索高质量的、有挑战性的研究”。为确保量表的可靠性和有效性，以及测量题项与变量之间有较高的一致性，本书对需求量表进行了信度和效度检验。信度检验结果表明，整体量表的 Cronbach’s α 值为 0.9，生存

① 阎光才.“要么发表要么出局”：研究型大学内部的潜规则[J].比较教育研究，2009，45(02)：1－7.

② 贾永堂.大学教师考评制度对教师角色行为的影响[J].高等教育研究，2012，33(12)：57－62.

③ Colquitt J.A. On the dimensionality of organizational justice：A construct validation of a measure[J]. Journal of Applied Psychology，2001，86(03)：386.

④ 暴占光，张向葵.自我决定认知动机理论研究概述[J].东北师大学报(哲学社会科学版)，2005，55(06)：141－146.

⑤ 龙立荣，王海庭，朱颖俊.研究型高校科研考核模式与创新的关系[J].高等工程教育研究，2012，30(01)：145－150.

⑥ 别敦荣，陈艺波.论学术职业阶梯与大学教师发展[J].高等工程教育研究，2006，24(06)：17－23.

需求、关系需求和成长需求量表的Cronbach's α 值分别为0.7、0.93和0.82，表明量表的信度良好。效度检验结果表明，该量表的 X2/df 为 1.46，RMSEA 小于0.05，CFI 为 0.99、NFI 为 0.97、TLI 为 0.99，均符合温忠麟等[①]建议的效度检验标准，表明量表具有良好的结构效度。

对于人口统计学变量的测量，相关研究证实了高校医学领域科研人才的年龄、性别、职称会影响其对科研评价制度的认同[②]。此外，医学领域不同的研究类型，如基础研究和应用研究，在成果表现形式、成果质量的衡量标准等方面存在较大差异[③]；我国医学不同学科在研究水平上参差不齐，如护理学领域相对医药领域而言，研究水平较弱，有学者指出，我国护理学领域高等教育起步晚，科研人才科研能力不足，获得的科研资助较少[④]。这些因素导致不同研究类型和不同研究水平学科的高校医学领域科研人才对评价制度的认同可能存在差异。因此，本书在年龄、性别、职称的基础上，将学科和研究类型纳入人口统计学变量的测量范围内。

第三节 “双一流”建设高校医学领域科研人才评价制度文本特征研究

本书对收集到的“双一流”建设高校医学领域科研人才评价21份制度文本进行系统词频和话语分析后发现，医学领域高校科研人才评价制度文本的主要特征如下：

(一) 评价目的主要是终结性取向

文本分析发现，样本高校科研评价的目的主要是依据科研人才过去取得的科研成绩，做出职务职级晋升、薪酬调整、奖励等决定，并最终服务于世界一流学科和世界一流大学建设的总目标。在已收集的制度文本中，有5份与职称评定

---

① 温忠麟，张雷，侯杰泰，等.结构方程模型检验：拟合指数与卡方准则[J].心理学报，2004，36(02)：186-194.

② Kevorkian C.G.，Rintala D.H.，Hart K.A. Evaluation and promotion of the clinician-educator：The faculty viewpoint[J]. American Journal of Physical Medicine & Rehabilitation，2001，80(01)：47-55.

③ 段志光，张岩波，杨利军.SCI评价指标与地方医学院校的建设发展[J].医学与哲学，2015，36(01)：4-7.

④ 李明，陈新霞.中国内地英文护理论文发表状况调查分析[J].护理学期刊，2008，23(11)：11-14.

和聘期考核相关的制度文本提及了评价目的，均为终结性评价。如北京大学医学部开展考核的主要目的是检查教职工履行学校规定的岗位职责，完成本岗位工作任务的情况，为教职工的聘任、晋升、分配、奖惩等提供客观依据，为建立符合世界一流大学总体目标的激励竞争机制及合理的分配体系提供科学的保证[①]；开展职务晋升评价的主要目的是为了客观、公正、科学地评价专业技术人员的能力和水平，鼓励专业技术人员多出成果，为创建世界一流大学培养造就一支高素质的专业技术人员队伍[②]。

（二）评价指标重视SCI期刊的分区和影响因子

文本分析发现，样本高校科研评价指标注重以引用为基础的中科院期刊分区和影响因子。在已收集的制度文本中，共有12份与职称评定、聘期考核和科研奖励相关的制度文本着重强调了期刊的分区和影响因子。中山大学公共卫生学院招聘文件中对高水平学术论著的界定，即ThomsonReuters JCR－SCI一区期刊论文、中科院JCR－SCI分区表二区期刊以上的论文、ESI高引用论文或热点论文、论文为SCI收录且引用频次较高以及获得省部级以上科研成果奖励的论文[③]。中南大学护理学院对SCI－Expanded中单篇论文当年他引次数每次奖励100元[④]。山东大学齐鲁医学院对临床医学教授聘期考核的要求是以通讯作者或第一作者发表SCI期刊论文至少5篇，其中IF≥3的论文至少1篇[⑤]。

（三）评价标准强调质量、贡献和影响力

文本分析发现，样本高校科研评价标准突出质量、贡献和影响力，克服了唯论文、唯帽子、唯职称、唯学历、唯奖项的倾向。在已收集的制度文本中，共有5份与职称评定相关的制度文本着重强调了标志性成果的质量、贡献和影响力。如复旦大学公共卫生学院强调晋升高级职称的学术条件应坚持“以学术

---

① 北京大学医学部.北京大学医学部教职工考核聘任实施办法[EB/OL].[2009－01－12].http://rsc.bjmu.edu.cn/zcyd/zhbgs1/142468.htm.

② 北京大学医学部.北京大学医学部专业技术职务评审聘任条例[EB/OL].[2013－12－11].http://rsc.bjmu.edu.cn/zcyd/zhbgs1/142468.htm.

③ 中山大学公共卫生学院.中山大学公共卫生学院2015年教师招聘启事[EB/OL].[2019－03－31].http://sph.sysu.edu.cn/article/525.

④ 中南大学湘雅护理学院.学院科研奖励政策(2011)[EB/OL].[2019－03－31].http://nursing.csu.edu.cn/Content.aspx?moduleid=616A25D8-996B-4707-AD06-3D2C8483DD9D&id=f085bc1d-84d7-4a09-b309-dcf3d94359d2.

⑤ 山东大学齐鲁医学院.山东大学齐鲁医学院2017年度临床医学教授岗位聘任工作方案[EB/OL].[2018－05－09].http://www.qlyxrc.sdu.edu.cn/info/1051/2232.htm.

质量为评价标准，强调高质量学术成就；坚持倡导爱国奉献精神，注重社会实际贡献”的原则①。上海交通大学医学院强调教师职务聘任应着重考察能力、实绩和贡献②。浙江大学医学院在教师高级职务评审方面注重业绩贡献③。

（四）评价方法注重作者署名顺序

文本分析发现，样本高校在研究成果的评定方面，注重以第一或通讯作者署名的论文、以第一作者出版的专著、以第一发明人发明的专利、作为主持人或排名靠前的参与者承担的项目、作为第一获奖人或排名靠前的获奖人获得的奖励，忽视了其他参与者的贡献。在已收集的制度文本中，均无一例外地着重强调了署名靠前的成果、项目和奖励。如河南中医药大学、中国药科大学、中南大学湘雅三医院在高级职务晋升的评分细则方面对于以第一或通讯作者署名的论文、以第一作者出版的专著、以第一发明人发明的专利、署名前三的项目或奖励等给予了较高的权重④⑤⑥。

（五）评价周期较为灵活

文本分析发现，样本高校均对评价周期做出了较为一致的要求。在已收集的制度文本中，4 份与职称评定相关的制度文本中规定晋升副高和正高职称分别需要 2 年和 5 年，3 份与聘期考核相关的制度文本中规定聘期考核周期为 5 年。但高校也会根据科研人才的差异进行灵活调整。在晋升周期方面，对于有突出能力和贡献的教师可以打破时间限制，破格申请职称。如天津中医药大学规定在临床教学工作中做出突出成绩的临床教师，可以破格申请聘任教授职务⑦。在聘期考核周期方面，部分样本高校根据研究领域的差异，适当放宽了考核周期。如上海交通大学医学院规定聘期一般为五年，但可根据实际

① 复旦大学公共卫生学院.复旦大学公共卫生学院高级职务聘任学术评价标准[EB/OL].[2014-11-13].http://sph.fudan.edu.cn/a/452.

② 上海交通大学医学院.上海交通大学医学院教师系列专业职务技术聘任实施办法[EB/OL].[2019-12-29].http://rsc.bjmu.edu.cn/zcyd/zhbgs1/142468.htm.

③ 浙江大学医学院.浙江大学医学院高校教师专业技术高级职务评审程序[EB/OL].[2020-09-5].http://www.cmm.zju.edu.cn/2020/0915/c44395a2194973/page.htm.

④ 中南大学湘雅三医院.中南大学湘雅三医院晋升高级职称评分细则[EB/OL].[2016-10-26].http://rsc.bjmu.edu.cn/zcyd/zhbgs1/142468.htm.

⑤ 中国药科大学.中国药科大学岗位聘用实施细则[EB/OL].[2018-01-08].http://rsc.cpu.edu.cn/66/08/c4824a91656/page.htm.

⑥ 河南中医药大学.河南中医药大学专业技术职务评审推荐工作办法[EB/OL].[2017-05-16].https://zzrs.hactcm.edu.cn/info/1263/1957.htm.

⑦ 天津中医药大学.天津中医药大学临床教师职务聘任细则[EB/OL].[2018-06-14].http://www.tjzyefy.com/system/2018/06/14/014312744.shtml.

情况调整[①]。

（六）评价结果主要应用于人事决策

文本分析发现，样本高校科研人才评价的结果主要应用于续聘、解聘、增资、晋级、奖惩等人事决策，较少应用于为科研人才的职业发展提供反馈。在已收集的制度文本中，共有 6 份与职称评定和聘期考核相关的制度文本中规定将科研评价结果应用于人事决策。如上海交通大学医学院将聘任期满考核作为续聘或聘任高一级职务的依据[②]，南京中医药大学药学院将考核等级与年度贡献绩效系数挂钩，考核结果在合格以上者方可参加教师奖励性绩效考核，不合格者不得参加后续考核并调离专任教师队伍[③]。

第四节 “双一流”建设高校医学领域科研人才评价制度认同现状与影响因素研究[④]

一、医学领域科研人才评价制度认同现状与理想的差异分析

通过计算选项的平均值，来测量“双一流”建设高校医学院本部科研人才对评价制度各要素的认同程度。结果发现，除评价指标外，高校医学院本部科研人才评价制度的现状与科研人才理想的评价制度之间存在较大差异，见图 5－1。差异最大的评价要素主要是评价目的、评价方法和评价结果应用。在评价目的方面，当前的评价制度中占主导地位的是终结性评价目的(91.4％)，形成性评价目的所占的比重较小(4.3％)，但科研人才最认同的是形成性评价目的；在评价方法方面，当前的评价制度中占主导地位的是定量评价(81.8％)，同行评价所占的比重较小(18.8％)，但科研人才最认同的是同行评价；在评价结果应用方面，当前的评价制度中占主导地位的是应用于职称评定(99.5％)，应用于学术发展所占的比重较小(37.7％)，但科研人才更认同的是应用于学术发展，见图 5－1。

---

① 上海交通大学医学院.上海交通大学医学院教师系列专业职务技术聘任实施办法[EB/OL].[2019－12－29].http://rsc.bjmu.edu.cn/zcyd/zhbgs1/142468.htm.

② 上海交通大学医学院.上海交通大学医学院教师系列专业职务技术聘任实施办法[EB/OL].[2019－12－29].http://rsc.bjmu.edu.cn/zcyd/zhbgs1/142468.htm，2019－12－29.

③ 南京中医药大学药学院.南京中医药大学药学院教师奖励性绩效考核方案实施细则[EB/OL].[2018－01－26].https://yxy.njucm.edu.cn/2018/0126/c572a13584/page.psp，2018－01－26.

④ 注：本部分主要内容已经发表在《复旦教育论坛》2021 年第 5 期上。

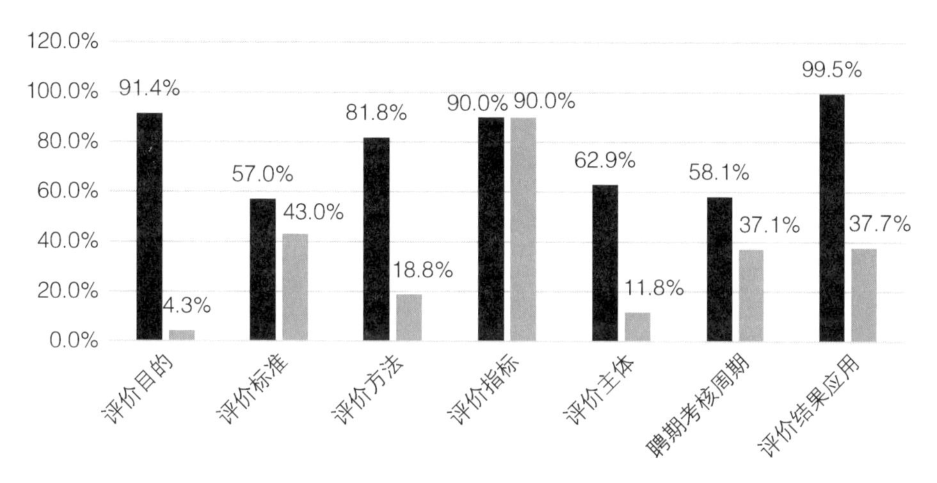

图 5-1 "双一流"建设高校医学领域现实与理想的科研评价制度要素的比例

注：现实与理想的评价目的分别是终结性评价目的和形成性评价目的，认同程度分别为 3.4 和 4.0；评价标准分别是数量标准和质量标准，认同程度分别为 3.1 和 3.9；评价方法分别是定量评价和同行评价，认同程度分别为 3.2 和 3.7；评价主体分别是国内大同行和国外小同行，认同程度分别为 3.5 和 4.1；评价指标均为 *Nature*、*Science*、*Cell* 等顶尖期刊论文，认同程度分别为 4.2；聘期考核周期分别是 1—3 年和 4—6 年，认同程度分别为 3.5 和 3.8；评价结果应用分别是职称评定和学术发展，认同程度分别为 3.8 和 3.9。

管理者和科研人才基于的不同立场和拥有的不同身份，必然会反映到两者对考核评价目标"为什么"、考核评价体系"考什么"、考核评价组织"谁来考"等方面的认识差异，进而影响甚至左右着整体考核评价工作的走向①。这种立场和身份差异在一定程度上导致了管理者和科研人才对评价制度的期待发生了分离。在评价目的方面，高校对科研人才进行评价的目的原本是为了实现教师、学科、高校的"三发展"，但管理者往往把高校发展凌驾于教师发展之上，并想当然地认为这样可获科研人才个人发展和高校组织发展的"双赢"，然而事实并非如此，因为可推进学校排名上移的教师贡献不一定就是教师个人发展的真意②。在评价主体方面，小同行由于知识结构接近评价对象，其评价结论更具客观性和权威性③，相应地会得到科研人才更高的认同，但在某些新兴或交叉学科研究领域，很难找到与评价对象研究方向较为一致的小同行，出于提高管理效率和节约

---

① 白明亮，孙中举.从管理者到教师——基于人视角下的高校教师考核评价思考[J].教育理论与实践，2017，37(16)：37-41.

② 沈红.论大学教师评价的目的[J].高等教育研究，2012，33(11)：43-48.

③ 刘贵华，柳劲松.教育科研评价的中国难题[J].高等教育研究，2012，33(10)：25-29.

成本的考虑，管理者往往会以国内大同行作为评价主体。在评价方法、评价标准、评价周期和评价结果应用方面，管理者更关注的是科研产出的效率，也就是在最短的时间内生产更多的科研成果，评价结果通常作为科研人才“优胜劣汰”的依据，但这违背了科学研究的规律和学术职业的特殊性，科学研究从开始着手到最终获得同行的认可通常需要较长的周期，科研人才作为学术的从业者，他们追求的是“经过艰难奋斗得到的创新发现是否会被同行所认可并可推动科学进步，经过了解社会、分析真相得出来的发现是否被社会所接受并可促进社会前进，经过学术论战、实践考察提出的政策建议是否被政府所采纳并有助于国家发展①”，较短的评价周期、量化评价方法、以成果数量为主的评价标准、“优胜劣汰”的评价结果应用等，会矮化教师对学术的追求。

二、医学领域科研人才评价制度认同现状多维度的差异分析

在科研人才评价制度认同现状的基础上，为进一步检验不同特征的“双一流”建设高校医学领域科研人才对评价制度各要素的认同是否存在差异，本书采用独立样本 t 检验来分析性别和研究类型差异，尽管研究类型包含三个不同的类别，但“开发研究”所占的比重过低，因此采用独立样本 t 检验分析“基础研究”和“应用研究”的差异；采用单因素方差分析来分析年龄、职称和学科差异。

(一) 性别差异

问卷调查发现，不同性别的科研人才对评价目的、评价标准、评级方法、评级主体、评价周期、评价结果的认同程度没有显著差异，但对评价指标的认同程度存在显著差异，见表 5-2。女性科研人才对论文、项目、奖励、专利、经费等指标的认同程度均显著高于男性科研人才。高校医学领域科研人才对评价指标认同的性别差异与学科差异有一定的相关性。从样本中不同医学学科领域的性别分布上看，基础医学、公共卫生与预防医学、中医学、药学、中药学的男性和女性科研人才比例基本持平，但护理学领域均为女性科研人才。当从样本中剔除护理学领域之后，男性和女性科研人才对评价指标的认同程度并没有显著差异($p>0.05$)。因此，性别差异可能是由护理学领域的特殊性引起的。我国护理学领域相对于其他医学和药学领域发展相对滞后，相关研究指出，我国护

① 沈红.论大学教师评价的目的[J].高等教育研究，2012，33(11)：43-48.

理学领域高等教育起步晚、科研人才的科研能力不足、外语水平较低、获得的科研资助较少①②，该领域 SCI 期刊论文数量较少，且主要分布在影响力较低的期刊③④。因此，通过设置一些量化指标，可以更快促进我国护理学领域与国际接轨，以及提高科研人才的科研水平，所以会得到护理学领域科研人才更高的认同。

表 5-2 “双一流”建设高校医学领域科研人才评价制度认同性别差异的独立样本 t 检验

评价要素	平均值		t	p
	男	女		
终结性评价目的	3.3	3.44	−1.044	0.298
数量标准	3	3.1	−0.479	0.633
质量标准	3.57	3.53	0.221	0.825
定量评价方法	3.09	3.2	−0.713	0.477
同行评价方法	3.57	3.78	−0.896	0.378
国内小同行	3.9	3.82	0.434	0.666
国内大同行	3.65	3.7	−0.121	0.441
Nature、*Science*、*Cell* 等顶尖期刊论文	3.98	4.35	−2.817	0.005
JCR 一区二区 SCI 论文	3.73	4.11	−2.882	0.005
高影响因子期刊论文	3.59	3.86	−1.912	0.05
国家级科研项目	3.84	4.28	−3.436	0.001
省部级科研项目	3.37	3.94	−3.951	0.000

① 李明，陈新霞.中国内地英文护理论文发表状况调查分析[J].护理学期刊，2008，23(11)：11-14.
② 杨辉，宫丽娜.我国护理硕士研究生导师队伍的现状分析及建设方案的探讨[J].护理研究，2009，23(08)：2169-2170.
③ 肖辉雪，高玲玲.1999 年—2011 年 SCI 及 SSCI 收录的我国护理文献的计量学分析[J].护理研究，2013，27(07)：2140-2043.
④ 宋晓琳，胡宁宁，芦鸿雁，等.SCI 源护理学期刊收录我国护理论文的文献计量分析[J].护理管理期刊，2015，15(12)：867-869.

续 表

评价要素	平均值		t	p
	男	女		
国家级科研奖励	3.77	4.13	−2.47	0.015
省部级科研奖励	3.43	3.81	−2.646	0.009
国家授权发明专利	3.45	3.95	−3.535	0.001
年均到账科研经费	3.15	3.57	−2.925	0.004
1～3 年聘期考核周期	3.32	3.56	−1.348	0.181
4～6 年聘期考核周期	3.74	3.85	−0.673	0.503
评价结果用于职称评定	3.77	3.8	−0.253	0.801
评价结果用于工资核定	3.54	3.47	0.444	0.658
评价结果用于职务聘任	3.83	3.7	0.83	0.408
评价结果用于奖惩	3.81	3.64	1.165	0.246
评价结果用于学术发展	3.77	3.95	−0.768	0.445

注：由于评价目的中的“形成科研评价目的”，评价主体中的“国外大同行”“国外小同行”和“被评价者”在科研评价制度现状中所占的比重过低，样本量较小，所以未将这些评价要素纳入差异分析。下同。

（二）研究类型差异

问卷调查发现，不同领域科研人才对评价目的、评价标准、评级方法、评级主体、评价结果的认同程度并不存在显著差异，但对评价指标和评价周期的认同程度存在显著差异，见表 5－3。基础研究领域的科研人才对“4～6 年的聘期考核周期”的认同程度显著高于应用研究领域，而应用研究领域的科研人才对“国家授权发明专利”的认同程度显著高于基础研究领域。研究类型差异主要是由基础研究和应用研究的目的差异引起的。基础研究的功能是以求知欲为引导，目的在于增加人类对周围事物的理解，应用研究让“知识”更“有用”，让理论成果转化为实实在在的经济产值和现实生产力①。因此，应用研究领域的科研人才对“国家授权发明专利”有更高的认同感。

① 袁秀.试论大学基础研究与应用研究的关系[J].中国高校科技，2019，33(03)：17－20.

表 5-3 “双一流”建设高校医学领域科研人才评价制度认同研究类型差异的独立样本 t 检验

评价要素	平均值		t	p
	基础研究	应用研究		
终结性评价目的	3.31	3.49	−1.344	0.181
数量标准	3	3.11	−0.546	0.587
质量标准	3.5	3.65	−0.811	0.419
定量评价方法	3.13	3.17	−0.211	0.833
同行评价方法	3.58	3.85	−1.158	0.256
国内小同行	3.72	4.03	−1.187	0.073
国内大同行	3.51	3.52	−0.054	0.957
Nature、*Science*、*Cell* 等顶尖期刊论文	4.22	4.1	0.787	0.433
JCR 一区二区 SCI 论文	3.94	3.91	0.258	0.797
高影响因子期刊论文	3.73	3.73	0.017	0.986
国家级科研项目	4	4.19	−1.478	0.141
省部级科研项目	3.53	3.62	−1.679	0.224
国家级科研奖励	3.91	4.04	−0.912	0.363
省部级科研奖励	3.52	3.81	−1.891	0.06
国家授权发明专利	3.52	4.03	−3.652	0.000
年均到账科研经费	3.29	3.51	−1.397	0.164
1～3 年聘期考核周期	3.41	3.52	−0.613	0.541
4～6 年聘期考核周期	4	3.71	2.959	0.005
评价结果用于职称评定	3.71	3.9	−1.396	0.165
评价结果用于工资核定	3.49	3.52	−0.173	0.863

续 表

评价要素	平均值		t	p
	基础研究	应用研究		
评价结果用于职务聘任	3.71	3.89	−1.117	0.267
评价结果用于奖惩	3.79	3.6	1.227	0.222
评价结果用于学术发展	3.78	3.97	−0.816	0.417

(三) 年龄差异

问卷调查发现，不同年龄阶段的科研人才对评价目的、评价标准、评级方法、评价指标、评级主体、评价周期、评价结果的认同程度均不存在显著差异，见表 5－4。

表 5－4 “双一流”建设高校医学领域科研人才评价制度认同年龄差异的单因素方差分析

评价要素	年龄				F	p
	≤35 岁	36～45 岁	46～55 岁	≥56 岁		
终结性评价目的	3.5	3.24	3.47	3.44	0.93	0.427
数量标准	3.67	3.06	3	2.88	1.212	0.311
质量标准	3.47	3.46	3.58	3.79	0.589	0.624
定量评价方法	3.28	3.19	3.14	2.96	0.5	0.683
同行评价方法	3.8	3.5	3.55	4.17	1.731	0.183
国内小同行	3.5	3.79	4	4	1.135	0.34
国内大同行	3.87	3.44	3.52	3.42	1.269	0.289
Nature、*Science*、*Cell* 等顶尖期刊论文	4.43	4.15	4.2	4	1.055	0.37
JCR 一区二区 SCI 论文	4.13	3.97	3.85	3.83	0.732	0.534
高影响因子期刊论文	3.91	3.79	3.62	3.67	0.663	0.576
国家级科研项目	4.48	3.96	4.02	4.13	2.361	0.073

续 表

评价要素	年龄				F	p
	≤35岁	36～45岁	46～55岁	≥56岁		
省部级科研项目	3.91	3.6	3.53	3.9	1.524	0.21
国家级科研奖励	4.26	3.87	3.84	4.17	1.737	0.161
省部级科研奖励	3.91	3.59	3.44	3.87	2.053	0.108
国家授权发明专利	4	3.62	3.67	3.8	1.046	0.374
年均到账科研经费	3.39	3.32	3.51	3.23	0.601	0.615
1～3年聘期考核周期	3.47	3.43	3.48	3.5	0.031	0.993
4～6年聘期考核周期	3.83	3.7	3.82	3.82	0.185	0.906
评价结果用于职称评定	3.91	3.63	3.82	3.97	1.4	0.245
评价结果用于工资核定	3.62	3.47	3.43	3.65	0.334	0.801
评价结果用于职务聘任	3.54	3.76	3.79	3.91	0.546	0.652
评价结果用于奖惩	3.94	3.82	3.53	3.65	1.374	0.253
评价结果用于学术发展	4.4	3.76	3.78	3.82	1.223	0.309

(四) 职称差异

问卷调查发现，不同职称的科研人才对评价目的、评价标准、评价指标、评级主体、评价周期、评价结果的认同程度并不存在显著差异，但对评价方法的认同程度存在显著差异，见表5-5。副高和正高职称科研人才对“同行评价方法”的认同程度显著高于中级职称科研人才。职称差异可能是由以下三方面的因素引起的：首先，副高职称与正高职称科研人才在相应学术领域有一定话语权，相比中级职称科研人才会有更多的机会参与评价其他科研人才的活动中，他们对同行评价过程更加了解，也能在同行评价的过程中收获自信和提升主体意识，进而增强其对同行评价的认同程度。其次，同行评价难以避免存在主观性的弊端，学术共同体的“学术权力本位”消解了学术的独立性，同行评价也会沦落为“熟人关系网”①，

① 刘贵华，柳劲松.教育科研评价的中国难题[J].高等教育研究，2012，33(10)：25-29.

中级职称的科研人才大部分都是刚迈入学术职业，尚未形成稳定的学术关系网，因此，他们可能对同行评价的客观公正性产生质疑，进而影响其对同行评价的认同程度。最后，从事新兴或交叉学科研究领域的青年科研人才，其研究成果可能被一些相对保守的权威专家视为“异端”，这也在一定程度上影响了青年科研人才对同行评价的认同程度。

表 5-5 “双一流”建设高校医学领域科研人才评价制度认同职称差异的单因素方差分析

评价要素	平均值			F	p
	中级	副高	正高		
终结性评价目的	3.47	3.33	3.1	2.268	0.083
数量标准	3.18	3.06	2	0.177	0.838
质量标准	3.23	3.58	3.6	1.103	0.336
定量评价方法	3.19	3.21	3.07	0.381	0.684
同行评价方法	2.67	3.77	3.81	5.335	0.011
国内小同行	3.5	3.76	4	1.27	0.29
国内大同行	3.38	3.56	3.51	0.482	0.696
Nature、*Science*、*Cell* 等顶尖期刊论文	4.17	4.29	4.08	0.985	0.375
JCR 一区二区 SCI 论文	3.88	4.01	3.88	0.523	0.594
高影响因子期刊论文	3.75	3.78	3.69	0.189	0.828
国家级科研项目	4	3.22	3.98	1.643	0.196
省部级科研项目	3.67	3.88	3.49	2.297	0.091
国家级科研奖励	3.88	4.06	3.9	0.588	0.556
省部级科研奖励	3.58	3.84	3.47	2.837	0.061
国家授权发明专利	3.67	3.91	3.57	2.596	0.077
年均到账科研经费	3.13	3.53	3.29	2.392	0.094

续 表

评价要素	平均值			F	p
	中级	副高	正高		
1～3 年聘期考核周期	3.76	3.46	3.33	1.415	0.248
4～6 年聘期考核周期	3.8	3.77	3.9	0.007	0.993
评价结果用于职称评定	3.63	3.65	3.94	2.707	0.07
评价结果用于职称评定	3.38	3.32	3.7	2.606	0.078
评价结果用于职务聘任	3.67	3.69	3.85	0.558	0.574
评价结果用于奖惩	3.95	3.76	3.61	1.224	0.297
评价结果用于学术发展	4.38	3.81	3.79	1.281	0.285

（五）学科差异

问卷调查发现，不同学科领域的科研人才对评价目的、评价标准、评级主体、评价周期、评价结果的认同程度并不存在显著差异，但对评价方法和评价指标的认同程度存在显著差异，见表 5-6。护理学领域科研人才对"定量评价方法"和论文、项目、奖励、专利、经费等指标的认同程度总体上高于其他医药领域。这主要是因为我国护理学领域相对于其他医学和药学领域发展相对滞后，在上文的性别差异分析部分中已提及。

表 5-6 "双一流"建设高校医学领域科研人才评价制度认同学科差异的单因素方差分析

评价要素	平均值						F	p
	基础医学	公共卫生与预防医学	中医学	药学	中药学	护理学		
终结性评价目的	3.21	3.46	3.4	3.43	3.31	3.56	0.575	0.719
数量标准	3.11	2.92	3	3.13	2.89	3.38	0.406	0.843
质量标准	3.83	3.83	3.74	3.77	3.84	3.9	2.134	0.091

续 表

评价要素	平均值						F	p
	基础医学	公共卫生与预防医学	中医学	药学	中药学	护理学		
定量评价方法	2.93	3.41	3.4	3	2.5	3.65	3.777	0.003
同行评价方法	3.44	3.9	/	3.6	4	/	1.124	0.322
国内小同行	3.63	4.11	3.67	3.74	3.89	4	1.043	0.398
国内大同行	3.53	3.56	3.67	3.57	3.1	3.56	0.598	0.732
Nature、*Science*、*Cell* 等顶尖期刊论文	4.06	4.34	4.4	4	4.17	4.31	0.937	0.479
JCR 一区二区 SCI 论文	3.88	3.98	4.2	3.71	3.92	4.38	1.239	0.284
高影响因子期刊论文	3.63	3.88	4.2	3.4	3.58	4.25	1.902	0.072
国家级科研项目	3.85	4.29	4.2	3.89	3.75	4.63	2.927	0.006
省部级科研项目	3.23	4	4	3.49	3.5	4.25	3.911	0.001
国家级科研奖励	3.73	4.06	4.2	3.89	3.75	4.24	2.1	0.046
省部级科研奖励	3.23	3.97	3.94	3.57	3.42	4	3.34	0.002
国家授权发明专利	3.44	4	3.6	3.46	3.58	4.31	3.041	0.005
年均到账科研经费	3.06	3.5	2.8	3.56	3.58	3.57	1.762	0.098
1～3 年聘期考核周期	3.23	3.56	4	3.45	3.6	3.79	1.036	0.401
4～6 年聘期考核周期	3.55	4	/	3.93	3.56	/	1.816	0.086
评价结果用于职称评定	3.63	3.91	4	3.62	3.83	4.13	1.139	0.244
评价结果用于工资核定	3.36	3.49	3.67	3.62	3.5	4	0.628	0.732
评价结果用于职务聘任	3.6	3.9	4	3.68	4.22	3.8	1.023	0.419
评价结果用于奖惩	3.72	3.8	3.8	3.34	3.82	3.82	0.564	0.784
评价结果用于学术发展	3.4	3.95	4.5	3.81	4.33	4.33	1.436	0.216

三、医学领域科研人才评价制度认同的影响因素研究

本书以“双一流”建设高校医学领域科研人才的生存需求、关系需求和成长需求为自变量，以“双一流”建设高校医学领域科研人才对评价制度各要素认同的平均值为因变量，同时根据上文的制度认同差异分析结果，将性别、职称、研究类型和学科差异四个人口统计学变量作为控制变量，建立多元线性回归模型，分析了生存需求、关系需求和成长需求对高校医学领域科研人才评价制度认同的影响程度，并深入解释了影响原因。

（一）生存需求、关系需求和成长需求对“双一流”建设高校医学领域科研人才评价制度认同的影响程度

问卷调查发现，生存需求（$\beta=0.314$，$p<0.001$）、关系需求（$\beta=0.181$，$p<0.01$）和成长需求（$\beta=0.372$，$p<0.001$）对“双一流”建设高校医学院本部科研人才评价制度认同程度均产生了显著影响，其中影响最大的是成长需求。见表5-7。尽管与获得理想的薪酬待遇和减轻考评压力相关的生存需求，及在评价过程中与行政管理者维持良好关系和获得平等地位相关的关系需求，均对高校医学领域科研人才评价制度认同产生了重要影响，但“学术人”身份终究是高校医学院本部教师身份的根本属性，他们更多是以追求高深知识为理想，因此，与充分发挥高校医学领域科研人才学术潜力和才能相关的成长需求，是影响其对科研评价制度认同的最重要因素。

表5-7 生存需求、关系需求和成长需求对“双一流”建设高校医学领域科研人才评价制度认同的影响

变 量	β	p
男性（以女性为参照）	−0.176	0.002
副高职称（以中级职称为参照）	0.015	0.853
副高职称（以中级职称为参照）	0.014	0.86
基础研究（以应用研究为参照）	0.058	0.331
基础医学（以护理学为参照）	0.058	0.331

续　表

变　　量	β	p
公共卫生与预防医学(以护理学为参照)	0.013	0.889
中医学(以护理学为参照)	−0.051	0.396
药学(以护理学为参照)	−0.01	0.911
中药学(以护理学为参照)	−0.08	0.251
生存需求	0.314	0.000
关系需求	0.181	0.005
成长需求	0.372	0.000
F	18.489	
R^2	0.576	

(二) 成长需求对“双一流”建设高校医学领域科研人才评价制度认同的影响原因

“学术人”是高校教师身份的根本属性，整体表现出忠于真理、超越功利、勇于创新、崇尚自由等特征[①]。因此，相对于生存需求和关系需求而言，当关系科研人才“学术人”身份实现的学术潜力和才能的成长需求得到满足时，会使高校医学领域科研人才对评价制度有更高的认同程度。这与李文平的研究结果一致，该研究发现个体发展和工作自主是影响教师对评价工作满意度的重要因素[②]。但我国高校当前的科研人才评价制度主要是以工具理性为主导，会忽视教师的能动性，甚至抑制教师的原发性科研动机，容易误导部分教师的学术研究目的，产生为利益而学术的现象[③]。

(三) 生存需求对“双一流”建设高校医学领域科研人才评价制度认同的影响原因

“经济人”是教师身份的第一属性，其基本假设是每个人每一天都在不断

① 周玉容，沈红.现行教师评价对大学教师发展的效应分析——驱动力的视角[J].清华大学教育研究，2016，37(05)：54－61.

② 李文平.大学教师对教师评价制度的满意度调查分析[J].高校教育管理，2017，11(03)：95－103.

③ 李广海.理性的平衡：高校学术评价制度变革的逻辑及操作指向[J].教育研究，2017，39(08)：85－90.

算计着我们每个行为的成本和收益，然后再决定如何行动，追求个人利益最大化[①]。因此，生存需求的满足会对高校医学领域科研人才评价制度认同产生积极影响。但当前我国高校医学院本部科研人才承受着较大考评压力，却拿着较低的薪资待遇。高晓凤等通过对医学院校205名科研人才的调查发现，73%认为压力很大或较大，且41～50岁的副教授压力最大，31～40岁、中级职称的教师压力来源于职称晋升，41～50岁、具有副高职称的教师压力来源于科研任务[②]。杨振荣通过对福建省医学院校中青年骨干教师的调查发现，多数教师认为科研压力比教学压力大，副教授的压力来源于职称晋升，教授的压力来源于长期超负荷的工作[③]。张瑞娟和孙健敏通过对理工、社科、农学、医学领域女性科技人员的调查发现，她们对薪酬的满意度较低[④]。张珣等通过对江苏和安徽地区高校理工、人文社科、医学领域科研人才的调查发现，薪酬满足感较低[⑤]。在压力和薪酬的关系方面，高压会降低薪酬满足感，同时高压也会降低薪酬的激励作用，让高校科研人才产生不公平感[⑥]。这一研究结果与李文平的研究结果并不一致，该研究发现与生存需求相关的金钱财富并未对教师对评价制度的满意度产生显著影响[⑦]。这与研究样本的差异有关，李文平的研究样本中除“985”高校和“211”高校之外的一般本科院校占41.7%，但本书中的样本均来自“双一流”建设高校。这些高校均以建设世界一流大学或世界一流学科为目标，追求以研究为主的大学或学科排名，使得这些高校的科研人才比一般本科院校的科研人才有更大的科研压力，薪酬满足感和公平感也相对更低，因此生存需求的满足更能够提升这些高校的科研人才对评价制度的认同程度。

---

① 周玉容，沈红.现行教师评价对大学教师发展的效应分析——驱动力的视角[J].清华大学教育研究，2016，37(05)：54－61.

② 高晓凤，朱清云，段云.医学院校教师属性特征与工作压力的对应分析[J].中国卫生统计，2012，29(01)：81－83.

③ 杨振荣.医学院校中青年骨干教师工作压力、社会支持与工作绩效的关系[D].福州：福建医科大学，2016：13.

④ 张瑞娟，孙健敏.我国女性科技人员工作满意度影响因素的实证分析[J].新疆大学学报(哲学・人文社会科学版)，2011，39(02)：19－24.

⑤ 张珣，徐彪，彭纪生，等.高校教师科研压力对科研绩效的作用机理研究[J].科学学研究，2014，32(04)：549－558.

⑥ 张珣，徐彪，彭纪生，等.高校教师科研压力对科研绩效的作用机理研究[J].科学学研究，2014，32(04)：549－558.

⑦ 李文平.大学教师对教师评价制度的满意度调查分析[J].高校教育管理，2017，11(03)：95－103.

（四）关系需求对“双一流”建设高校医学领域科研人才评价制度认同的影响原因

科研人才与管理部门的对话至关重要，采用民主的方式进行考评制度的设计和实施，赋予科研人才以知情权和话语权，把科研人才参与并主导考评作为科研人才考评的根本制度切实建立起来，才能使考评制度得到科研人才的真正认同，并改变多数科研人才从内心对考核评价与科研人才管理持反感态度的状况，增进组织内的了解和共识①。因此，当行政管理者在科研评价的过程中与教师保持良好的关系时，会对高校医学院本部科研人才评价制度认同产生积极影响。这与由由和高峰强等学者的研究结果一致，由由通过对理工、社科、农学、医学领域科研人才的调查发现，当科研人才感知到行政与学术管理系统之间的较好关系，会对其工作满意度产生积极影响②；高峰强等通过对理工、人文、医学、艺术学等领域科研人才的调查发现，组织去人性化水平较高时，即科研人才在高校内的地位较低，工作中参与决策的机会很少或干脆没有，体会不到领导、行政机关对自己工作的支持与帮助，其工作满意度会降低③。但当前我国大学管理行政化在科研人才评价中尤为突出，行政机构主导的学术评价多为行政管理方法，由此滋生了学术腐败，出现了不公平，同时也存在对科研人才的学术成果产生误读的现象，这都会极大削弱科研人才的学术热情④。由由的调查也进一步证实，科研人才普遍认为行政与学术管理系统之间的关系较差，信息交流渠道不通畅，民主参与程度较低⑤。

（董彦邦，刘莉，严晓昱）

① 贾永堂.大学教师考评制度对教师角色行为的影响[J].高等教育研究，2012，33(12)：57－62.
② 由由.高校教师流动意向的实证研究：工作环境感知与工作满意的视角[J].北京大学教育评论，2014，12(02)：128－140.
③ 高峰强，祁冬燕，刘晓丽.高校教师组织承诺、工作满意度与工作倦怠的关系[J].山东理工大学学报(社会科学版)，2011，27(05)：91－95.
④ 陈静，杨丽.怀特海的大学教育思想对我国大学教师评价改革的启示[J].中国劳动关系学院学报，2017，30(06)：109－114.
⑤ 由由.高校教师流动意向的实证研究：工作环境感知与工作满意的视角[J].北京大学教育评论，2014，12(02)：128－140.

第六章

一流大学建设高校交叉学科科研人才评价制度认同研究

学科交叉已成为当今时代知识创新、科学发展的时代特征和重要趋势。随着交叉学科的兴起，许多重大问题在学科交叉的过程中取得突破性进展。对于高校来说，学科之间的交流和碰撞十分重要，交叉学科的建设不仅是其提升研究能力和重大研究成果产出的重要途径，也是培养创新人才的基本途径[①]。基于此，政府和高校都在学科交叉方面做出积极的努力。教育部、财政部、国家发展和改革委员会三部委联合印发《关于高等学校加快"双一流"建设的指导意见》提出，"促进学科交叉融合，加强急需学科专业人才培养。强调构建协调可持续发展的学科体系，打破传统学科之间的壁垒，以'双一流'建设学科为核心，以优势特色学科为主体，以相关学科为支撑，整合相关传统学科资源，促进基础学科、应用学科交叉融合，在前沿学科和交叉学科领域培植新的学科生长点"[②]。我国不少高校也采取相应措施促进学科交叉，如设立交叉学科平台。高校交叉学科平台的建立有利于打破学科之间的壁垒，促进基础学科、应用学科交叉融合，促进文理渗透、理工交叉、农工结合、医工融合等多形式交叉，学科之间取长补短，实现合作共赢，从而促进重大突破性成果的产生。但交叉学科平台的正常有序运行离不开规范的制度建设，其中，科研人才评价制度对科研动力和工作状态有较大影响，进而影响交叉学科平台的运行和发展。因此，对交叉学科科研评价制度的研究显得尤为重要。本书从科研人才视角出发，研究目前交叉学科平台科研

---

① 马廷奇.交叉学科建设与拔尖创新人才培养[J].高等教育研究，2011，32(06)：18－22.

② 三部委联合印发加快"双一流"建设的指导意见：促进学科交叉融合加强急需学科专业人才培养[EB/OL].[2020－08－19].http://news.sina.com.cn/s/2018－08－27/doc-ihiixyeu0345095.shtml.

人才评价制度的运行现状以及“内部人”的认同情况。

第一节 文献综述

目前对高校交叉学科平台科研人才评价制度现状及认同的相关研究中主要包含以下两大部分：高校教师科研评价制度现状研究和交叉学科平台科研人才评价制度现状研究。目前针对高校教师科研评价制度现状及认同的研究较多，但从交叉学科平台出发对其制度现状探讨的研究较少，对制度认同的研究更是稀缺，这也是本书的出发点所在。

目前专门针对交叉学科平台制定的科研评价制度较少，交叉学科平台的管理大多依靠学校层面或相关学院层面的科研评价制度。孙丽珍指出，近几年清华大学、北京大学、上海交通大学、复旦大学等研究型大学都成立了交叉学科研究的实体，给交叉学科研究提供了更广阔的舞台。高校中实体型交叉学科研究机构还很少，大量的交叉学科研究任务还是在半实体的系属研究所中的研究中心进行，其组织管理制度往往也依赖于该院系，自身制度建设较为缺乏[①]。尽管从事跨学科研究的教师取得了丰硕的研究成果，但他们需回到自己所在的院系接受评价，但院系通常更认可本学科领域的研究成果[②]。有学者进一步从同行评价和定量评价两方面分析了跨学科评价难以开展的原因。Klein 指出，跨学科评价专家虽然对不同学科都有一定了解，但他们更关注的是自己最熟悉、最擅长的学科，难以对跨学科研究成果作出全面的评价，导致跨学科评价的过程更长且更复杂，评价专家之前经过长时间的协商之后才能进行较为准确和全面的评价[③]。Mansilla 指出，相比单一学科领域的研究，跨学科研究的质量难以达成共识，也缺乏具体的评价指标[④]。郑玉荣和韩鸿宾认为应当改革交叉学科平台资源配置体系和考核评价体系，单独组织评审，给予重点支持，营造有利于交叉学

---

① 孙丽珍.研究型大学交叉学科研究的组织与管理[D].上海：上海交通大学，2010：12.

② Chen A, Wang X. The effect of facilitating interdisciplinary cooperation on the research productivity of university research teams: The moderating role of government assistance[J]. Research Evaluation, 2021: 1-13.

③ Klein J T. Evaluation of interdisciplinary and transdisciplinary research: a literature review[J]. American journal of preventive medicine, 2008, 35(02): S116-S123.

④ Mansilla V B. Assessing expert interdisciplinary work at the frontier: an empirical exploration[J]. Research evaluation, 2006, 15(01): 17-29.

科研究和人才培养的文化氛围①。吴洁认为交叉学科平台应建立自己的教师评价制度，这样才能更有针对性地进行制度建设②。

总体而言，从研究内容上看，针对高校科研人才评价制度的现状研究较多，单纯从交叉学科平台出发探讨现状的研究较少。在科研人才评价制度认同方面，已有文献显示目前交叉学科平台科研人才评价制度尚处于建设之中，大多数交叉学科平台没有自己的科研人才评价制度，因此认同也就无从谈起。从研究方法上来看，目前针对交叉学科平台科研人才评价制度现状的探讨，多为思辨性研究，实证性研究较少。因此，本书对30所高校的交叉学科平台科研人才进行问卷调查，研究其所在交叉学科平台目前的科研人才评价制度现状及认同情况。

第二节　研 究 方 法

一、数据收集方法

本书使用问卷调查法研究交叉学科平台科研人才评价制度现状及运行情况。

(一) 问卷设计

本书的调查问卷主要包括两部分：一是个人基本信息，二是科研人才评价制度认同(见附录10)。“科研人才评价制度认同”部分包括评价制度的运行现状和认同现状，其中涉及对已有科研人才评价制度的交叉学科平台的制度现状和认同、没有科研人才评价制度的交叉学科平台的制度设计与构想。

(二) 样本选取

选取上海软科2020“中国最好大学排名”前30名的高校作为样本高校，见表6-1。根据效标抽样的方式选择交叉学科平台，效标抽样的标准主要有以下两个：平台简介有跨学科字样和科研人才有跨学科背景。在每所样本高校官网上检索，收集交叉学科平台的信息。对平台是否为交叉学科的判断主要是根据网站简介上是否有“跨学科”“交叉学科”“多学科”等关键词，同时了解其科研人

---

① 郑玉荣，韩鸿宾.医学院校交叉学科的管理实践及成效分析[C]//中华医学会全国医学科学研究管理学学术会议暨2012全国医学科研管理论坛论文集.北京：中华医学会医学科学研究管理学分会，2012：347-352.

② 吴洁.对交叉学科及其科研管理的思考[J].研究与发展管理，1997，9(04)：60-63.

才学术背景，判断其是否具备交叉学科背景或从事过交叉学科研究。再对交叉学科平台科研人才进行整群抽样，即将平台全体教学研究型、研究型专任教师作为研究对象，不含兼职教师、实验技术人员、辅导员、行政管理人员。

表 6－1 样本高校信息表

学校名称	排名	学校名称	排名
清华大学	1	四川大学	16
北京大学	2	东南大学	17
浙江大学	3	中国人民大学	18
上海交通大学	4	南开大学	19
南京大学	5	北京理工大学	20
复旦大学	6	天津大学	21
中国科学技术大学	7	山东大学	22
华中科技大学	8	厦门大学	23
武汉大学	9	吉林大学	24
中山大学	10	华南理工大学	25
西安交通大学	11	中南大学	26
哈尔滨工业大学	12	大连理工大学	27
北京航空航天大学	13	西北工业大学	28
北京师范大学	14	华东师范大学	29
同济大学	15	中国农业大学	30

（三）问卷发放与回收

2020 年 5 月 18 日开始通过问卷星平台发放问卷。截至 2020 年 9 月 20 日，共有 826 份问卷成功送达被调查者，回收问卷 106 份，最终筛出有效问卷 106 份，回收率为 12.8%。其中，理工交叉领域的问卷回收数量最多，占 44.34%，其次为医理交叉领域，占比 26.42%。样本的基本信息见表 6－2。

表 6-2　样本基本信息表

统计变量	类　别	百分比
年龄	35 岁以下	22.64%
	36～45 岁	48.11%
	46～55 岁	21.7%
	56 岁及以上	7.55%
性别	男	80.19%
	女	19.81%
职称	教授/研究员	59.43%
	副教授/副研究员	25.47%
	讲师/助理研究员	12.26%
	其他	2.83%
岗位类型	科研为主型	50.94%
	教学为主型	0%
	教学科研并重型	49.06%
研究类型	基础研究	63.21%
	应用研究	33.96%
	开发研究	2.83%
交叉类型	文理交叉	8.49%
	理工交叉	44.34%
	医工交叉	18.87%
	医理交叉	26.42%
	其他	1.89%

二、数据分析方法

本书采用描述性统计分析方法，主要分析内容包括评价主体、评价方法、评价标准、评价指标、评价周期和评价结果应用六大维度的现状及教师的认同，以了解目前交叉学科平台科研评价制度现状及认同情况。

第三节 一流大学建设高校交叉学科平台科研人才评价制度现状研究

研究结果显示，目前我国一流大学建设高校多数交叉学科平台并未建立独立的科研人才评价制度，基本参照学校或相关学院的科研人才评价制度。59.43%的科研人才指出其所在交叉学科平台具备区别于学校/学院，适用于自身的科研评价制度，而40.57%的科研人才指出所在交叉学科平台尚未建立自己的科研评价制度。但值得注意的是，通过对那些不具备自己制度的科研平台所在教师的调查，88.89%的科研人才认为有必要为所在交叉学科平台建立专门的科研评价制度，表明科研人才对于建立交叉学科平台科研评价制度的意愿整体上处于一个较高的水平。本节从评价主体、评价方法、评价标准、评价指标、评价周期、评价结果应用等六个方面描述调查问卷结果，呈现我国一流大学交叉学科平台科研人才评价制度现状。

一、评价主体：以国内大同行为主体

我国交叉学科平台科研人才评价制度的评价主体主要为国内大同行（单一学科背景）和国内大同行（交叉学科背景），比例分别为53.49%和51.16%。国外大同行（单一学科背景）也占据较大比例，为37.21%。其他评价主体还包括国内小同行（交叉学科背景）（30.23%）、国外大同行（单一学科背景）（27.91%）、国外大同行（交叉学科背景）（25.58%）等，比例最低的评价主体为行政管理人员，见图6-1。可见交叉学科平台更加注重学术主体的评价，淡化行政主体的地位，在同行方面以国内同行为主。

二、评价方法：定量评价为主、同行评价为辅

在评价方法方面，现行交叉学科平台主要以定量评价为主、同行评价法为

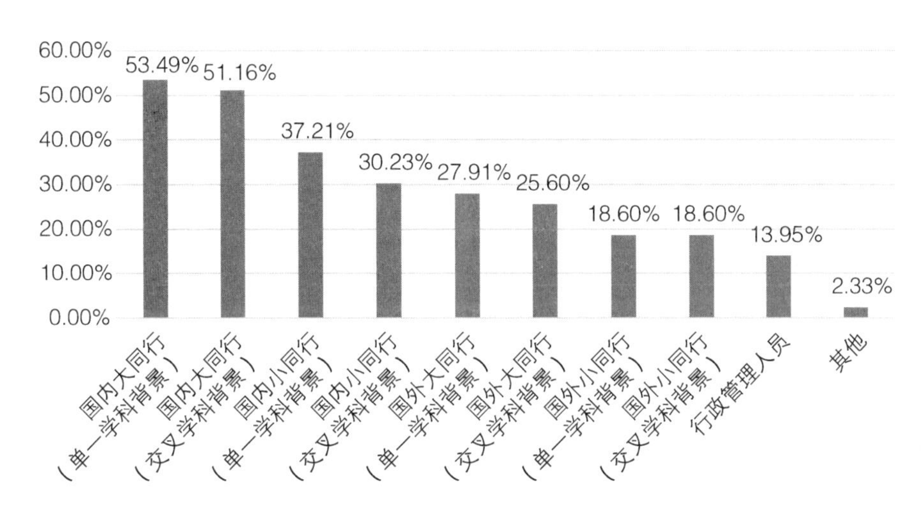

图 6-1　交叉学科平台评价主体

辅，比例为 41.86%。以同行评价法为主、定量评价法为辅的方法所占比例位于第二(25.58%)。使用单一评价法在交叉学科平台现行科研评价制度中比例较低，分别为同行评价法(18.6%)、定量评价法(13.95%)，见图 6-2。表明两种评价方法相辅相成，取长补短的做法在交叉学科平台科研人才评价中较为盛行，使用定量评价法可以对科研成果的数量进行评价，同行评价法则更注重质量的评判，二者相得益彰。

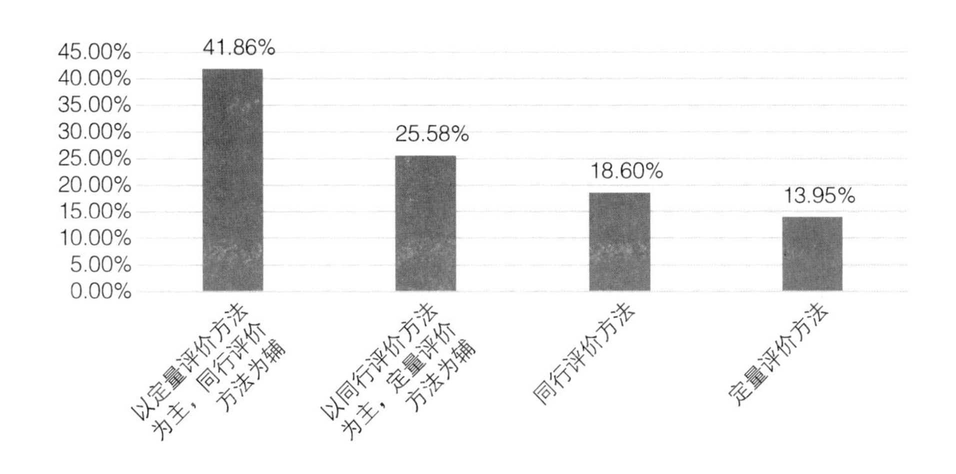

图 6-2　交叉学科平台评价方法

三、评价标准：注重科研成果的创新性和数量

在评价标准方面，按照重要性程度进行排序，科研成果的创新性综合得分最高，为2.88分，紧随其后的是科研成果的数量标准，综合得分为2.7分。对国家、社会的实际贡献和对本专业的实际贡献综合得分较低，表明贡献性在交叉学科平台科研评价标准中并非主要标准，见图6-3。

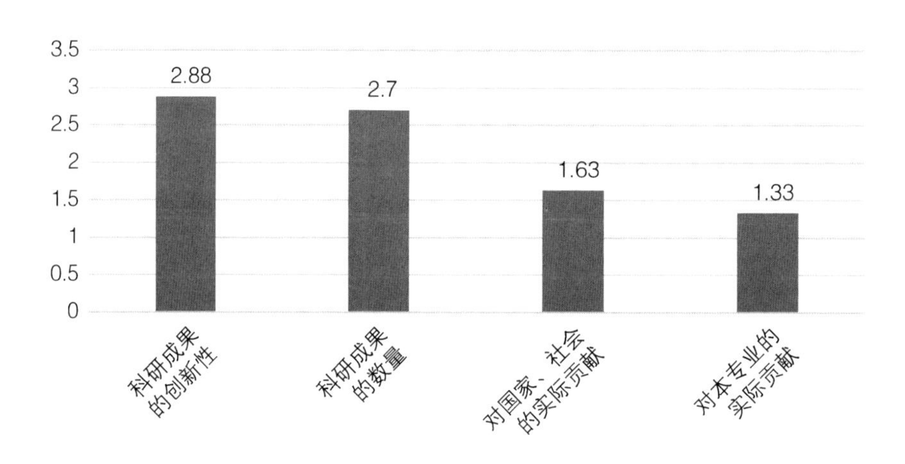

图6-3 交叉学科平台评价标准

四、评价指标：不同学科交叉领域侧重点不同

评价指标方面，不同学科交叉领域指标侧重点不同，本书涉及的学科交叉领域分别为文理交叉、理工交叉、医理交叉和医工交叉。出于医理交叉和医工交叉的相似性，本书将其归结为同一题项。不同学科交叉领域的侧重点不同：在文理交叉领域，SSCI、A&HCI等国际顶尖期刊论文、国家级科研项目和年均到账科研经费是主要指标，所占比例均为100%，本校/院系自定权威期刊论文和国家级授权发明专利占比为0%；理工交叉领域，占比最高的分别为国家级科研项目(78.95%)、JCR一区、二区SCI论文(68.42%)和*Nature*、*Science*、*Cell*等顶尖期刊论文(57.89%)。医理和医工交叉领域，较为注重的指标分别为*Nature*、*Science*、*Cell*等顶尖期刊论文(90.48%)、JCR一区、二区SCI论文(95.24%)和国家级科研项目(85.71%)。由于不同学科交叉均具备不同的学科特性，这也造就了其评价指标侧重点的不同。

五、评价周期：聘期和晋升考核周期与传统学科基本相同

在评价周期方面，聘期和晋升考核周期与传统的学科基本相同。聘期考核周期多集中于 3～4 年(55.81%)和 5～6 年(27.91%)，1～2 年(9.3%)和 7 年及以上(6.98%)所占比例较小。晋升考核周期也多集中于 5～6 年(51.16%)和 3～4(39.53%)，见图 6-4、图 6-5。

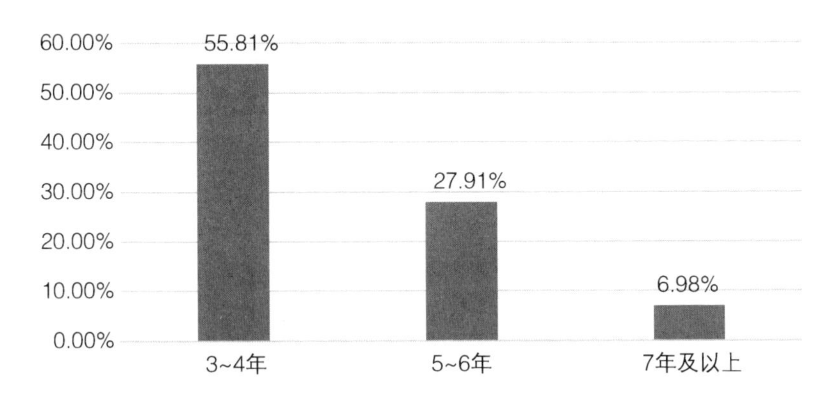

图 6-4　交叉学科平台聘期考核周期

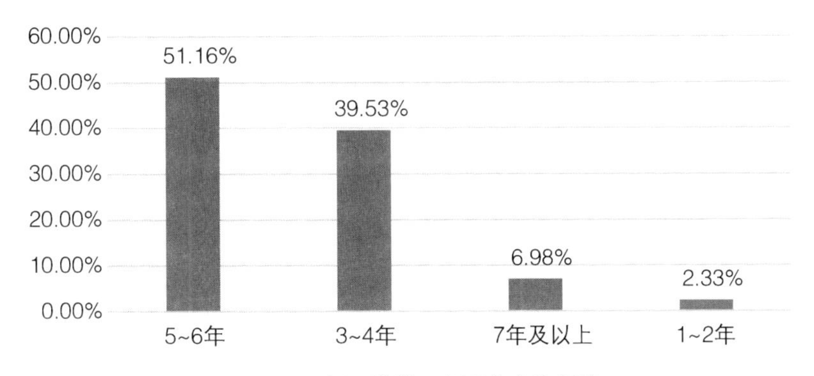

图 6-5　交叉学科平台晋升考核周期

六、评价结果应用：主要应用于职称评定和工资核定

在评价结果应用方面，交叉学科平台科研评价的聘期考核和年度考核结果都主要应用于职称评定和工资核定，聘期考核中，职称评定和工资核对的综合得分均为 3.43，年度考核中，二者的综合得分分别为 3.43 和 2.71，可见评价结果主要应用于职称评定和工资核定等方面，见图 6-6 和图 6-7。

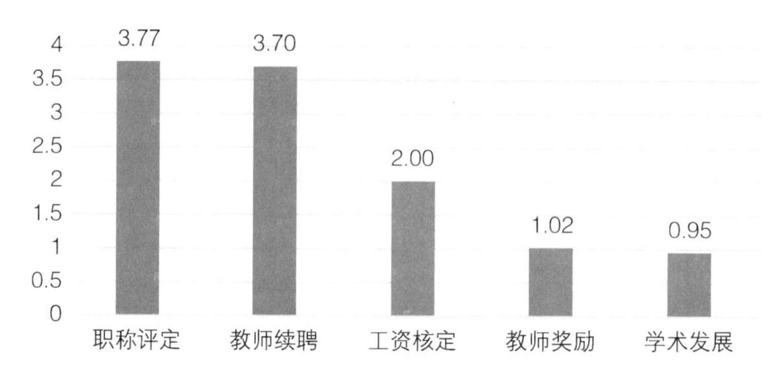

图 6-6　交叉学科平台聘期考核结果应用

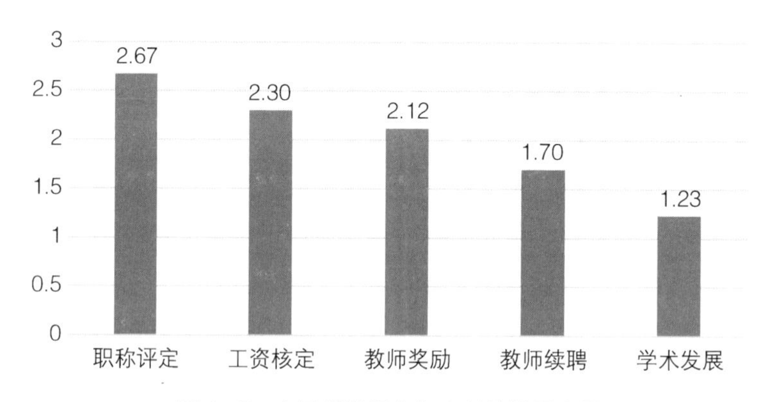

图 6-7　交叉学科平台年度考核结果应用

第四节　一流大学建设高校交叉学科平台科研人才评价制度认同现状研究

本书采用问卷调查法对我国30所一流大学建设高校交叉学科平台科研评价制度现状及科研人才的认同情况进行探究发现，高校科研人才在不同维度上对交叉学科平台科研评价制度的认同程度不同。

一、交叉学科平台科研人才评价制度整体认同程度较高

本书从评价主体、评价方法、评价标准、评价指标、评价周期以及评价结果应用六大方面调查了科研人才的认同程度。研究发现，高校科研人才对交叉学科平台评价制度整体上较为认同。在评价主体方面，科研人才对大多数的评价主

体认同程度均高于50%，整体处于较高水平。在评价方法、标准、周期、结果应用方面，认同程度均高于70%，可见交叉学科平台科研人才对目前的评价制度较为满意。在评价指标方面，尽管不同交叉学科领域对评价指标的认同程度有所差异，但整体上也都维持在较高水平。

二、评价主体整体认同程度较高，但行政管理人员的认同程度较低

在评价主体方面，交叉学科平台科研人才对列出的九大评价主体认同程度整体处于较高水平，如图6-8所示，除行政管理人员外，其余八大评价主体的基本认同程度均处于42%，完全认同程度与基本认同程度相加所得的总体认同程度均高于50%，整体保持在较高水平。但对于行政管理人员，相较于其他主体而言，科研人才的认同程度较低，部分科研人才在问卷中指出行政管理人员不够专业且功利性较强，仅看期刊论文等量化指标，对科研人才背后的努力不予关注，因此科研人才的认同程度较低。

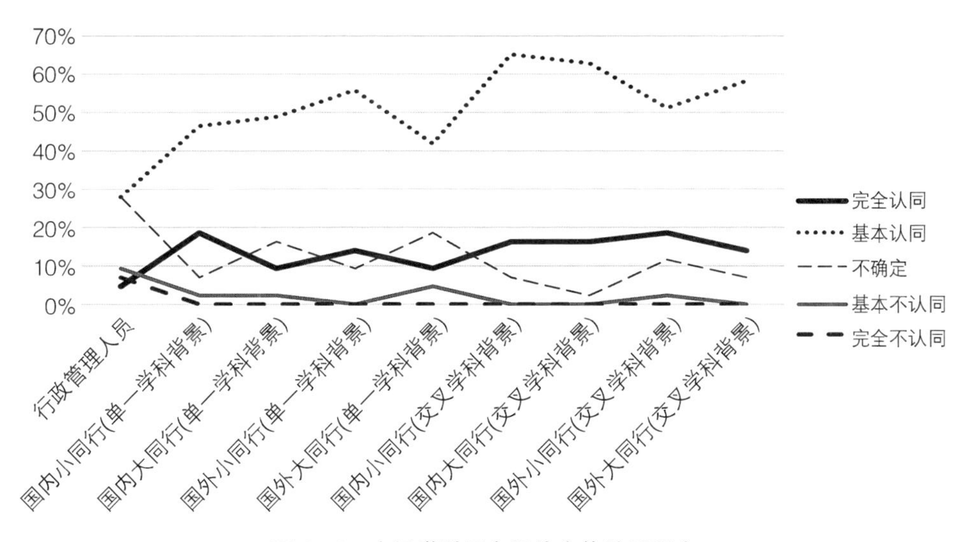

图6-8　交叉学科平台评价主体认同程度

三、定量评价与同行评价相结合的评价方法认同程度较高

调查结果显示，交叉学科平台科研现状方面，目前主要采用以定量评价为主、同行评价法为辅和以同行评价法为主、定量评价为辅的评价方法，表明目前

高校交叉学科平台主要采用定量评价和同行评价相结合的评价方法。在评价方法认同方面，目前总体认同程度为83.72%，部分教师提到，不认同的原因主要是同行评价法在使用过程中，挑选的部分教师不具备评价能力，属于具体操作问题，并非对同行评价法本身持不认同或反对的态度，见图6-9。

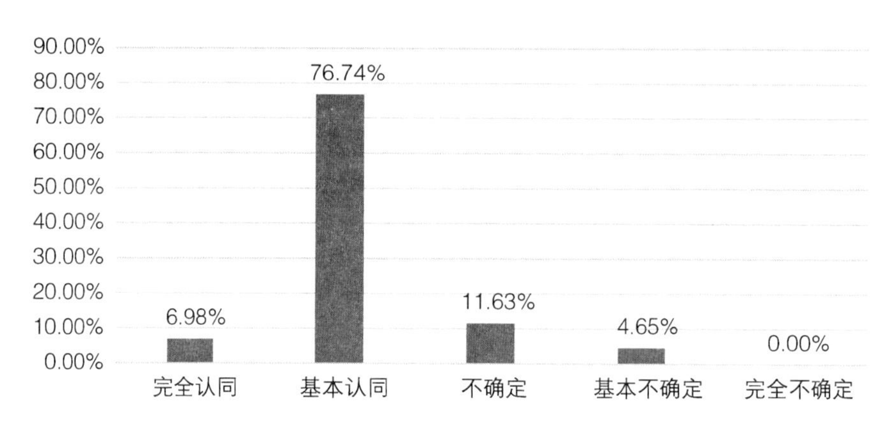

图6-9　交叉学科平台评价方法认同程度

四、评价标准整体认同程度较高，其中成果数量认同程度较低

在评价标准方面，主要涉及科研人才对科研成果的数量、科研成果的创新性、对国家和社会的实际贡献以及对本专业的实际贡献四条标准。目前教师对评价标准的整体认同程度较高，对以上四条标准的认同程度分别为62.79%、83.72%、83.72%和86.04%，其中对科研成果数量的认同程度相对较低，这也与目前教师科研评价的发展方向相一致，反对科研成果计数法。数量可以在一定程度上体现教师在这一时期内科学研究的成果，但对于部分需要较长产出周期的学科，单纯使用计数法会使教师产生挫败感，不利于教师的科研工作。

五、评价周期及结果应用认同程度均较高

在评价周期和评价结果应用方面，科研人才的认同程度均较高。在评价周期方面，目前我国高校交叉学科平台聘期考核和晋升考核周期均主要集中于3～4年和5～6年这两个时间，科研人才对于聘期考核和晋升考核周期的认同程度为分别为86.05%和71.43%，整体认同程度较高。在评价结果应用方面，聘期考核的评价结果主要应用于职称评定、教师续聘和工资核定，年度考核的评价结

果主要应用于职称评定、工资核定、教师奖励和教师续聘，科技人才对于评价结果应用的整体认同程度均高于 70%。见图 6-10 和图 6-11。

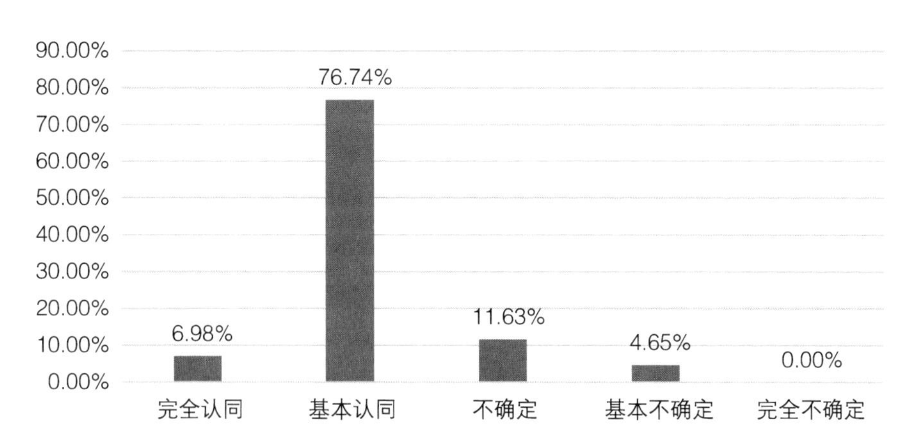

图 6-10 交叉学科平台评价周期(聘期考核)认同程度

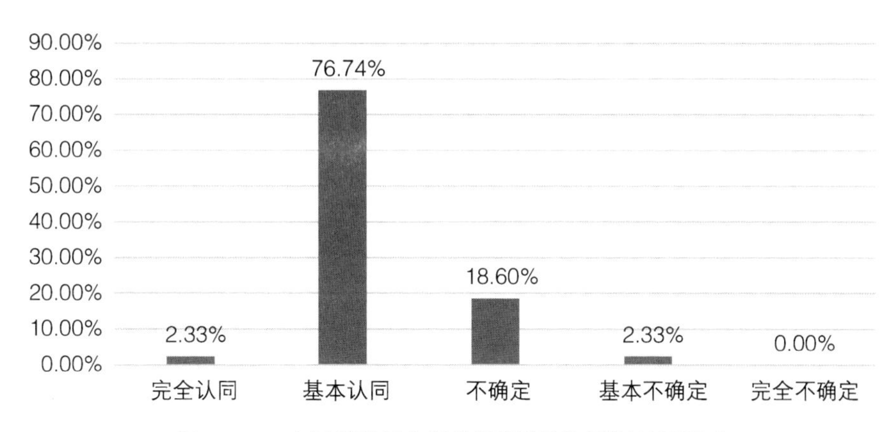

图 6-11 交叉学科平台评价周期(晋升考核)认同程度

六、评价指标认同存在学科差异

在评价指标方面，出于不同交叉学科领域之间学科特性的区别，其对于评价指标的认同具有一定的差异性。如对于本校自定权威期刊论文，文理交叉学科平台的教师的认同程度为 0，而理工交叉学科平台的教师的认同程度为 47.37%，医工交叉和医理交叉学科平台科研人才的认同程度为 33.33%。但也有一些共同指标，不同交叉学科领域的科研人才均对其有较高的认同程度，这一类指标往往是学界的权威指标，如对于 *Nature*、*Science*、*Cell* 等顶尖期刊论文，文理交叉学科平台科研人才的认同程度为 66.67%，理工交叉学科平台科研人才的认同程度为 73.68%，医理和医工交叉学科平台科研人才的认同程度为 71.19%。

（李晶，董彦邦，刘莉）

第七章

“双一流”建设高校科研人才评价政策认同建构研究

在“双一流”建设的背景下，激发科研人才的创新潜力与活力非常重要。科研评价政策具有引导性，是高校内部科研评价制度制定的基础与依据，与教师科研创新潜力与活力息息相关。因此，深化高校科研人才评价政策改革，提升高校科研人才对科研评价政策的认同程度，促进评价政策的有效实施，对政策目标的实现至关重要。为了推动政策的有效执行，提高政策实施效果，学者们提出了目标群体政策认同的改进措施。Heryani 通过对印尼某一工业政策的利益相关者进行访谈发现，政策执行者加强与政策目标群体之间的网络联系有助于政策的实施[①]。梁丽萍认为，政策过程的程序化是政策获得目标群体认同的制度保障，淡化公共管理过程中的命令色彩有助于公共行政实现从指导到信服的转变，政府要适当赋予长期处于被动执行政策状态的低层管理者一定的决策权，同时提高政策信息的公开化程度，保障公民的知情权，引导目标群体参与决策，从而构建目标群体与公共政策之间的良性关系[②]。王国红认为，要强化目标群体对政策的认同与支持，促进政策目标的顺利实现，则必须加强政策教化，协调利益关系，深化双向沟通，改进互动方式，注重奖惩相济，充分发挥目标群体在政策执行中的积极性[③]。杜凌坤提出要注重对目标群体合法利益的维护，加强政策宣传，引入公民参与，选择合适的政策执行手段，建立政策执行评价的多

① Heryani A. Local handicraft development policy implementation [C]//The First International Conference on Law, Business and Government Proceedings. Bandar Lampung: Bandar Lampung, 2013: 5 - 8.

② 梁丽萍.论公共政策与公众认同的互动与融合[J].中国行政管理,2006,22(07): 42 - 43.

③ 王国红.试论政策执行中的政策认同[J].湖南师范大学社会科学学报,2007,36(04): 46 - 49.

指标系统[①]。刘宇轩认为提升目标群体的政策遵从度需从程序正义、遵从动机以及执行环境三方面进行改进，在程序正义方面，需规范化目标群体参与政策的流程，改变被动或消极参与的状态，在遵从动机方面，需增强对目标群体公共理性的建构，增强目标群体的利他主义精神和辩证思维能力等，在执行环境方面，需营造目标群体与政策制定者和执行者之间的信任文化，提升目标群体的政策遵从水平[②]。本书在借鉴英国科研评价改革以及加拿大高层次科研人才遴选制度的经验基础上，对我国高校科研人才评价改革提出政策建议。

第一节　英国科研评价的变革[③]

英国科研评价（Research Assessment Exercise，RAE）开始于1986年，是“撒切尔计划中公共开支问责制的一部分”[④]。在过去的二十多年中，RAE分别于1986年、1989年、1992年、1996年、2001年、2008年开展了六次科研评价活动。每次科研评价都会在上一次的基础上对评价方法、程序和标准等进行一定的调整，2008年科研评价之后的改革幅度较大。RAE是建立在同行评议基础上的。由于同行评议的主观性，越有名的机构越容易在科研评价中获得较高的等级，获得的资助也越多，由此产生马太效应，使强者更强，弱者更弱，不利于新兴交叉学科的发展，也使一些新成立的大学感到困难重重。“一些新成立的大学指出，科研评价导致科研经费过于集中于某些学校，致使他们得不到必要的科研经费的支持，科研活动受到制约”[⑤]。鉴于此，“英国政府让高等教育基金会发展一个新的研究评价与资助框架，以更多地使用定量信息”[⑥]。为了减少同行评议的副作用，降低评价过程中产生的成本，英国高等教育基金委员会在2008年科研评价后决定采取新的科研评价体系——卓越研究框架（Research Excellence Framework，

---

① 杜凌坤.目标群体与政策执行有效性分析[J].法制与社会，2008，3(20)：256－257.
② 刘宇轩.浅论公共政策执行过程中目标群体的政策遵从[J].扬州职业大学学报，2015，19(03)：20－23.
③ 部分主要内容已经发表在《科学学与科学技术管理》2014年第2期上。
④ 马尔科姆·泰特，李梦洋.英国科研评估及其对高等教育的影响[J].北京大学教育评论，2012，10(03)：35－46.
⑤ 栾明香.英国高校科研评价政策及其借鉴意义[J].北京行政学院学报，2011，13(03)：107－110.
⑥ Consultation on the assessment and funding of higher education research post－2008[DB/OL].[2013－05－15]. http://webarchive.nationalarchives.gov.uk/20100202100434/http://www.hefce.ac.uk/pubs/hefce/2007/07_34/.

REF)。因此,从某种意义上说,从 RAE 到 REF 的变革是政府推动的结果。

一、卓越研究框架

卓越研究框架(REF)是评价英国大学科研质量的新体系,代替了 RAE,于 2014 年开始实施。根据 REF,科研评价要定期开展,英国每所大学的院系都要依据国际标准评比,以评价研究质量[①]。通过 REF,英国高等教育基金委员会旨在发展和维持一个充满活力和国际竞争力的研究部门,并使他们对经济繁荣、人民幸福、知识的扩张和传播做出重要贡献[②]。REF 的科研评价"是其他国家(澳大利亚、美国和欧洲其他国家)的范例"[③]。事实上,REF 已经引发了全球效应:澳大利亚、芬兰以及斯堪的纳维亚等国家纷纷效仿;法国和德国也通过大规模的改革逐步走上与英国相同的轨道;著名的欧洲研究委员会也在积极追求定量评价[④]。

2014 年,英国开始第七轮大学科研评价,使用 REF 来评价 2008—2013 年英国大学的科研。REF 的评价标准、方法等公布在其官网上。REF 将研究定义为"形成新见解和有效分享的调查过程",包括与商业、工业需要直接相关的工作,与公共和自愿部门需要直接相关的工作;学术;思想、图像、行为、人工制品的产生与发明,包括导致新的或明显改善的见解的设计;试验发展中现有知识的使用产生的新的或实质性改进的材料、仪器、产品或过程,包括设计和建设。研究包括已出版、传播,或以可评价的形式公之于众的研究成果和机密报告。研究不包括常规的实验和对材料、成分过程的常规分析,比如维护国家标准,与新的分析技巧的发展不同;也不包括那些不能体现原创性研究的教学材料的发展[⑤]。

(一) 评价组织

REF 是一个专家评价过程,以学科为基础的专家组评价高等教育机构在 36

① Metrics and the research evaluation framework[DB/OL].[2013-05-05]. http://www.simondobson.org/2011/07/metrics/.

② Metrics and the research evaluation framework[DB/OL].[2013-05-05]. http://www.simondobson.org/2011/07/metrics/.

③ UK research evaluation framework: Validate metrics against panel rankings[DB/OL].[2013-06-15]. http://openacc-ess.eprints.org/index.php?/archives/333-UK-Research-Eval-uation-Framework-Validate-Metrics-Against-Panel-Rankings.html.

④ 宋丽萍.REF 与科研评价趋向[J].图书情报工作,2011(22):60-63.

⑤ Assessment framework and guidance on submissions (updated to include addendum published in January 2012)[DB/OL].[2013-05-05]. http://www.ref.ac.uk/media/ref/content/pub/assessmentframeworkandguidanceonsubmissions/02_11.pdf.

个评价单元(Units of Assessment, UoA)中提交资料。REF 设置 4 个主专家组。每个主专家组(Main Panels)下设若干子专家组(Sub-panels),见表 7-1。4 个主专家组将负责制定专家标准和工作方法,以确保遵守已发布的程序,整体评价标准的一致应用,并签署评价结果。专家组成员被 4 个英国资助机构通过公开提名的方式任命[①]。子专家组在 4 个主专家组的领导和指导下工作。每一个评价单元的子专家组对提交的材料展开详细的评价。REF 努力保证主专家组和子专家组的成员由具有从事、管理和评价高质量研究经验的个人及来自公立、私立、第三方机构的参与研究影响评价的高水平专家组成[②]。

表 7-1 4 个主专家组包含的子专家组

主专家组	子专家组
主专家组 A	临床医学;公共卫生、医疗服务和初级保健;联合健康专业、牙科、护理和药学;心理学、精神病学和神经科学;生物科学;农业、兽医与食品科学
主专家组 B	地球系统与环境科学;化学;物理学;数学;计算机科学和信息;航空、机械、化工、制造工程;电气与电子工程、冶金与材料;土木建设工程;通用工程
主专家组 C	建筑学、建筑环境与规划;地理、环境研究和考古学;经济学和计量经济学;商业及管理学;法律;政治和国际研究;社会工作与社会政策;社会学;人类学和发展研究;教育;体育和运动科学、休闲和旅游
主专家组 D	区域研究;现代语言和语言学;英语语言文学;历史;经典;哲学;神学和宗教研究;艺术与设计;历史、实践和理论;音乐、戏剧、舞蹈和表演艺术;通讯、文化和媒体研究、图书馆和信息管理

资料来源:History of the development of the framework[DB/OL]. http://www.sfc.ac.uk/funding/FundingOutcomes/Research/ResearchExcellence/REFHistory.aspx.

(二) 资料提交

高等教育机构提交的材料主要包括 5 部分:① 人员信息。人员分为 A 和 C 两类。A 类人员是指高等教育机构中的研究人员,他们只从事科研或者教学与科研并重。C 类人员是指高等教育机构以外从其他组织聘用的从事研究的人

① Assessment framework and guidance on submissions (updated to include addendum published in January 2012)[DB/OL].[2013-05-05]. http://www.ref.ac.uk/media/ref/content/pub/assessmentframeworkandguidanceonsubmissions/02_11.pdf.

② Assessment framework and guidance on submissions (updated to include addendum published in January 2012)[DB/OL].[2013-05-05]. http://www.ref.ac.uk/media/ref/content/pub/assessmentframeworkandguidanceonsubmissions/02_11.pdf.

员。② 研究产出。评价时段内(2008.1.1—2013.12.31)发表的出版物及其他可以评价研究的产出详情。每位研究人员最多提交4个成果。③ 影响模板和个案研究。描述评价时段内(2008.1.1—2013.12.31)被评单位使研究产生影响的方法的完整模板以及1993年1月1日至2013年12月31日这段时间的卓越研究产生影响的具体例子的个案研究。影响模板包括以下部分：背景;在评价时段内机构产生影响的方法;支持影响的战略和计划;机构的影响方法以及提交个案之间的关系。④ 环境资料。研究型博士学位授予的资料及2008年8月1日至2013年7月31日这段时间内获得的相关研究经费。⑤ 环境模板。描述2008年1月1日至2013年7月31日研究环境的完整模板。每份提交的材料必须包括一份单一的完整表格,该表格由以下部分组成：概况;研究战略;研究人员(包括人事战略和员工发展,研究学生);收入,基础设施和设备;合作与对学科的贡献。

(三) 评价标准和等级

从RAE到REF的转变突出表现在评价框架的变化上。2014年从仅仅注重科研产出质量转变为以科研产出质量(65%)为主,同时重视影响(20%)和环境(15%)。这三大方面以质量为核心,从低到高分别给予5个等级：无分类、一星、二星、三星、四星[①]。

所有子专家组使用通用的评价标准,并在共同的评价框架下运行。每个主专家组要为子专家组研究一套通用的标准和工作方法。REF的通用评价标准包括产出、影响和环境[②]。

产出：子专家组从原创性、重要性、严谨性的角度,参照国际研究质量标准来评价研究产出。这个指标在总的评价体系中占65%的权重[③]。在RAE中,产出质量建立在同行评议的基础上,而在REF中,是专家评价[④]。

---

① Assessing Europe's university-based research[DB/OL].[2013-05-05]. http://ec.europa.eu/research/era/docs/en/areas-of-ac-tions-universities-assessing-europe-university-based-research-2010-en.pdf.

② Assessment framework and guidance on submissions (updated to include addendum published in January 2012)[DB/OL].[2013-05-05]. http://www.ref.ac.uk/media/ref/content/pub/assessmentframeworkandguidanceonsubmissions/02_11.pdf.

③ Assessment framework and guidance on submissions (updated to include addendum published in January 2012)[DB/OL].[2013-05-05]. http://www.ref.ac.uk/media/ref/content/pub/assessmentframeworkandguidanceonsubmissions/02_11.pdf.

④ It's evolution, not revolution for REF[DB/OL].[2013-06-05]. http://www.timeshighereducation.co.uk/408395.article.

影响：子专家组评价被评机构从事的卓越科学研究对经济、社会、文化影响的程度和重要性。这个指标在总的评价体系中占20%的权重①。评价每个个案内描述的影响时，专家组对作为一个整体的科学研究影响的程度和重要性形成总体看法，而不是分别评价程度和重要性。评价影响模板时，专家组考虑模板中描述机构的方法在多大程度上有利于实现程度和重要性的影响。

环境：子专家组从活力和可持续性角度评价研究环境，包括对广泛的学科和研究基础的活力和可持续性的贡献。这个指标在总的评价体系中占15%的权重②。专家组考虑提交单位的活力和可持续性，以及对更广泛的研究基础的活力和可持续发展方面的贡献。子专家组为每个元素（产出、影响和环境）制定一个子概况，表明满足每一个等级质量标准的提交材料的比例。总的质量概况及各子概况中每个等级的定义见表7-2。

表7-2 评价标准和等级定义

等级	总的质量概况	产出子概况	影响子概况	环境子概况
四星	在原创性、重要性、严谨性方面的质量都是世界领先的	在原创性、重要性、严谨性方面的质量都是世界领先的	在程度和重要性方面的影响杰出	在活力和可持续性方面，环境有利于产生世界领先质量的研究
三星	在原创性、重要性、严谨性方面的质量在国际上是卓越的，但是没有达到卓越的最高标准	在原创性、重要性、严谨性方面的质量在国际上是卓越的，但是没有达到卓越的最高标准	在程度和重要性方面的影响非常明显	在活力和可持续性方面，环境有利于产生国际卓越质量的研究
二星	在原创性、重要性、严谨性方面的质量在国际上得到认可	在原创性、重要性、严谨性方面的质量在国际上得到认可	在程度和重要性方面的影响相当大	在活力和可持续性方面，环境有利于产生国际认可的质量研究

① Assessment framework and guidance on submissions (updated to include addendum published in January 2012)[DB/OL].[2013-05-05]. http://www.ref.ac.uk/media/ref/content/pub/assessmentframeworkandguidanceonsubmissions/02_11.pdf.

② Assessment framework and guidance on submissions (updated to include addendum published in January 2012)[DB/OL].[2013-05-05]. http://www.ref.ac.uk/media/ref/content/pub/assessmentframeworkandguidanceonsubmissions/02_11.pdf.

续 表

等级	总的质量概况	产出子概况	影响子概况	环境子概况
一星	在原创性、重要性、严谨性方面的质量在国内得到认可	在原创性、重要性、严谨性方面的质量在国内得到认可	在程度和重要性方面产生了被认可的、适度的影响	在活力和可持续性方面，环境有利于产生国内认可的质量研究
没有	质量没有达到国内认可的分类工作标准，或者工作不符合为这次评价发布的研究定义	质量没有达到国内认可的工作标准，或者工作不符合为这次评价发布的研究定义	在程度和影响方面没有影响；或者影响不合格；或者影响没有得到提交单位卓越研究的支撑	在活力和可持续性方面，环境不利于产生国内认可的质量研究

资料来源：Assessment framework and guidance on submissions (updated to include addendum published in January 2012), http://www.ref.ac.uk/media/ref/content/pub/assessmentframeworkandguidanceonsubmissions/0211.pdf.

（四）评价结果

子专家组在所有提交的证明材料基础上，运用专业的判断对每份提交的材料形成一份质量概况。三个子概况被整合成一份总的质量概况。评价的基本结果是给每份提交的材料总的质量概况①。这份总的质量概况结果发给每个提交单位，它是 REF 的基本结果。以概况的形式提交结果，确保在评价结果范围被鉴别②。

REF 的主要评价结果是每份提交材料有个总体质量概况，并于 2014 年 12 月公布。质量概况展示被评价的活动满足四个星级质量水平的比例。除了质量概况，基金委员会公布每个提交机构的全日制教师数，进一步的报告和反馈将在 2015 年初得到，评价结果还期望包括以下内容③：① 每个主要专家组发布一份

① Assessment framework and guidance on submissions (updated to include addendum published in January 2012)[DB/OL].[2013-05-05]. http://www.ref.ac.uk/media/ref/content/pub/assessmentframeworkandguidanceonsubmissons/02_11.pdf.

② Assessment framework and guidance on submissions (updated to include addendum published in January 2012)[DB/OL].[2013-05-05]. http://www.ref.ac.uk/media/ref/content/pub/assessmentframeworkandguidanceonsubmissons/02_11.pdf.

③ Assessment framework and guidance on submissions (updated to include addendum published in January 2012)[DB/OL].[2013-05-05]. http://www.ref.ac.uk/media/ref/content/pub/assessmentframeworkandguidanceonsubmissions/02_11.pdf.

报告，在其职权范围内确认工作方法并提供观察研究状况的概况(长处、短处、活动的活力、已经产生影响的范围)。这些报告包括每个子专家组提交的部分。② 对每份提交材料给予简要反馈，总结质量概况的原因。这个反馈将被送到有关机构的领导那里。关于联合提交，反馈将悄悄地提供给所有相关机构的领导。③ 每份提交材料的产出、影响和环境子概况结合起来产生总的质量概况。总的质量概况提交给机构领导，然后发布。④ 子专家组和主专家组在 REF 评价阶段的会议记录会被发布，以提供给公众一份专家组如何开展工作的记录。⑤ REF 管理人员的报告，详细解释过程是以怎样的运行方式管理的。⑥ REF 平等和多样化专家组的报告，详细解释了工作方法及在 REF 中实施平等措施的观察。

二、REF 对 RAE 的继承

从 RAE 到 REF，尽管评价框架发生了很大的变化，但是 REF 和 RAE 在很多方面还是一脉相承的，主要表现在以下五个方面：

(一) 中介评价

英国政府不直接进行大学科研评价，而是委托中介机构——高等教育基金委员会对大学科研进行评价。这是从 RAE 到 REF 都没有改变的。REF 是评价英国大学科研质量的新体系，是由英国四个高等教育资助机构：英格兰高等教育基金会(HEFCE)、苏格兰基金会(SFC)、威尔士高等教育基金会(HEFCW)以及北爱尔兰就业与学习部(DEL)共同开展的[①]。

(二) 评价目的相同

从 RAE 产生的背景、几次结果的使用来看，RAE 的结果是其政府分配研究经费的重要依据。这一点，REF 与其是相同的。REF 指出：2014 年 REF 的基本目标是为每一个提交材料的机构提供评价结果；使用评价结果选择性地分配研究经费(2015—2016)；评价为投入研究中的公共资金提供问责，为公共投资产生的益处提供证据；评价结果提供基准信息，建立声誉尺度[②]。

---

① Assessment framework and guidance on submissions (updated to include addendum published in January 2012)[DB/OL].[2013-05-05]. http://www.ref.ac.uk/media/ref/content/pub/assessmentframeworkandguidanceonsubmissions/02_11.pdf.

② Assessment framework and guidance on submissions (updated to include addendum published in January 2012)[DB/OL].[2013-05-05]. http://www.ref.ac.uk/media/ref/content/pub/assessmentframeworkandguidanceonsubmissions/02_11.pdf.

（三）重视产出质量

英国 RAE 不要求科研成果的数量，只要求科研人员最多提供 4 份有代表性的科研成果。在 REF 中，要求每位研究人员最多提交 4 个最有代表性的成果，并将从原创性、重要性和严谨性三个方面评价。

（四）以国际标准为标杆

RAE 一直把国际标准作为重要的科研评价标准，这在 2001 年和 2008 年的科研等级标准中表现得非常明显，“研究活动质量一半以上达到国际领先水平”（2001）为最高等级。REF 则规定“在原创性、重要性、严谨性方面的质量都是世界领先”为最高等级。

（五）遵循公正、平等、透明的原则

RAE 评价一直努力遵循公正、平等、透明的原则。现在仍能从其网站上看到 1992 年、1996 年、2001 年、2008 年最近四次当年使用的评价标准、程序、方法以及评价结果等文件。REF 的指南中列出以下原则管理 REF 的行为[①]：公正，所有学科所有类型的研究和各种形式的研究成果应在公平和平等的基础上进行评价；平等，强烈鼓励高等教育机构提交他们所有优秀研究人员的工作；透明，评价过程和结果公布都较好地体现了透明性。

三、REF 在科研评价上的新探索

英国大学科研评价在传承传统的基础上，进行了新的探索。主要表现在以下三个方面。

（一）引入对影响的评价

影响指标首次作为一个独特的元素被引进研究评价，符合政府所谓的“经济—影响力”议程[②]。评价影响“将要求额外的工作，又要考虑这将会造成一定程度的负担，但同时会提供额外的收益”[③]。“影响”将被子专家组仅用于评价高质量研究。影响必须在 REF 评价周期内非常明显，虽然研究可能是在 10～15

---

① Assessment framework and guidance on submissions (updated to include addendum published in January 2012)[DB/OL].[2013-05-05]. http://www.ref.ac.uk/media/ref/content/pub/assessmentframeworkandguidanceonsubmissions/02_11.pdf.

② It's evolution, not revolution for REF[DB/OL].[2013-06-05]. http://www.timeshighereducation.co.uk/408395.article.

③ Research excellence framework sector impact assessment[DB/OL].[2013-05-05]. http://www.ref.ac.uk/media/ref/content/background/REF_SIA_final.pdf.

年前开展的。使用学科的个案研究以及学科提供的影响报告书进行评价①。REF"影响"的通用定义是：提交影响个案的研究和一个完整的影响模板、相关的资格准则、通用评价标准和等级定义。子专家组将依据这个框架来评价影响。

REF把影响定义为学术界以外对经济、社会、文化、公共政策或服务、健康、环境或生活质量产生的效果、变化或收益②。影响包括效果、变化或收益：活动、态度、意识、行为、能力、机会、业绩、政策、实践、过程或理解；观众、受益人、社区、选区、组织或个人；在任何地理位置，无论在本地、区域、国家或国际。影响包括减少或预防伤害、风险、成本或其他的负面影响。对其他高等教育内部的影响，包括对学生和教学的影响。影响不包括对研究的影响及高等教育系统内学术知识的进步，也不包括对提交材料的高等教育机构内学生、教学以及其他活动产生的影响。

为了将影响作为REF的实质性元素，高等教育基金委员在地球系统与环境科学、物理、临床医学、英语语言文学、社会工作与社会政策等5个领域内开展试评价，以检验和完善评价影响的机制。试评价涉及29个大学，试评价的结论使用与试评价中相似的机制去评价研究有广泛的益处，评价方法已经被纳入框架③。2010年，REF小组开展了一个试评价以检验和发展REF评价影响的方法。2011年3月，高等教育基金宣布在REF开展影响评价及赋予其权重的决定④。

评价影响需要提交的申请至少提交两个案例：一个个案研究和一个深入的个案研究。个案研究要求使用有字数限制的通用模板。这样的设计使机构能通过叙述清晰地解释影响。叙述包括适合案例的指标和证据。模板包括以下信息：基础研究及其质量的证据、提交机构的研究对影响或收益做出贡献的方式、影响或收益的性质和程度、引用能被核查的独立来源⑤。

---

① It's evolution, not revolution for REF[DB/OL].[2013-06-05]. http://www.timeshighereducation.co.uk/408395.article.

② Assessment framework and guidance on submissions (updated to include addendum published in January 2012)[DB/OL].[2013-05-05]. http://www.ref.ac.uk/media/ref/content/pub/assessmentframeworkandguidanceonsubmissions/02_11.pdf.

③ History of the development of the framework[DB/OL].[2013-05-05]. http://www.sfc.ac.uk/funding/FundingOutcomes/Research/ResearchExcellence/REFHistory.aspx.

④ REF2014 background[DB/OL].[2013-05-05]. http://www.ref.ac.uk/background/.

⑤ Decisions on assessing research impact[DB/OL].[2013-05-05]. http://www.ref.ac.uk/media/ref/content/pub/decisionsonassessingresearchimpact/01_11.pdf.

（二）文献计量指标的使用

英国这次科研评价改革"最大的变化是采用了文献计量指标，并弱化同行评议对评价结果的影响"[①]。REF更多地建立在计量指标上[②]，同行评议只占很小的比重[③]。英国大学科研评价体系从基于同行评议的RAE变革为基于文献计量的REF[④]，《高等教育纪事报》(*Times Higher Education*)评论说这是"进化而不是革命"[⑤]。它类似于一个以同行评议为基础的RAE的演变，而不是以计量为基础的革命[⑥]。英国高等教育委员会(HEFCE)建议通过使用研究的引用来明显减轻同行评价的负担，同时保留强大的对质量的判断是几乎不兼容的目标[⑦]。

探索使用计量指标，如在2008—2009年的试评价中使用过以一篇论文的被引次数作为质量评价的方法。试评价的结果表明：在REF中仅用计量指标不足以代替专家同行评议。但在一定范围内，至少在一些学科，引用信息可以用来作为专家评价的补充[⑧]。

（三）重视对跨学科研究或合作研究的评价

RAE时期已经注意到了对跨学科研究的评价问题。2008年RAE对程序进行了大量的完善以评价跨学科研究。REF在此基础上进行了发展：① REF鼓励一个评价单元内的两个或两个以上机构联合提交材料，这是描述已经开展的合作研究最合适的方式；② 如果研究人员共同撰写或联合研制的成果被列在一个以上提交材料里的话，将与其他成果一样在平等的基础上被评价；③ 在环境模板内，机构应该提供给他们如何支持跨学科和合作研究的信息。专家将给

① 施筱勇.英国高等院校科研质量评价制度研究[J].中国科技论坛，2009(5)：135-139.

② Research evaluation in the UK：the RAE and the REF[DB/OL].[2013-06-01].http://www2.lingue.unibo.it/evaluationinthehumanities/Research%20Evaluation%20in%20the%20UK%20the%20RAE%20and%20the%20REF.pdf.

③ Research evaluation in the UK：the RAE and the REF[DB/OL].[2013-06-01].http://www2.lingue.unibo.it/evaluationinthehumanities/Research%20Evaluation%20in%20the%20UK%20the%20RAE%20and%20the%20REF.pdf.

④ 宋丽萍.REF与科研评价趋向[J].图书情报工作，2011(22)：60-63.

⑤ It's evolution，not revolution for REF[DB/OL].[2013-06-05]. http://www.timeshighereducation.co.uk/408395.article.

⑥ It's evolution，not revolution for REF[DB/OL].[2013-06-05]. http://www.timeshighereducation.co.uk/408395.article.

⑦ It's evolution，not revolution for REF[DB/OL].[2013-06-05]. http://www.timeshighereducation.co.uk/408395.article.

⑧ History of the development of the framework[DB/OL].[2013-05-05]. http://www.sfc.ac.uk/funding/FundingOutcomes/Research/ResearchExcellence/REFHistory.aspx.

出合适的分数，以表明这些安排已经提高了研究环境的有效性与可持续性，或者提交单位提供了更广泛的研究基础；④ 凡提交的影响是以合作研究为基础的，每个提交单位都可以提交影响，因为他们的研究对影响做出了独特而重大的贡献[①]。

四、REF2021 的新变化

科研卓越框架 2021 的主要目的是根据各个院校提交的科研材料生成评价结果，四个高等教育资助机构利用该结果为 2022—2023 年期间如何对研究机构进行研究拨款提供数据支持；研究结果对研究领域的公共投资提供问责制，并提供证据证明这项投资产生的影响和收益；此外评价结果还为每个学科提供基准信息并建立声誉标准，为高等教育部门和其他公共部门提供信息服务[②]。

相较于 REF2014，REF2021 发生了一些核心变化，包括对评价单元进行精简化，由 36 个评价单元减少至 34 个评价单元；2021 年 REF 评价指标仍延续 2014 年的指标，但对权重进行了调整，科研产出 60%、科研影响力 25%和科研环境 15%；科研产出的提交要求也发生变化，A 类研究人员的全时工作量(Full-time equivalent, FTE)决定了提交成果的数量，科研产出总数要等于单位全时工作量的 2.5 倍，每名合格的研究人员至少提交一到五项科研产出[③]。REF2021 评价指标及内容见表 7－3。

表 7－3 英国 REF2021 评价指标及内容

评价指标	权重占比	评价内容	评价标准
科研产出	60%	出版物(期刊论文、专著等)、被引次数、设计作品、展览或者其他人工制品等	原创性、重要性和严谨性
科研影响力	25%	对学术界以外的经济、社会、文化、公共政策或服务、健康、环境或生活质量等方面产生的影响	影响范围和重要性

① Assessment framework and guidance on submissions (updated to include addendum published in January 2012)[DB/OL].[2013－05－05]. http://www.ref.ac.uk/media/ref/content/pub/assessmentframeworkandguidanceonsubmissions/02_11.pdf

② Imperial College London. Research Excellence Framework (REF)[EB/OL].[2020－07－15].https://www.imperial.ac.uk/research-and-innovation/about-imperial-research/ref/code-of-practice/introduction/.

③ HEFCE. Guidance on submissions of REF2021[EB/OL].[2020－07－15]. https://www.ref.ac.uk/media/1092/ref－2019_01－guidance-on-submissions.pdf.

续 表

评价指标	权重占比	评 价 内 容	评价标准
科研环境	15%	科研发展环境、科研资源(科研人员、科研经费、科研设备)、科研管理制度、基础设施等	活力和可持续性

资料来源：REF2021.https://www.ref.ac.uk/media/1084/ref-2019_02-panel-criteria-and-working-methods.pdf.

(一) 精简评价单元

REF2021 基于学科的性质和特点对评价单元再次进行精简化，将评价单元由 2014 年的 36 个减少到 34 个，并基于学科差异性的考虑，形成 A、B、C、D 四个主专家组，四个主要学科小组下又设立具体的 34 个子专家组以及 34 个评价单位，承担评价任务①。四个大学科组基本涵盖了英国目前科研重点发展的主要领域，学科类别，见表 7-4。

表 7-4 研究卓越框架 2021 评价单元

学科大类	学科数量	学 科
A 组	6	临床医学；公共卫生、保健服务和初级保健；联合健康专业、牙科、护理和药学；心理学、精神病学和神经科学；生物科学；农业、兽医和食品科学
B 组	6	地球系统与环境科学；化学；物理；数学科学；计算机科学与信息；工程学
C 组	12	建筑、建筑环境和规划；地理与环境研究；考古学；经济学和计量经济学；商业和管理研究；法律；政治和国际研究；社会工作和社会政策；社会学；人类学与发展研究；教育；体育和运动科学、休闲和旅游
D 组	10	区域研究；现代语言和语言学；英语语言和文学；历史；古典；哲学；神学和宗教研究；艺术与设计：历史、实践和理论；音乐、戏剧、舞蹈、表演艺术、电影和银幕研究；传播、文学和媒体研究、图书馆和信息管理

资料来源：REF2021.https://www.ref.ac.uk/panels/units-of-assessment/.

① HEFCF. Panel Criteria and Working Methods[EB/OL].[2020-07-15]. https://www.ref.ac.uk/panels/.

REF2021 的评价过程以专家评审为基础，每个子专家组根据评价标准和级别定义审查所属评价单位提交的材料，重点核对所提供的证据，并对这些材料进行专业判断和形成整体的评价意见，然后向主专家组组提交总体质量意见书①。主专家组组负责监督评价，确保评价准则和标准得到一致应用。他们负责签署子学科小组推荐的结果。主专家组包括国际成员，为国际标准基准提供保证。四个主专家组共设四位主要专家组主席（Main Panel Chairs），分别是 A 组医学、健康和生命科学布里斯托尔大学卫生专业副校长约翰·埃雷代尔教授；B 组物理科学、工程和数学伦敦大学学院副校长大卫·普莱斯教授；C 组社会科学社会政策教授、巴斯大学前研究专业副校长简·米勒·奥贝教授；D 组艺术和人文学科利物浦大学研究与影响专业副校长黛娜·伯奇教授②。整个评价过程是专业且保持客观公正的。

（二）评价指标重视科研影响力

在对评价单元总体质量进行评价时，专家组将依据“科研产出（output）”“科研影响力（impact）”和“科研环境（environment）”三个维度评价各机构的科研能力，并分别赋予每个维度 60%、25%和 15%的权重值③。具体评价指标及内容见表 7-5。相较于 2014 年，REF2021 科研产出指标的权重由 2014 年的 65%降低至 60%，此外在科研产出提交数量方面也提出了要求。每份提交的材料中需要包含一定数量的研究成果项目，A 类研究人员的全时工作量（Full-time equivalent，FTE）决定了提交成果的数量，科研产出总数要等于单位全时工作量的 2.5 倍④。A 类人员指高等教育机构中的研究人员，他们只从事科研或者教学与科研并重。REF2021 的基本原则是，对于每个学科，所有类型的研究和各种形式的研究成果都应在公正和平等的基础上进行评价。各小组按照确定的标准并采取评价程序，以使他们能够认可和平等对待卓越的研究，并在跨学科和合作研究等不同形式的研究工作中确定卓越性的同时，不偏重任何一种形式⑤。

---

① 胡科，陈武元，段世飞.英国高校科研评估改革的新动向——基于“科研卓越框架 2021”的分析[J].中国高教研究，2019(08)：54-61.

② HEFCF. Panel membership[EB/OL].[2020-07-15]. https://www.ref.ac.uk/panels/panel-membership/.

③ HEFCE. Panel criteria and working methods of REF2021[EB/OL].[2020-07-15]. https://www.ref.ac.uk/media/1084/ref-2019_02-panel-criteria-and-workingmethods.pdf.

④ HEFCE. Guidance on submissions of REF2021[EB/OL].[2020-07-15]. https://www.ref.ac.uk/media/1447/ref-2019_01-guidance-on-submissions.pdf.

⑤ 王楠，张莎.构建以跨学科和社会影响为导向的科研评估框架——基于英国“科研卓越框架”的分析[J].中国高教研究，2021(08)：71-77.

表 7－5 英国 REF2021 评价指标及内容

评价指标	权重占比	评价内容	评价标准
科研产出	60%	出版物(期刊论文、书籍、专著)、被引次数、设计作品、展览或者其他人工制品等	原创性、重要性和严谨性
科研影响力	25%	对学术界以外的经济、社会、文化、公共政策或服务、健康、环境或生活质量等方面产生的影响	影响范围和重要性
科研环境	15%	科研发展环境、科研资源(科研人员、科研经费、科研设备)、科研管理制度、基础设施等	活力和可持续性

资料来源：REF2021 官网，https://www.ref.ac.uk/media/1084/ref－2019_02－panel-criteria-and-working-methods.pdf.

科研影响指标权重由之前的 20%提高到 25%，体现了新的评价体系对科研影响评价的重视。科研影响指标要求参评学科利用案例研究(case studies)和影响力陈述(impact template)这两种方法阐明学科的影响力，评审专家从影响的"范围(reach)"和"重要性(significance)"这两方面对每份案例和陈述进行评价[①]。科研环境指标主要考虑研究战略、基础设施和环境，包括研究收入和每年度授予博士研究生学位的数量等内容。

五、REF 存在的问题

REF 虽然在 RAE 的基础上进行了很多新的探索和尝试，也努力避免 RAE 出现的一些问题，但仍然不可能是完美无缺的。尽管 REF 尚未实施，但是已经引发了一些讨论和质疑。

(一) 大学面临的风险

伦敦大学教育研究所教授皮特·斯科特(Peter Scott)指出，对于评价研究表现的新制度如何运行知之甚少，这意味着大学将面临很高的风险。新制度能够改变大学思考研究的方式[②]。REF 可能重新激发关于大学的研究。结果很难预测，这

① 刘兴凯，左小娟.英国大学科研影响力评估机制及其启示[J].中国高教研究，2015(08)：67－71＋75.

② The Guardian, The research excellence framework could kill off some departments, Monday 5 March 2012[EB/OL]. http://www.guardian.co.uk/education/2012/mar/05/research-excellence-framework-peter-scotton.co.uk/408395.article.

增加了一个惊喜(和运动)。规则已经改变,就意味着玩游戏有危险。结果可能产生一个更开放的、有更多卓越维度的研究系统①。因此,在未来10年,REF将有更多的风险。这些风险要远大于世界一流大学的命运,或者顶尖教授的命运,甚至成百上千大学院系的命运。此外,在危急关头,可能产生一种全新思考和做研究的方式②。皮特指出,REF将会让一些系消失③。顶尖或一流大学将首先从研究角度进行定义,然后才是吸引最优秀学生的能力。最优秀的学生被吸引到顶尖的研究型大学里④。对于系来说,不仅学术自尊,还有学术可持续性,甚至生存都会有危险⑤。科研评价制度(RAE/REF)被认为对小型的院系、新兴学科、应用学科和跨学科研究不利,即使在学科内部,也有特定的学科领域和研究方法更容易得到支持⑥。

(二)忽视教学

英国曼彻思特大学社会人类学教授彼得·韦德(Peter Wade)指出,REF对影响的狭隘定义忽略了与大学的社会影响有关的教学的历史作用⑦。REF影响的定义对日常教学事务的忽视是很明显的,然而教学是几百年来很多郡都非常关心的,也被理解为与大学广泛的社会影响相关。这种担忧现在好像被抛给了市场,像是一个被管制的、被REF狭隘影响定义驱动的介于教学和研究之间的楔子⑧。

---

① It's evolution, not revolution for REF[DB/OL].[2013-06-05]. http://www.timeshighereducation.co.uk/408395.article.

② The Guardian, The research excellence framework could kill off some departments, Monday 5 March 2012[EB/OL]. http://www.guardian.co.uk/education/2012/mar/05/research-excellence-framework-peter-scotton.co.uk/408395.article.

③ The Guardian, The research excellence framework could kill off some departments, Monday 5 March 2012[EB/OL]. http://www.guardian.co.uk/education/2012/mar/05/research-excellence-framework-peter-scotton.co.uk/408395.article.

④ The Guardian, The research excellence framework could kill off some departments, Monday 5 March 2012[EB/OL]. http://www.guardian.co.uk/education/2012/mar/05/research-excellence-framework-peter-scotton.co.uk/408395.article.

⑤ The Guardian, The research excellence framework could kill off some departments, Monday 5 March 2012[EB/OL]. http://www.guardian.co.uk/education/2012/mar/05/research-excellence-framework-peter-scotton.co.uk/408395.article.

⑥ The Guardian, The research excellence framework could kill off some departments, Monday 5 March 2012[EB/OL]. http://www.guardian.co.uk/education/2012/mar/05/research-excellence-framework-peter-scotton.co.uk/408395.article.

⑦ The REF's narrow definition of impact ignores historical role of teaching in relation to the social impact of the university[DB/OL]. http://blogs.lse.ac.uk/impactofsocialsciences/2013/04/12/ref-impact-the-state-and-the-universities-historical-perspectives/.

⑧ The REF's narrow definition of impact ignores historical role of teaching in relation to the social impact of the university[DB/OL]. http://blogs.lse.ac.uk/impactofsocialsciences/2013/04/12/ref-impact-the-state-and-the-universities-historical-perspectives/.

（三）耗时耗力

RAE实施过程中另一个非常突出的缺陷是将耗费大量的时间。RAE使用专家组评价，使整个英国的研究界浪费了大量的时间和精力[①]。RAE每3～5年开展一次，高校在一次评价后就得开始准备下一轮的评价，耗费了大量的时间和精力。“2008年的科研评价中，学校提交申请材料的截止日期是2007年11月30日，而评价结果整整拖了一年多，直到2008年12月18日才最终揭晓。学校和教师花费了大量的时间和精力整理材料、填写申请。REF努力克服RAE的不足，REF与2008年RAE的不同也包括一些细节性的资料要求和界定，如评价单元子专家组从67个减少到36个，主要专家组从15个减少到4个。但是科研卓越框架仍然耗时耗力。有人甚至批评说，学校在提交科研成果时，还得专门请人写“影响”。

（四）学科差异的问题仍需探索

REF由一个单一的框架组成，主要在同行评议的基础上评价所有学科的研究。在REF建立过程中，曾计划建立分类评价的机制，将所有学科分为科学和其他科学两大类。在科学类学科中，将比RAE更大程度地使用计量指标。建立一个评价所有学科的系统，将比双层系统更适合，当然在不同的专家组内部会有一些适当的变化[②]。但在REF的分类评价中仍然没有实现。

（五）鼓励短期的、容易量化的科研产出

REF采用计量指标后，由于计量指标的局限，也引起了一些担忧。兰卡斯特大学教育研究系教授马尔科姆·泰特指出，REF鼓励短期的和容易产生可量化成果的研究，而不鼓励长期的尤其是成果和影响难以提前度量的研究[③]。科研评价对科研工作的导向作用不可忽视，这种担忧不无道理。

综上所述，英国大学科研评价的卓越框架尽管没有完全解决RAE的问题，但还是做了一些新的探索和尝试，尽管也有一些不尽如人意的地方，但是却在科研评价方面有了一些新的突破，是在探索中前进的。科研评价本来就是一个比

---

① UK research evaluation framework: Validate metrics against panel rankings[DB/OL].[2013-06-15]. http://openacc-ess.eprints.org/index.php?/archives/333-UK-Research-Evaluation-Framework-Validate-Metrics-Against-Panel-Rankin gs.html.

② History of the development of the framework[DB/OL].[2013-05-05]. http://www.sfc.ac.uk/funding/FundingOutcomes/Research/ResearchExcellence/REFHistory.aspx.

③ 马尔科姆·泰特，李梦洋.英国科研评估及其对高等教育的影响[J].北京大学教育评论，2012，10(03)：35-46.

较复杂的事情，无论英国大学科研评价何去何从，从 RAE 到 REF 毕竟是前进了一大步。

第二节 加拿大卓越研究员计划[①]

作为西方七大工业国之一，加拿大在科技创新方面的成就举世瞩目，加拿大人总是以在科学和技术领域的国际领导者地位而自豪。从胰岛素的发现到机器臂的发展，再到黑莓的发明，加拿大研究人员一直是科学与技术成就的先锋，而这主要归功于加拿大科学家和研究人员自身的才能和努力[②]。但是 20 世纪 90 年代北美自由贸易区建立后，大量优秀人才流入美国。为帮助加拿大大学吸引并留住世界上最杰出、最有发展潜力的研究人员，2000 年加拿大联邦政府设立首席研究员(Canada Research Chairs，简称 CRC)计划[③]，2008 年又推出卓越研究员(Canada Excellence Research Chairs，简称 CERC)计划，支持加拿大大学为加拿大成为全球研究和创新的领导者，并具有日益增长的声誉而不懈努力[④]。与 CRC 计划相比，CERC 计划具有更加清晰的国际视野，入选者较少，资助金额较大。2015 年 Science Metrics 发布的《加拿大卓越研究员计划评价报告》(*Evaluation of the Canada Excellence Research Chairs* (*CERC*) *Program: Final Evaluation Report*)表明[⑤]：CERC 计划最显著的成就是直接促进加拿大在竞争激烈的全球环境中吸引和招聘世界一流的研究人员，同时明显提升了卓越研究员所在大学在科技重点领域的研究能力。尽管该计划建立不久，但是 CERC 计划已经取得了良好的进展，并达成了预期目标。

CERC 计划旨在为加拿大科技重点领域吸引世界一流研究人员进入加拿大

---

① 部分主要内容已发表在《清华大学教育研究》2018 年第 6 期上。

② Science Metrics, Evaluation of the Canada Excellence Research Chairs (CERC) Program (Final Evaluation Report)[EB/OL]. October, 2014, http://www.cerc.gc.ca/about-au_sujet/publications/CERC_Evaluation_Report_FinalE.pdf.

③ Canada Research Chairs Program. “Instructions to College of Reviewer Members,” 2018 - 10 - 17, http://www.chairs-chaires.gc.ca/peer_reviewers-evaluateurs/instructions-instructions-eng.aspx.

④ Canada Excellence Research Chairs. About Us[EB/OL].[2016 - 10 - 12], http://www.cerc.gc.ca/about-au_sujet/index-eng.aspx.

⑤ Science Metrics. Evaluation of the Canada Excellence Research Chairs (CERC) Program (Final Evaluation Report), October 2014, http://www.cerc.gc.ca/about-au_sujet/publications/CERC_Evaluation_Report_FinalE.pdf.

大学从事科学研究[①],其遴选机制特点鲜明,有利于我国高校高层次科研人才遴选制度的改革与完善。

一、卓越研究员计划的提出

2006年11月,加拿大政府发布了一项经济计划,即"加拿大优势"(Advantage Canada),目的是使加拿大在不断变化的全球经济中成为现在及未来几十年的世界领导者。该计划指出,虽然加拿大已经拥有既有独创性又有驱动力的人才、坚实的研究基础等优势,但是加拿大必须更加努力,培养受过良好教育、才华横溢的劳动力,并将研究发现转化为创新,为环境、健康和其他方面的重要挑战提供解决方案,提高加拿大的经济竞争力[②]。

为了实现这些目标,2007年加拿大政府发布了科学与技术战略——《努力使科学和技术成为加拿大的优势》(*Mobilizing Science and Technology to Canada's Advantage*)。CERC计划最初是为响应这一政府科技战略而启动的,以实现研究的全球卓越。CERC计划旨在回应科学与技术战略中的政策承诺,特别是帮助实现其中两个目标:"知识优势"(Knowledge Advantage)和"人才优势"(People Advantage)[③]。2010年5月,第一批加拿大卓越研究员遴选结果公布,其中18位卓越研究员已在四个重点研究领域的13所大学积极投入科学研究。入选CERC计划后,每位入选者七年内可获得1 000万加元,用于在加拿大大学从事重大课题研究[④]。

CERC计划的目标是在加拿大以外招聘杰出的研究人员开展前沿研究,以在世界范围内提升加拿大在研究方面的声誉[⑤],实施目标主要有四个,分别是:

---

① Science Metrics. Evaluation of the Canada Excellence Research Chairs (CERC) Program (Final Evaluation Report), October 2014, http://www.cerc.gc.ca/about-au_sujet/publications/CERC_Evaluation_Report_FinalE.pdf.

② Science Metrics. Evaluation of the Canada Excellence Research Chairs (CERC) Program (Final Evaluation Report), October 2014, http://www.cerc.gc.ca/about-au_sujet/publications/CERC_Evaluation_Report_FinalE.pdf

③ Science Metrics. Evaluation of the Canada Excellence Research Chairs (CERC) Program (Final Evaluation Report), October 2014, http://www.cerc.gc.ca/about-au_sujet/publications/CERC_Evaluation_Report_FinalE.pdf.

④ Canada Excellence Research Chairs. About Us, 2016-10-12, http://www.cerc.gc.ca/about-au_sujet/index-eng.aspx.

⑤ Canada Excellence Research Chairs. Recruitment Best Practices[EB/OL].[2018-02-28]. http://www.cerc.gc.ca/publications/recruitment-recrutement_e.pdf.

① 增强加拿大吸引世界顶尖研究人员的能力，在重点研究领域取得前沿性突破，并为加拿大带来社会与经济效益；② 帮助加拿大在重点研究领域聚集一大批专家；③ 营造竞争环境，帮助加拿大大学吸引世界顶尖的研究人员；④ 使加拿大成为世界前沿研究、科学技术发展及其他具有类似目标的联邦计划的品牌孵化基地[①]。

二、多部门协同管理的组织架构

CERC 计划由加拿大社会科学与人文科学研究委员会（Social Sciences and Humanities Research Council，简称 SSHRC）、加拿大自然科学与工程研究理事会（Natural Sciences and Engineering Research Council，简称 NSERC）和加拿大卫生研究院（Canadian Institutes of Health Research，简称 CIHR）三大拨款机构共同倡议。这三大机构推选代表组成指导委员会（Tri-agency Steering Committee，简称指导委员会）和管理委员会（Management Committee）共同管理 CERC 计划。指导委员会不仅负责为 CERC 计划提供战略方向，而且对遴选委员会（Selection Board）提出的资助建议做出最终决策。管理委员会负责监督计划管理、监测、沟通的运作和协调[②]。三大机构计划秘书处（Tri-agency Institutional Programs Secretariat，简称 TIPS），也被称为研究员计划秘书处（The Chairs Secretariat），负责加拿大卓越研究员计划的日常管理工作[③]，并向管理委员会报告，管理委员会向指导委员会报告[④]，见图 7－1。

指导委员会成员由 SSHRC、NSERC 和 CIHR 的主席、加拿大工业部和卫生部副部长以及加拿大创新基金会（Canada Foundation for Innovation，简称 CFI）主席组成。管理委员会成员由各拨款机构副主席级别的代表和加拿大创新基金会、加拿大工业部、卫生部以及 CERC 计划执行主任组成，委员会主席由

---

① Canada Excellence Research Chairs. Application and Nomination Process[EB/OL]. Data modified: 2018－08－02, http://www.cerc.gc.ca/program-programme/cpan-pccs-eng.aspx.

② Science Metrics. Evaluation of the Canada Excellence Research Chairs (CERC) Program (Final Evaluation Report), October 2014, http://www. cerc. gc. ca/about-au_sujet/publications/CERC_Evaluation_Report_FinalE.pdf.

③ Canada Excellence Research Chairs. Governance, Date modified: 2018－01－31, http://www.cerc.gc.ca/about-au_sujet/augo-ango-eng.aspx.

④ Science Metrics. Evaluation of the Canada Excellence Research Chairs (CERC) Program (Final Evaluation Report), October 2014. http://www. cerc. gc. ca/about-au_sujet/publications/CERC_Evaluation_Report_FinalE.pdf.

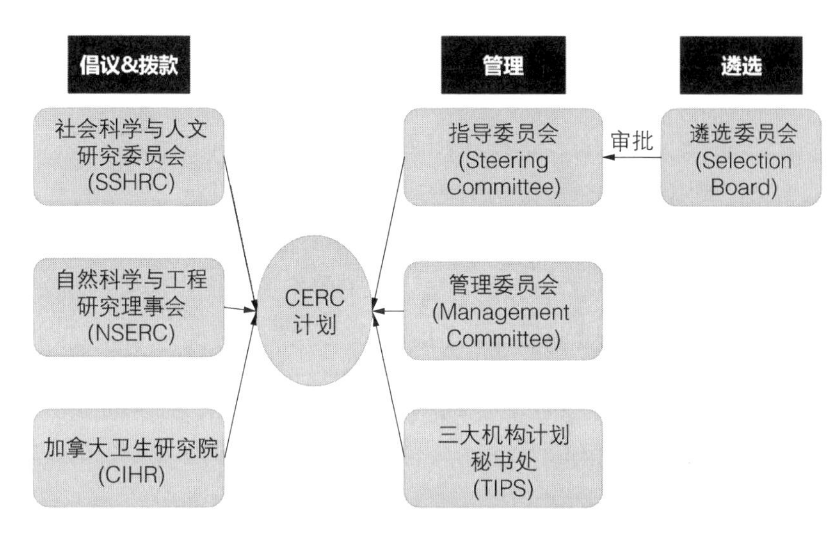

图 7-1 CERC 计划运行机制示意图

资料来源：Science Metrics. Evaluation of the Canada Excellence Research Chairs (CERC) Program (Final Evaluation Report), October 2014, http://www.cerc.gc.ca/about-au_sujet/publications/CERC_Evaluation_Report_FinalE.pdf.

SSHRC 的副主席担任[①]。

TIPS 的职责包括[②]：① 组织高度国际化的多层次同行评审过程；② 向大学和卓越研究员提供建议和指导；③ 对卓越研究员遵守该计划的条款与条件的情况进行持续的财务和业务监测；④ 绩效评价；⑤ 评价和管理审计；⑥ 向加拿大工业部部长、加拿大秘书处财政局和加拿大议会汇报。

三、卓越研究员的遴选机制

(一) 遴选主体

加拿大卓越研究员由遴选委员会进行遴选，最终由指导委员会批准。遴选委员会由来自各领域的加拿大杰出人士和世界知名专家组成[③]，主席和联合主

① Science Metrics. Evaluation of the Canada Excellence Research Chairs (CERC) Program (Final Evaluation Report), October 2014, http://www.cerc.gc.ca/about-au_sujet/publications/CERC_Evaluation_Report_FinalE.pdf.

② Science Metrics. Evaluation of the Canada Excellence Research Chairs (CERC) Program (Final Evaluation Report), October 2014, http://www.cerc.gc.ca/about-au_sujet/publications/CERC_Evaluation_Report_FinalE.pdf.

③ Canada Excellence Research Chairs. Selection Board, Date modified: 2017-05-30, http://www.cerc.gc.ca/about-au_sujet/ausb-ancs-eng.aspx.2017-08-01.

席由杰出的加拿大籍专家担任，其他成员包括 CIHR 理事会副主席、NSERC 副主席、SSHRC 理事会副主席。另外，加拿大工业部副部长作为观察员①。遴选委员会遴选工作结束后，将建议资助名单提交指导委员会审批②。

（二）资格要求

CERC 计划的申请对大学和候选人均有资格要求。对大学的资格要求主要表现在学位授予和经费体量两方面，对候选人的资格要求主要是职称方面，对候选人的国籍或居住国没有任何限制，见表 7－6。

表 7－6　CERC 计划申请资格

资格对象	资　格　要　求
大　学	每年从三大联邦拨款机构获得平均 10 万加元或以上资助的加拿大大学。
	必须获得省政府的授权才能具有授予大学学位的资格。附属或联合另一学位授予机构的大学，若直接从省政府部门收到运行预算，需被赋予独立资格，并拥有自己的董事会。在申请 CERC 计划之前两年中，大学必须已经具有学位授予资格，或者在申请当年或随后三年中取得学位授予资格。必须提供其具有学位授予资格或预计在规定时间内有望取得学位授予资格的证明。
候选人	必须是教授或者预计在入选后的一至两年内能够晋升为教授的副教授。如果候选人为非学术界人士，必须具有相当层次的任职资格。

资料来源：Canada Excellence Research Chairs. “Application and Nomination Process,” Data modified：2018－08－02，http://www.cerc.gc.ca/program-programme/cpan-pccs-eng.aspx.2018－08－10.

（三）遴选过程

加拿大卓越研究员的遴选过程包括两个竞争激烈的阶段：

（1）第一阶段。加拿大大学之间竞争设立“加拿大卓越研究员”席位的机会③。符合条件的大学提交一定数量的申请。在这一阶段，大学必须提交一份

① Canada Excellence Research Chairs. Application and Nomination Process：2012 Competition[EB/OL].[2014－06－10]. http://www.cerc.gc.ca/program-programme/cpan-pccs-eng.aspx#a6.

② Canada Excellence Research Chairs. Application and Nomination Process，Data modified：2018－08－02，http://www.cerc.gc.ca/program-programme/cpan-pccs-eng.aspx.

③ Canada Excellence Research Chairs. Selection Process，Date modified：2018－01－31，http://www.cerc.gc.ca/about-au_sujet/ausp-anps-eng.aspx.

申请表,并告知 TIPS 其第一阶段要提交的申请数量。大学在申请时必须提供如下信息[①]: 主要研究领域,适当包括次要研究领域;与“卓越研究员”席位要求相一致的重点研究领域;关键词列表;评审专家建议名单。

(2) 第二阶段。邀请第一阶段申请成功的大学提名世界一流的研究人员担任其“卓越研究员”席位。候选人必须在遴选标准方面表现出色,重点关注世界一流的卓越水平、对于第一阶提案要求的符合程度及其拟开展研究的预期成果。

在遴选过程中,第一阶段申请和第二阶段提名都要经过同行评审层层筛选,包括外部专家评审、审查小组评审、遴选委员会的战略评审以及指导委员会的最终批准,见图 7-2。

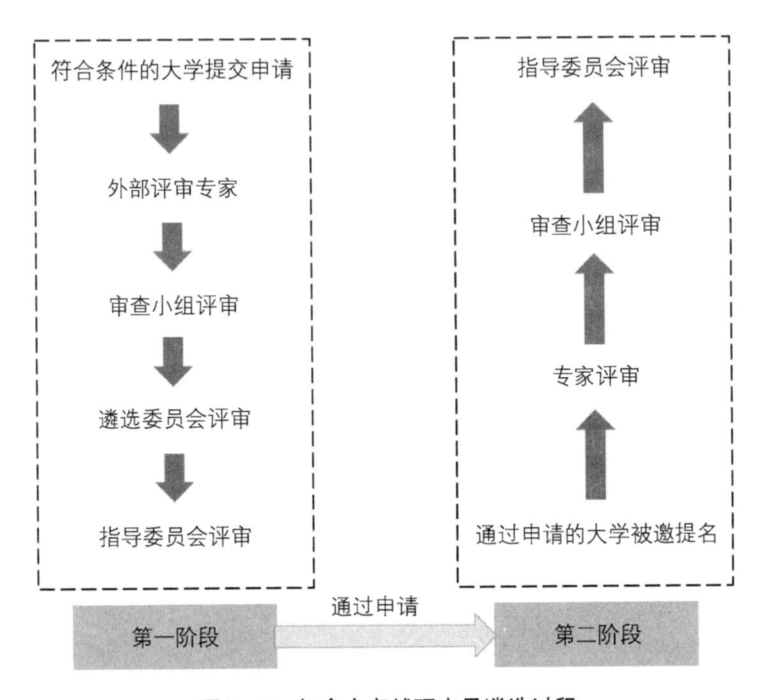

图 7-2 加拿大卓越研究员遴选过程

资料来源: Canada Excellence Research Chairs. “Application and Nomination Process,” Data modified: 2018-08-02, http://www.cerc.gc.ca/program-programme/cpan-pccs-eng.aspx.2018-08-10.

① Canada Excellence Research Chairs. Application and Nomination Process, Data modified: 2018-08-02, http://www.cerc.gc.ca/program-programme/cpan-pccs-eng.aspx.

第一阶段包括四个步骤，分别是：外部专家评审、审查小组评审、遴选委员会评审、指导委员会评审。在这一过程中，外部评审专家、审查小组和遴选委员会将根据遴选标准对第一阶段的每份申请进行判断。外部评审专家和审查小组开展科学评审，遴选委员会开展战略评审。具体如下：

外部专家评审。要求专家对第一阶段申请的优缺点进行评价，并将评价结果及所有申请材料提供给审查小组。

审查小组评审。在全国和世界范围内选择合适的专家组成审查小组，审查小组评价提案的优缺点，也可以访谈大学代表，并将访谈作为评审的组成部分。评审结果及所有申请材料将提供给遴选委员会。

遴选委员会评审。遴选委员会评审申请提案，确定哪些提案符合该计划资助的最佳战略。CERC 计划的资助主要基于以下四个方面：支持卓越的研究；在认可的重点研究领域或其他有利于加拿大的领域聚集一批专家；加强对加拿大优势或重点领域的关注，或使加拿大能够在被推荐的领域引领全球研究；增强推进公共政策和/或提升加拿大企业竞争优势的能力。

指导委员会审批。指导委员会审查评价进程，确保其严格、客观、透明，并与计划目标保持一致。指导委员会根据遴选委员会的建议审批第一阶段的申请提案标准，并请通过第一阶段评审的大学提交第二阶段的提名候选人[①]。

第二阶段包括专家评审、审查小组评审、指导委员会评审等三个步骤：

专家评审。从国内外选择合适的专家，依据遴选标准对第二阶段候选人的优缺点进行评价。评价结果与所有的候选人材料一起提交给审查小组，接受进一步评价。

审查小组评审。第二阶段审查小组的成员是加拿大国内外专家，可能包括第一阶段审查小组或遴选委员会的成员。第二阶段审查小组依据评价标准评价提名的优劣，做到“两个保证”：保证 CERC 计划的卓越标准受到尊重，保证这些提名能够反映政府确定的战略重点。审查小组在指导委员会进行决策时提供建议。

指导委员会评审。指导委员会对审查过程进行审查，保证评审的严谨性、客观性、透明性以及与 CERC 计划目标的一致性[②]。

---

① Canada Excellence Research Chairs. Application and Nomination Process, Data modified: 2018-08-02, http://www.cerc.gc.ca/program-programme/cpan-pccs-eng.aspx.

② Canada Excellence Research Chairs. Application and Nomination Process, Data modified: 2018-08-02, http://www.cerc.gc.ca/program-programme/cpan-pccs-eng.aspx.

(四)遴选标准

CERC计划遴选注重研究的卓越性,基本不考虑申请区域、申请大学的规模等因素。第一阶段是遴选大学,遴选标准紧紧围绕大学的研究能力,主要包括"大学在被推荐的领域所具有的研究优势"等六个标准(见表7-7);第二阶段是遴选候选人,遴选标准以研究卓越为基础,既涉及研究者的因素,也涉及大学招聘程序的质量等因素。遴选标准主要包括候选人水平、候选人符合第一阶段大学申请提案标准的程度、大学招聘过程的质量等三个方面(见表7-7)。依据第二阶段的各项标准,将提名分为:超过标准、完全达到标准、大多达到标准、部分达到标准、没有达到标准等五档[①]。

表7-7 遴选标准

<table>
<tr><th>阶段</th><th>评价对象</th><th colspan="2">遴选标准</th></tr>
<tr><td>第一阶段</td><td>大学</td><td colspan="2">1. 大学在被推荐的领域所具有的研究优势
2. 给"卓越研究员"提供的条件,以及被推荐的"卓越研究员"的相关工作被认定为全球相关及在全球范围内推进该领域的研究前沿的可能性
3. 该申请提案在多大程度上在一个或多个被认可的重点领域有利于确定或解决加拿大的问题
4. 在"卓越研究员"七年任期结束后,该大学保持"卓越研究员"创造的研究优势的能力
5. 机构利用包括CERC计划在内的额外资源的能力,大学是否能够充分支持与世界一流研究计划相关的直接和间接成本
6. 将"卓越研究员"的研究成果用于推动公共政策的潜力以及研究成果商业化的潜力</td></tr>
<tr><td>第二阶段</td><td>候选人</td><td>候选人水平</td><td>1. 在相关领域已经具有开创性影响的杰出的创新研究者,包括研究结果用于为社会和经济带来收益
2. 在相关领域已经成为国际公认的世界领先者或者其相关领域已经表现出具有领先研究的非凡潜力的后起之秀
3. 具有吸引和指导研究生和博士后研究人员的卓越记录,同时考虑在相关领域或学科的实践</td></tr>
</table>

① Canada Excellence Research Chairs. Application and Nomination Process, Data modified: 2018-08-02, http://www.cerc.gc.ca/program-programme/cpan-pccs-eng.aspx.

续 表

阶段	评价对象	遴选标准	
第二阶段	候选人	候选人符合第一阶段大学申请提案标准的程度	1. 大学的研究环境及为候选人提供的条件 2. 符合第一阶段申请提案列出的愿景和提供的条件 3. 拟开展的研究及研究者给加拿大带来的收益 4. 在第一阶段评审申请提案时关注问题的解决程度
		大学招聘过程的质量	1. 候选人招聘的包容性和全面性 2. 为吸引和鼓励广泛多样的潜在候选人参与而采取的主动措施 3. 让不同职业发展阶段的研究人员参与的战略 4. 考虑候选人群体的多样性 5. 其他延伸和包容战略

资料来源：Canada Excellence Research Chairs. “Application and Nomination Process,” Data modified: 2018-08-02, http://www.cerc.gc.ca/program-programme/cpan-pccs-eng.aspx.2018-08-10.

（五）遴选特点

在全球科技激烈竞争的背景下，世界各国都非常重视吸引或培养一流的科研人才。目前，越来越多的国家已经启动了与 CERC 非常相似的计划和行动，旨在吸引和留住世界一流的研究人员。大多数计划是与 CERC 计划同步或随后发起的。与其他类似的计划相比，CERC 计划的价值和持续时间在全球范围内具有较强的竞争力，因此有助于加拿大大学吸引世界一流的研究人员①。高层次科研人才是科技创新的领军人才，在一流大学与一流学科建设中发挥着至关重要的作用。CERC 遴选机制对于我国高校高层次科研人才遴选具有借鉴意义。

1. 直接服务于国家科技战略

如前文所述，CERC 计划最初是为响应“加拿大政府科学与技术战略”而启动，旨在实现加拿大在科研方面的全球卓越。因此，CERC 计划从实施目标、遴选过程到遴选标准都紧紧围绕加拿大的重点研究领域，以服务国家科技战略。首先，在 CERC 计划的四个实施目标中，前两个目标直接指明为重点研究领域服务：“在重点研究领域取得前沿性突破”；“在政府认可的重点领域聚集一大批

① Science Metrics. Evaluation of the Canada Excellence Research Chairs (CERC) Program (Final Evaluation Report), October 2014, http://www.cerc.gc.ca/about-au_sujet/publications/CERC_Evaluation_Report_FinalE.pdf.

专家”。CERC 计划直接服务于加拿大联邦政府在科技战略中确定的四个科技重点领域,即环境科学与技术、自然资源与能源、医学与生命科技,以及信息与通信技术。其次,在遴选过程方面,第一阶段,遴选委员会从四个方面评审申请提案,其中两个方面与重点领域直接相关:“在认可的重点研究领域或其他有利于加拿大的领域聚集一批专家;加强对加拿大优势或重点领域的关注,或使加拿大能够在这些领域引领全球研究”;第二阶段中,审查小组评价候选人时要做到“两个保证”,其一是“保证这些提名能够反映政府确定的战略重点”。其二是保证第一阶段遴选标准中提到的“该申请提案在多大程度上在一个或多个被认可的重点领域有利于确定或解决加拿大的问题”(见表 7－7)。*Science Metrics* 评价报告显示,CERC 计划明显提升了四个重点发展领域所在机构的研究能力,在当前的国内和国际背景下,强调需要继续支持 CERC 计划,以保持并增强加拿大的全球竞争力①。

2. 以研究水平全球卓越作为唯一的遴选标准

CERC 计划的遴选以研究卓越的最高标准为基础②,卓越是具有全球视野的标准,即全球标准。无论是候选人还是遴选专家,对其国籍和居住国都不设限制,唯一的标准就是追求卓越,尤其是研究水平的卓越。这一标准是 CERC 计划取得成效的关键。文献计量分析表明,CERC 计划的“卓越研究员”都是世界领先的科学家。根据科学影响和质量指标,入选 CERC 计划的“卓越研究员”在同行评议出版物的发表优于来自加拿大和世界的研究人员,其在科学影响或质量方面的得分也高于落选 CERC 计划的其他候选人。在第一轮竞争中,最可能被遴选委员会提议的候选人是那些满足或在许多情况下超过 CERC 计划卓越期望的研究人员③。

3. 重视研究环境及其与科研人才之间的契合

CERC 计划是卓越科研人才计划,但是在遴选过程中,该计划没有只关注人

---

① Science Metrics. Evaluation of the Canada Excellence Research Chairs (CERC) Program (Final Evaluation Report), October 2014, http://www. cerc. gc. ca/about-au _ sujet/publications/CERC_Evaluation_Report_FinalE. pdf.

② Canada Excellence Research Chairs. Application and Nomination Process, Data modified: 2018－08－02, http://www.cerc.gc.ca/program-programme/cpan-pccs-eng.aspx.

③ Science Metrics. Evaluation of the Canada Excellence Research Chairs (CERC) Program (Final Evaluation Report), October 2014, http://www. cerc. gc. ca/about-au _ sujet/publications/CERC_Evaluation_Report_FinalE. pdf.

才本身,而是对人才、环境及两者之间的契合度都进行了考察。研究人员及其所属大学均需具备一定的资格条件,其中机构审查与评价是首要条件。遴选过程中,通过第一阶段审核的大学才能提名杰出的研究人员来申请这些席位。只有通过第一阶段评价的大学才能参加第二阶段的竞争[①]。除了机构本身的卓越之外,CERC 计划十分重视大学与候选人的契合度。第二阶段的第二项标准要求“大学在第一阶段提交的申请提案与候选人之间具有很强的契合度,当决定是否推荐某个候选人时,评审者会考虑大学的研究环境及为候选人提供的条件,是否符合第一阶段提案列出的目标和提供的条件等因素”,见表 7-7。

4. 关注大学与科研人员的发展潜力

潜力表示一种未来发展的可能性,经过一段时间的努力,在一定的条件下一般可以转化为现实的发展能力。CERC 计划遴选非常重视大学及研究人员的发展潜力。在第一阶段的评价标准中,其中一条标准是关注机构发展潜力:“在‘卓越研究员’七年任期结束后,该大学有能力保持‘卓越研究员’创造的研究优势”。因此,在对大学卓越的评价中,不仅重视大学当下的表现,更重视对发展潜力与未来前景的评价。对研究人员的评价也同样重视潜力,如第二阶段对候选人的评价标准之一是“在相关领域是国际公认的世界领先者或者其相关领域已经表现出具有领先研究的非凡潜力的后起之秀”,见表 7-7。

5. 注重遴选过程的公平性、多样性与包容性

CERC 计划致力于公平和多样性,鼓励所有具备资格的候选人参与竞争,反映了加拿大联邦政府在就业方面对公平和多样性的承诺。只有在公平和多样性融入研究倡议中时才能实现研究卓越的目标[②]。在遴选的第一阶段和第二阶段,公平和多样性被充分考虑和重视。专家、审查小组和遴选委员会考虑各级审查过程的公平性与多样性,遴选委员会在制定战略建议时也会考虑这些问题,充分体现了政府对 CERC 计划获得者性别平衡和多样性的期望[③]。CERC 计划的遴选机制还非常重视包容性,“包容”“多样”在遴选的第二阶段“大学招聘程序的

---

① Canada Excellence Research Chairs. Application and Nomination Process, Data modified: 2018-08-02, http://www.cerc.gc.ca/program-programme/cpan-pccs-eng.aspx.

② Canada Excellence Research Chairs. Application and Nomination Process, Data modified: 2018-08-02, http://www.cerc.gc.ca/program-programme/cpan-pccs-eng.aspx.

③ Canada Excellence Research Chairs. Application and Nomination Process, Data modified: 2018-08-02, http://www.cerc.gc.ca/program-programme/cpan-pccs-eng.aspx.

质量"评审中多次强调,充分体现了 CERC 遴选机制对这一原则的重视程度。

第三节 我国"双一流"建设高校科研人才评价政策认同建构的建议

在"双一流"建设的背景下,激发高校科研人才的创新潜力与活力非常重要。科研评价政策具有引导性,是高校科研评价制度制定的基础与依据,与教师科研创新潜力与活力息息相关。美国公共政策学者尤金·巴达克(Eugene Bardach)指出,目标群体对政策顺从和接受的程度是影响政策能否有效执行的关键因素之一[①]。因此,深化高校科研人才评价政策改革,提升高校科研人才对科研评价政策的认同程度,对促进评价政策的有效实施及政策目标的实现至关重要。在调查研究的基础上,本书提出如下建议:

一、对政府的建议

(一) 高校科研人才评价政策要体现国家需求与科研人才学术发展的有机结合,并增强政策的稳定性

调查结果显示,"评价服务于国家需求"的评价目的已经得到了较好的执行,可见,高校科研人才评价政策在提升国家创新能力方面发挥了积极作用,政策目标具有重要的战略意义和实际效用。从目标群体的角度来看,高校科研人才有双重期待,在期待科研评价政策在服务国家需求的同时,也期待能够关注他们的学术职业发展。因此,在科研评价政策内容制定与执行中要兼顾国家需求与高校科研人才学术发展,推动科研评价政策的管理功能与人才发展功能相辅相成。政策的稳定性与连续性是发挥政策激励效应的前提。政府应充分把握国家战略的需求、社会环境的变化、高校及其科研人才的诉求,对高校科研人才评价的各个维度有充分的理解,在此基础上高屋建瓴地制定出相对稳定的高校科研人才评价政策,避免政策频出,给高校科研人才造成过大的精神压力。

(二) 增强政策的执行力度,重视执行过程中的解释、组织和实施

查尔斯·奥·琼斯(Charles O. Jones)认为,在政策执行过程中,解释

① Bardach E. Getting agencies to work together: The practice and theory of managerial craftsmanship [M]. Washington: Brookings Institution Press, 1998: 11.

(interpretation)、组织(organization)和实施(application)最为重要[①]。作为政策执行主体的学校和学院能否正确解释、组织和实施科研评价政策,直接影响了高校科研人才对科研评价政策的看法,进而影响政策认同程度。因此,学校和学院需要做好高校科研人才评价政策的解释、组织和实施工作,充分贯彻落实科研评价政策。在政策执行上,尽量减少政府及高校行政对高校科研人才评价的干预,加强在建立长效评价机制、落实分类评价与质量评价等方面的执行力度。政府不仅要允许高校在科研评价政策的宏观指导下,因地制宜制定符合自身特征的高校科研人才评价制度或实施细则,而且要鼓励高校在评价制度上进行突破性尝试。政府对高校科研人才评价政策的监控应该更多体现在原则方针和指导思想,以及政策执行的公平公正上,对高校进行必要的监督,避免高校对政策的认知与执行产生偏差。

(三)加强与目标群体的互动,提升其在科研评价政策中的能动性与参与程度,增强科研评价政策的民主性

我国高校科研人才评价政策的制定多遵循精英决策模式,政策制定主体与目标群体之间缺乏互动。作为目标群体的高校科研人才,大多数几乎不曾参与科研评价政策的制定。第四代评价理论要求利益相关者和其他相关人员在评价中处于平等地位[②]。公共政策理论认为,公共政策执行主体必须与公共政策目标群体建立良好的互动关系[③]。因此建议在制定评价政策的过程中,要加强与科研评价政策目标群体的互动,通过较大范围的征求意见,广泛听取高校科研人才内心的声音,增强科研人才对科研评价政策的认知,发挥其能动性,让科研人才“具有知情权与发言权,变被动为主动,减少科研人才本人对评价的抵触情绪”[④],提升政策认同程度,为后续评价政策的有效实施奠定良好的基础。

(四)适当放权以促进政策在高校的“落地”,并进行必要的监督

政府要将政策精神与政策内容传达到高校以及更广泛的科研人才群体中,使他们对政策内容有感知、能理解,且愿意执行。在这一过程中,政策目标群体

① Jones C.O. An Introduction to the study of public policy (2nd edition)[M]. North Situate, Mas: Duxbury press, 1997: 139.

② 埃贡·G·古贝,伊冯娜·S·林肯.第四代评估[M].秦霖,蒋艳玲,译.北京:中国人民大学出版社,2008:4.

③ 高建华,崔运武.公共政策有效执行的政治学分析[J].中国行政管理,2006,248(02):41-43

④ 沈红,刘盛.大学教师评价制度的物化逻辑及其二重性[J].教育研究,2016,37(03):46-55.

对政策文本的认识与理解受到高校文化、个人经历、知识背景、价值观等影响，因此政府应采取不同的解释方法或相应的策略。政府不仅要允许高校在评价政策的宏观指导下，因地制宜制定符合自身特征的科研人才评价制度或实施细则，而且要鼓励高校在评价制度上进行突破、大胆尝试。政府对科研人才评价政策的监控更多应该体现在原则方针和指导思想，以及政策执行的公平公正上，对高校进行必要的监督，避免高校对政策的认知与执行偏差。

二、对高校的建议

研究结果显示，高校科研人才对评价政策执行认同程度较低，且认为“学校或学院对政策的态度表现”“政策在高校层面的执行情况”对他们的政策认同产生了较大影响。因此，高校作为政府与科研人才之间的桥梁，应当为提升评价政策的认同程度做出一些自我改进。

戈夫曼认为，“规则虽然为行动提供了外在约束，但规则总是不完全性的、非决定性的引导因素，即使人们受到它的制约，这些制约也不能排除行动的多样性以及人们对规则的创造性地运用。所以，规则既是行动的约束，更是行动的资源”①。实际的政策执行过程不是从政策文本到行为的机械转化，而是具有主体资格与创造能力的政策行动者进行的建构性过程②。评价政策亦是如此，高校既是一线的政策执行主体，又是制定面向高校的具体化政策的关键主体，高校对评价政策的正确理解与合理运用至关重要。

(一) 贯彻评价政策的指导思想，制定并完善与自身相匹配的评价制度，从内容上优化评价活动的各个环节

首先，高校要充分理解与传达政府颁布的评价政策，贯彻其指导思想和原则方向，同时把握高校内部科研人才的类型特征、需求，以及高校自身的战略发展目标，制定并完善切合自身发展需要的具有科学性和可行性的评价制度。其次，高校需优化评价活动的各个环节，针对不同的评价维度做出相应的调整，尤其关注评价目的、评价主体、评价标准、评价程序和评价周期的相关内容。

在评价目的维度，应与评价政策保持一致性，关注科研人才的学术发展，将

---

① Jie-Rong HU. Research on the policy implementation process: The social constructionist perspective [J]. Journal of Beijing University of Technology, 2007, (03): 11 - 15.

② Jie-Rong HU. Research on the policy implementation process: The social constructionist perspective [J]. Journal of Beijing University of Technology, 2007, (03): 11 - 15.

国家、高校的战略目标与科研人才的学术理想相结合，提高科研人才对评价政策的认同程度，发挥评价在国家、高校、科研人才各个层面的积极作用。在评价主体维度，减少行政力量对科研人才评价的干预，适时加强国际同行评价和小同行评价。需要注意的是，是否实行国际同行评价应根据学科性质决定，不能采取“一刀切”的策略。在评价标准维度，按照学科领域、研究类型等对科研人才制定具体的评价标准，尤其重视学科领域的区别，更加重视科研人才的品德、创新质量、贡献等。在评价程序维度，设置科学公正的评价程序，尤其断绝“领导说了算”的表面评价，为科研人才评价提供公开透明的环境。在评价周期维度，高校应进一步减少评价的频率，避免频繁评价为科研人才带来不必要的负担。

(二) 重视执行过程中的解释、组织和实施，保障科研人才评价政策及细则的贯彻执行，切实提高政策执行的认同程度

正如前文所述，Jones 认为，在政策执行过程中，解释、组织和实施最为重要，“解释”要求将政策内容转化为目标群体可以接受和理解的指令，“组织”是指建立政策执行机构，确定执行方案，“实施”是指提供服务、设备、经费等，促进政策目标达成[①]。作为政策执行主体的学校和学院能否正确解释、组织和实施评价政策，直接影响了科研人才对评价政策的看法，进而影响政策认同程度。因此，学校和学院需要做好科研人才评价政策的解释、组织和实施工作，充分贯彻落实评价政策。在解释阶段，学校和学院需要将政府颁布的评价政策以及学校制定的制度送达科研人才，使其知晓并理解相关内容。在组织阶段，学校和学院应设置具有独立性的学术委员会，由专家学者而不是由行政人员商讨并确认政策执行的细节，尤其关注评价程序的公平性和评价周期的合理性，坚决打击学术不正之风。在实施阶段，由专门的学术委员会负责科研人才评价的具体活动，尽量减少甚至去除行政力量的干预，重视科研人才在评价活动中的参与度，对于科研人才的反馈要及时回应，通过及时有效的信息反馈，不断提高评价政策执行的认同程度。

(三) 合理提高科研人才的待遇，减少因不当评价造成的收入差距，培育务真求实、自由探索的学术环境

为了保障科研人才兴趣驱动的科研工作，高校应合理提高科研人才的平均收入，缩小待遇差距。一方面，高校科研人才作为知识水平较高、创新能力较强

---

① 袁鲁宁，胡丁慧.公共政策执行研究综述[J].沿海企业与科技，2009，14(05)：12－14.

的群体,其优秀能力能够与较高的收入水平匹配。相对较高的收入在一定程度上从物质上为科研人才缓解了后顾之忧,也降低科研人才为利益而学术不端的风险。另一方面,科学研究是一项长期工作。合理设置不同科研人才的薪资水平,平衡收入差距,一定程度上有助于减少过多的“短平快”研究,鼓励科研人才踏踏实实开展需要长期坚持才能有成果的科学研究,培育务真求实、自由探索的学术环境。注重以人为本,加强对科研人才的人文关怀,才有可能提升科研人才对评价政策的认同程度。

（刘莉,朱莉,肖港）

第八章 世界一流大学科研人才评价制度研究

研究发现，世界一流大学科研卓越的重要原因之一即为其富有灵活性且人性化的科研评价制度[①]，世界一流大学教师科研评价制度对其科研创新具有非常重要的影响。比如，澳大利亚悉尼大学世界一流学科科研卓越的发展路径之一即在于其以卓越和影响为导向的科研评价体系[②]；再比如，瑞士苏黎世大学从一所普通地方性大学成为世界一流大学，其卓越科研能力发展的重要原因同样可归结为其卓越的教师科研评价制度[③]。科研评价直接关系到科研人才的成长、科研环境的优劣等与重大原创性成果产出密切相关的要素[④]。本章采用文本分析法，分别从学校及学科两个层面对世界一流大学教师职称晋升中的科研评价制度文本进行解读，在此基础上归纳出其在评价主体、评价客体、评价目的、评价方法、评价标准和指标、评价程序、评价导向方面的特征，为我国高校教师科研评价制度改革提供参考。

---

① 黄涛.原创研究何以可能——诺贝尔自然科学奖的启示[J].科技导报，2009，27(24)：94-95.

② 武学超，罗志敏.悉尼大学世界一流学科的科研卓越发展路径[J].中国高校科技，2018，35(11)：42-46.

③ 武学超，薛奥.瑞士地方大学如何走向世界一流——苏黎世大学学术卓越的生成逻辑及启示[J].研究生教育研究，2019，49(01)：96-101.

④ 刘莉，董彦邦，朱莉，等.科研评价：中国一流大学重大原创性成果产出少的瓶颈因素——基于国内外精英科学家的调查结果[J].高等教育研究，2018，39(08)：28-36.

第一节　世界一流大学理学领域科研人才评价制度特征研究

一、研究方法

(一) 样本选取

本书以软科 2019 世界大学学术排名(Academic Ranking of World Universities, ARWU)前 100 名和软科 2019 世界一流学科排名(Global Ranking of Academic Subjects, GRAS)(理学领域)前 100 名为标准,对满足以上两条标准的高校院系官网进行了检索,其中在 ARWU 排名中,理学领域有数学、物理、化学、地球科学、地理学、生态学、海洋科学和大气科学。根据典型性与可得性相结合的原则选择了理学领域最具代表性的学科——物理、化学和地球科学,其中,在化学学科中选择了西北大学埃文斯顿分校、普渡大学西法拉叶分校两所世界一流大学,物理学科中选择了马里兰大学大学城分校、伦敦帝国学院、得克萨斯州大学—奥斯汀、布里斯托大学四所世界一流大学,地球科学中选择了明尼苏达大学—双城、宾夕法尼亚大学—大学城两所世界一流大学。具体分布见表 8 - 1:

表 8 - 1　理学领域样本高校及学科分布表

学　　校	学院/学科	排　名
西北大学埃文斯顿分校	应用科学学院(化学)	4
普渡大学西法拉叶分校	科学学院(化学)	42
明尼苏达大学双城分校	科学学院(地球科学)	36
宾夕法尼亚大学大学城分校	地球科学学院(地球科学)	38
马里兰大学大学城分校	科学学院(物理)	20
伦敦帝国学院	科学学院(物理)	30
得克萨斯大学	理学院(物理)	59
布里斯托大学	理学院(物理)	88

注:排名为该校该学科在 2019 ARWU 世界一流学科排名的名次.来源是 http://www.zuihaodaxue.com/subject-ranking/physics.html.

（二）数据收集

根据选样结果，对以上8所世界一流大学理学院系科研人才评价相关的制度文本进行搜集，根据齐全性、丰富性等原则在其院系官方网站上进行查找，最终获取了包括西北大学埃文斯顿分校应用科学学院《教师晋升准则》《教师晋升程序》、普渡大学西法拉叶分校科学学院《教师晋升研究准则》、明尼苏达大学双城分校科学学院《教师晋升准则》、布里斯托大学理学院《教师晋升标准》等8所世界一流大学理学领域22份制度文件，约31万字。

（三）数据分析

根据“全评价”理论框架形成编码类目，“全评价”理论框架涉及6个要素和1个导向，在形成编码类目时将其整合为七大维度，分别为评价主体、评价客体、评价目的、评价方法、评价标准和指标、评价程序和评价导向七大维度。对文本进行翻译、编码及对具体结果的分析和归类，对与教师职称晋升相关的科研评价制度文本进行评价分析，利用Gooseeker爬虫软件中的分析工具从每一维度对制度文本进行词频分析，在词频分析基础上对其进行归纳与总结，得出当前样本世界一流大学理学领域科研人才评价制度的主要特征，见表8-2。

表8-2 理学领域层面制度文本编码表示例

类目	编码	示例
评价主体	行政主体	出现院长、系主任等相关者
	学术主体	出现教师、学术人员、研究人员等相关者
评价客体	参与途径	出现征集意见、教师参与、教师选举、教师报名等参与途径
评价目的	人事决策	出现教师晋升、调动、选择等目的
	教师发展	出现识别教师潜力、优劣势、制定目标等目的
评价方法	同行评议法 质量判断	出现评价者、校内外同行、国内外同行、识别作品质量等涉及评价方法的词语
评价标准和指标	实际贡献和影响力	出现原创性、影响力、贡献等词语
评价程序	时间周期	计算整个周期耗费时间

续　表

类　目	编　码	示　　例
评价导向	形式评价	出现单纯注重数量的相关导向
	内容评价	出现单纯注重质量的相关导向
	效用评价	出现数量质量并重的相关导向

二、理学领域科研人才评价制度的主要特征

（一）评价主体：以院长和系主任主导的行政主体为主

通过对世界一流大学8个理科院系科研人才评价相关的制度文本的分析发现，其评价主体多以行政主体为主，院长和系主任均占据较大权力。在“评价主体”维度，“行政主体”作为关键词在6所样本大学制度文本中出现，频率为75%，表明理学领域75%的样本高校均以行政主体为主。学术主体出现3次，占据比例相对较低，见表8-3。

表8-3　世界一流大学理学领域“评价主体”关键词词频列表

关键词	出现频次	出现频率	在该维度的占比	举　　例
行政主体	6	75%	66.7%	“院长”“系主任”
学术主体	3	37.5%	33.3%	“教授”“同行”

样本大学科研人才评价制度相关文本在阐述评价主体权力时，大多会指出院长等行政主体具有决定权。如得克萨斯大学奥斯汀分校理学院提到，院长与系主任协商任命晋升和终身职位委员会的成员。在落实晋升决定时，要经由院长审查，院长具有决定权[①]。在伦敦帝国学院理学院《晋升和评价程序》中提到最多的词为“系主任”和“院长”，这类行政主体在整个评价过程中占据较高地位[②]。

---

① Faculty Handbook[EB/OL].[2020-02-12]. https://cns.utexas.edu/images/CNS/Deans_Office/Faculty_Affairs/FacultyHandbook.pdf.

② Promotions and Job Level Reviews[EB/OL].[2020-02-12]. https://www.imperial.ac.uk/physics/staff/promotions-and-development/promotions-and-job-level-reviews/.

马里兰大学—大学城科学学院《终身制教师的任命、晋升和评价》也提到:"研究、服务和临床领域的任命和晋升建议将由学院事务副院长(Associate Dean for Faculty Affairs)审查。院长做出最终决定"[①]。总体而言,样本大学理科院系在落实教师晋升决定时,相较于其他学科领域学术主体占较大权力的主体状态,其行政主体占据较大优势。

(二) 评价客体:在一定限制范围内具有投票权

在部分样本大学理科领域科研人才评价过程中,科研人才作为评价客体具有参与评价过程的途径,可为与自己职位相当或低于自己职位的候选人投票。一般而言,在参与整个晋升评价的过程中,科研人才行使自己的权利时需要有一定范围。学院本着对被评价者负责的态度,评价者的学术水准或职位须高于被评价者,以保障其对候选人的科研成就具有一定的评价和判别能力。明尼苏达大学-双城科学学院规定,对候选人的投票应包括专任教师,也包括其他专职教学的教师,但级别需与候选人相当或高于候选人。这表明科研人才具有参与途径,但仍会受到一定限制[②]。得克萨斯大学奥斯汀分校理学院表示,对教授候选人进行投票的人将包括该单位中的专任正教授和其他教学正教授,其具备一定判别能力且对晋升为教授的程序和素质有一定了解,能做出合理的判断[③]。

(三) 评价目的:促进教师自我反思和自我成长

在"评价目的"维度,7 所样本大学的制度文本涉及相关内容。通过对相关关键词的词频分析发现,7 所样本大学均提到了"教师发展"这一内容,可见,科研评价的目的主要是为了科研人才的自我提升和优劣势的识别,虽为晋升评价的相关文本,但对"人事决策"这一评价目的较少提及,见表 8-4。

对样本大学理学领域科研人才评价制度文本分析后发现,多数学校在评价文本中明确提到,评价主要是为了促进科研人才的自我反思与发展,科研人才可以利用此次机会回顾自己之前所做的事情及取得的成果,反思在这一过程中的不足,然后进行改进,以更好地促进科研人才的自我成长和发展。如得克萨斯大

---

① College of Computer, Mathematical, and Natural Sciences Guidelines for Appointment, Evaluation, and Promotion of Professional Track Faculty[EB/OL].[2020-02-12]. http://cmns.umd.edu/sites/default/files/uploads/docs/research/cmns_ptk_policies_procedures_approved2.pdf.

② Guidelines on the Criteria for Promotion and Tenure[EB/OL].[2020-07-07]. https://cse.umn.edu/college/guidelines-criteria-promotion-and-tenure.

③ CNS Department Adminstrator's Handbook[EB/OL].[2020-08-16]. https://cns.utexas.edu/images/CNS/Deans_Office/Faculty_Affairs/EA_Index.pdf.

表 8-4　理学领域“评价目的”关键词词频列表

关键词	出现频次	出现频率	在该维度的占比	举　　例
教师发展	7	100%	77.8%	出现各类“教师提升”“教师发展”等词语
人事决策	2	28.6%	22.2%	出现“晋升依据”“人事决策”等词语

学奥斯汀分校理学院提到:“晋升和任期是每年一次的年度审查周期,大约在春季学期末开始。目的是对每个教员案例的实质和优点进行彻底和客观的审查。”[①]普渡大学西法拉叶分校科学学院提出:“晋升主要是为了寻求制定目标,制定他们的职业生涯计划,专业发展和活动,以协调规范的期望。”[②]可见,样本大学理学领域科研人才评价并非简单出于人事决策的目的,更主要的是做好科研人才个体素质的提升和职业生涯的规划。

(四) 评价方法:以同行评议来判断教师水平

与学校层面和其他学科领域层面的评价方法一致,样本大学理学领域科研人才评价主要采用同行评议法进行。同行评议制的实质在于由从事相同或相近研究领域的专家来判断项目或成果的价值。由于科学研究活动所具有的创新性和成果非实物性,同行专家判断是唯一可行的办法。正因为如此,同行评议法广受欢迎。普渡大学西法拉叶分校提到:“重要的是要认识到晋升是一个同行审查过程。”普渡大学科学学院各院系常用的评价程序是,通过同行评审过程定期向教员反馈意见[③]。得克萨斯大学奥斯汀分校在评价时,通常由候选人向主席提交一份潜在外部评审者的名单[④]。他们也可以向审核者表明他们不喜欢被这些人评价。评审者的选择最终取决于部门,但是候选人的反对意见会被记录下来。明尼苏达大学双城分校科学学院也提到,对科研成果的评审人员可以包括大学内部的人员,

① CNS Department Adminstrator's Handbook[EB/OL].[2020-08-16]. https://cns.utexas.edu/images/CNS/Deans_Office/Faculty_Affairs/EA_Index.pdf.

② Promotion and Tenure[EB/OL].[2020-07-07]. https://polytechnic.purdue.edu/faculty-and-staff-resources/promotion-and-tenure.

③ Promotion and Tenure[EB/OL].[2020-07-07]. https://polytechnic.purdue.edu/faculty-and-staff-resources/promotion-and-tenure.

④ Faculty Handbook[EB/OL].[2020-08-03] https://cns.utexas.edu/images/CNS/Deans_Office/Faculty_Affairs/FacultyHandbook.pdf.

并且必须包括至少4名来自大学外部的人员,其中一些人应具有国际声誉①。可见,同行评议在世界一流大学理学领域职称晋升中科研评价的重要地位。

(五)评价标准和指标:注重科研成果的实际贡献和影响力

在“评价标准和指标”维度,样本大学中共有7所大学提及相关内容,其中在“评价标准”这一维度,“实际贡献”和“影响力”作为主要关键词多次出现,表明样本大学较为重视这两大标准。在“评价指标”这一维度中,不同于社会科学,由于理学领域需要有一定的应用性,因此,“专利”作为重要指标多次出现,其次为“出版物”和“项目”,见表8-5和表8-6。

表8-5 理学领域“评价标准”关键词词频列表

关键词	出现频次	出现频率	在该维度的占比	举　例
实际贡献	6	85.7%	37.5%	“贡献”“实际贡献”
影响力	6	85.7%	37.5%	“影响”“影响力”
原创性	4	57.1%	25%	“原创性”“创造性”

表8-6 理学领域“评价指标”关键词词频列表

关键词	出现频次	出现频率	在该维度的占比	举　例
专利	6	85.7%	40%	“专利”
出版物	5	71.4%	33.3%	“期刊论文”“出版物”
项目	4	57.1%	26.7%	“科研项目”“项目”

样本大学理学领域在开展科研人才评价时,强调科研成果的实际贡献和影响力。不同于社会科学,理学领域对科研成果价值的评判更加基于实践性的原则,即看其是否具有贡献性及其影响力。如布里斯托大学理学院列出以下评价指标:“研究工作质量的国际声誉、成功启动、设计和实施研究项目的丰富经验、在传播他们的研究成果、在会议上发表并对出版物做出重大贡献方面发挥了重

① Guidelines on the criteria for promotion and tenure[EB/OL].[2020-08-18]. https://cse.umn.edu/college/guidelines-criteria-promotion-and-tenure.

要作用的证据、以与学科相适应的一定数量的出版物至少具有国家质量和一些潜在国际质量的出版物"[①]，可见非常重视科研的实际贡献和影响力。普渡大学西法拉叶分校应用科学学院评价指标包括获得与申请的美国和国际专利、对技术转让的贡献、对探索空间发展的贡献、对科学发现的其他重大贡献[②]。

（六）评价程序：程序简单，周期长

在"评价程序"维度，对8所样本大学评价程序进行研究发现，75%的样本大学评价的周期均大于等于一年，仅有少部分大学的评价周期较短，见表8-7。

表8-7　理学领域"评价程序"关键词词频列表

关键词	出现频次	出现频率	在该维度的占比	举　例
一年以上	6	75%	75%	大于等于12个月
一年以内	2	25%	25%	小于12个月

对于理学领域而言，评价程序较为简单，不管是评价主体还是客体都易于理解和操作。以普渡大学西法拉叶分校科学学院评价程序（见图8-1）为例，教师在入职第一年准备一份晋升文件，并每年更新。各学术部门对提交更新后的文件有明确的截止日期，以便进行进度和合同续签审查。当教师的成就值得他们的初级委员会审查，以获得晋升和/或任期方面的建议时，便对其进行审查。整个过程周期较长，以2020—2012教师晋升评价为例，其从2020年3月15日正式开始，至2021年3月25日结束，耗时一年。较长的时间周期可以使评价主客体准备得更加充分，有利于评价过程的进行[③]。

（七）评价导向：以数量、质量并重的效用评价为导向

样本大学理学领域在评价导向方面主要以效用评价为导向，在强调科研成果质量的同时对数量也有一定要求，见表8-8。如得克萨斯州大学奥斯汀分校理学院提到，在评价候选人的出版物时，应该有合理数量的论文，且它们是高质量

① Science Faculty Progression Criteria[EB/OL].[2020-08-13]. http://www.bristol.ac.uk/hr/policies/progression/criteria-science.html.

② Promotion and Tenure[EB/OL].[2020-08-23]. https://polytechnic.purdue.edu/faculty-and-staff-resources/promotion-and-tenure.

③ Promotion and Tenure[EB/OL].[2020-08-23]. https://polytechnic.purdue.edu/faculty-and-staff-resources/promotion-and-tenure.

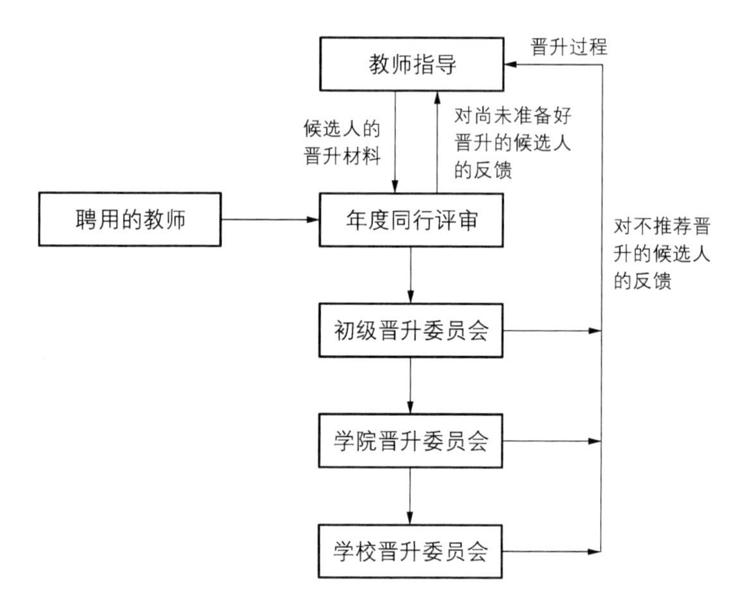

图 8-1 普渡大学西法拉叶分校教师晋升评价程序

表 8-8 学校层面“评价导向”关键词词频列表

关键词	出现频次	出现频率	在该维度的占比	举　　例
效用评价	5	71.4%	71.4%	“数量”和“质量”一并提及
内容评价	2	28.6%	28.6%	提及“质量”相关导向
形式评价	0	0	0	提及“数量”相关导向

的，经过同行评审的①。布里斯托大学理学院提到：“高质量的科学产出是理学院教师的主要研究目标。候选人应该有在相当长一段时间内在高质量期刊上发表论文的良好记录。目前的产出可能是每年至少两份国际质量的主要出版物”②。效用评价导向促进科研人才高质量成果的产出，同时数量方面的对科研人才造成一定的压力。

① Faculty Handbook[EB/OL].[2020-08-08]. https://cns.utexas.edu/images/CNS/Deans_Office/Faculty_Affairs/FacultyHandbook.pdf.

② Faculty Handbook[EB/OL].[2020-08-08]. http://www.bristol.ac.uk/hr/policies/progression/criteria-science.html.

第二节 世界一流大学工学领域科研人才评价制度特征研究

一、研究方法

(一) 样本选取

本书主要以软科 2019 ARWU 前 100 名和 2019 GRAS(工程科学领域)前 100 名为标准,对样本大学进行搜集,其中在 ARWU 排名中,工程科学领域涉及的学科分别为机械工程、电子电力工程、控制科学与工程、通信工程、仪器科学、生物医学工程、计算机科学工程、土木工程等 22 个学科专业,其中有些学科并非每所大学都会开设,较为小众,某些学科排名仅有前 50 名,这与本书的选样原则不符。因此,根据样本的典型性、文本的可得性与可分析性选取了机械工程和计算机科学与工程两大典型学科,最终在机械工程学科中选择了排名前列的密歇根大学安娜堡分校、麦吉尔大学、科罗拉多大学波尔得分校、布里斯托大学,在计算机科学与工程领域选择了康奈尔大学、南加州大学、普渡大学西法拉叶分校、约翰·霍普金斯大学,具体分布见表 8-9:

表 8-9 工程科学领域样本高校及学科分布表

学　校	学院/学科	排　名
密歇根大学安娜堡分校	工程学院(机械工程)	12
麦吉尔大学	机动学院(机械工程)	56
科罗拉多大学波尔得分校	工程学院(机械工程)	67
布利斯托大学	工程学院(机械工程)	94
康奈尔大学	工程学院(计算机工程)	14
南加州大学	工程学院(计算机工程)	15
普渡大学西法拉叶分校	工程学院(计算机工程)	60
约翰·霍普金斯大学	工程学院(计算机工程)	81

注:排名为该校该学科在 2019 ARWU 世界一流学科排名的名次.
资料来源:http://www.zuihaodaxue.com/subject-ranking-2019/mechanical-engineering.html.

(二) 数据收集

本书根据选样结果对以上8所世界一流大学工学院系科研人才评价相关的制度文本进行搜集，根据齐全性、丰富性等原则在其院系官方网站上进行查找，最终获取了包括康奈尔大学工程学院《非终身制教师晋升准则》《非终身制教师晋升程序》《终身制教师晋升标准》《终身制教师晋升档案》、南加州大学维比特工程学院《教师晋升研究准则》、约翰·霍普金斯大学怀廷工程学院《教师晋升准则》《教师手册》等8所世界一流大学工学领域36份制度文件，约53万字。

(三) 数据分析

本书根据“全评价”理论框架形成编码类目，分别为评价主体、评价客体、评价目的、评价方法、评价标准和指标、评价程序和评价导向七大维度。对文本进行翻译、编码及对具体结果的分析和归类，对样本大学工学院系与教师职称晋升与科研评价相关的制度文本进行分析，利用GooSeeker软件对其进行基本词频分析，将意义相关或相近的词语进行合并，如同行评议和同行评价均归纳为同行评议法，最终筛选出相应关键词，对其词频进行统计并归结到不同维度下。在同一所高校的制度文本中，关键词出现1次或多次，均计为1，以更好地归纳世界一流大学科研人才评价制度的主要特征，见表8-10。

表8-10 工学领域制度文本编码表示例

类目	编码	示例
评价主体	学术共同体	出现各类委员会等相关者
	学术共同体内部构成	出现跨学科、多部门等构成要素
评价客体	教师权利	出现征集意见、教师参与、教师选举、上诉等词语
评价目的	奖惩性目的	出现教师晋升、调动、选择、奖励等目的
	发展性目的	出现识别教师潜力、优劣势、制定目标等目的
评价方法	同行评议法（质量判断）	出现评价者、校内外同行、国内外同行、识别作品质量等涉及评价方法的词语
评价标准和指标	实际贡献	出现贡献、影响、传播等词语

续 表

类 目	编 码	示 例
评价程序	时间周期	从评价开始时间到评价结束时间
评价导向	形式评价	出现单纯注重数量的相关导向
	内容评价	出现单纯注重质量的相关导向
	效用评价	出现数量质量并重的相关导向

二、工学领域科研人才评价制度的主要特征

(一) 评价主体:以学术共同体为主,内部构成多元化

从统计结果来看,在“评价主体”维度,“学术共同体”“多元化构成”词频分别为7次和6次,所占比例较高,说明在样本大学的8个工科院系中,75%以上的大学在开展教师科研评价时,均采用“学术共同体”的形式作为评价主体,同时注重学术共同体内部的多元化构成。值得注意的是,“行政主体”和“学术主体”虽在制度文本中出现的频次相当,均为6次,但多数情况下,“行政主体”与“学术共同体”是分开状态,在“学术共同体”内部构成方面,仍以“学术主体”为主,见表8-11。

表8-11 工学领域“评价主体”关键词词频列表

关键词	出现频次	出现频率	在该维度的占比	举 例
学术共同体	7	87.5%	28%	出现各类“委员会”等词语
多元化组成	6	75%	24%	“跨学科”“跨部门”
学术主体	6	75%	24%	“教授”“同行”
行政主体	6	75%	24%	“院长”“系主任”

在工科领域,样本大学在开展科研人才评价时会成立相关学术共同体,且对学术共同体的内部构成有一定要求,即内部需由不同学科、不同部门的科研人才构成。以学术共同体为主体对科研人才进行评价,代表学院对科研人才进行更为整体化的、客观且公平的评价。学术共同体有利于内部成员自我监督,其提出

的建议和决策也是多名人员智慧的"结晶",因此,以学术共同体作为评价主体是多数世界一流大学开展科研人才评价的选择,但在工科领域,其与学校层面以及其他学科领域层面最大的不同则体现在其注重内部的多元性。如科罗拉多大学波尔得分校工程学院的科研人才评价的主体主要是:系主任、院长、基层单位评价委员会(Primary Unit Evaluation Committee)以及一级审查委员会(First-Level Review Committee)等,其中基层单位评价委员会是重要的学术共同体。基层单位评价委员会在内部构成方面具有明确的文本规定,即组成人员需跨部门、跨学科,这样的人员构成有利于从多个视角对教师进行评价①。南加州大学工程学院在开展与教师晋升相关的科研评价时,其主要评价主体为部门委员会(Department Committee)和晋升委员会(Promotion Committee),其中部门委员会中,担任行政职务的教师不得参与,晋升委员会中,主要由航空航天与机械工程系、航天工程系、生物医学工程系、化学工程与材料科学系、土木与环境工程系、计算机系的教师组成,其在文本中明确规定晋升委员会必须包括以上几大学科的教师②。普渡大学西法拉叶分校工程学院教师晋升评价中的重要主体之一——学术委员会包括2名社会科学成员、3名人文学科成员、3名自然科学成员和4名工程学院成员代表。同时其提名委员会应由工程学院大会指导委员会的3名成员和学术委员会的2名资深成员组成,一名学术委员会成员应来自工程或自然科学领域,另一名来自人文或社会科学领域③。这样的构成有利于从不同的学科视角评价教师的科研成果,虽然对于与被评价者不同学科的教师而言,其可能不了解被评价者的领域,但从不同学科视角出发去评价可能更具新意。

(二)评价客体:尊重科研人才意愿、给予应然权利

在"评价客体"维度,表8-12显示"选择权""投票权"及"上诉权"出现词频较高,均高于5次,出现频率均大于62.5%,说明在8所样本大学的工学领域中,教师作为评价客体所具备的权利在制度文本中得以体现。在评价者的选择方面,教师具有一定选择权,同时具有相关投票权和上诉权,具体规定如下:

---

① Procedures, Policies, & Criteria for Reappointment, Promotion, & Tenure[EB/OL].[2020-08-15].https://www.colorado.edu/engineering-facultystaff/procedures-policies-criteria-reappointment.

② Appointments, Promotions and Tenure (APT) Guidelines[EB/OL].[2020-08-15]. https://viterbischool.usc.edu/wp-content/uploads/2018/01/VSoE-APT-Guidelines_finalized-01-23-18.pdf.

③ Promotion and Tenure[EB/OL].[2020-08-15]. https://engineering.purdue.edu/Engr/AboutUs/Administration/AcademicAffairs/Resources/FacultyResources/promotion-tenure.

表 8－12　工学领域“评价客体”关键词词频列表

关键词		出现频次	出现频率	在该维度的占比	举　例
教师参与	选择权	6	75%	37.5%	出现各类“意见征集”“选择评审者”等词语
	投票权	5	62.5%	31.25%	出现“投票”“投票权”等词语
	上诉权	5	62.5%	31.25%	出现“上诉”“反馈”等词语

经过对样本大学 8 个工科院系科研人才评价相关文本的分析发现，相较于其他领域较为模糊的说法，工科领域职称晋升评价文本对评价客体的应有权利具有明确的规定，同时在评价过程中较为尊重科研人才意愿，科研人才具有一定的挑选评价者权利。如科罗拉多大学波尔得分校工程学院《教师晋升手册》中明确规定：“被评价者不一定完全可以自己选择评价者，但他们被要求向相关单位推荐评价者，也可以指明其不想联系的人。”[①]可见，这一过程中，较为尊重科研人才意愿，倘若科研人才不想被某一评价者评价，可以提出来并附上合理理由，主管部门会在合理范畴内最大可能尊重评价客体的意愿，这有利于增加被评价者对整个评价过程的配合度和满意度。其次，给予科研人才应然权利主要体现在尊重科研人才的上诉权和投票权，如康奈尔大学工程学院晋升评价，当候选人第一次被告知负面的晋升决定时，主管部门应告知其具备上诉权以及行使该权利的程序。在接到部门决定的通知后的三周内，候选人将收到一份书面声明，说明做出决定的原因和证据的性质，候选人可以根据相应程序提出上诉，同时学院也会成立相应委员会对科研人才进行重新审查。科研人才在这一过程中具有为自己发声的途径。同时，其也会给予科研人才相应的投票权，如约翰·霍普金斯大学工程学院学术委员会的成员由 12 名教授组成，其成员的确定应由相关教师进行投票进行。普渡大学西法拉叶分校工程学院《教师晋升手册》中规定，学院初级委员会(Primary Committee)将扩大到包括所有工程实践副教授和正教授，

① Procedures, Policies, & Criteria for Reappointment, Promotion, & Tenure[EB/OL].[2020－08－05]. https://www.colorado.edu/engineering-facultystaff/procedures-policies-criteria-reappointment-promotion-tenure.

且其均拥有完全投票权[①]。给予科研人才应然权利有利于增强科研人才对整个评价过程的信服力，在一定程度上增强了评价的公正性。

（三）评价目的：弱化绩效考评，促进教师提升

在“评价目的”这一维度，经过对8所样本大学制度文本词频的分析发现，“教师发展”这一关键词在评价目的维度出现次数最高，为6次，出现频率为75%，这说明75%的样本大学均在制度文本中提出，职称晋升中的科研评价主要为教师的自我发展和提升服务，表明评价具有人文性。其次，“人事决策”和“弱化绩效考评”这两个出现频次均为4次，说明有一半样本大学认为，评价在服务于教师发展时，也为人事决策服务，同时在评价过程中，应当弱化绩效考评，见表8-13。

表8-13　工学领域“评价目的”关键词词频列表

关键词	出现频次	出现频率	在该维度的占比	举例
教师发展	6	75%	42.8%	出现各类“教师提升”“教师发展”等词语
人事决策	4	50%	28.6%	出现“晋升依据”“人事决策”等词语
弱化绩效考评	4	50%	28.6%	当相关否定词与绩效考评一起出现时

对样本大学工程领域科研人才评价制度的文本分析发现，晋升评价并非绩效考核，其主要目的是为了促进科研人才个体的发展和提升。由于工科领域科研成果的应用性和实践性，对工科领域科研人才的评价往往容易变为科研成果的计数和绩效评定，因此一些样本大学科研人才评价的制度文本中都明确提到这一要点。如科罗拉多大学波尔得分校工程学院《教师晋升手册》中提到：对教师续聘、晋升和聘期的评价并不是年度考绩评级的汇编，而是应当确保每位候选人都得到全面、公平的评审，确保我们的教师保持高标准的优秀表现[②]。

① Promotion and Tenure[EB/OL].[2020-08-05]. https://engineering.purdue.edu/Engr/AboutUs/Administration/AcademicAffairs/Resources/FacultyResources/promotion-tenure.

② Procedures, Policies, & Criteria for Reappointment, Promotion, & Tenure[EB/OL].[2020-08-05]. https://www.colorado.edu/engineering-facultystaff/procedures-policies-criteria-reappointment-promotion-tenure.

南加州大学工程学院在评价文本中也提到，教师晋升的相关文本旨在为大学政策的实施提供有用的指导，促进学院学术目标的达成，而并非仅简单地为进行人事决策服务[①]。总体而言，工科领域晋升评价属于发展性目的导向，主要是为了使科研人才进行自我审视，保持高水准，并促进学院和学校学术目标的实现。

（四）评价方法：注重同行评议的公正性

在“评价方法”维度，如表 8－14 所示，“同行评议法”出现的频次最高，为 8 次，频率为 100%，即 8 所样本大学均采用“同行评议法”对教师进行科研评价。“定性与定量相结合”的评价方法出现的频次较低，为 3 次，频率为 37.5%，经过对文本的细致研读发现，样本大学工学领域在方法描述上更加注重对科研成果质量的判断，因此多采用同行评议法，弱化定量评价的方法。量化计分法出现频次为 0，表明在样本大学中并不存在单纯使用量化计分法进行判断的情况。具体如下：

表 8－14　工学领域“评价方法”关键词词频列表

关键词	出现频次	出现频率	在该维度的占比	举　例
同行评议法	8	100%	72.7%	出现各类“同行评议”“同行评价”等词语
定性与定量相结合	3	37.5%	27.3%	在注重质量的同时考虑数量
量化计分法	0	0%	0%	单纯使用量化计分

在对样本大学工学领域科研人才评价制度的相关文本编码时发现，由于同行评议具有一定的主观性，这些大学在制度文本中对同行评议的具体操作方式具有明确规定，并采取一系列措施来保障同行评议的公正性，主要体现在同行评议人员的选择上。如科罗拉多大学波尔得分校工程学院提出，与候选人有专业或个人潜在利益冲突的教职员工不应在候选人的基层单位评价委员会或一级审查委员会任职，以保障评价主体在评价时不带私人感情，保护被评

① Appointments, Promotions and Tenure (APT) Guidelines[EB/OL].[2020－08－05]. https://viterbischool.usc.edu/faculty/.

价者的利益[①]。密歇根大学安娜堡分校工程学院对同行评议者的选择往往从候选人提交的名单中选择一半的评价者，另一半评价者从部门管理者认同的学科领域权威和领导者中选择。倘若外部评价人员没有接受候选人的建议，必须对原因作出解释。这些规定在一定程度上保证了同行评议的公正性。南加州大学工程学院政策文本也指出，评价者必须与候选人职称相当或更高，以保证其具备评价候选人的能力[②]。倘若其并非来自非学术机构，也应有证据表明其为更高级别。约翰·霍普金斯大学工程学院《晋升准则》提到："应该从广泛选择的同行评议者中寻求意见，包括不同甚至对立的思想流派的追随者。"[③]这有利于从不同视角对被评价者进行判断，更具公正性。

（五）评价标准和指标：注重实际贡献及发展潜力

在"评价标准"方面，如表 8－15 所示，样本大学制度文本中出现频次最高的关键词为"实际贡献"（Effective Contribution）和"发展潜力"（Development potential），分别为 8 次和 7 次，表明绝大部分样本高校在评价过程中均会以"实际贡献"和"发展潜力"为主要标准对工学领域科研人才的成果进行评价，同时"影响力"（Academic Impact）和"原创性"（originality）也是重要标准。在"评价指标"方面，如表 8－16 所示，"期刊论文"和"专利"是频次最高的关键词。样本大学对指标在制度文本方面的阐述更多集中于此类指标的质量、原创性上，因此，对指标的频数统计仅作参考，更多应集中于标准上。

表 8－15　工学领域"评价标准"关键词词频列表

关键词	出现频次	出现频率	在该维度的占比	举　例
实际贡献	8	100%	32%	"贡献""实际贡献"
发展潜力	7	87.5%	28%	"潜力""可能性"

① Procedures, Policies, & Criteria for Reappointment, Promotion, & Tenure[EB/OL].[2020－08－05]. https://www.colorado.edu/engineering-facultystaff/procedures-policies-criteria-reappointment-promotion-tenure.

② Appointments, Promotions and Tenure (APT) Guidelines[EB/OL].[2020－08－05]. https://viterbischool.usc.edu/faculty/.

③ Appointment and Promotion Procedures for Tenure Track Faculty In The Krieger School of Arts and Sciences and The Whiting School of Engineering[EB/OL].[2020－08－05]. https://engineering.jhu.edu/about/faculty-staff-resources/.

续　表

关键词	出现频次	出现频率	在该维度的占比	举　　例
影响力	5	62.5%	20%	“影响力”
原创性	5	62.5%	20%	“原创性”“创造性”

表 8-16　工学领域“评价指标”关键词词频列表

关 键 词	出现频次	出现频率	在该维度的占比	举　　例
期刊论文	8	100%	29.7%	“期刊”“论文”
专利	7	87.5%	25.9%	“专利”
会议、演讲	6	75%	22.2%	“会议”“演讲”
基金	6	75%	22.2%	“基金”“经费”

对样本大学工科院系科研人才评价制度文本进行分析发现，在相关科研评价标准和指标的规定中，对实际贡献及科研人才未来的发展潜力均有强调。基于工科领域的应用性，科研成果的实际贡献往往是其评价的着重点，主要评判该科研成果是否对本学科领域、本学院、本校、本国乃至世界做出了贡献。如布里斯托大学对工科领域科研人才评价标准和指标主要包括：“展示研究的影响，如对行业或研究领域的影响；在适合该学科的会议或研讨会上传播个人研究成果的证据；非学术受众参与研究的证据，包括在学术界以外产生影响的活动；与更广泛的研究团体合作并做出贡献的证据。”①以上指标均强调科研人才科研成果的实际贡献和影响力。密歇根大学安娜堡分校工程学院的科研指标也提到，研究的卓越是由想法和发现的新颖性和重要性来衡量候选人的研究成果，重要性反过来又表现为对学院和科学界，以及工程实践和社会的实际贡献②。康奈尔大学工程学院在教师晋升中有一个轨迹为实践型教授（Professor of Practice），

① Engineering Faculty Progression Criteria[EB/OL].[2020-08-05]. http://www.bristol.ac.uk/hr/policies/progression/engineering-faculty-progression-criteria/#d.en.339307.

② Principles for Promotion/Tenure Evaluation[EB/OL].[2020-08-05]. http://adaa.engin.umich.edu/wp-content/uploads/sites/22/2020/05/CoE-PT-Criteria.pdf.

实践型教授在工业或其他非学术组织中的经历补充了学院中终身教授和非终身教授的能力[①]。实践教授通常来自所在组织中管理、技术或研究高层的职位，他们是在工程各个方面经验丰富的领导者。这同样也体现了工科领域需要此类实践型的人才，以更好地将知识进行转化，做出贡献。其次，在科研人才评价过程中，不仅局限于科研人才目前的能力，更多地看重其未来的发展潜力。科罗拉多大学波尔得分校工程学院对科研人才进行晋升评价中指出，年龄不应被视为一个因素，评价更重要的是认识到个人职业生涯中持续高质量学术表现的可能性[②]，表明该校非常看重对科研人才未来的发展潜力。

（六）评价程序：定期更新评价时间表，长周期保障公平性

经过对样本大学8个工科院系科研人才评价程序的分析发现，样本大学往往会在每一学年初公布晋升评价的整个时间流程表，科研人才可以在时间表的指导下准备材料，时间表一般比较具体，步骤清晰，具备指导性。同时，整个评价过程至少需花费一年的时间，时间周期较长。密歇根大学安娜堡分校工程学院明确提到：“晋升评价需耗费较长时间，整个过程可以在充裕的时间内完成，有利于把控每一环节，保障整个评价的公正性。”[③]以2020—2021年密歇根大学安娜堡分校工程学院晋升评价为例，2020年4—7月，进行学术共同体的组建和批准工作，组成案例集委员会(Casebook committee)，7—9月主要负责对委员会的成员进行培训，使其具备相应素质对候选人进行评价，10—11月期间主要为候选人对自己的材料进行汇总并提交，案例集委员会对其进行评价。2021年1—2月按照晋升手册对其进行更为深入的评价并进行投票，将结果反馈给部门负责人，教务长审查完毕后，经院长和系主任批准后进行公示并委任。整个过程耗费较长时间，在每一时间段内都有明确的步骤要求，使各主体按时间安排有序进行评价工作。

（七）评价导向：数量质量并重，以效用评价为导向

通过对关键词的词频分析发现，在“评价导向”维度提及最多的关键词为“质量”，其次为“量化”，8所样本院系中有6所属于效用评价导向，数量和质量往往

---

① Promotion and Tenure[EB/OL].[2020-08-25] https://www.engineering.cornell.edu/research-and-faculty/faculty/resources-faculty/faculty-development/tenure-track-faculty/promotion.

② Procedures, Policies, & Criteria for Reappointment, Promotion, & Tenure[EB/OL].[2020-08-05]. https://www.colorado.edu/engineering-facultystaff/procedures-policies-criteria-reappointment-promotion-tenure.

③ Promotion/Tenure and Reappointment[EB/OL].[2020-08-11]. https://adaa.engin.umich.edu/admin/ptr/.

会一并提及，出现频率较高。具体如下：

区别于社会科学和医学领域注重质量或数质量并重的导向，在对工学领域的制度文本分析中发现，样本大学并未提到单纯注重质量的内容评价导向，在强调质量的同时往往也有一定的数量标准。如科罗拉多大学波尔得分校工程学院在教师晋升的科研评价中提到，考虑候选人在所列项目方面的表现质量以及他或她被证明成功的项目数量①。麦吉尔大学工程学院提到，科研评价要注重高质量、同行评议的学术期刊和书籍中的出版物（数量可能因研究领域和性质而异），即根据不同领域确定数量标准②。南加州大学工程学院在进行评价时也提到，要提交候选人所在领域成果的质量和重要性以及任何其他量化指标的相关信息③。总体而言，其遵循效用评价导向，既强调科研成果的影响力、原创性、实际贡献等质量标准，同时对科研成果的数量也有一定的要求，数质量并重。

第三节　世界一流大学社会科学领域科研人才评价制度特征研究

一、研究方法

（一）样本选取

本书主要以软科 2019 ARWU 前 100 名和 2019 GRAS(社会科学领域)前 100 名为标准，对样本高校的文本进行搜集。GRAS(社会科学领域)涉及相关学科分别有经济学、统计学、法学、政治学、社会学、教育学、新闻传播学、心理学、工商管理、金融学、管理学、公共管理、旅游休闲管理和图书情报科学。由于社会科学领域公布的文本较少，根据文本可得性及可分析性选择了密歇根大学安娜堡分校、宾夕法尼亚大学、波士顿大学以及伊利诺伊大学的经济学；哥伦比亚大学、杜克大学的法学；以及马里兰大学、伊利诺伊大学香槟分校-厄巴纳的新闻传播学，见表 8－17：

---

① Procedures, Policies, & Criteria for Reappointment, Promotion, & Tenure[EB/OL].[2020－08－05]. https://www.colorado.edu/engineering-facultystaff/procedures-policies-criteria-reappointment-promotion-tenure.

② Faculty Advancement Board[EB/OL].[2020－08－23]. https://www.mcgill.ca/engineering/about-us/faculty-advancement-board.

③ Appointments, Promotions and Tenure (APT) Guidelines[EB/OL].[2020－08－05]. https://viterbischool.usc.edu/faculty/.

表 8-17 社会科学领域样本高校及学科分布表

学　校	学院/学科	排　名
宾夕法尼亚大学	文理学院(经济学)	13
密歇根大学安娜堡分校	人文艺术学院(经济学)	19
波士顿大学	文理学院(经济学)	53
伊利诺伊大学厄巴纳分校	文理学院(经济学)	70
哥伦比亚大学	法学院(法学)	3
杜克大学	法学院(法学)	15
伊利诺伊大学厄巴纳分校	新闻传播学院(新闻传播学)	11
马里兰大学大学城	媒体学院(新闻传播学)	12

注：排名为该校该学科在 2019 ARWU 世界一流学科排名的名次. http://www.zuihaodaxue.com/subject-ranking/mathematics.html.以上文理学院的学科分布均涉及经济学，制度文本的分析选择其与经济学领域教师晋升相关的文本。

(二) 数据收集

根据选样结果，对以上 8 所世界一流大学文科院系科研人才评价相关的制度文本进行细致检索，依据齐全性、可得性与丰富性原则寻找科研评价的相关制度文本，最终获取了包括波士顿大学文理学院《教师晋升准则》、密歇根大学安娜堡分校人文艺术学院《教师手册》、哥伦比亚大学法学院《教师晋升手册》、杜克大学法学院《教师晋升指南》等 8 所世界一流大学文科领域的 12 份制度文件，约 21 万字。

(三) 数据分析

本书从评价主体、评价客体、评价目的、评价方法、评价标准和指标、评价程序和评价导向等七大维度对收集到的评价制度文本进行编码。首先对文本进行翻译，然后利用 Gooseeker 爬虫软件的进行词频分析，对意义相近的词语进行整合，进而对结果进行归类、总结，初步得出世界一流大学社会科学领域科研人才评价制度的特征。编码示例见表 8-18。

表 8-18　社会科学领域制度文本编码示例

类　目	编　码	示　　例
评价主体	行政主体	出现院长、系主任、管理者、行政人员等相关者
	学术主体	出现教师、学术人员、研究人员等相关者
评价客体	具备参与途径	出现征集意见、教师参与、教师选举、教师报名等参与途径
	不具备参与途径	出现行政任命等非教师参与途径
评价目的	筛选性目的	出现教师晋升、调动、选择、奖励等目的
	发展性目的	出现识别教师潜力、优劣势、制定目标等目的
评价方法	同行评议法质量判断	出现评价者、校内外同行、国内外同行、识别作品质量等涉及评价方法的词语
	其他方法	出现其他相关主体，如系主任评价、计数法等词语
评价标准和指标	质量标准	出现学术领导力、原创性、影响力、质量等词语
评价程序	时间周期	从评价开始时间到评价结束时间
	涉及人员及团体数量	识别相关参与者数量
评价导向	形式评价	出现单纯注重数量的相关导向
	内容评价	出现单纯注重质量的相关导向
	效用评价	出现数量质量并重的相关导向

二、社会科学领域科研人才评价制度的主要特征

(一) 评价主体：淡化行政主体，以学术人员为主

学术主体有利于从更专业的视角对教师进行评价。在“评价主体”维度，在样本大学 8 个社会科学院系中，7 个在制度文本对“评价主体”相关内容有所涉及，其中“学术主体”作为关键词在 6 所大学均有出现，占比较高，行政主体相较而言占比较低，见表 8-19。

表 8－19　社会领域“评价主体”关键词词频列表

关键词	出现频次	出现频率	在该维度的占比	举　例
学术主体	6	85.7%	60%	“教授”“同行”
行政主体	4	57.1%	40%	“院长”“系主任”

社会科学领域样本大学科研人才评价的主体以学术人员为主，行政主体淡化。主要有两大倾向：

一是部分样本大学社会科学领域教师科研评价相关的学术管理组织在遵从多样性原则的基础上，会凸显其评价主体注重学术人员的构成，以更好地对本学科领域进行评价；如哥伦比亚大学(Columbia University)法学院《教师任命与晋升指南》提到：“哥伦比亚大学特设委员会的成员主要是从大学终身教职人员中挑选出来的，他们熟悉候选人的专业领域。”[①]在多元构成的基础上，对学术主体的作用进行强调。伊利诺伊大学厄巴纳-香槟分校(University of Illinois at Urbana-Champaign)传媒学院《学院章程》中提到，遴选委员会由三名投票委员组成，分别来自广告系、新闻系和媒体与电影研究系的教师[②]，来自不同系的学术人员有利于更好地对传媒学院不同系的教师进行科研评价。密歇根大学安娜堡分校在其人文艺术学院相关制度文本中指出，密歇根大学执行委员会将由院长和另外 4 名教师组成，通过无记名投票选举，并由董事会根据院长的建议任命，只有终身教授才有资格[③]。

二是部分样本大学社会科学领域科研评价制度文本明确提出，学术管理组织均为学术人员，行政主体不得任职。如马里兰大学(University of Maryland)在菲利普梅里尔新闻学院相关文本中提到，晋升和终身教职委员会由 6 名教员组成，其中分别来自广告系、新闻系和媒体与电影研究系，每个系的两名代表将由每个单位的终身教授选举产生，部门主管没有资格任职[④]。

---

① Columbia Law School Relevant Rules Pursuant to Faculty Promotion and Tenure[EB/OL].[2020－03－12]. https://finance-admin.law.columbia.edu/content/employees.

② College of media bylaws[EB/OL].[2020－03－12]. https://media.illinois.edu/im-interested/open-facultystaff-positions.

③ Faculty Handbook[EB/OL].[2020－03－12]. https://stamps.umich.edu/faculty-staff/resources/faculty_policies#faculty_handbook.

④ Plan of Organization of the Philip Merrill College of Journalism, University of Maryland[EB/OL].[2020－03－13]. https://merrill.umd.edu/faculty-and-staff/plans-and-policies/.

（二）评价客体：选拔公正，教师具备参与途径

在样本大学社会科学领域科研人才评价过程中，科研人才作为评价客体具有参与的途径，且选拔方式公正，大多采用无记名投票的方式进行。科研人才作为评价客体参与其中能够在一定程度上增强评价结果的公正性以及教师对其的信服度，有利于评价制度的平稳运行。马里兰大学菲利普梅里尔新闻学院的学院大会组成人员包括所有教师（均有投票权）、兼职教师代表、董事会代表、博士生、硕士生及本科生代表。同时，另一评价主体教师咨询委员会的成员由全体教师以无记名投票方式选举产生，具备公平性。密歇根大学安娜堡分校人文艺术学院相关制度文本指出，其执行委员会由教师以无记名的方式选拔产生，经过院长的审核方可参与其中①。总体而言，世界一流大学社会科学领域科研人才评价过程为评价客体提供了一定途径，使其具有参与制度运行的可能性。

（三）评价目的：以教师发展为主，人事决策为辅

在“评价目的”维度，如表 8－20 所示，样本大学中 6 个社会科学院系制度文本中涉及“评价目的”相关内容。在目的表述方面，强调以发展性目的为主或是以筛选性目的为主，若以一所样本大学发展性目的为主，则在发展性目的频数统计中计为 1，依次累计。结果显示，样本大学多以发展性目的为主，以筛选性目的为辅。

表 8－20　社会科学领域“评价目的”关键词词频列表

关键词	出现频次	出现频率	在该维度的占比	举　　例
发展性目的	4	66.7％	66.7％	出现“教师提升”“教师发展”等词语
筛选性目的	2	33.3％	33.3％	出现“晋升依据”“人事决策”等词语

通过对样本大学社会科学领域科研人才评价制度的文本分析发现，在制度文本中明确提及的评价目的以促进教师及学院发展为主，人事决策为辅。不可否认，评价结果将与学院的人事决策产生一定联系，但更多地关注教师是否在这次评价过程中了解到自身的优劣势，同时针对优劣势作出相应规划，以更好地发展自我。

① Faculty Handbook[EB/OL].[2020－03－12]. https://stamps.umich.edu/faculty-staff/resources/faculty_policies#faculty_handbook.

如马里兰大学菲利普梅里尔新闻学院提到，评价的主要目的是为了促进教师的持续专业发展，奖励优秀的教师，并改善个别教师和整个学院的教学、服务和学术生产力①。伊利诺伊大学厄巴纳-香槟分校在其文理学院《教师聘任和晋升政策》提到，评价的主要目的是为了促进教师个人发展，进而促进学院学术目标的达成②。或许是由于社会科学具有人文性，其更关注人的发展，而并非奖惩。

(四) 评价方法：学科专家参与，以同行评议法判定作品质量

通过对样本大学社会科学领域科研人才评价制度文本的编码发现，评价方法与学校层面以及医学领域层面的方法具有一致性，即推崇同行评议法，这也反映世界一流大学不管在学校层面还是在学科领域层面，均注重学科专家的参与，从学科内部视角对科研成果质量予以评判，一定程度上体现了世界一流大学科研人才评价的“质量导向型”原则。具体而言，哥伦比亚大学法学院在其制度文本中提到，同行的认可是衡量学术能力的重要标准③。波士顿大学文理学院在晋升评价过程中将征求外部评价人员的来信，以根据候选人的职级期望和部门定义的标准评价候选人的贡献和成就④。马里兰大学菲利普梅里尔新闻学院提到，科研成果需由同行进行质量的评定⑤。密歇根大学安娜堡分校人文艺术学院也提到，科研人才评价将高度重视确定同行评审和受到同行认可的机会，以获得同行对其工作的价值评价⑥。可见，社会科学领域科研成果的判断，主要是邀请同行对其质量与价值进行判定。

(五) 评价标准和指标：“质量导向型”，注重学术领导力和原创性

在“评价标准和指标”维度中，如表 8－21 所示，样本大学 7 个社会科学院系提及相关内容，其中“质量”“原创性”以及“学术领导力”作为主要关键词出现频

---

① Plan of Organization of The Philip Merrill College of Journalism, University of Maryland[EB/OL]. [2020－03－13]. https://merrill.umd.edu/faculty-and-staff/plans-and-policies/.

② Policy for Appointment or Promotion for Specialized Faculty[EB/OL].[2020－03－12]. https://las.illinois.edu/faculty/policy.

③ Columbia Law School Relevant Rules Pursuant to Faculty Promotion and Tenure[EB/OL].[2020－03－12]. https://finance-admin.law.columbia.edu/content/employees.

④ College of Arts and Sciences Guide to the Tenure and Promotion Review Process[EB/OL].[2020－03－12]. http://www.bu.edu/cas/faculty-staff/faculty-staff-handbook/faculty-personnel-matters/faculty-recruitment-and-appointments/.

⑤ Plan of Organization of The Philip Merrill College of Journalism, University of Maryland[EB/OL]. [2020－03－13]. https://merrill.umd.edu/faculty-and-staff/plans-and-policies/.

⑥ Faculty Handbook[EB/OL].[2020－03－12]. https://stamps.umich.edu/faculty-staff/resources/faculty_policies#faculty_handbook.

表 8 - 21　社会科学领域“评价标准”关键词词频列表

关键词	出现频次	出现频率	在该维度的占比	举　例
质量	7	100%	30.4%	“质量”“高质量”
原创性	6	85.7%	26.1%	“原创性”“创造性”
学术领导力	5	71.4%	21.7%	“领导力”“学术领导力”
实际贡献	3	42.9%	13.1%	“贡献”“实际贡献”
影响力	2	28.6%	8.7%	“影响力”

次较高，“实际贡献”与“影响力”出现频次相对较低，这可能与社会科学的学科特性密切相关。

在社会科学领域，样本大学科研人才评价相关的制度文本显示，科研评价以质量标准为导向，同时注重科研人才的学术领导力和科研成果的原创性。如杜克大学(Duke University)法学院在晋升评价过程中，需要候选人提交大量证据表明其在专业领域的学术领导力，如参与法律改革活动，起草立法或行政建议，在委员会或其他类似的咨询机构中任职；出版以实践为导向的材料；出版有关临床法律教育或法律实质性领域的学术著作；在一个或多个学术或专业学术协会中担任领导者；具有高质量、有意义的服务或学术活动的经历①。在评价指标中，样本大学对科研人才的学术领导力和作品的原创性进行了相关规定，如波士顿大学(Boston University)文理学院提到：“科研人才晋升的最重要标准是杰出的学术或创造性工作。”②虽然科研人才作为团队的一部分，但是他们的晋升通常需要有领导力和独立性的重要证据，可见对科研人才领导力的重视。除此以外，宾夕法尼亚大学文理学院在对科研人才进行评价时也强调独立出版物的原创性以及教师的学术领导力。哥伦比亚大学法学院则提到注重高度原创性的成果，同时关注科研成果的影响力和贡献的潜力③。

① School of Law Procedures for Appointment, Promotion, and Tenure[EB/OL].[2020 - 11 - 14]. https://provost.duke.edu/sites/default/files/FHB_App_I.pdf.

② College of Arts and Sciences Guide to the Tenure and Promotion Review Process[EB/OL].[2020 - 03 - 12]. http://www.bu.edu/cas/faculty-staff/faculty-staff-handbook/faculty-personnel-matters/faculty-recruitment-and-appointments/.

③ Columbia Law School Relevant Rules Pursuant to Faculty Promotion and Tenure[EB/OL].[2020 - 03 - 12]. https://finance-admin.law.columbia.edu/content/employees.

(六) 评价程序：周期长，多方参与有利于监督制约

在社会科学领域，世界一流大学科研人才评价程序较为繁杂，周期较长，其中涉及多方评价主体。多方参与评价有利于互相监督和制约，保证评价结果的公平性。以波士顿大学文理学院教授晋升的评价程序为例，教授晋升评价从2019年10月17日开始，2021年5月15日结束，历时19个月。步骤大致如下：系主任和部门任职与晋升协调员进行午餐会，确定候选人；院长致信，通知候选人将在2020/2021学年对他们的任期和晋升进行审核；部门主席，部门任职人员与晋升协调员以及候选人开会，以制定清晰的内部时间表；部门向任期和晋升协调员提交20位可能的外部同行评审专家名单，并将候选人简历提交给外部同行评审专家，邀请其进行审核；多轮审核后确定候选人，然后由院长再次审核，最终确定名单并公示①。从波士顿大学文理学院的教授晋升程序来看，涉及多方评价主体，进行多轮审核，这样的方式有利于互相监督制约，保证评价程序的公正性。

(七) 评价导向：以内容评价和效用评价为主要导向

在样本大学社会科学领域科研人才评价制度中，对科研成果和能力的评价均以内容评价和效用评价为导向，注重质量或实际效用。波士顿大学文理学院在评价中注重原创性与质量，考虑候选人成果的影响力及贡献②。哥伦比亚大学法学院相关制度文本提到，不管什么年龄，每个候选人都应该做出真正优秀的成果。出版物的数量不是很重要，只要科研人才的学术工作达到较高的标准，不需要发表很多论文③。马里兰大学菲利普梅里尔新闻学院在对科研人才进行评价时会考虑影响力、重要性、影响范围、原创性、数量、进展等多个维度④，因此，综合考量实则遵循的是效用评价导向。总体而言，其制度文本中并未将数量指标单列出来进行评价，而是更多关注于内容和效用的评价。

---

① College of Arts and Sciences Guide to the Tenure and Promotion Review Process[EB/OL].[2020-03-12]. http://www.bu.edu/cas/faculty-staff/faculty-staff-handbook/faculty-personnel-matters/faculty-recruitment-and-appointments/.

② College of Arts and Sciences Guide to the Tenure and Promotion Review Process[EB/OL].[2020-03-12]. http://www.bu.edu/cas/faculty-staff/faculty-staff-handbook/faculty-personnel-matters/faculty-recruitment-and-appointments/.

③ Columbia Law School Relevant Rules Pursuant to Faculty Promotion and Tenure[EB/OL].[2020-03-12]. https://finance-admin.law.columbia.edu/content/employees.

④ Plan of Organization of The Philip Merrill College of Journalism, University of Maryland[EB/OL].[2020-03-13]. https://merrill.umd.edu/faculty-and-staff/plans-and-policies/.

第四节　世界一流大学医学领域科研人才评价制度特征研究

一、研究方法

（一）样本选取

本书主要以软科 2019 ARWU 前 100 名和软科 2019 GRAS（医学领域）排名前 100 名为标准，选取该学科领域具有代表性的学科，对样本高校的文本进行搜集。按照《中华人民共和国学科分类与代码国家标准》，选择医学领域最具代表性的两大学科，基础医学和临床医学，继而根据文本的丰富性、可分析性与可得性确定样本，完成数据的搜集工作，确定的样本高校及院系见表 8－22：

表 8－22　医学领域样本高校及学科分布表

学　　校	学院/学科	排　名
哈佛大学	医学院（基础医学）	2
多伦多大学	医学院（基础医学）	5
约翰・霍普金斯大学	医学院（基础医学）	6
斯坦福大学	医学院（基础医学）	17
杜克大学	医学院（临床医学）	20
密歇根大学安娜堡分校	医学院（临床医学）	25
布里斯托大学	医学院（临床医学）	89
南加州大学	医学院（临床医学）	96

注：排名为该校该学科在 2019 ARWU 世界一流学科排名的名次. http://www.zuihaodaxue.com/subject-ranking/mathematics.html.

（二）数据收集

根据选样结果，对以上 8 所世界一流大学医学领域科研人才评价相关的制度文本在相关官方网站进行检索，依据齐全性、可得性与丰富性原则寻找科研评价的相关制度文本，最终获取了包括哈佛大学医学院《教师手册》、约翰·霍普金斯大学医学院《金皮书》《银皮书》与《蓝皮书》、斯坦福大学医学院《教师手册》、多伦多大学医学院《教师晋升手册》等8所世界一流大学医学领域的32份制度文件，约34万字。

（三）数据分析

本书主要从“七大维度”对医学领域与教师职称晋升相关的科研评价制度进行分析和解读。在确定好编码类目后，首先对23份文件进行通读并翻译，在这一过程中识别与类目相关的文本段落，对其翻译后进行归纳并编码，编码结束后，将每一编码维度及类目下的文本进行再次分析并归类，研究世界一流大学医学领域科研人才评价制度的主要特征，编码表见表8-23。

表8-23 医学领域制度文本编码表示例

类目	编码	示例
评价主体	主体构成	识别一所世界一流大学文本中出现院长、系主任、管理者等行政主体、教师、学术人员等学术主体相关者以及学生等其他主体
	平等性	识别评审过程中不同主体构成的比重及权利
评价客体	具备参与途径	出现征集意见、教师参与、教师选举、教师报名等参与途径
	不具备参与途径	出现行政任命等非教师参与途径
评价目的	奖惩性目的	出现教师晋升、调动、选择、奖励等目的
	发展性目的	出现识别教师潜力、优劣势、制定目标等目的
评价方法	同行评议法（质量判断）	出现评价者、校内外同行、国内外同行、识别作品质量等涉及评价方法的词语
	其他方法（数量判断）	出现计数法、作品数量等词语
评价标准和指标	质量标准	出现学术领导力、原创性、影响力、质量等词语
评价程序	涉及人员及团体数量	识别相关参与者数量
	后续环节	识别与后续审查环节相关的文本

续　表

类　目	编　　码	示　　例
评价导向	形式评价	出现单纯注重数量的相关导向
	内容评价	出现单纯注重质量的相关导向
	效用评价	出现数量质量并重的相关导向

二、医学领域科研人才评价制度的主要特征

(一) 评价主体：主体构成多样化，注重平等性

在医学领域，样本大学科研人才评价的主体构成具有多样化的特点，如表 8－24 所示，且注重评价主体间的平等性。由于医学领域有基础医学和临床医学之分，因此其评价主体尽量涵盖多方面，以保证评价主体的公正性。同时，各评价主体间均为平等关系，共同致力于医学领域科研人才评价。部分世界一流大学医学领域科研人才评价以行政主体为主，如杜克大学(Duke University)医学院在《教师手册》中提到，科研人才评价应包括以下主体[①]：职称等级等于或高于候选人的教师、系主任、医学院/医疗中心负责学术事务的副校长、基础医学委员会(Preclinical medicine committee)、主管卫生事务的行政人员、院长、任命、晋升和任期咨询委员会、院长理事会、董事会。其中既包括行政主体，也包括学术人员，但以行政主体为主。与此类似的还有斯坦福大学医学院，其评价主体为系主任、部门主席、部门评价委员会、副院长、助理教授评审委员会、院长、任命与晋升委员会、执行委员会、教务长以及校长[②]。部分世界一流大学医学领域科研人才评价更注重学术人员的作用，如多伦多大学医学院，其评价主体除院长、系主任等行政主体外，主要为医学晋升委员会和高级晋升评价委员会[③]，其中医学晋升委员会由高级全职临床教职人员(教授级)组成，他们是由系主任经与委员会主席协商后选出的，以反映系教职人员的水平；高级晋升评价委员会由专职

---

① Clinical Sciences School of Medicine[EB/OL].[2020－01－21]. https://medschool.duke.edu/about-us/faculty-resources/faculty-appointments-promotion-tenure.

② Stanford Professoriate Appointment/Reappointment/Promotion form[EB/OL].[2020－01－21]. http://med.stanford.edu/academicaffairshandbook/chapter-2.html.

③ Senior Promotion[EB/OL].[2020－01－23]. https://www.deptmedicine.utoronto.ca/senior-promotion.

临床高级教职人员(教授或副教授级)组成,他们是由系主任经与委员会主席和医院主治医师协商后选出的。密歇根大学安娜堡分校医学院在其评价主体构成中强调要有本系内部、学院内部以及学院外部学术人员的参与①。

表 8-24 医学领域“评价主体”关键词词频列表

关键词	出现频次	出现频率	在该维度的占比	举例
7个主体以上	6	75%	75%	数量大于等于7
7个主体以内	2	25%	25%	数量小于7

(二) 评价客体:评价中尊重教师的客体地位,鼓励教师主动参与

在样本大学医学领域科研人才评价制度运行过程中,科研人才作为评价客体的地位能够得到相应尊重,且相较于社会科学领域而言,科研人才可主动报名参与,而社会科学领域科研人才作为评价客体往往是被动选举。医学领域为科研人才提供一系列途径使他们可以“毛遂自荐”,主动参与。如杜克大学医学院学院理事会在成员选拔方面,向每个系征集提名——任何合格的教师都可以自荐,也可以从系里的其他教师以及系主任那里获得提名,这为教师的主动参与提供了机会②。多伦多大学医学院在科研人才评价过程中,内部评审员采取招募制形式,科研人才可自行报名③。总体而言,在世界一流大学医学领域科研人才评价中,科研人才作为评价客体的地位能得到应有的尊重。

(三) 评价目的:以促进人事决策为主,教师发展为辅

在“评价目的”这一维度,如表 8-25 所示,样本大学 8 个医学院制度文本中共有 6 所大学涉及相关内容,其中以筛选性为主要目的的高校占较大比例,但这并非意味着仅以筛选性作为评价的目的,同时也服务于教师的自我发展。

经过对样本大学医学领域科研人才评价制度文本的分析发现,与社会科学领域不同,医学领域科研人才评价制度更注重筛选性目的,虽然也提到“教师发展”这

---

① Clinical Track Pathways[EB/OL].[2020-02-03]. https://faculty.medicine.umich.edu/office-faculty-affairs/clinical-track/clinical-track-pathways.

② Clinical Sciences School of Medicine[EB/OL].[2020-01-21]. https://medschool.duke.edu/about-us/faculty-resources/faculty-appointments-promotion-tenure.

③ Manual for Academic Promotion to Associate Professor and Professor[EB/OL].[2020-01-23]. https://www.deptmedicine.utoronto.ca/guidelines-policies-resources.

表8-25 医学领域"评价目的"关键词词频列表

关键词	出现频次	出现频率	在该维度的占比	举 例
筛选性目的	5	83.3%	83.3%	出现"晋升依据""人事决策"等词语
发展性目的	1	16.7%	16.7%	出现"教师提升""教师发展"等词语

一作用,但并不是主要目的。如约翰·霍普金斯大学医学院在《金皮书》中指出,评价为了审查教师在教学、研究、项目开发、临床活动和其他职责方面的进展,以作出人事决策①。南加州大学医学院在制度文本中提到:"教师晋升评价为学院发展提供人事决策信息的同时,也有助于帮助教师自我审视和改进。"②对于医学领域而言,科研人才评价以为人事决策服务为主要目的,以促进科研人才的发展为次要目的。

(四) 评价方法:以同行评议法为主,淡化数量统计法

文本分析发现,医学领域科研人才评价方法以同行评议为主,淡化数量统计法,见表8-26。8个样本高校医学院在制度文本中对数量统计法均未提及,更多肯定同行在评价过程中发挥的作用。如密歇根大学安娜堡分校医学院的制度文本指出,经过同行评议的出版物可以证明奖学金和科研成果的卓越③。斯坦福大学医学院指出,晋升评价需要内部和外部专家对其进行评审,以作出判断④。约翰·霍普金斯大学医学院提到,对推荐被任命为医学系正教授或晋升为正教授的个人的资格进行有序的同行评审⑤。除此以外,哈佛

① Governing Appointmnts, Promotions, and Professiona Activities of the Full-Time Faculty Of The Johns Hopkins University School Of Medicine [EB/OL]. [2019-11-21]. https://www.hopkinsmedicine.org/som/faculty/appointments/index.html.

② Combined Guidelines for Tenured, Tenure Track, Clinical, and Research Faculty Appointments and Promotion[EB/OL]. [2019-11-21]. https://keck.usc.edu/faculty-affairs/appointments-promotions-and-advancement/.

③ Faculty Handbook[EB/OL]. [2020-02-03]. https://faculty.medicine.umich.edu/office-faculty-affairs/clinical-track/appointment-promotion-criteria.

④ Stanford Professoriate Appointment/Reappointment/Promotion form[EB/OL]. [2020-01-21]. http://med.stanford.edu/academicaffairshandbook/chapter-2.html.

⑤ Professional Development Guide for the Faculty of The Johns Hopkins University School of Medicine [EB/OL]. [2019-11-21]. https://www.hopkinsmedicine.org/som/faculty/appointments/index.html.

大学、多伦多大学、杜克大学、布里斯托大学等世界一流大学医学院在晋升过程中均需要学院内部、学校内部以及学校外部的专家对科研成果进行系统性的评审。

表 8-26 医学领域“评价方法”关键词词频列表

关键词	出现频次	出现频率	在该维度的占比	举例
同行评议法	6	75%	75%	出现“同行评议”“同行评价”等词语
定性与定量相结合	2	25%	25%	在注重质量同时考虑数量
量化计分法	0	0%	0%	单纯使用量化计分

（五）评价标准和指标：以学术质量为首要标准，指标灵活性强

样本大学医学领域对科研人才的评价以学术质量为首要评价标准，指标凸显医学特色，且灵活性较强。衡量学术质量标准的指标主要是科研成果质量，注重科研成果的原创性与影响力。如斯坦福大学医学院的教师科研评价强调科研成果的影响力、创新和创造性、学术界的认可等指标[①]。杜克大学医学院注重教师在本学科领域做出重要的原创贡献[②]，凸显医学特色的指标主要体现在对临床方面的贡献、医学专业领域的认可等。如密歇根大学安娜堡分校医学院在对教师评价时涉及持续性专业评价（Ongoing Professional Practice Evaluation，OPPE）和焦点专业评价（Focused Professional Practice Evaluation，FPPE）信息、病人致谢等医学特色的指标[③]。哈佛大学医学院提到了开发诊断或治疗的创新方法、技术应用以及影响全国乃至国际水平的护理模式、对临床实践的改变、为国家委员会在临床专业领域的管理或评价项目所提供的政策建议等指标[④]，这一类指标均凸显了医学特色。

① Stanford Professoriate Appointment/Reappointment/Promotion form[EB/OL].[2020-01-21]. http://med.stanford.edu/academicaffairshandbook/chapter-2.html.

② Clinical Sciences School of Medicine[EB/OL].[2020-01-21]. https://medschool.duke.edu/about-us/faculty-resources/faculty-appointments-promotion-tenure.

③ Clinical Track Pathways[EB/OL].[2020-02-03]. https://faculty.medicine.umich.edu/office-faculty-affairs/clinical-track/clinical-track-pathways.

④ Governance, Appointment and Promotion Handbook[EB/OL].[2019-09-23]. https://fa.hms.harvard.edu/FoMhandbook.

表 8-27 医学领域"评价指标"关键词词频列表

关键词	出现频次	出现频率	在该维度的占比	举 例
临床实践	7	87.5%	36.8%	"临床实践""创造性实践"
出版物	7	87.5%	36.8%	"期刊论文""出版物"
病人致谢	5	62.5%	26.4%	"病人致谢"

(六) 评价程序：多方进行监督，后续多环节审查

研究发现，样本大学医学领域科研人才的评价程序具有公正性，其中涉及多方评价主体，多主体的参与有利于互相监督。如斯坦福大学医学院助理教授晋升过程[①]，首先系主任对候选人进行选择，将符合晋升条件的候选人列出来，由副院长详细审查草案，助理教授审查委员会对其进行判定和审核，得出初步候选人名单，教师任命和晋升委员会再次进行审核，将名单交予院长进行最终判断，院长审查完毕后进行公示。此后，教务长、咨询委员会等需要对其进行再度审核。这一评价程序中涉及多个评价主体，且具有多个审查环节，有利于保证评价结果的公平公正。多伦多大学医学院、约翰·霍普金斯大学医学院等样本高校的评价程序也具有以上特征。

(七) 评价导向：注重内容评价导向和效用评价导向

研究发现，样本大学医学领域科研人才评价遵循内容评价导向和效用评价导向，对单纯的形式评价导向不予重视。从评价标准和指标可以看出，样本大学医学院均侧重对质量和实际效用的考察，对单纯的数量指标鲜有提及。如多伦多大学医学院在其制度文本中提到，对于研究成果而言，描述和评价候选人研究的质量、原创性和意义，包括对正在进行的工作的描述，遵循内容评价导向[②]。对临床实践工作而言，应根据质量和数量描述候选人的临床服务。创造性成果(Innovation Portfolio)在晋升评价过程中表彰创新和创业精神，影响力

① Specific/Supplementary Criteria for Assistant Professors[EB/OL].[2020-01-21]. http://med.stanford.edu/academicaffairshandbook/chapter-2.html.

② Appointment/Promotions[EB/OL].[2020-01-23]. https://faculty.medicine.umich.edu/office-faculty-affairs/clinical-track/packet-items.

将作为晋升材料的一部分[①]。如果适用,委员会将评价候选人对技术转让和创业精神的贡献[②]。

(李晶,刘莉,董彦邦)

① Appointment / Promotions[EB/OL].[2020 - 01 - 23]. https://faculty.medicine.umich.edu/office-faculty-affairs/clinical-track/packet-items.

② Appointment / Promotions[EB/OL].[2020 - 01 - 23]. https://faculty.medicine.umich.edu/office-faculty-affairs/clinical-track/packet-items.

第九章
“双一流”建设高校科研人才评价制度认同分类建构研究

为了发挥人才评价的指导作用，推进创新人才评价机制改革与完善，2018年2月，中共中央办公厅、国务院办公厅印发了《关于分类推进人才评价机制改革的指导意见》(以下简称《指导意见》)。《指导意见》指出，建立科学的人才分类评价机制，对于树立正确用人导向、激励引导人才职业发展、调动人才创新创业积极性、加快建设人才强国具有重要作用[①]，因此要在分类评价基础上，“围绕建设创新型国家和世界科技强国目标，结合科技体制改革，建立健全以科研诚信为基础，以创新能力、质量、贡献、绩效为导向的科技人才评价体系”[②]。

学科(discipline)是“相对独立的知识体系”[③]，通常包含两层含义：一是指知识根据学术性质而分成的科学门类，既是人文学科、社会科学、自然科学等学科领域的统称，也指某学科领域中的类目，如人文学科中的语言学等；二是指教学科目，如高等教育部门设置的学科门类[④]。前者是作为知识分支的一般意义理解上的学科，后者则是制度化学科。由于学科性质的不同，不同领域学者所肩负的期望也有所不同，为保障科研评价的公正性及科学性，了解学科性质并针对不

---

① 中共中央办公厅，国务院办公厅.中办国办印发《关于分类推进人才评价机制改革的指导意见》[N].人民日报，2018-02-27，(01).

② 中共中央办公厅，国务院办公厅.中办国办印发《关于分类推进人才评价机制改革的指导意见》[N].人民日报，2018-02-27，(01).

③ 国家标准化管理委员会.学科分类与代码(GB/T 13745—2009)[EB/OL].[2018-10-28]. http://www.gb688.cn/bzgk/gb/newGbInfo?hcno=4C13F521FD6ECB6E5EC026FCD779986E.

④ 叶继元.国内外人文社会科学学科体系比较研究[J].学术界，2008，23(05)：34-46.

同学科采用不同的方法极有必要[①]。因此，基于学科分类的科研评价制度有助于高校明确自身定位，制定出符合学校实际的发展方案，同时也能最大限度地激发和释放教师的科研活力。

第一节 理工科领域科研人才评价制度认同建构研究

一、理工科的研究特性

随着时间的推移，理科内部出现了分化，分为基础理科和应用理科。基础理科属于理论层面的研究，应用理科则属于理科中以应用为主要导向的学科[②]。有学者提到，化学学科作为传统理科学科在之前一直属于基础理科，但化学在实验过程中实则大多要基于应用，于是内部又分化出二级学科应用化学，也有部分高校会将应用化学划入工科领域。理科领域科学研究主要基于社会导向，与工科合并起来致力于解决目前的社会难题以及满足人民的社会需要，理学承担认识世界的任务，工学在理学的基础上致力于改造世界。其均以社会导向型为主，从社会热点出发，去发现问题和解决问题[③]。鉴于此，本书将理工领域科研人才作为一个整体开展调查。对 837 位理工领域科研人才的调查显示，一半以上的被调查者认为理工科科学研究知识具有累积性(68.1%)、研究需要多学科协作(58.3%)、研究周期长(56.6%)，另外相当一部分认为经费需求大，重团队研究也是理工科科学研究的特点，见图 9-1。

工学领域科学研究的相关主体不仅应该掌握本学科专业领域的专业知识和国内外最新成果，了解相关的技术标准、政策和法律法规，而且要熟悉相关学科专业领域，如信息学科、经济管理、人文学科、社会学科等其他学科专业的知识，同时还要关注一些新兴、交叉、边缘学科，尤其是与本学科专业领域相关的战略性

① Huang MH, Chang YW. Characteristics of research output in social sciences and humanities: From a research evaluation perspective[J]. Journal of the American Society for Information Science & Technology, 2008, 59(11): 1819-1828.

② 教育部，中国工程院.关于印发《卓越工程师教育培养计划通用标准》的通知[C].中国工程院教育委员会.中国工程教育发展报告[M].北京：高等教育出版社，2015：175-177.

③ 王义遒，祝诣博.关于“应用理科”的几点思考[J].高等理科教育，2015，(01)：1-28.

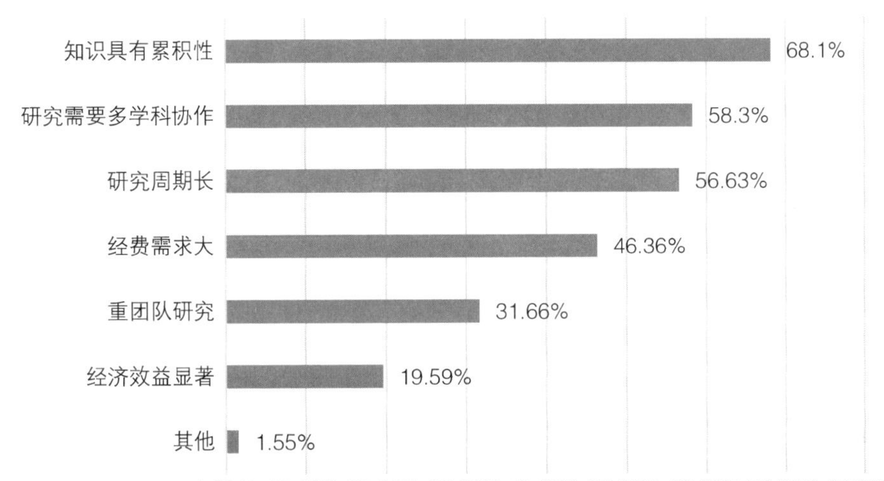

图 9-1 理工领域科学研究的特点

新兴产业的兴起和发展[①]。在教育部、中国工程院颁布的《卓越工程师教育培养计划通用标准》中，工程型人才培养的 11 条通用标准强调，科研工作者应具有从事工程工作所需的相关数学、自然科学知识以及一定的经济管理等人文社会科学知识[②]。由于工程科学研究的复杂性，在研究过程中需要涉及多学科，因此对科研工作者的个人素质要求较高。

二、“双一流”建设高校理工领域科研人才评价制度认同建构的建议

结合理工领域目标群体对评价制度的认同情况，根据理工科领域的研究特性，在第四代评价理论的指导下，对高校理工科领域科研人才评价制度改革提出如下建议：

（一）评价主体：保障学术共同体的评价主体地位

第四代评价理论提倡一种全面的积极参与[③]，使得评价主体不再仅是评价的组织者和实施者，而扩展为参与评价活动的所有人[④]。在价值多元化的理念

① 屈西西.学科特性与大学教学模式的关系研究——以哲学、工程学、化学三个学科为例[J].高等理科教育，2019，(06)：36-40，26.

② 刘国瑜.基础科学研究、研究生教育与世界一流学科建设[J].学位与研究生教育，2019，(07)：53-58.

③ 埃贡·G·古贝，伊冯娜·S·林肯.第四代评估[M].秦霖，蒋燕玲，等，译.北京：中国人民大学出版社，2008：4.

④ 卢立涛.回应、协商、共同建构——“第四代评价理论”述评[J].内蒙古师范大学学报（教育科学版），2008，(08)：1-6.

指导下，评价主体多元化成为第四代评价理论的特点之一。逐步减小行政力量对高校科研人才评价的过多干扰，确立学术共同体主体地位，让高校科研人才评价回归以学术主体为主的评价本质。逐步建立起以同行专家为主，高校行政管理人员及校外第三方机构为辅，同时注重评价客体参与的多元化评价主体。在此基础上，吸纳相关利益方参与评价，建立多元化评价体系。

为了提升科研评价的科学性、客观性和合理性，“双一流”建设高校在科研评价分工中需保障学术共同体的评价主体地位。让学术共同体遵循学术研究初心，从理工科的不同研究领域、不同研究方向出发，制定合理评价标准和评价指标，实现有效的差异化评价。在开展评价时，学术共同体内部可进一步细化大同行和小同行的分工，并强化二者间的沟通，如可在评价初期由一线工作的小同行进行成果判断，再将小同行认同的成果推荐给大同行，让科研评价不是简单的自上而下单向式评价，而是自下而上、自上而下的多次沟通式评价。对于作为评价客体的科研人才，评价主体需为其提供更为有效的发声渠道，如根据理工科类学科不同的发展阶段，适时探索国际评价，由科研人才列出全球范围内的国际小同行专家，帮助评审组进行专家的选择，且兼顾可能存在的人情因素，采用双向匿名的方式进行评价。此外，可考虑引入校外第三方机构协助开展评价，如负责评价活动的筹备和评价制度的维护；或是邀请国外一些专业技术学会的人员来做评价制度制定和执行的经验分享。而行政管理者在评价中应更多发挥辅助作用，如利用资源优势为学术共同体提供帮助，协助学术共同体建立国家层面的评审数据库，打通校际乃至国际界限，依据学科下不同研究方向设立覆盖国内外的不同专家群，提供根据关键词精确匹配评审专家的方式，以提升评价的严谨性、公平性和科学性。评价过程民主性低，透明性差，甚至存在暗箱操作，这对评价的公正公平产生了不良影响，也在很大程影响了高校教师对科研评价制度的认同。因此，建议在高校教师科研评价制度改革中，在各个阶段增加信息公开的力度，增强评价过程的透明性，自觉接受来自各方的监督，确保程序公正、正义。

（二）评价目的：以形成性评价为主、终结性评价为辅

1981年古贝和林肯指出，评价应是回答利益相关者的要求①，1989年他们

① 卢立涛.回应、协商、共同建构——“第四代评价理论”述评[J].内蒙古师范大学学报(教育科学版)，2008,(08)：1-6.

出版的《第四代评价》指出，第四代评价是一种发展性评价，认为评价不是为了证明而是为了改进[①]。

全面的高校科研人才评价制度应立足不同的评价目的，建立不同的形成性和终结性的高校教师评价机制[②]。鉴于目前评价制度是成果导向的，以总结性评价为主，对高校科研人才创新促进和激励不够。因此，建议我国高校科研人才评价制度建立总结性评价与形成性评价并存的体系，服务于不同的评价目的，将高校科研人才发展评价与人事决策等方面的评价分离。形成性评价以科研人才学术发展为本，以促进和激励科研人才创新为导向；而总结性评价用于奖惩与晋升。

(三) 评价标准：以创新质量和实际贡献为导向

美国科学社会学家乔纳森·科尔(Jonathan R. Cole)、斯蒂芬·科尔(Stephen Cole)等指出："对杰出研究的承认是支撑整个科学社会的支柱。如果不是只奖励做得好的研究，科学就可能堕落。"[③]研究发现，目前高校科研人才评价首要标准以科研产出数量为主同时注重科研产出质量，而高校科研人才希望首要标准更应该看重科研创新质量与实际贡献。

因此，高校科研人才评价要始终以创新质量为核心，将创新质量和实际贡献作为评价的首要标准。在理工领域内不能单一地以学术著作或论文发表的数量作为评价的首要标准，高校科研人才对行业、产业内的影响，对关键的生产技术问题的攻坚等一系列可能无法用学术论文所体现的但是具有实际意义和实际价值的创新和贡献在评价体系中应该与论文同等重要，甚至更重要。

(四) 评价方法：基于计量指标的代表作同行评价

量化为主的评价已经带来了诸多的问题，改革势在必行。建议在完善现有量化评价的基础上引入代表作制度，建立基于计量指标的代表作同行评价制度。具体来说，以对代表作的同行评价为主，在代表作之外补充必要的可以计量的成果材料。"大同行"与"小同行"相结合，"大同行"包括相关兄弟院系的同行专家或者是学科相近的专家、同事等，"小同行"是研究方向相同的权威专家或学者。同时，尽可能引入国外同行专家的评价。在定量评价中，应根据不同的学科领域

---

① 史晓燕.发展性教育评价的理论与实践[M].石家庄：河北教育出版社，2003：15－20.

② Mcgreal T.L. Evaluation for enhancing instruction：Linking teacher evaluation and staff development [J]. Teacher Evaluation：Six Prescriptions for Success，1988：1－29.

③ 乔纳森·科尔，斯蒂芬·科尔.科学界的社会分层[M].赵佳苓，顾昕，等，译.北京：华夏出版社，1989：84.

与研究类型研究工作的特点与规律，制定不同的定量指标体系。

同行评价需要同行专家信息数据库的大力支撑。建议整合各方资源，遴选国内外各学科领域内不同研究类型的优秀学者，逐步建立与完善专家信息数据库，专家信息不仅包括学科领域，还要包括研究方向。

（五）加大对科研团队建设和管理的支持力度，激发科研人才科研合作积极性

建议“双一流”建设高校加大对团队合作建设的支持力度，进一步改善科研合作成果计算方法，消除科研人才开展科研合作的后顾之忧，调动其合作积极性。具体而言，一方面，“双一流”建设高校在组织和建设合作团队时，应进一步明晰团队负责人和团队成员的分工，组建分工更为明确的团队，负责人在申请项目后，聘用不同研究方向的科研人才组成团队完成项目，不同研究方向的科研人才在各自的领域里以第一作者身份发表论文，负责人则作为通讯作者，避免互相之间的竞争，提升团队和睦程度，避免内耗，提升科研效率。另一方面，针对理工科科研合作需求较高、合作规模较大的现状，“双一流”建设高校可立足不同学科领域、研究类型的研究实际，根据合作团队中每位科研人才的实际贡献评价合作成果。如对于在合作中分工明确，每位科研人才负责各自学科领域的一部分研究，实现了优势互补的合作团队，“双一流”建设高校可支持合作成果按照作者姓名字母顺序排序，在成果评定时视作每位科研人才贡献均等。对于无法明晰学科分工或没有按照字母顺序排序做法的学科，可在论文致谢后附上作者贡献的说明，为每位在合作中作出实际贡献的科研人才合理计算成果。

（六）有效推进分类评价，促进科研创新与技术攻关

2018 年 2 月 26 日，中共中央办公厅、国务院办公厅印发的《关于分类推进人才评价机制改革的指导意见》指出，“建立科学的人才分类评价机制，……以职业属性和岗位要求为基础，健全科学的人才分类评价体系。根据不同职业、不同岗位、不同层次人才特点和职责，坚持共通性与特殊性、水平业绩与发展潜力、定性与定量评价相结合，分类建立健全涵盖品德、知识、能力、业绩和贡献等要素，科学合理、各有侧重的人才评价标准。”[①]加快新兴职业领域人才评价标准开发

---

① 中华人民共和国中央人民政府.中共中央办公厅 国务院办公厅印发《关于分类推进人才评价机制改革的指导意见》.[EB/OL].[2018 - 2 - 26]. http://www.gov.cn/zhengce/2018 - 02/26/content_5268965.htm.

工作；建议“双一流”建设高校有效推行分类评价，促使科研人才能够从研究兴趣和研究初心出发，开展更深入、更具探索性的研究，更主动地进行原始创新和技术攻关。

具体而言，一是在理学和工学大类分开评价的基础上，细化不同研究方向开展科研评价，根据科研成果在研究方向中的地位、认同程度进行评价。遵循不同科研人才的科研实际，设置更有弹性、长效的评价周期，逐步让科研评价制度形成一个较为稳定、不太功利的体系和标准。留住真正沉下心来、想要做研究的人，让评价制度更能服务于研究的推进和学科的发展。二是细化不同研究类型开展评价，如对于理学领域从事基础研究的科研人才，进行突出原创导向的同行评议为主的评价。对于工学领域从事应用研究的科研人才，进行多元评价，将社会效益、成果转化、研究理论高度分开评价，学术的部分同样遵循原创导向，交由学术共同体评价；技术开发和成果转化的部分突出需求导向，交由市场评价；社会效益的部分则交由社会评价。同时注重对科研成果进行事后评价，如对科研项目进行后期评价，评价科研成果是否能够经过市场论证和历史检验，确保成果有利于推动科技进步或技术创新。三是完善针对不同岗位科研人才的分类评价制度，凸显科研人才在其职业生涯中的自主性，兼顾教学岗位科研人才工作的复杂性和创造性，最终实现科研人才队伍管理的流动性、开放性管理。对于教学任务较重的科研人才，不应在评价中把教学和科研对立，片面地让评价停留在展示度指标上，而应重视教学，支持其以科研的精神去打磨教学内容。

（七）重点关注科研人才的专业发展，助力高水平科研人才队伍建设

“双一流”建设高校要重点关注科研人才尤其是青年科研人才的专业发展，从推进发展性评价、支持创新研究、加强人才计划使用管理、改革科研管理方式方面加大对科研人才的培养和支持力度，助力高水平科研人才队伍建设。具体而言，一是需要继续推进发展性评价。通过评价主客体之间的交流，让科研人才分享体会，引导科研人才及时反思与总结已有的成绩与存在的不足，并协助科研人才制定提升计划，提供针对性的培训与指导以及合作和交流机会，帮助科研人才提升专业技能水平。二是立足高校实际，设立多种类型的创新专项基金，并设置合理的结题要求，尊重理工科不同研究方向的研究周期，鼓励科研人才进行创新研究。三是加强人才计划的使用管理，设置合理的“长江学者”等人才计划退出机制，避免人才计划与资源、利益过度挂钩，杜绝科技人才争抢人才计划等短视行为，引导人才计划回归学术性、荣誉性的本质[①]，让科研人才专心聚焦学术。四是进一步改革科研管理方式，提升信息化管理程度，将科研人才从繁琐的事务性工作中“解放”出来，将宝贵的科研时间还给科研人才，保障科研人才的有效科研时间，支持其潜心做研究。习近平总书记在 2018 年两院院士大会上指出，“不能让繁文缛节把科学家的手脚捆死了，不能让无穷的报表和审批把科学家的精力耽误了”[②]。因此在有条件的情况下，高校可以考虑支持校内二级单位建立自己的财务室或提升财务报销的信息化程度，避免全校集中在校内的一处财务处报销。同时，配备更多的专职财务人员、实验室科研辅助人员，适度提高这部分人员的待遇，吸引并留住专业人员，为科研人才的科学研究提供支持，节约科研时间、提升科研效率。

第二节　人文社会科学领域科研人才评价制度认同建构研究

人文学科与社会科学统称“文科”，二者虽然在研究对象、研究方式及研究成果方面均有很大差异[③]，但也不可避免地在研究内容与方法上有所关联[④]。人文学科与社会科学之间的关系常有“母子论”“游移论”“广义社会科学论”“互动、互补论”“统一论”等说法[⑤]。总体而言，人文社会科学具备学科构成的复杂多元性，包括民族性、阶级性、本土性，价值实现的潜在性和间接性，成果多样性，引文的长周期性等特征[⑥]。这类特征决定了文科科研评价的特殊性。基于对人文社会科学研究特征的分析，学者们认为，高校人文社会科学领域科研人才评价具有

① 教育部.关于政协十三届全国委员会第二次会议第 1681 号(科学技术类 108 号)提案答复的函[EB/OL].[2019-12-08]. http://www.moe.gov.cn/jyb_xxgk/xxgk_jyta/jyta_kjs/201912/t20191206_411077.html.

② 申明宽.人才引领发展释放创新活力——习近平在两院院士大会上的重要讲话在广大科技工作者中引发强烈共鸣[EB/OL].[2019-11-10]. http://china.cnr.cn/news/20180601/t20180601_524254140.shtml.

③ 李维武.人文科学概论[M].北京：人民出版社，2007：236-463.

④ 李维武.人文科学概论[M].北京：人民出版社，2007：236-463.

⑤ 张明仓.人文科学与社会科学关系研究述评[J].哲学动态，1999(06)：26-29.

⑥ 朱少强.人文社会科学研究的特征及其对学术评价的影响[J].重庆大学学报(社会科学版)，2007，13(05)：68-71.

评价主体多样性、评价方法灵活性、评价程序公正性等特点，提倡将其特殊性作为一个整体纳入科研评价体系之中[①]。刘大椿[②]也认为，“人文社会科学评价是一种共识性的价值判断，因此实现其评价结果的客观性，就要不断逼近这种价值判断的认同程度”。人文社会科学的独立性要求其研究理应追求并保持精神性的崇高[③]。因此，史万兵[④]提倡大学应当给文科教师相对宽容和独立的研究环境并予以大力支持，鼓励他们将科研持之以恒地进行下去。刘大椿[⑤]从相对宏观的视角论述了文科评价体系的超越之道，指出我国人文社会科学界不仅需要积极探讨具有中国特色的、程序公正有效、能够得到学界普遍认同的学术评价制度，也应当在意识到局限的基础上不断完善。

一、人文学科的研究特性

人文学科亦称“人文科学”，是“关于人的价值及其精神表现的科学”[⑥]，“主要指以人类的信仰、情感、道德和美感等为研究对象的文科科系的学科。通常包括文学、语言、艺术、历史、哲学等领域”[⑦]，“是一门对人的自我了解、自我认识、自我定义最贴切、最直接的一种学问”[⑧]。人文学科（区别于自然科学）的基本特点包括：个性化、民族性、超越性、非实证性、历史积淀性[⑨]。朱红文[⑩]认为，人文世界的价值性、精神性和意义性使之区别于社会科学，人文学科的价值性、历史性、批判性和教化性是人文学科的基本性质。人文学科的研究对象，是区别于自然世界、社会世界的“人文世界”，这里的所谓“世界”并非实体意义的，而是由特定学科所把握到的人类生活世界的一个方面，是一个“以人的内在精神为基础，以文化传统为负载的意义世界或价值世界”[⑪]。

---

① 谭春辉.高校人文社会科学研究成果评价机理研究——基于利益相关者的视角[J].社会科学管理与评论，2013，15(02)：16－23.

② 刘大椿.中国人文社会科学评价问题之审视[J].重庆大学学报(社会科学版)，2009，15(01)：52－57.

③ 杜小真.德里达中国讲演录[M].北京：中央编译出版社，2003：107－135.

④ 史万兵，曹方方.高校人文社会科学教师科研评价研究述评[J].沈阳师范大学学报(社会科学版)，2017，41(01)：91－98.

⑤ 刘大椿.人文社会科学评价的限制与超越[J].中国人民大学学报，2007，21(02)：149－156.

⑥ 黄楠森.人学词典.[M].北京：中国国际广播出版社，1990：517.

⑦ 张光忠.社会科学学科辞典[M].北京：中国青年出版社，1990：1－5.

⑧ 美国不列颠百科全书公司.简明不列颠百科全书(中文版)，第8卷[M].北京：中国大百科全书出版社，1986：760－761.

⑨ 李维武.人文科学概论[M].北京：人民出版社，2007：236－463.

⑩ 朱红文.人文社会科学导论[M].北京：教育科学出版社，2011：93－267.

⑪ 朱红文.人文社会科学导论[M].北京：教育科学出版社，2011：93－267.

在研究方法上，狄尔泰批判了以自然科学的归纳法和演绎法套用为人文学科研究方法的观点，唯有“从人类知识面向历史和社会现实的特殊立场出发的包容的认识论及逻辑基础”[①]，才能填补人文学科的方法论缺口。李维武认为，人文学科的研究方法在于三点：解读文本、理解对象、体验生命[②]。朱红文[③]则认为，理解、解释、体验、语言、文本与文化传统构成了人文学科研究的核心方法体系。因此，论及人文学科的评价，针对传统的人文学科，蔡曙山[④]指出，因其研究对象是人与人的活动，其研究方法主要是经验的而非理性的，其研究成果具有不可重复性，因此使得对人文学科研究工作的评价既不同于社会科学，更不同于自然科学。

二、社会科学的研究特性

社会科学通常指“研究各种社会现象及其发展规律的科学”[⑤]，它是一个包括经济学、政治学、法律学、社会学等学科的庞大知识体系[⑥]。韦伯认为，“在社会科学中，我们关心的是心理和精神现象，而关于这些现象的移情理解无疑使其与一般精确自然科学的方案能够或力图解决的问题明显不同”[⑦]。

社会科学的趋势集中表现于：愈加广泛地运用数学工具，有关学科也越来精确化；各门学科继续向纵深蓬勃发展，根据新对象、新问题及现实社会的需要，将生成一些新的学科；社会科学各学科之间不断实现交叉渗透，往“综合”方向发展[⑧]。社会科学研究的是有关社会的现象，以解决社会存在的或可能存在的问题，其研究自然包括了对人的观念、人与人之间的关系、人与社会、自然环境的关系研究等等。由于社会科学本质上是人的行为的研究，而人不仅是有主观意志、思维和感情的存在，也是易受环境、文化等因素影响的存在，这些属性在某种程度上决定了社会科学研究无法避免的主观性特征，社会科学的研究步骤一般从问题开始，按照确定研究问题、开展研究设计、收集资料、资料分析的顺序，最后

---

① 狄尔泰.人文科学导论[M].赵稀方，译.北京：华夏出版社，2004：46.
② 李维武.人文科学概论[M].北京：人民出版社，2007：236－463.
③ 朱红文.人文社会科学导论[M].北京：教育科学出版社，2011：93－267.
④ 蔡曙山.中国社会科学发展和社会科学评价[J].学术界，2002，(03)：7－20.
⑤ 张光忠.社会科学学科辞典[M].北京：中国青年出版社，1990：1－5.
⑥ 王忠武.论自然科学、社会科学、人文科学的三位一体关系[J].科学学研究，1999，(03)：3－9.
⑦ 马克斯·韦伯.社会科学方法论[M].李秋零，田薇，译.北京：华夏出版社，1999：170.
⑧ 陈必滔.社会科学概览[M].福州：福建人民出版社，2010：1－31.

以总结与应用收尾①。社会科学的研究方法，既包括直接接触和面对研究对象的方法，如实地研究法、访问研究法、调查研究法、实验研究法等，也包括研究对象不复存在的间接性的研究方法，如文献研究法、同期群与事件史分析法等②。社会科学的研究具有以社会为实验场所、受“从权因素”的制约、受个人因素的影响以及为社会变革提供思想理论先导等特点③。

三、“双一流”建设高校人文社会科学领域科研人才评价制度认同建构的建议

中共中央办公厅、国务院办公厅印发的《关于分类推进人才评价机制改革的指导意见》指出，根据人文科学、社会科学、文化艺术等不同学科领域，理论研究、应用对策研究、艺术表演创作等不同类型，对其人才实行分类评价④。结合目标群体对评价制度的认同情况，根据文科的研究特性，在第四代评价理论的指导下，对一流大学文科领域科研人才评价制度改革提出如下建议：

（一）建立意见反馈常设渠道，聆听科研人才心声

研究发现，在我国一流大学人文社会科学领域科研人才评价制度中，科研人才的主体性地位尚未得到足够重视，也并未对科研人才的学术自觉给予充分的信任，科研人才基本处于被动地位。虽说自上而下的评价程序和全面的评价指标在一定程度上可以保证评价主体的权威性，并防止一些人“钻空子”。但在过程中，科研人才容易陷入更为被动的“无声”局面。因此，建立常设性的科研人才参与渠道和意见反馈渠道非常有必要。学校和院系首先要落实被评科研人才的同行专家选择权，毕竟只有被评价者自身最了解与其学科方向相关的资深专家。人文社会科学领域科研人才需要把握青年教师座谈会等系列会议的发声机会，勇于发出自己的声音，而校方和院系则不仅要记录意见，更是要将科研人才的声音落到实处，确保“掷地有声”，而不是变得“悄无声息”，并尽量对提议者予以反馈，甚至可作后续的进一步探讨。此外，科研评价主管部门或人事组织可安排定期访问或问卷调研，询问一线科研人才的意见，而不仅是询问院系领导或学科带

① 朱红文.人文社会科学导论[M].北京：教育科学出版社，2011：93－267.

② 陈必滔.社会科学概览[M].福州：福建人民出版社，2010：1－31.

③ 杨成平.试论社会科学研究的基本特点[J].高等教育研究，2003，26(04)：77－79.

④ 刘大椿.人文社会科学研究成果评价体系研究[M].北京：经济科学出版社，2009：5－58.

头人的意见，确保聆听到更多的声音。另外，建议院系管理层积极与院系内科研人才进行沟通，变单向反馈为双向沟通，让“发声”不再是少数人的权力，而成为大多数人文社会科学领域科研人才的主动选择。最后，院校也不可忽略新媒体平台自由发声的功用，以开放包容的心态聆听多角度的声音。

总之，高校评价制度的设计者无需将大部分人文社会科学领域科研人才假设成需要设防和不停鞭策的“懒人”或“坏人”。我国一流大学建设高校的绝大部分科研人才拥有较高的学术追求和学术自觉，因此，不必施以厚重的镣铐。适当地给予信赖，倾听科研人才的心声，改善科研人才的被动地位，得到尊重和信任的科研人才自然会打开心扉，以更高质量的学术成果、更高效的科研实际贡献和更快的学术成长作为回馈。

（二）注重科研成果质量，推行“有门槛的代表作评价制”

基于人文社会科学领域科研人才对科研成果质量的较高认同，因此，有必要降低硬性评价指标要求，控制量化评价的增长趋势。从这个意义上看，推行“有门槛的代表作评价制”，要求科研人才在一定数量基础之上提交代表作，体现出对于科研成果质量的重视，而非停留于对科研成果数量的累积，也有助于科研人才在相对宽松的环境内打造精品。倘若不设过多硬性要求，一个相对宽松自由的学术环境也极有可能反向促进学术生态的自然生长和实质性进步，而不是停留于生产由数量堆砌而成的学术泡沫。

与之类似，人文社会科学领域人才培养需要更长的时间和更多的经验累积，如果出于满足学校科研成果数量的需求执行“非升即走”，而不从长远的、发展的眼光看待问题，如此“留文不留人”的片面性显然不利于科研人才打造优质的科研成果，也不利于学校整体人才质量的提升。因此，对于诸如“非升即走”或“预聘制”的六年的周期要求，宜适当考虑青年科研人才的生活需求，在被评价者理由充分的基础上给予一至两年的缓冲期，即制定“有弹性的非升即走评价周期”，也更契合人文社会科学的研究规律，避免优秀科研人才的流失。

研究发现，在学校外部的科研评审环境中，与人文社会科学领域科研人才成果价值判断密切关联的是以期刊发表、项目评审、专著出版为主要任务的一系列隐性评价主体。换言之，对这三种科研成果的评价，校方或院系全部“外包”给了外部的学术评价环境，而不是由高校内部自主完成，这本质上是一种评审权力的“外放”。然而，当前的期刊发表和专著出版机制都存在些许漏洞，包括期刊寻租、专著评审不严格等等，难以确保教师的科研成果质量得到科学、合理的评价。因此，当务之急是学术期刊进行自我整顿，同时由期刊主管部门严格监督，以杜绝任何“期刊寻租”的可能。其次，专著作为在文科领域举足轻重的评价指标，出版社有必要严格学术专著的评审及出版机制，建立较为规范的论著评审模式。最后，高校适当收回外放的评审权力，由校内安排的小同行专家直接对科研成果予以评定，毕竟我国高校的师资自身完全具备相应的评审能力。当然，倘若能有效解决外部科研评价环境中存在的问题，对症下药，那么适当地将评价权力进行外放，实施公正、合理的第三方评价，也能够更高效地促进高校教师科研水平的自主提升。

（三）尊重人文社会科学科研规律，落实学科分类评价

通过上述对制度认同差异的比较可知，人文社会科学领域科研人才评价制度改革需要建立在考虑不同学科科研规律的基础之上。当前分类评价多基于不同岗位类型，在学科层面的分类意识并不是很显著。在实际的评价过程中，虽然校方通常会将人文学科与社会科学教师按不同学部分开来评，但即便是在同一院系内部，也时常难以真正兼顾到各个学科的名额的平衡。因此，应进一步推进分类评价。在我国高校人文社会科学领域科研人才评价制度建设中，将对科研人才评价的主体权利落实至院系层面，在以院系为主要评价单位的基础上，尽可能兼顾一级学科，充分考虑不同学科领域的学科特征和研究规律，由院系制定与之匹配的评价指标。例如，对于科研项目指标，宜鼓励人文社会科学领域科研人才申请后期资助项目，对于专著指标，可在完善专著评审机制的前提下提高专著的指标权重，对于论文指标，继续对人文社会科学领域科研人才的国际论文发表不做硬性要求，此外，推行“代表作评价制”也更能够契合人文社会科学的科研规律。需要注意的是，学科分类评价无须在学科层级上分得过细，有的科研人才认为分到院系层面来评足矣，有的科研人才认为分到一级学科层面进行评价即可，否则无法确保同一或相近研究方向内数量拥有足够的小同行专家。

（四）适当延长评价周期，增加灵活性

被访科研人才普遍认为目前评价周期过短，不利于潜心研究，因此要改变目前急功近利的倾向，避免频繁评价，评价周期应更加灵活或适当延长。对于从事前沿研究的高校科研人才，淡化年度绩效考核，给予其充分的时间去沉淀、积累，保障其原始性创新成果的产生。对于青年科研人才，要宽容失败、容许失误，为

其营造宽松、自由的成长环境。聘期科研考核延长到三到五年一次，如果科研人才愿意，可以在第三年申请考核，如果研究还未成熟，可以延长到第五年再考核。

（五）鼓励评价客体全过程参与评价活动，并充分尊重

第四代评价理论认为，评价是一个共同合作的过程①，要求评价者从控制者转变成合作者②，要求利益相关者和其他相关人员在评价中处于平等地位③。在我国高校人文社会科学领域科研人才评价制度中，评价客体本身的参与度比较低，已经引发了很多问题，在下一步改革中建议充分重视并发挥评价客体在评价活动中的作用。评价客体作为评价制度的目标群体，根据自愿原则参与从评价方案的制定到结果反馈的评价活动全过程，并在这一过程中发挥主观能动性。

第三节 医学领域科研人才评价制度认同建构研究

一、医学学科的研究特性

医学领域通常分为基础医学和临床医学，但其与基础科学和应用科学的涵义并不完全相同，应用科学是在基础科学的基础上发展起来的，而基础医学与临床医学的关系并非如此，相反疾病总是出现，医生难以诊断于是促使基础医学的研究，这也就决定了医学领域的特殊性。医学是研究人的健康和疾病的科学，它的服务对象是生活在一定社会中的人，因此，人类健康和疾病除了遵循其自身发展的生物学规律外，在相当程度上还受到社会诸多因素的影响，这就决定了医学既有自然科学的属性，又有其社会科学的属性④。医学是实践性很强的应用科学，医务工作者必须应用医学知识、医疗技能和手段以及医学相关知识进行医疗和预防的实践；同时，医学实际上是一种“探索科学”，医生根据病情发展和治疗反应，适时修正诊疗措施，探索前进，直到最后诊断正确，治疗恰当，这意味有可

---

① 埃贡·G·古贝，伊冯娜·S·林肯.第四代评估[M].秦霖，蒋燕玲，等，译.北京：中国人民大学出版社，2008：186.

② 埃贡·G·古贝，伊冯娜·S·林肯.第四代评估[M].秦霖，蒋燕玲，等，译.北京：中国人民大学出版社，2008：192.

③ 埃贡·G·古贝，伊冯娜·S·林肯.第四代评估[M].秦霖，蒋燕玲，等，译.北京：中国人民大学出版社，2008：4.

④ 唐冬生，蒋泓.医学学科的特征及与相近学科的比较分析[J].佛山科学技术学院学报(自然科学版)，2007，25(6)：47－51.

能走弯路，走错路，比如在临床探索中，误诊误治是很难避免的[①]。医务工作通常是一个人独立面对和处理一个病人，一个病人可能涉及各医学学科的疾病，因此，医务工作者必须要有医学各学科的系统知识，每个一级学科专业学生必须学习其他一级学科专业的知识；同时，医学对每一对象的服务既是一次完整的实践，同时又是一次全新的实践，因此，每个医务工作者或医学研究者的医学知识要系统化，医学知识应用更要个体化[②]。

医学领域科学研究活动的特征主要体现在：从研究类型来看，以基础研究和应用研究为主；从研究领域来看，以自然科学为主，兼具人文社会科学研究；从科研队伍来看，除专职科研人员和教师外，还有部分临床医生；从项目组织来看，以个人自由探索居多，团队协作项目相对较少[③]。具体如下：

(1) 研究对象的动态性。医学的对象是人体生命，这个生命体和物理学、化学、数学研究的对象不同，它不是静态的，而是时时处于内外环境不断交换的新陈代谢过程中，具有很强的自组、自控、自稳的能力，而由于遗传及个体所处的环境各不相同，任何个体都具有不同的特点，始于14—15世纪，借助物理学、化学、数学方法获得进步的现代医学，不能完整地揭示人体生命整体的真实面貌，根本原因就在于此[④]。

(2) 研究结果的不可重复性。由于人体生命是生成性整体，是一个无时无刻不处于变化状态下的整体，我们无法将人体的各部分分解成为独立的组成部分，然后逐一加以分解研究进而认识生命整体，我们只能在不影响生命的情况下提取某些组织、细胞加以研究，但这必须事先有离体研究的过程，而要将体外研究得出的结论用于体内并仍保持离体研究的原样是很难的[⑤]。因此，来源于物理学、化学的可重复性的还原方法并不用于与物理学、化学性质根本不同的生命体。

(3) 以人类健康为最终目的。医学研究的根本目的是探索疾病发生、发展

① 唐冬生，蒋泓.医学学科的特征及与相近学科的比较分析[J].佛山科学技术学院学报(自然科学版)，2007，25(6)：47－51.

② 唐冬生，蒋泓.医学学科的特征及与相近学科的比较分析[J].佛山科学技术学院学报(自然科学版)，2007，25(6)：47－51.

③ 曾旸，安敏，林萍.医学院校教师科研绩效评价的探索和思考[J].中国医学创新，2011，8(27)：181－183.

④ 杜治政.论医学科学的现代性构建——也谈医学与科学[J].医学与哲学，2016，37(6A)：1－8.

⑤ 杜治政.论医学科学的现代性构建——也谈医学与科学[J].医学与哲学，2016，37(6A)：1－8.

及防治规律，努力促进科研成果转化，提高与人类疾病作斗争的能力和方法，提高临床实践中的诊断水平和治疗效果、改善预后并提出疾病的预防措施和治疗新方案，维护和增进人类的健康①。

二、“双一流”建设高校医学领域科研人才评价制度认同建构的建议

制度认同是制度能否获得成功的重要影响因素，因此，为了更好地发挥科研评价制度对高校医学领域科研人才行为的引导和激励作用，结合目标群体对评价制度的认同情况，根据医学的学科与研究特性，在第四代评价理论的指导下，对高校医学领域科研人才评价制度改革提出如下建议：

（一）充分发挥医学领域科研人才的主体性，提升其在制度设计和执行中的话语权

在科研评价制度的制定与完善过程中，可以通过问卷和访谈的形式，广泛征求各类科研人才的意见和建议，避免科研人才对评价制度的误解以及产生抵触情绪。在科研评价制度的执行过程中，将自评作为同行评价的重要补充，如在会议评审的过程中加入自我陈述和答辩环节。同时，畅通问题反馈机制，如在评价过程中遇到的问题及解决问题的建议，科研人才可以随时向学院或学校的学术委员会反馈，以作为下一年度科研评价制度改革的参考。

（二）根据医学学科的水平、类型和方向的差异，分别确定评价方法和标准

对于发展水平相对滞后的学科，如护理学，可采取定量评价为主的评价方法，促进其更快与国际接轨；对于相对成熟的学科，可采取同行评价为主的方法，鼓励科研人才从事更高水平的研究。对于偏重于基础研究的学科，如药学，应以论文为主要评价指标，减少专利所占的权重；同时，应充分考虑到我国药学领域研究方向的特殊性，即以药学化学研究为主，而药学领域的高影响因子期刊则主要分布在药理学领域，因此，建议由同行灵活制定本领域的高水平期刊，不应“一刀切”采用中科院的SCI分区标准。

（三）提高青年科研人才在同行评价主体中的比重，增强其对同行评价的信任感

在同行的遴选方面，自荐和他荐相结合，遴选出一些科研突出、思维活跃的中青年专家，增加其在同行评价主体结构中所占的比重。同时，在同行进行评价

---

① 赵菁，李中琳，陈清江，等.医学科研与医学科学的发展——校附属医院SCI热的利弊分析[J].医学与哲学，2014，35(10A)：12－16.

的过程中,应坚持双盲评审的原则,即被评价者和同行专家之间相互匿名,避免人情关系干扰同行评价的客观公正性。

(四) 充分尊重科研人才的胜任力及其对真理的追求,充分发挥其潜力与才能

适当延长评价周期,特别是对于需要长期探索和积累的基础研究领域的科研人才,聘期考核周期应不低于5年,应用研究领域的考核周期可以相对缩短;在评价标准方面,应坚持质量为主的评价标准,设置较为灵活的数量要求,对于有高质量成果但数量未达标的科研人才,可以采取灵活的破格晋升制度、直聘制度和高聘制度;在评价指标难度方面,应充分考虑到与科研人才能力的匹配,既应具有一定的挑战性,但不能超出科研人才的能力范围。

(五) 给予科研人才更多包容、鼓励和支持,增强其对组织的归属感

当科研人才在科研评价的过程中遇到困难时,应给予他们充分的包容和鼓励,满足他们被理解和支持的需要。如当科研人才因科研创新的失败而无法达到考核评价的要求时,应给予充分的理解和包容,并在同行专家对创新失败的过程进行分析的基础上,给予一定程度的认可。当他们在评价过程中遇到困难时,如因未获得晋升而感到沮丧,学校和院系给予安慰和鼓励,并根据当前的评价结果帮助他们制定下一步的改进计划。同时,学校和院系行政管理部门应不断提升自身的专业化水平,更好地服务于教师的科研工作。另外,在“双一流”建设的背景下,高校科研人才的压力倍增,尤其对于处于弱势群体的年轻教师和女性教师,面临生活和科研双重压力,建议为他们提供有竞争力的薪资待遇,减轻生活压力,使其才有足够的时间和精力投入在科研工作上,而不是“走穴”赚取生活费上[①②]。

第四节 交叉学科领域科研人才评价制度认同建构研究

对于交叉学科的概念,目前学界并未形成统一的界定。在英文中,“交叉学科”(interdisciplinary)也称为“跨学科”。1930年,美国社会科学研究理事会

① 张珣,徐彪,彭纪生,等.高校教师科研压力对科研绩效的作用机理研究[J].科学学研究,2014,32(04):549-558.

② 由由.高校教师流动意向的实证研究:工作环境感知与工作满意的视角[J].北京大学教育评论,2014,12(02):128-140.

(Social Science Research Council, SSRC)正式使用“跨学科”一词，是指超越一个已知学科的边界而进行的涉及两个或两个以上学科的实践活动[①]。我国著名科学家钱学森认为交叉科学是“自然科学和社会科学相互交叉地带生长出的一系列新生学科”[②]。我国著名科学计量学家赵红州则认为，本质上说来，交叉科学是在社会科学与自然科学之间宽阔的交叉地带所出现的，包括边缘科学、横断科学、综合科学等在内的新兴学科群落[③]。李钢等认为交叉学科是指由不同学科、领域、部门之间相互作用，彼此融合形成的一类学科群，其宽泛的含义也包括：边缘学科、综合学科、横断学科等在内[④]。也有学者指出，交叉学科是两门以上不同学科的理论和方法相互渗透，在遵循科学规律的基础上，通过实践过程的证明，形成了更为有效的学科群[⑤]。总之，交叉学科是不同学科、不同领域之间相互交融渗透所形成的新兴学科群。

一、交叉学科的研究特性

交叉学科研究是产生新学科的沃土和源泉，是获得原创性科学成果的重要途径，也是解决重大技术，社会问题的必然选择，很多重大的研究成就往往都是交叉学科合作研究的成果[⑥]。由于其涉及两个及以上的学科，在研究过程中也处于难度较高的状态，需要研究者具备较高的素养，促使创造性成果的产生。总体而言，交叉学科的研究具有如下特点：

(1) 高难度。由于交叉学科需要融合多个学科，不同学科具有不同特性，因此学科之间的交叉融合本身便是一个极大的挑战。“交叉”不是将两个学科简单拼凑到一起，而是在对原有学科深耕细作的基础上，找到与其他学科的内在逻辑联系，相互作用培育出新的学术增长点，从而创造出“1+1>2”的效果。因此，交叉学科的研究需要研究者具有极高的素养和远大的视野，以应对学科交叉带来的挑战。

(2) 创造性。交叉学科作为一种综合学科，其不同于之前单一学科的研究

① 李佳敏.跨界与融合：基于学科交叉的大学人才培养研究[D].上海：华东师范大学，2014：8
② 钱学森.交叉科学：理论和研究的展望[J].中国机械工程，1985，(03)：46
③ 赵红州.交叉科学与马克思主义[J].科技文萃，1994，8(07)：24-26.
④ 李钢，汤仲胜.我国交叉学科发展现状与趋势研究[J].科学学与科学技术管理，2000，21(11)：45-49.
⑤ 郑晓瑛.交叉学科的重要性及其发展[J].北京大学学报：哲学社会科学版，2007，44(03)：141-147.
⑥ 赵文华，程莹，陈丽璘，等.美国促进交叉学科研究与人才培养的借鉴[J].中国高等教育，2007，43(01)：61-63.

内容和方式，作为一种新兴学科，其具备无限可能。对于交叉学科的研究而言，其不管是研究方法还是研究成果，都会呈现出一定的创造性特征，其往往会根据不同学科之间的特征，对研究方法进行综合和创新，产出的科研成果也是不同学科碰撞的结果，创造性这一特征也正是学科交叉促进重大原始性科研成果产生的重要原因。

(3) 实用性。科学发展的历史表明，科学上的重大突破、新的生长点乃至新学科的产生，经常在不同学科彼此交叉和相互渗透的过程中形成[①]。这也侧面表明，交叉学科的出现乃是回应实际需要的呼唤，是应对传统单一学科无法解决的问题，因此不管是交叉学科本身还是交叉学科研究都具备实用性。可以说，交叉学科的实用性是其发展的重要源泉和动力。

二、"双一流"建设高校交叉学科科研人才评价制度认同建构的建议

结合目标群体对评价制度的认同情况，根据交叉的学科与研究特性，在第四代评价理论的指导下，对高校交叉学科领域科研人才评价制度改革提出如下建议：

(一) 注重评价主体的交叉学科背景与小同行的参与

交叉学科由两个或两个以上学科组成，具有综合性的特点。交叉学科科研人才的评价需要注重评价主体的交叉学科背景。研究结果显示，科研人才认为在理想状态下，交叉学科背景的科研评价主体所占比例均高于单一学科背景的主体。单一学科背景的科研人才受学科背景限制，难以对交叉学科科研人才的科研成果进行准确的评价。因此，在选择评价主体时，尽量选择与被评价者相关的交叉学科背景的同行，以更好地评价候选人的科研成果。同时，要注重小同行的参与。部分学科之间差别较大，大同行的参与难以准确地评价该专业科研人才的科研成果。因此，在评价过程中，要增加该专业小同行的比例。

(二) 破除"唯论文"的倾向，突出科研成果的实际贡献

目前，我国交叉学科平台对科研人才进行评价时，不管是评价指标还是评价标准，都更多地强调论文等量化指标，容易增强科研人才科研工作的功利性，使他们尽可能快地发表期刊论文或专利，但对于科研成果的实际贡献重视不够。

---

① 陈其荣，殷南根.交叉学科研究与教育：21世纪一流大学的必然选择[J].研究与发展管理，2001，13(03)：44-48.

交叉学科的出现本身就是为了解决传统单一学科无法解决一些复杂的实际问题,具有较强的实用性,因此需要学科之间的强强联合。在科研工作中,时刻谨记交叉学科的特性,促进真正有贡献的科研成果的产生,而不仅仅停留在理论层面。真正有贡献的科研成果,不仅体现在对本学科、本专业所做的贡献,也体现在对国家或社会的贡献。不管是对学科还是对国家或社会的贡献,均属于实用性、贡献性导向。因此,在设立指标和标准时,应以创新性、实际贡献为主要标准,同时,同行专家在对科研成果进行评价时也应遵循这一标准。

(三) 分类评价,不同类型交叉学科评价指标不同

由于不同类型的交叉学科具有不同的特性,建议根据交叉学科的类型制定不同的评价标准,涉及不同的评价指标。目前不同类型交叉学科的指标虽有不同,但大体程度上存在很强的相似性,这样的做法不利于更具针对性地对交叉学科领域的科研成果进行评价,容易导致评价结果的不准确性。调查结果显示,在医理交叉、医工交叉领域,重大疾病临床方法的创造性进展和新药发明等具备医学特色的指标占比较低,而在科研人才理想的评价制度中,两类指标均占据较高比例,分别为52%和36%。从科研人才“内部人”视角证明了分类评价的必要性,不同类型的交叉学科需要根据其特性进行区别性的评价。因此,本书建议应当根据不同学科交叉类型,分类制定不同的评价指标,让交叉学科平台科研人才的科研成果得到更充分的尊重。

(刘莉,董彦邦,李晶,薛慧林,蓝晔)

第十章
拓展研究：科研评价制度与一流大学建设高校教师创新行为①

大学在基础研究领域能否取得“从 0 到 1”的重大原始创新成果，从根本上取决于大学教师的科研创新行为能否得到主动和持续实施。但科研评价制度在激励和引导大学教师创新行为方面存在的诸多问题，如重管理轻发展、重量化考核轻同行评价、重形式民主轻实质民主等，是导致我国大学原始创新能力不足的重要原因。本章从评价目的、评价方法和评价程序等要素着手，分析科研评价制度对 C9 高校理工领域教师创新行为的影响程度和影响机制，旨在为大学科研评价制度改革提供有针对性的建议。

第一节　问 题 提 出

大学在人才、学科、设备、团队等方面具有适应基础研究创新与发展的综合优势②，在国家的自主创新体系中扮演着极为重要的角色。但我国大学原始性科研创新能力不足，已经成为我国创新型国家建设的重要制约因素之一。统计发现：一流大学建设高校（2000—2017 年）获得的国家科技三大奖中的一等奖数量约占获奖总数的 12%，二等奖数量约占获奖总数的 17%③；以清华大学和北京大学为代表的我国顶尖大学产出的具有全球影响力的高质量科研成果总量较

---

① 部分主要内容已经发表在《中国科技论坛》2021 年第 1 期上。

② 刘海波，李畅，陈立军.高校基础科学研究的制约因素分析及对策[J].东北大学学报(社会学科版)，2006，8(01)：64－67.

③ 刘莉，董彦邦，朱莉，等.科研评价：中国一流大学重大原创性成果产出的少的瓶颈因素[J].高等教育研究，2018，39(08)：23－31.

少，获国际知名奖项的世界级大师人才稀缺①。

大学学术发展根本上取决于大学教师的角色行为，有什么样的教师角色行为，就有什么样的大学学术②，科研创新行为作为大学教师的一种角色行为，直接关系着大学的科研创新能力。国内外学者主要基于过程的视角来解构个体创新行为，如 Kanter③ 的三阶段论，Kleysen 等④的五阶段论，卢小君等⑤的两阶段论。这些研究将个体创新行为看作是个体主动和自愿的行为，但在当前考核评价压力较大的我国大学中，教师为了完成考核评价指标而不得不陷入“被动科研”⑥。因此，从动力源及其差异的视角更能揭示不同动力驱动的科研创新行为与不同水平的科研创新成果之间的关系，借鉴 Shalley 等⑦对主动性创新行为的定义，本书将大学教师主动性科研创新行为定义为发自教师内心的、为未来科研创新充分准备、勇敢面对和解决科研创新中出现的一系列问题的、长期探索的行为，这种行为往往能带来重大理论突破或重大发现、发明；借鉴赵斌等⑧对被动性创新行为的定义，本书将大学教师被动性科研创新行为定义为教师在考核评价制度压力下，迫使自己寻求能够在短期内出成果的研究问题，并主要凭借过去的经验，通过稍微调整方式方法、分解研究、降低自我要求等方式以达到考核评价要求的行为，这种行为通常会导致低质量的、容易发表的成果。

大学教师科研评价制度是大学管理部门为了解教师科研工作质量和评定教师在科研工作中的表现而采取的一套规范性文件⑨，扮演了激励和规范教师创新行为的角色。关于评价的目的、方法、程序与创新行为之间的关系，国内外学

① 叶前林.中国顶尖大学离世界一流大学师资水平有多远[J].黑龙江高教研究，2019，38(02)：7-11.

② 贾永堂.大学教师考评制度对教师角色行为的影响[J].高等教育研究，2012，33(12)：57-62.

③ Kanter R M. When a thousand flowers bloom: structural, collective, and social conditions for innovation in organizations[M]//B M STAW, L L CUMMINGS(Eds.), Research in organizational behavior, Greenwich, CT: JAI Press, 1988: 169-211.

④ Kleysen R F, STREET C.T. Toward a multi-dimensional measure of individual innovative behavior [J]. Journal of intellectual capital, 2001, 2(03): 284-296.

⑤ 卢小君，张国梁.工作动机对个人创新行为的影响研究[J].软科学，2007，21(06)：124-127.

⑥ 张蓉，冯展林.制度安排下的高校青年教师创新意愿与能力提升对策研究[J].科学管理研究，2017，35(06)：89-92.

⑦ Shalley C E, Gilson L, Blum T.C. Interactive effects of growth need strength, work context, and job complexity on self-reported creative performance[J]. Academy of management journal, 2009, 52(03): 489-505.

⑧ 赵斌，刘开会，李新建，等.员工被动创新行为构念界定与量表开发[J].科学学研究，2015，33(12)：1909-1919.

⑨ 李文平.大学教师对教师评价制度的满意度调查分析[J].高校教育管理，2017，11(03)：95-103.

者已经展开了一些探索。在评价目的对大学教师科研创新行为的影响方面，王忠军等[①]和姜农娟等[②]通过对我国大学教师的问卷调查，均得出发展性绩效考核对大学教师创新行为产生积极影响，自主动机和心理授权均起到了中介作用。在评价方法对大学教师科研创新行为的影响方面，Ter Bogt 等[③]、Kallio 等[④]、沈文钦等[⑤]通过对英国、芬兰和我国大学教师的访谈和问卷调查，均得出量化考核为主的评价方法给教师带来了较大的压力，使他们更倾向于从事易于发表的、安全的研究，无暇从事长时的、累积性的研究；Butler 等[⑥]、Tian 等[⑦]通过对不同国家大学教师的问卷调查和访谈，均得出量化考核方法中使用的期刊排名使教师更倾向于从事主流的、渐进的、合规的、过时的、对知识领域贡献较小研究，抑制了对困难和敏感问题的研究。在评价程序对大学教师科研创新行为的影响方面，邓子鹃[⑧]通过对我国一所大学科研绩效分配新方案的网络田野观察法，得出在绩效改革方案制定程序方面，缺少职工代表大会的民主参与，由此产生的不公平感是教师激情消退的直接动因；O'Connel 等[⑨]通过对英国教育学和经济学领域 233 名大学教师的访谈，得出绩效考核目标的硬性规定使教师的学术自由丧失的结论，教师不得不为了迎合某些指定期刊的研究方向，而不是基于自身的研究兴趣。

尽管已有研究围绕科研评价的目的、方法、程序对大学教师科研创新行为的影响进行了诸多探索，但仍存在以下两个方面的不足：首先，在评价目的对大学教师科研创新行为的影响机制方面，已有研究运用定量方法，分析了动机的中介

---

① 王忠军，刘丽丹.绩效考核能否促进高校教师突破性学术创新行为[J].高等教育研究，2017，38(04)：52－60.

② 姜农娟，刘娜.高校绩效评价取向对科研人才创新行为的影响[J].科技管理研究，2018，38(06)：118－123.

③ Ter Bogt H J，Scapens R.W. Performance management in universities：effects of the transition to more quantitative measurement systems[J]. European accounting review，2012，21(03)：451－497.

④ Kallio K M，Kallio T J. Management-by-results and performance measurement in universities—implications for work motivation[J]. Studies in higher education，2014，39(04)：574－589.

⑤ 沈文钦，毛丹，蔺亚琼.科研量化评估的历史建构及其对大学教师学术工作的影响[J].南京师大学报(社会科学版)，2018，64(05)：33－42.

⑥ Butler N，Spoelstra S. The regime of excellence and the erosion of ethos in critical management studies[J]. British journal of management，2014，25(03)：538－550.

⑦ Tian M，Su Y，Ru X. Perish or publish in China：pressures on young Chinese scholars to publish in internationally indexed journals[J]. Publications，2016，4(09)：1－16.

⑧ 邓子鹃.关于高校教师工作热情消退的案例研究——基于 D 校“绩效分配改革的在线讨论”[J].扬州大学学报(高教研究版)，2018，22(05)：44－52.

⑨ O'Connell C，O'Siochru C，Rao N. Academic perspectives on metrics：procedural justice as a key factor in evaluations of fairness[J/OL]. Studies in higher education：1－15[2019－07－20]. https://doi.org/10.1080/03075079.2019.1643306.

作用，但依据 Amabile[①] 对创新动机不同维度的划分，创新内部动机包括挑战性创新动机和享受性创新动机，创新外部动机包括补偿性创新动机和认可性创新动机，这些不同维度的动机所起到的中介作用是否存在差异有待更深入的研究；其次，尽管也有部分研究运用质性研究方法，分析了评价方法和评价程序民主性等对大学教师科研创新行为的影响，但这些研究对创新行为的分析还只是停留在对行为意图的阶段，尚未对创新行为进行更深入的解构，因为创新行为是由一系列要素构成的相互融合、不可分割的整体。

第二节　研究假设和方法

本书以自我决定理论及相关文献为指导，明确了科研评价的目的、方法、程序对大学教师创新行为影响过程各变量间的关系，并在此基础上提出了研究假设。研究假设提出后，采用定量研究方法，根据文献中成熟量表和样本高校制度文本编制问卷，选取 C9 联盟高校自然科学和工程科学领域的专任教师为样本，运用线性回归分析法和逐步法对问卷数据进行分析。

一、研究假设

（一）科研评价目的与大学教师科研创新行为

形成性科研评价关注被评价者未来的潜力，将评价结果作为反馈优势和不足、提供培训需求的依据；终结性科研评价着眼于被评价者已取得的成绩，通过对其过去一段时间内的成绩进行历史性回顾与分析，如与工作任务和岗位职责进行对比，得出关于被评价者的判断，并将评价结果作为薪酬调整、职位晋升、职务聘任的依据[②]。在终结性科研评价的压力下，个体可能更希望行为结果具有确定性，更加注重短期目标，而有高风险、高投入、不确定性、“可能推倒重来”等特征的突破性创新行为容易受到冷落；相反，形成性科研评价以潜能开发为目的，更加关注员工未来、长期的绩效，有利于创造充满支持性、开放性、包容性的

---

① Amabile T M, Hill K G, Hennessey B A, et al. The work preference inventory: assessing intrinsic and extrinsic motivational orientations[J]. Journal of personality and social psychology, 1994, 66(05): 950 - 967.

② Boswell W R, Boudreau J.W. Employee satisfaction with performance appraisals and appraisers: the role of perceived appraisal use[J]. Human resource development quarterly, 2000, 11(03): 283 - 299.

环境氛围，在这样的环境下，人们愿意承受基础研究中的不确定性和风险，并长期地投入[①]。因此，本书提出如下假设：

H_1：形成性评价目的对大学教师主动性科研创新行为产生积极影响

H_2：终结性评价目的对大学教师被动性科研创新行为产生积极影响

（二）科研评价程序与大学教师科研创新行为

霍曼斯(George Casper Homans)的社会交换理论（Social Exchange Theory）认为，从个体的心理、需求等微观层面出发，个体的一切行为都是社会交换活动的结果，且这种行为都是为了获得奖励和报酬，奖励和报酬不仅仅是指物质因素，例如认同、情感等非物质因素同样可以进行交换[②]。根据社会交换理论，教师在科研评价制度制定和执行过程中的表达权与参与权，满足了教师归属感、尊重等高层次的自我需求，作为交换，教师通过积极地投入到与工作相关的行为，以达成甚至超出学校对其角色期望的要求，主动性科研创新行为正是教师这种积极的角色行为的一种表现形式。因此，本书提出如下假设：

H_3：评价程序民主对大学教师主动性科研创新行为产生积极影响

（三）科研评价方法与大学教师科研创新行为

严格的量化评价方法，会对科研人员的行为产生误导，使其不再将精力倾注于科学问题和方法的探索，而是倾注于投稿、审议和出版的流程；为迎合评价标准而改变研究策略，避免承担太多的风险：分解研究发现，压缩研究结果[③]。相关实证研究也表明，量化评价方法给教师带来了比较大的压力，教师没有充足的时间去从事高风险性、长期的、有较大影响力的研究，更倾向于从事易于发表的、安全的研究[④][⑤]，同行评价方法可以使研究成果的构成具有更大的可变性，使教师可以更自由地尝试如何开展高质量研究[⑥]。因此，本书提出如下假设：

---

① 王忠军，刘丽丹.绩效考核能否促进高校教师突破性学术创新行为[J].高等教育研究，2017，38(04)：52－60.

② 杨景风.新生代员工参与对其创新行为的影响研究——创新自我效能感的中介作用[D].沈阳：辽宁大学，2018：18.

③ Lawrence P.A. The mismeasurement of science[J]. Current biology, 2007, 17(15): 583－585.

④ Kallio K. M, Kallio T. J. Management-by-results and performance measurement in universities—implications for work motivation[J]. Studies in higher education, 2014, 39(04): 574－589.

⑤ 沈文钦，毛丹，蔺亚琼.科研量化评估的历史建构及其对大学教师学术工作的影响[J].南京师大学报(社会科学版)，2018，64(05)：33－42.

⑥ Sutton N.C, Brown D.A. The illusion of no control: management control systems facilitating autonomous motivation in university research[J]. Accounting & Finance, 2016, 56(02): 577－604.

H_4：与量化方法相比，同行评价方法对大学教师主动性科研创新行为产生积极影响

（四）科研创新动机的中介作用

德西（Edward L. Deci）和莱恩（Richard M. Ryan）提出的自我决定理论（Self-Determination Theory），对环境影响个体行为的路径机制进行了有力的阐述，对于改变和激励个体行为具有不可替代的指导意义。基本需要理论是自我决定理论的核心，该理论阐述了环境通过心理需要对个体的行为产生影响，自主需要是个体在充分认识环境信息和个人需要的基础上，当外部事件对目标行为产生压力时，进行自由选择的程度；胜任需要是指个体对参与行为的效能感知或对环境的控制需要；关系需要是指个体与他人的联系程度与归属感[①]。当三种基本需要在特定的环境中得到满足后，个体的内在动机就会增强，外部动机也会得到更加顺畅的内化，可以有效促进个体更长时间坚持一项活动或任务，从而产生良好的绩效结果，而妨碍这些动机的满足，会降低人们的动机水平和主观幸福感[②]。

形成性科研评价关注教师的发展过程，通过提供多元化的平台和机会以促进教师自身知识结构的改造、素质提升和科研能力的培养，使教师能力能够匹配科学发展的要求，满足了教师的胜任需要和关系需要，在一定程度上促进教师科研创新的内部动机；而终结性科研评价为教师营造了高威胁性和高压力性的外部环境，多数教师的学术行动是迫于压力而在制度认同程度较低的基础上采取的应激行动，并非发自内心的学术追求，而仅可能是为了获得制度利益或防止被淘汰[③]，这在一定程度上强化了教师的外部创新动机，抑制了其内部创新动机。教师真正参与评价制度的制定与执行过程，一方面，能使评价制度得到教师的真正认同，增进组织内的了解和共识[④]；另一方面，在一定程度上保障了教师的学术自由，使教师能够基于自身兴趣从事研究而不是为了必须迎合某种特定的评价标准[⑤]，满

---

① Ryan R.M，Deci E.L. Self-regulation and the problem of human autonomy：does psychology need choice，self-determination，and will[J]. Journal of personality，2006，74(06)：1557－1586.

② Deci E. L，Ryan R.M. The “what” and “why” of goal pursuits：human needs and the self-determination of behavior[J]. Psychological inquiry，2000，11(04)：227－268.

③ 卢晓中，陈先哲.学术锦标赛制下的制度认同与行动逻辑——基于G省大学青年教师的考察[J].高等教育研究，2014，35(07)：34－40.

④ 贾永堂.大学教师考评制度对教师角色行为的影响[J].高等教育研究，2012，33(12)：57－62.

⑤ O'Connell C，O'Siochru C，Rao N. Academic perspectives on metrics：procedural justice as a key factor in evaluations of fairness[J/OL]. Studies in higher education：1－15[2019－07－20]. https://doi.org/10.1080/03075079.2019.1643306.

足了教师的自主需要。同行评价可以使研究成果的构成具有更大的可变性，使教师可以更自由地尝试如何开展研究[①]，因此，评价程序的民主性能够同时满足教师的关系需要和自主需要，在一定程度上促进教师科研创新的内部动机。量化评价方法会导致“形式化科研”的意外后果，教师不是为了解决重要的理论或实践问题，而是为了发表论文、申请课题、获得体制的奖励[②]，而同行评价可以使研究成果的构成具有更大的可变性，使教师可以更自由的尝试如何开展研究[③]，因此，相比量化评价方法，同行评价方法更能满足教师的自主需要，在一定程度上促进教师科研创新的内部动机。

在动机与创新行为的关系方面，自我决定理论从有机的视角，主张每个个体都有一种先天的、内在的、建设性地完善与整合自我的意识，这是一种对人本性的积极、善意的假设，大量研究证明，个体通过对自主、胜任、关系三种需求的满足可以获得幸福感与满足感，进而表现出积极主动的行为[④]；相对于自主动机取向的个体，控制性动机取向个体更多地进行“我们与他们”的区分，与作用对象的心理距离更长，结果造成较低的威胁阈限，导致更多消极心理结果[⑤]。因此，本书提出如下假设：

H_5：形成性评价目的通过创新内在动机促进大学教师主动性科研创新行为

H_6：与量化方法相比，同行评价方法通过创新内在动机促进大学教师主动性科研创新行为

H_7：评价程序民主通过创新内在动机促进大学教师主动性科研创新行为

H_8：终结性评价目的通过创新外部动机促进大学教师被动性科研创新行为

二、研究方法

（一）数据收集

本书选取代表我国大学学术研究最高水平的 C9 联盟高校。样本学院是通

---

① Sutton N.C，Brown D.A. The illusion of no control：management control systems facilitating autonomous motivation in university research[J]. Accounting & Finance，2016，56(02)：577 - 604.

② 沈文钦，毛丹，蔺亚琼.科研量化评估的历史建构及其对大学教师学术工作的影响[J].南京师大学报(社会科学版)，2018，64(05)：33 - 42.

③ Sutton N.C，Brown D.A. The illusion of no control：management control systems facilitating autonomous motivation in university research[J]. Accounting & Finance，2016，56(02)：577 - 604.

④ 张剑，张微，宋亚辉.自我决定理论的发展及研究进展评述[J].北京科技大学学报(社会科学版)，2011，27(04)：131 - 137.

⑤ 张剑，张微，宋亚辉.自我决定理论的发展及研究进展评述[J].北京科技大学学报(社会科学版)，2011，27(04)：131 - 137.

过分层随机抽样获得，即从样本大学的自然科学和工程科学领域分别抽取 3 个院系。样本学院的教师包括专职科研和教学科研并重的专任教师。采用电子问卷的方式，共发放 2 909 份，回收 312 份，回收率为 10.7%。删除岗位类型为“教学为主型”以及学科为“社会科学”和“人文学科”的问卷，共得到有效问卷 305 份。样本的基本特征，见表 10 - 1。

表 10 - 1 样本的基本特征描述

样本特性	分类标准	样本		样本特性	分类标准	样本	
		数量	占比			数量	占比
年龄	35 岁及以下	44	14.4%	职称	中级	18	5.9%
	36～45 岁	127	41.6%		副高级	140	45.9%
	46～55 岁	106	34.8%		正高级	147	48.2%
	56 岁及以上	28	9.2%	学科	自然科学	127	41.6%
研究类型	基础研究	142	46.6%		工程科学	178	58.4%
	应用研究	150	49.2%	岗位	研究为主型	80	26.2%
	应用基础研究	10	3.3%		教学研究并重型	225	73.8%
	开发研究	3	0.9%				
人才计划	省部级以上人才计划	82	26.9%	科研工作年限	5 年及以下	14	4.6%
	无	223	73.1%		6～10 年	54	17.7%
科研奖励	省部级以上科研奖励	168	55.1%		11～15 年	86	28.2%
	无	137	44.9%		16～20 年	46	15.1%
					20 年以上	105	34.4%

（二）变量与测量

本书对变量的测量包括量表和非量表题项。对科研评价目的、科研评价程序民主性、科研创新动机、科研创新行为等变量的测量，采用的是量表题项，为保证量表的信度与效度，使用的量表均为国内外经典文献中的成熟量表。对科研评价方法的测量，采用的是非量表题项，旨在了解这些变量所反映的基本现状。为避免教师对量表题项的理解存在偏差，确保题项能准确反映变量的内涵，将问卷发给样本高校的4名教师（自然科学和工程科学领域各2名），在专家意见的基础上，对题项的表述进行了修正，并对部分题项进行了删减。

（1）科研评价目的。采用Cleveland等①编制、文鹏等②修订的评价导向量表，共2个维度，5个题项。形成性科研评价目的包括3个题项，如“帮助教师识别自身的优势和劣势”；终结性科研评价目的包括2个题项，如“为教师的薪酬调整提供决策依据”。

（2）科研评价方法。共2个题项，包括“您所在大学采用的聘期考核方法是?”和“您所在大学采用的晋升评价方法是?”。分别对应2个选项，包括“以成果数量和等级为基础的定量评价为主，同行评价为辅”和“以代表性成果为基础的同行评价为主，定量评价为辅”。

（3）科研评价程序民主。采用Alegre等③编制的参与式决策量表，共1个维度，2个题项，如“学校管理部门在科研评价制度的制定过程中会征求我的意见”。

（4）科研创新动机。采用Amabile等④编制的动机量表，共3个维度，9个题项。挑战性创新内在动机包括4个题项，如“研究问题越复杂，我越想尝试解决它”；享受性创新内在动机包括2个题项，如“能够做让我乐在其中的研究工作是非常重要的”；补偿性创新外部动机包括3个题项，如“我主要为了奖励或晋升才努力从事研究工作”。

（5）科研创新行为。采用赵斌等⑤⑥编制的创新行为量表，共2个维度，12

---

① Cleveland J.N, Murphy K. R, Williams R.E. Multiple uses of performance appraisal: prevalence and correlates[J]. Journal of applied psychology, 1989, 74(01): 130 - 135.

② 文鹏，廖建桥.不同类型绩效考核对员工考核反应的差异性影响——考核目的视角下的研究[J].南开管理评论，2010，13(02)：142 - 150.

③ Alegre J, Chiva R. Assessing the impact of organizational learning capability on product innovation performance: an empirical test[J]. Technovation, 2008, 28(06): 315 - 326.

④ Amabile T.M, Hill K.G, HennesseyY B.A, et al. The work preference inventory: assessing intrinsic and extrinsic motivational orientations[J]. Journal of personality and social psychology, 1994, 66(05): 950 - 967.

⑤ 赵斌，刘开会，李新建，等.员工被动创新行为构念界定与量表开发[J].科学学研究，2015，33(12)：1909 - 1919.

⑥ 赵斌，栾虹，李新建，等.科技人员主动创新行为：概念界定与量表开发[J].科学学研究，2014，32(01)：148 - 157.

个题项。主动性科研创新行为包括 8 个题项，如“主动寻求解决研究问题的新方法”；被动性科研创新行为包括 4 个题项，如“倾向于寻求难度较小的、能够在短时间内出成果的研究问题”。

(6) 控制变量。本书对年龄、职称、人才计划、科研工作年限等 4 个人口统计学变量进行控制，相关研究指出，以上变量会对大学教师的创新动机和行为产生影响①②。

(三) 数据分析方法

本书的分析方法由如下三个部分构成：首先，借助 SPSS 26.0 和 AMOS 26.0 软件，通过 Cronbach's α 系数和验证性因子分析分别检验量表的信度和效度；其次，借助 SPSS 26.0 软件，分别进行描述性统计分析和线性回归分析；最后，借助 SPSS 26.0 软件，使用 Hayes 编制的 PROCESS 宏进行中介作用的 Bootstrap 95%置信区间检验。

信度检验结果显示 Cronbach's α 值均大于 0.8，如表 10－2 所示，表明各量表的信度良好。效度检验结果显示，评价目的量表、创新动机量表和创新行为量表的 X2/df 均在 1 到 3 之间，RMSEA 小于 0.08，CFI、NFI、TLI 均大于 0.9，如表 10－2 所示，表明量表具有良好的结构效度③。评价程序的民主量表由 2 个题项构成，验证性因子分析结果显示模型不可识别，无法检验其结构效度，因此使用 SPSS 26.0 软件对该量表进行探索性因子分析以检验其结构效度，结果发现：只有一个因子的特征根值大于 1，各个题项的因子载荷都大于 0.9，方差解释率为 90.3%，表明该量表具有良好的结构效度。

表 10－2　量表的信度、效度分析表

	α 值	X2/df	RMSEA	CFI	NFI	TLI
评价目的	0.803	1.631	0.003	0.995	0.988	0.982
创新动机	0.803	1.693	0.069	0.974	0.941	0.958

① 陈威燕.基于心理资本视角的高校教师工作绩效影响机制研究[D].徐州：中国矿业大学，2016：95.

② 王立剑，代秀亮，金蕾，等.人才头衔能否提升科技人才职业成就动机——来自我国一流大学建设高校的证据[J].科技进步与对策，2019，37(04)：153－160.

③ 温忠麟，侯杰泰，马什赫伯特.结构方程模型检验：拟合指数与卡方准则[J].心理学报，2004，36(02)：186－194.

续　表

	α值	X2/df	RMSEA	CFI	NFI	TLI
创新行为	0.875	1.908	0.079	0.971	0.942	0.957
评价程序民主	0.892	/	/	/	/	/

第三节　科研评价制度对一流大学建设高校教师创新行为的影响程度和影响机制

一、科研评价制度对一流大学建设高校教师创新行为的影响程度

在使用多元线性回归分析法和逐步法分析科研评价制度对一流大学建设高校教师创新行为的影响程度和影响机制之前，需要先进行相关分析。相关分析是回归分析的前提，只有当变量之间存在相关性时，才有可能会存在回归关系。各变量的相关性见表 10－3。结果表明：① 大学教师主动性创新行为与形成性评价目的、评价程序民主性、挑战性创新动机、享受性创新动机呈显著正相关；② 挑战性创新动机与形成性评价目的、评价程序民主性、晋升评价方法(量化考核＝0)、聘期考核方法(量化考核＝0)呈显著正相关；③ 被动性创新行为与补偿性创新动机、补偿性创新动机与终结性评价目的呈显著正相关；这为本书的假设提供了初步支持。但主动性创新行为与晋升评价方法(量化考核＝0)和聘期考核方法(量化考核＝0)不相关、被动性创新行为与终结性评价目的不相关，这与本书的假设并不一致。

为检验科研评价制度各要素对大学教师创新行为的影响程度，本书进行了线性回归分析。回归分析结果表明：在控制了年龄、职称、人才计划、科研工作年限等因素的影响之后，形成性评价目的($\beta=0.08$，$p<0.05$，模型 1)和评价程序民主($\beta=0.11$，$p<0.01$，模型 4)对大学教师主动性创新行为均有积极影响，见表 10－4，假设 1 和假设 3 得到支持。终结性评价目的($\beta=0.01$，$p>0.1$，模型 5)对大学教师被动性创新行为无显著影响，晋升评价方法(量化考核＝0)($\beta=0.04$，$p>0.1$，模型 2)、聘期考核方法(量化考核＝0)($\beta=0.09$，$p>0.1$，模型 3)对大学教师主动性创新行为均无显著影响，见表 10－4，假设 2 和假设 4 未得到支持。

表 10-3 各变量相关系数、均值及标准差

变量	1	2	3	4	5	6	7	8	9	10	11	12	13	14
形成性评价目的														
终结性评价目的	0.13													
评价程序民主	0.3**	0.1												
晋升评价方法（量化考核=0）	0.18	0.05	0.29*											
聘期考核方法（量化考核=0）	0.15	0.01	0.18^{+}	0.32**										
挑战性创新动机	0.25**	0.03	0.19*	0.31*	0.16^{+}									
享受性创新动机	−0.09	0.11	0.1	0.08	−0.02	0.31**								
补偿性创新动机	0.17*	0.16*	0.16^{+}	−0.13	0.05	−0.12	−0.2*							
主动创新行为	0.17*	0.14	0.23**	0.04	0.03	0.53**	0.36**	−0.01						
被动创新行为	0.07	0.02	0.15	0.13	−0.01	−0.2*	−0.04	0.5**	−0.09					
年龄	−0.06	−0.14	−0.13	−0.01	−0.07	0.09	−0.2**	−0.13	0.02	−0.1				
职称	−0.07	−0.02	−0.02	−0.2^{+}	0.01	−0.2^{+}	0.02	0.06	−0.1	−0.01	−0.5***			
人才计划	0.03	0.12	−0.14	0.1	0.06	−0.06	0.04	0.11	0.13	0.05	0.43**	−0.3***		
科研工作年限	−0.03	−0.12	−0.1	−0.01	−0.11	0.11	−0.1^{+}	−0.11	0.07	−0.07	0.83***	−0.6***	0.5**	
均值	3.1	4	2.3	0.47	0.2	4.1	4.2	2.8	4.2	2.7	43.89	1.58	0.26	15.26
标准差	1.1	0.9	1.1	0.5	0.4	0.7	0.6	0.9	0.5	1	0.85	0.61	0.44	1.25

注：$N=305$，$^{+}$为 $p<0.1$，*为 $p<0.05$，**为 $p<0.01$，***为 $p<0.001$，双侧检验，下同。

表 10 - 4　科研评价的目的、方法、程序对创新行为的影响

变　量	主动性创新行为				被动创新行为
	模型 1	模型 2	模型 3	模型 4	模型 5
年龄	−0.09	−0.17	−0.08	−0.08	−0.07
职称	−0.06	−0.06	−0.05	−0.05	−0.29+
人才计划	0.02	−0.17	0.01	0.05	−0.02
科研工作年限	0.05	0.14	0.07	0.05	−0.11
形成性评价目的	0.08*				
终结性评价目的					0.01
晋升评价方法（量化考核=0）		0.03			
聘期考核方法（量化考核=0）			0.11		
评价程序民主				0.11**	
F	4.01*	0.5	0.5	7.62**	0.88
R^2	0.03	0.06	0.02	0.05	0.03

二、科研评价制度对一流大学建设高校教师创新行为的影响机制

本书采用 Hayes 编制的 PROCESS 宏对形成性评价目的、评价程序民主与大学教师主动性创新行为之间的中介作用进行检验。结果表明：形成性评价目的（$\beta=0.15$，$p<0.01$，模型 11）和评价程序民主（$\beta=0.13$，$p<0.05$，模型 14）对挑战性科研创新动机均有积极影响。当模型中加入挑战性科研创新动机时，形成性评价目的（$\beta=0.01$，$p>0.1$，模型 6）对主动性科研创新行为的影响不显著，且挑战性科研创新动机（$\beta=0.4$，$p<0.001$，模型 6）对主动性科研创新行为有积极影响，见表 10 - 5；此外，挑战性科研创新动机中介作用 Bootstrap 95%置信区间的上下限分别为[0.02, 0.11]，均不包含 0，见表 10 - 6，说明挑战性科研创新动机完全中介了形成性评价目的对主动性科研创新行为的影响。当模型中加入挑

战性科研创新动机时，评价程序民主（$\beta=0.06$，$p<0.1$，模型 9）对主动性科研创新行为的影响减弱，且挑战性科研创新动机（$\beta=0.38$，$p<0.001$，模型 9）对主动性科研创新行为有积极影响，见表 10－5；此外，挑战性科研创新动机中介作用 Bootstrap 95%置信区间的上下限分别为[0.01，0.09]，均不包含 0，见表 10－6，说明挑战性科研创新动机部分中介了评价程序民主对主动性科研创新行为的影响。

根据温忠麟等[①]对中介作用的检验方法，中介作用的大前提是自变量与因变量相关显著，否则不应考虑中介变量。在回归分析中，可以发现晋升评价方法（量化考核＝0）和聘期考核方法（量化考核＝0）对主动性创新行为，及终结性评价目的对被动性创新行为并没有显著影响，因此，假设 6 和假设 8 未得到支持。但温忠麟等[②]认为，即使自变量与因变量相关系数是零，仍然可能有间接作用。究其原因，可能是存在两条中介路径，其作用大小相近但方向相反[③④]。本书采用 Hayes 编制的 PROCESS 宏对间接作用进行检验。结果表明：晋升评价方法（量化考核＝0）（$\beta=0.6$，$p<0.05$，模型 12）、聘期考核方法（量化考核＝0）（$\beta=0.28$，$p<0.1$，模型 13）对挑战性创新动机均有积极影响，且挑战性创新动机（$\beta=0.49$，$p<0.001$，模型 7；$\beta=0.35$，$p<0.001$，模型 8）对主动性创新行为有积极影响，见表 10－5；此外，挑战性创新动机间接作用 Bootstrap 95%置信区间的上下限分别为[0.01，0.18]和[0.02，0.18]，均不包含 0，见表 10－6，说明晋升评价方法（量化考核＝0）、聘期考核方法（量化考核＝0）通过挑战性创新动机的间接作用对主动性创新行为产生影响。终结性评价目的（$\beta=0.1$，$p<0.05$，模型 15）对补偿性创新动机具有积极影响，且补偿性创新动机（$\beta=0.61$，$p<0.001$，模型 10）对被动性创新行为有积极影响，见表 10－5；此外，补偿性创新动机间接作用 Bootstrap 95%置信区间的上下限分别为[0.01，0.16]，均不包含 0，见表 10－6，说明终结性评价目的通过补偿性创新动机的间接作用对被动性创新行为产生影响。

---

① 温忠麟，叶宝娟．中介效应分析：方法和模型发展[J]．心理学报，2014，22(05)：731－745.

② 温忠麟，叶宝娟．中介效应分析：方法和模型发展[J]．心理学报，2014，22(05)：731－745.

③ MacKinnon D. P.，Krull J. L，Lockwood C. M. Equivalence of the mediation，confounding and suppression effect[J]. Prevention science，2000，1(04)：173－181.

④ Zhao X.，Lynch Jr J.G，Chen Q. Reconsidering baron and kenny：Myths and truths about mediation analysis[J]. Journal of consumer research，2010，37(02)：197－206.

表 10－5　科研创新动机的中介作用

变　量	主动创新行为				被动创新行为	挑战性创新动机				补偿性创新动机
	模型 6	模型 7	模型 8	模型 9	模型 10	模型 11	模型 12	模型 13	模型 14	模型 15
年龄	−0.1	−0.15	−0.04	−0.09	0.01	0.03	−0.05	−0.14	0.03	−0.11
职称	−0.04	0.02	−0.03	−0.02	-0.25^{+}	−0.07	−0.15	−0.08	−0.07	−0.06
人才计划	0.02	−0.18	0.02	0.03	−0.08	0.02	0.02	−0.03	0.05	0.1
科研工作年限	0.04	0.11	0.02	0.04	−0.08	0.01	0.06	0.14^{+}	0.02	−0.05
形成性评价目的	0.01					0.15^{**}				
终结性评价目的					−0.06					0.1^{*}
晋升评价方法（量化考核=0）		−0.26					0.6^{*}			
聘期考核方法（量化考核=0）			0.01					0.28^{+}		
评价程序民主				0.06^{+}					0.13^{*}	
挑战性创新动机	0.4^{***}	0.49^{***}	0.35^{***}	0.38^{***}						
补偿性创新动机					0.61^{***}					
F	9.17^{***}	4.7^{**}	4.04^{**}	9.82^{***}	8.74^{***}	2.26^{*}	3.82^{*}	2.75^{+}	5.12^{*}	2.83^{*}
R^2	0.29	0.46	0.19	0.3	0.26	0.08	0.09	0.02	0.05	0.06

表 10-6 中介作用 Bootstrap 95%置信区间检验

	Effect	Boot SE	Boot 95% CI
形成性评价目的→挑战性创新动机→主动创新行为	0.06	0.02	[0.02,0.11]
终结性评价目的→补偿性创新动机→被动创新行为	0.08	0.05	[0.01,0.16]
评价程序民主性→挑战性创新动机→主动创新行为	0.04	0.02	[0.01,0.09]
晋升评价方法(量化考核=0)→挑战性创新动机→主动创新行为	0.08	0.05	[0.01,0.18]
聘期考核方法(量化考核=0)→挑战性创新动机→主动创新行为	0.09	0.05	[0.02,0.18]

第四节 主要结论

一、评价目的对一流大学建设高校教师科研创新行为的影响

在形成性评价目的对大学教师科研创新行为的影响方面，本书的研究结果表明，形成性评价目的对大学教师主动性科研创新行为会产生积极影响。该结果与王忠军等[①]的研究观点相符，他们得出发展性评价对大学教师突破性学术创新行为会产生积极影响，这是因为主动性创新行为与突破性学术创新行为存在相似之处，即它们往往都能带来重大理论突破或重大发现、发明。但在影响机制方面，本书进一步拓展了王忠军等[②]的研究观点，他们得出创新内在动机在发展性评价与大学教师突破性学术创新行为的关系中起到了中介作用，本书的结果表明，创新内在动机中介作用的发挥主要依赖其内部的挑战性创新动机，而作为创新内在动机的另外一个组成部分，享受性创新动机并未起到中介作用。

在终结性评价目的对大学教师科研创新行为的影响方面，本书的结果表明，尽管终结性评价目的对大学教师被动性科研创新行为影响的直接作用并不显

① 王忠军，刘丽丹.绩效考核能否促进高校教师突破性学术创新行为[J].高等教育研究，2017，38(04)：52-60.

② 王忠军，刘丽丹.绩效考核能否促进高校教师突破性学术创新行为[J].高等教育研究，2017，38(04)：52-60.

著，但补偿性科研创新动机起到了间接作用。直接作用不显著可能是由创新外部动机的内化引起的，个体在特定的文化背景下，起初由外部奖赏所控制的行为由于受到重要他人的推崇，与这种行为有关的态度或信念逐渐成为个体自我的组成部分[①]。在终结性科研评价目的的影响下，大学教师起初可能是基于某种外部动机而从事科研创新，如为获得晋升或完成考核，但在后续的研究过程中，外部动机逐渐内化为内部动机，从而对被动性科研创新行为起到了抑制作用（相关性分析表明，挑战性创新动机与被动性创新行为呈显著负相关，见表 10－3），这在一定程度上抵消了终结性评价目的通过补偿性创新动机对大学教师被动性科研创新行为的影响。

二、评价方法对一流大学建设高校教师科研创新行为的影响

本书的结果表明，尽管同行评价方法对大学教师主动性科研创新行为影响的直接作用并不显著，但挑战性科研创新动机起到了间接作用。直接作用不显著可能是由同行评价主体的结构不合理引起的，刘莉等[②]的研究发现，当前我国部分大学的评价主体要么由院系行政领导直接担任，要么是主要由行政领导组成的教授委员，行政力量在评价主体中占较大优势，小同行所占的比例较低。以行政领导为主导的评价主体，对被评价者的研究成果的认识存在一定局限性，难以做出客观和准确的评价，可能会借助一些量化指标作为衡量标准，这在一定程度上抵消了同行评价方法通过挑战性创新动机对大学教师主动性科研创新行为的影响。

三、评价程序对一流大学建设高校教师科研创新行为的影响

本书的结果表明，评价程序民主对大学教师主动性科研创新行为会产生积极影响，挑战性科研创新动机起到了中介作用。该结果证实了社会交换理论可以解释评价程序民主对大学教师主动性科研创新行为的影响，即教师在科研评价制度制定和执行过程中的表达权与参与权，满足了教师归属感、尊重等高层次的自我需求，进而在一定程度上促进了教师的主动性科研创新行为，

---

① 暴占光，张向葵．自我决定认知动机理论研究概述［J］．东北师大学报（哲学社会科学版），2005，55(06)：141－146．

② 刘莉，季子楹．现实与理想：目标群体认同视角下的高校科研评价制度［J］．高等教育研究，2018，39(03)：37－44．

这与邢楠楠等[①]的研究观点类似,他们得出教师参与内部决策对其创新行为会产生积极影响。但在影响机制方面,该研究做了进一步探讨,即评价程序民主作为教师参与内部决策的一种形式,满足了教师的关系需要,激发了其挑战性创新动机,进而促进了其主动性科研创新行为。

第五节　对 策 建 议

为改革我国大学现有的科研评价制度以促进教师积极从事高水平研究,本书基于评价目的、评价方法、评价程序的视角,提出如下建议:

一、扭转评价方向,评价体系以形成性评价为主、终结性评价为辅

在教师评价制度的设计原则上应把“为了教师发展”放在首位,但发展并不简单等同于获得职称晋升或发表更多论文,而是旨在帮助教师及时发现研究过程存在的问题,鼓励教师敢于进行突破性创新,从而获得广受同行认可的、有利于国家或社会进步的高水平研究成果。对教师发展的重视,并不意味着不能依据评价结果对教师作出薪资调整、岗位聘任、职称晋升、奖励与惩罚等人事决定,而是要将其放在相对次要的位置,在形成性评价与终结性评价之间找到一个平衡点,树立和实现教师评价从管理者向教师、从学校或学科向个人的转变。在形成性评价的具体实践中,应加强过程评价,对教师在研究过程中所表现出来的创新能力和创新潜力进行评价,依托同行专家对教师在研究过程中存在的问题进行诊断并分析原因,同时,由于形成性评价存在模糊性、目的性差、操作不便等问题,可在一定程度上依据终结性评价结果,为教师提供有针对性的进修、培训等学术发展机会。

二、充分发挥教师的主体性,提升教师在科研评价中的话语权

在科研评价制度的制定过程中,根据研究领域、研究类型、工作岗位、职称的差异,可以通过教师代表座谈会和发放问卷的形式,征求教师的意见和建议,分类制定灵活的和个性化的评价制度,消除教师对评价制度的误解和抵触情绪;在

---

① 邢楠楠,田梦.高校科研人员组织学习能力对创新行为的影响研究——基于COR视角[J].经济与管理评论,2018,35(06):86-94.

获得教师反馈的意见和建议后，管理者应分类整理和汇总，对于有疑义的或涉及教师切身利益但一时难以落实的应及时与教师进行面对面沟通，讨论意见与建议提出的背景与具体落实方案，对于明显不合理的不予采纳；在征询意见的活动结束后，鉴于我国大学教师在参与科研评价制度设定方面存在参与形式化、意见建议难以落实等问题[①]，建议管理者应在明确期限内在学院或学校网站上公开意见的征集情况和落实情况。在科研评价制度的执行过程中，应坚持自评和他评相结合的原则，在他评过程中加入被评价者的自我答辩环节，评审委员会在自评基础上形成初步评审意见，在与教师本人沟通和确认后，再形成正式评审意见。此外，在本年度的科研评价工作结束以后，应进一步畅通问题反馈机制，如教师可以就评价过程中遇到的问题及解决问题的建议，向学院或学校的学术委员会反馈，以作为下一年度科研评价制度改革的参考。

三、建立以小同行为主的同行评价主体结构，提升评价的专业性

在小同行的遴选方面，应根据被评价者所属的三级学科从专家库中随机抽取相应的专家，对于一些三级学科仍无法覆盖的领域，可以通过完善专家库中专家近年来的研究成果摘要、关键字等信息，进一步扩充专家遴选条件和细化检索标准，以挑选与被评价者研究方向更为一致的小同行[②]。为避免国内小同行之间的利益冲突，可逐步增加国外小同行的比重，对于小同行间存在较大矛盾和分歧的非共识研究，由于此类研究成果可能具有较高的原创性而违背了某一公认的规律，不宜采取少数服从多数的原则，建议要求小同行专家对研究问题本领域的前瞻性和对国家社会未来发展具有重要意义的战略性给予正式的书面意见反馈，同时，进一步完善专家库中的诚信数据，对小同行违反学术道德的行为进行记录。在小同行进行评价的过程中，应坚持双盲评审的原则，即被评价者和小同行专家之间相互匿名，由于通讯评审在确保匿名性方面比会议评审更彻底，且通讯评审更方便选择与被评价者的研究领域最接近的评审专家，因此，可以采取以通讯评审为主、会议评审为辅的方式。

（董彦邦，刘莉）

---

① 李琳琳.成为学者：大学教师学术工作的变革与坚守[M].上海：华东师范大学出版，2016：161－170.
② 肖丁丁，许治.NSFC评审专家管理办法修订的演进脉络与启示[J].管理评论，2012，24(07)：49－55.

附 录

附录1 高校科研人才评价政策文本目录(2000—2018)

序号	年份	文件名	发布主体
1	2018	《关于分类推进人才评价机制改革的指导意见》	中共中央、国务院
2	2018	《关于全面加强基础科学研究的若干意见》	国务院
3	2017	《高校教师职称评审监管暂行办法》	教育部、人力资源社会保障部
4	2017	《关于加强高等学校科技成果转移转化工作的若干意见》	教育部、科学技术部
5	2017	《关于加快直属高校高层次人才发展的指导意见》	教育部
6	2017	《关于深化科技奖励制度的改革方案》	国务院
7	2017	《"十三五"国家科技人才发展规划》	科学技术部
8	2017	《关于深化高等教育领域简政放权放管结合优化服务改革的若干意见》	教育部、中央机构编制委员会办公室、国家发展和改革委员会、财政部、人力资源和社会保障部
9	2017	《国家科学技术奖励条例》	科学技术部
10	2017	《关于深化职称制度改革的意见》	中共中央、国务院

续 表

序号	年份	文 件 名	发 布 主 体
11	2016	《关于深化高校教师考核评价制度改革的指导意见》	教育部
12	2016	《国家创新驱动发展战略纲要》	中共中央、国务院
13	2015	《关于优化学术环境的指导意见》	国务院
14	2015	《深化科技体制改革实施方案》	中共中央、国务院
15	2015	《高等学校教师职务试行条例》	教育部
16	2015	《关于深化体制机制改革加快实施创新驱动发展战略的若干意见》	中共中央、国务院
17	2014	《关于开展高等学校科技评价改革试点的通知》	教育部
18	2014	《关于发布〈高等学校科技分类评价指标体系及评价要点〉的函》	教育部
19	2013	《关于进一步加强和规范高校人才引进工作的若干意见》	教育部
20	2013	《关于深化高等学校科技评价改革的意见》	教育部
21	2012	《关于进一步规范高校科研行为的意见》	教育部
22	2012	《关于深化科技体制改革加快国家创新体系建设的意见》	中共中央、国务院
23	2012	《关于加强教师队伍建设的意见》	国务院
24	2012	《关于全面提高高等教育质量的若干意见》	教育部
25	2012	《高等学校“十二五”科学和技术发展规划》	教育部
26	2011	《关于进一步改进高等学校哲学社会科学研究评价的意见》	教育部
27	2011	《国家中长期科技人才发展规划(2010—2020年)》	科学技术部、人力资源和社会保障部、教育部、中国科学院、中国工程院、国家自然科学基金委员会、中国科学技术协会

续 表

序号	年份	文 件 名	发 布 主 体
28	2011	《专业技术人才队伍建设中长期规划(2010—2020年)》	人力资源和社会保障部
29	2011	《国家“十二五”科学和技术发展规划》	科学技术部
30	2011	《创新人才推进计划实施方案》	科技部、人力资源和社会保障部、财政部、教育部、中国科学院、中国工程院、国家自然科学基金委员会、中国科学技术协会
31	2010	《国家中长期教育改革和发展规划纲要(2010—2020年)》	教育部
32	2009	《关于加强我国科研诚信建设的意见》	科学技术部、教育部、财政部、人力资源和社会保障部、卫生部、解放军总装备部、中国科学院、中国工程院、国家自然科学基金委员会、中国科学技术协会
33	2008	《国家科学技术奖励条例实施细则》	科学技术部
34	2007	《关于加快研究型大学建设增强高等学校自主创新能力的若干意见》	教育部
35	2006	《国家科技计划实施中科研不端行为处理办法(试行)》	科学技术部
36	2006	《实施〈国家中长期科学和技术发展规划纲要(2006—2020年)〉的若干配套政策》	国务院
37	2005	《国家中长期科学和技术发展规划纲要(2006—2020年)》	科学技术部
38	2005	《高等学校中长期科学和技术发展规划纲要》	教育部
39	2004	《高等学校“高层次创造性人才计划”实施方案》	教育部
40	2003	《关于进一步加强人才工作的决定》	中共中央、国务院
41	2003	《科学技术评价办法(试行)》	科学技术部

续 表

序号	年份	文 件 名	发 布 主 体
42	2003	《关于改进科学技术评价工作的决定》	科学技术部、教育部、中国科学院、中国工程院、国家自然科学基金委员会
43	2002	《关于进一步增强原始性创新能力的意见》	科学技术部、教育部、中国科学院、中国工程院、国家自然科学基金委员会
44	2001	《关于加强专业技术人才队伍建设的若干意见》	中共中央、国务院
45	2000	《关于深化高等学校人事制度改革的实施意见》	中共中央、人事部、教育部

附录 2　高校科研人才评价政策认同情况调查问卷

尊敬的老师：

您好！我是上海交通大学高等教育研究院课题组成员朱莉，正在进行国家社会科学基金教育学一般课题“高校科研人才评价目标群体认同与分类建构研究(BIA170162)”的相关研究。本次调查也是我学位论文的组成部分，旨在了解高校科研人才对相关评价政策的认同程度及影响认同的因素，为我国高校科研人才评价政策改革提出改进建议。

真诚地邀请您参与本次调查，问卷采用匿名方式，相关数据仅为学术研究所用。

非常感谢您能在百忙之中抽出时间填写这份调查问卷！

上海交通大学高等教育研究院课题组

2018 年 7 月

［问卷正文］

一、政策认同调查

高校科研人才评价政策是指由政府部门颁布的对高校科研人才的业绩、知识、技能、品德等开展评价的相关政策，如《关于深化高校教师考核评价制度改革的指导意见》《关于深化高等学校科技评价改革的意见》《关于进一步改进高等学校哲学社会科学研究评价的意见》等（以下简称“政策”）。这些政策是高校内部科研人才评价制度的基本指导文件，与科研人才的学术职业密切相关。请您根据主观感受回答如下问题。

1. 针对政策中提到的**评价服务于国家需求（如提升创新能力、促进成果转化、推动经济社会发展等）**，您的态度是？

A. 完全认同　　B. 比较认同　　C. 中立

D. 比较不认同　　E. 完全不认同　　F. 不清楚

2. 针对政策中提到的**在高校科研人才评价中引入多方主体参与评价**，您的态度是？

A. 完全认同　　B. 比较认同　　C. 中立

D. 比较不认同　　E. 完全不认同　　F. 不清楚

3. 针对政策中提到的**加强国际同行的评价**，您的态度是？

A. 完全认同　　B. 比较认同　　C. 中立

D. 比较不认同　　E. 完全不认同　　F. 不清楚

4. 针对政策中提到的**发展第三方独立评价制度，支持第三方专业评价机构开展科研人才评价**，您的态度是？

A. 完全认同　　B. 比较认同　　C. 中立

D. 比较不认同　　E. 完全不认同　　F. 不清楚

5. 针对政策中提到的**将定量评价与定性评价相结合**，您的态度是？

A. 完全认同　　B. 比较认同　　C. 中立

D. 比较不认同　　E. 完全不认同　　F. 不清楚

6. 针对政策中提到的**根据高校类型对科研人才展开分类评价**，您的态度是？

A. 完全认同　　B. 比较认同　　C. 中立

D. 比较不认同　　E. 完全不认同　　F. 不清楚

7. 针对政策中提到的**根据研究类型（如基础研究、应用研究）对科研人才展开分类评价**，您的态度是？

A. 完全认同　　B. 比较认同　　C. 中立

D. 比较不认同　　E. 完全不认同　　F. 不清楚

8. 针对政策中提到的**根据学科领域对科研人才展开分类评价**，您的态度是？

A. 完全认同　　B. 比较认同　　C. 中立

D. 比较不认同　　E. 完全不认同　　F. 不清楚

9. 针对政策中提到的**根据职业生涯阶段对科研人才展开分类评价**，您的态度是？

A. 完全认同　　B. 比较认同　　C. 中立

D. 比较不认同　　E. 完全不认同　　F. 不清楚

10. 针对政策中提到的**以创新质量和实际贡献作为重要评价标准**，您的态度是？

A. 完全认同　　B. 比较认同　　C. 中立

D. 比较不认同　　E. 完全不认同　　F. 不清楚

11. 针对政策中提到的在高校科研人才评价中**突出品德评价（如科研诚信、学风）**，您的态度是？

A. 完全认同　　B. 比较认同　　C. 中立

D. 比较不认同　　E. 完全不认同　　F. 不清楚

12. 针对政策中提到的**扭转过分指标化的倾向，淡化以论文、专利、项目和经费数量等量化指标评价高校科研人才**，您的态度是？

A. 完全认同　　B. 比较认同　　C. 中立

D. 比较不认同　　E. 完全不认同　　F. 不清楚

13. 针对政策中提到的**建立代表性成果评价机制，将具有创新性和显示度的学术成果作为评价科研人才的重要依据**，您的态度是？

A. 完全认同　　B. 比较认同　　C. 中立

D. 比较不认同　　E. 完全不认同　　F. 不清楚

14. 针对政策中提到的**坚持公平公正公开的评价程序**，您的态度是？

A. 完全认同　　B. 比较认同　　C. 中立

D. 比较不认同　　E. 完全不认同　　F. 不清楚

15. 针对政策中提到的对科研人才**建立长效评价机制，避免频繁评价**，您的态度是？

A. 完全认同　　B. 比较认同　　C. 中立

D. 比较不认同　　E. 完全不认同　　F. 不清楚

16. 针对政策中提到的**减少高校科研人才评价结果与利益分配(职称、薪资等)的关联**,您的态度是?

A. 完全认同　　B. 比较认同　　C. 中立

D. 比较不认同　　E. 完全不认同　　F. 不清楚

17. 根据您的个人感受和学术经历,您对相关政策的内容**总体上**的态度是?

A. 完全认同　　B. 比较认同　　C. 中立

D. 比较不认同　　E. 完全不认同　　F. 不清楚

18. 以下关于我国高校科研人才评价政策的说法,您**同意**哪些?(多选题)

A. 政府对高校科研人才的评价越来越重视

B. 新的评价政策出台前较少关注科研人才个体的想法

C. 评价政策的主要目的是服务于国家建设

D. 评价政策对科研人才学术职业发展重视不够

E. 评价政策中对国际同行的关注度不够

E. 科研人才的贡献和能力是评价的首要标准

F. 科研人才的道德评价日益重要

G. 科研人才的分类评价受到重视,但尚未完全落实

H. 评价政策重视扭转“重数量轻质量”的倾向

I. 评价政策对于如何合理评价成果质量指向不明

J. 科研人才作为被评价者,缺乏评价的反馈和申诉渠道

K. 奖惩性评价结果导向明显

19. 根据您的经历、感受和认识,请对评价政策在高校层面的**执行情况**进行评价:

执 行 情 况	非常好	比较好	中立	比较差	非常差	不清楚
“评价服务于国家需求”						
“引入多方主体参与评价”						
“加强国际同行的评价”						
“发展第三方独立评价制度”						

续 表

执行情况	非常好	比较好	中立	比较差	非常差	不清楚
“将定量评价与定性评价相结合”						
“根据高校类型对科研人才分类评价”						
“根据研究类型对科研人才分类评价”						
“根据学科类型对科研人才分类评价”						
“根据职业生涯阶段对科研人才分类评价”						
“以创新质量和实际贡献作为重要评价标准”						
“品德评价”						
“扭转过分指标化的倾向”						
“建立代表性成果评价机制”						
“坚持公平公正公开的评价程序”						
“建立长效评价机制，避免频繁评价”						
“减少高校科研人才评价结果与利益分配的关联”						
总体上的执行情况						

20. 您认为以下哪些因素影响了您对我国高校科研人才评价政策的认同程度？请选出**最重要的 5 个因素**并按重要性**排序**(最多选 5 项)。

A. 政策内容的合理性、完善性

B. 政策的稳定性(如政策颁布、修订的频率)

C. 政府的监控(如政府对项目经费使用的监管、对政策执行与落实的监督)

D. 政府的激励或惩罚(如政府对高校科研人才的奖惩举措与力度)

E. 政府信息公开化程度（如政府提供的政策公开渠道、政府对政策的宣传）

F. 个体在政策中的参与程度（如提供建议、反馈想法）

G. 政策对个人权益或学术发展的影响

H. 个体的价值观

I. 个体对政策的认识与理解程度

J. 社会文化环境

K. 学校或学院对政策的态度表现（如对政策的理解程度、接受程度等）

L. 政策在高校层面的执行情况

M. 其他________________

21. 您认为我国高校科研人才评价政策主要从哪些方面改革，有利于提升认同程度？请选出**最重要的5项措施**并按重要性**排序**（最多选5项）。

A. 评价政策以推动高校科研人才学术发展为优先目标

B. 提高被评价者在高校科研人才评价活动中的参与度

C. 加强国际同行评价

D. 加强小同行评价（小同行具有相同或相近的研究方向）

E. 完善与落实第三方独立评价制度

F. 完善与落实定量评价与定性评价相结合的评价方法

G. 完善与落实分类评价

H. 完善与落实以能力、贡献、品德等为重要标准评价高校科研人才

I. 完善与落实代表作评价制度

J. 完善与落实长效评价机制

K. 完善与落实监督机制，实现评价活动的公平公正公开

L. 充分协调各利益相关者的利益，奖惩相济

M. 实现评价结果的正确使用

N. 引导和鼓励科研人才开展自由探索类科研活动

O. 其他________________

二、基本资料

1. 您的性别：□男　□女

2. 您的年龄：□25岁以下　□25～35岁　□36～45岁　□46～55岁　□55岁以上

3. 您从事的学科领域：

□理学 □工学 □管理学 □经济学 □教育学 □法学

□哲学 □文学 □历史学 □艺术学 □军事学 □农学

□医学 □交叉学科 □其他________

4. 您从事的研究类型：□基础研究 □应用研究 □开发研究

□其他________

5. 您从事科研的工作年限：□1～5 年 □6～10 年 □11～15 年

□16 年及以上

6. 您的岗位类型：□教学研究型 □研究型 □其他类型________

7. 您的职称：

□研究员/教授 □副研究员/副教授 □助理研究员/讲师

□无专业技术职称

8. 您在海外学习与工作的年限：

□无(若选无，不用跳转至题 9) □1 年以内 □1～3 年 □4～6 年

□7～10 年 □10 年以上

9. 您在海外学习或工作的身份(多选题)：

□本科生 □硕士研究生 □博士研究生 □博士后 □访问学者

□专任教师 □其他________

开放题：对于高校科研人才评价政策，您还有什么想要分享的内容或改进建议吗？

____

____

再次感谢您的参与！

附录3 高校科研人才评价政策文本编码表

评价维度	关键词	关键词描述/举例	编码
评价目的	推动创新	包含“加强科技创新”“提高创新能力”等表述	1-1
	社会发展	包含“社会发展”“社会效益”等表述	1-2
	经济建设	包含“为经济建设”“促进经济”等表述	1-3
	激发活力	包含“激发人才创新创业活力”等表述	1-4
	人才强国	包含“人才强国”“科技强国”等表述	1-5
	国际竞争	包含“国际竞争力”“国际竞争优势”等表述	1-6
评价主体	专家	包含“专家”“专家组”“专家委员会”等表述	2-1
	政府	包含“政府指导”“政府参与”等表述	2-2
	市场	包含“市场评价”“市场化人才评价机制”等表述	2-3
	国际同行	包含“加强国际同行评价”“建立国际同行评议制度”等表述	2-4
	行政部门	包含“行政部门”“行政管理部门”等表述	2-5
	第三方	包含“第三方评价”“第三方机构”等表述	2-6
	用户	包含“用户评价”“用户的肯定”等表述	2-7
评价方法	同行评价	包含“同行评价”“同行评议”“代表作评价”等表述	3-1
	定量与定性评价相结合	包含“定性评价与定量评价相结合”等表述	3-2
评价标准	分类评价	包括“分类评价”“分类管理”等表述	4-1
	基础研究	“基础研究”	4-2
	应用研究	“应用研究”	4-3
	贡献	包含“实际贡献”“突出贡献”等表述	4-4

续 表

评价维度	关键词	关键词描述/举例	编码
评价标准	能力	包含“突出能力导向”“以能力为导向的人才评价”等表述	4-5
	诚信	包含“学术诚信”“学术不端”“科研不端”等表述	4-6
	品德	包含“师德”“品德”等表述	4-7
	创新质量	“创新质量”	4-8
评价指标	成果数量	包含“论文数量”“专利数量”等表述	5-1
	代表性成果	包含“代表性成果”“代表性的突出成绩”等表述	5-2
	受资助情况	包含“经费数量”“项目数量”等表述	5-3
评价程序	监督	包含“社会监督”“监督机制”等表述	6-1
	客观公正	包含“客观公正”“科学公正”等表述	6-2
	公开透明	包含“提高透明度和公开性”“过程公开透明”等表述	6-3
	异议	“异议”,如“实行异议制度”	6-4
评价周期	宽松环境	包含“营造宽松科研环境”“宽松的科研氛围”等表述	7-1
	延长周期	包含“延长考核周期”“延长评价周期”等表述	7-2
	减少考核	包含“减少评价”“减少对科技人才的考核活动”等表述	7-3
评价结果	奖励	“奖励”,如“加大对做出突出贡献科技人才的奖励力度”	8-1
	惩治	包含“惩治”“惩戒”“惩处”等表述	8-2
	职称评定	包含“职称评定”“职称评审”等表述	8-3
	挂钩	“挂钩”,如“个人收入与项目经费过度挂钩”	8-4
	晋升	“晋升”,如“科研人员评价和晋升直接挂钩”	8-5

附录4 高校科技人才科研评价制度认同研究调查问卷

尊敬的老师：

您好！我是上海交通大学高等教育研究院硕士研究生蓝晔，正在进行“高校科技人才科研评价制度认同调查”，旨在了解您对所在高校、院系的理工领域专任教师科研评价制度的认同情况。

高校科技人才科研评价制度不仅影响着高校广大科技人才的学术职业路径，也深刻影响着高校科技创新的发展。本次调查是我学位论文的重要组成部分，也是国家社会科学基金“十三五”规划教育学一般课题“高校科研人才评价目标群体认同与分类建构”(批准号：BIA170162)的组成部分。所取得的资料和数据，将严格保密，仅供学术研究之用。本问卷采用匿名方式，答案无正误之分，请您放心填写。非常感谢您的帮助与支持！

上海交通大学高等教育研究院课题组 蓝晔

2019年5月

第一部分 个人基本情况

1. 您的岗位属于：

□教学为主型 □研究为主型

□教学研究并重型 □其他类型

2. 您从事科学研究工作的年限：

□少于5年 □5～10年 □11～15年 □16年及以上

3. 您所从事的研究类型属于：

□基础研究 □应用研究 □开发研究 □其他________

4. 您的职称是：

□研究员/教授 □副研究员/副教授

□助理研究员/讲师 □其他________

5. 您的年龄段：

□35岁以下 □36～45岁 □46～55岁 □56岁及以上

6. 您在海外学习或工作的年限(包括访学):

□无　□少于1年　□1～5年　□5～10年

□10年以上

7. 您是否获得过下列科技奖励或优秀人才计划(多选题):

□国际科技奖项　□国家级科技奖项或优秀人才计划

□省部级科技奖项或优秀人才计划　□地市级科技奖项或优秀人才计划

□校级科技奖项或优秀人才计划　□其他________

□无

8. 您的研究领域所属学科门类:

□理学　□工学　□交叉学科　□其他________

9. 您的研究领域科学研究的特点为(多选题):

□经费需求大　□研究周期长

□研究需要多学科协作　□经济效益显著

□重团队研究　□知识具有累积性

□其他________

10. 您所在高校属于:

□一流大学建设高校　□一流学科建设高校

□其他高校________　□不清楚

第二部分　认同现状

1. 关于对所在高校或院系的现行科技人才科研评价制度的了解情况,您对

题　目	完全了解	比较了解	说不准	比较不了解	完全不了解
评价目的	5	4	3	2	1
评价主体	5	4	3	2	1
评价方法	5	4	3	2	1
评价标准	5	4	3	2	1

续 表

题目	完全了解	比较了解	说不准	比较不了解	完全不了解
评价指标	5	4	3	2	1
评价程序	5	4	3	2	1
评价结果的运用	5	4	3	2	1
评价周期	5	4	3	2	1

2. 关于对所在高校或院系的现行科技人才科研评价制度执行现状，您对

维度	题目	完全认同	比较认同	说不准	比较不认同	完全不认同
评价主体	学校领导	5	4	3	2	1
	院系领导	5	4	3	2	1
	国外大同行	5	4	3	2	1
	国外小同行	5	4	3	2	1
	国内大同行	5	4	3	2	1
	国内小同行	5	4	3	2	1
	第三方机构	5	4	3	2	1
	被评价者	5	4	3	2	1
评价方法	对论文、课题、专利、著作等的数量和等级进行定量统计	5	4	3	2	1
	由同行专家组成“教授会议”开展评价	5	4	3	2	1
	运用定性和定量方法进行综合评价	5	4	3	2	1

续 表

维 度	题 目	完全认同	比较认同	说不准	比较不认同	完全不认同
评价方法	合作著作、论文中只计算第一作者或通讯作者	5	4	3	2	1
	合作项目中只计算负责人	5	4	3	2	1
评价标准	根据研究类型(基础、应用、开发研究)开展分类评价	5	4	3	2	1
	根据不同学科领域开展分类评价	5	4	3	2	1
	评价注重科研成果的创新质量	5	4	3	2	1
	评价注重科技人才的实际贡献	5	4	3	2	1
	评价注重科研成果的数量	5	4	3	2	1
评价指标	*Nature*、*Science*、*Cell* 等顶尖期刊的发文导向	5	4	3	2	1
	ESI 高被引论文的数量要求	5	4	3	2	1
	JCR 一区二区的 SCI 论文的数量要求	5	4	3	2	1
	EI 源刊论文的数量要求	5	4	3	2	1
	高影响因子期刊论文的数量要求	5	4	3	2	1
	论文被引频次要求	5	4	3	2	1
	国家授权发明专利的数量要求	5	4	3	2	1
	专利成果转让的项目到账经费的数量要求	5	4	3	2	1
	年均到款科研经费的数量要求	5	4	3	2	1
	国家级、省部级等科研项目的数量要求	5	4	3	2	1
	国家三大奖、省部级科技奖等奖项的数量、级别、排名要求	5	4	3	2	1
	国家级、省部级人才支持计划的类型、获奖要求	5	4	3	2	1

续 表

维 度	题 目	完全认同	比较认同	说不准	比较不认同	完全不认同
评价指标	著作的等级、数量、字数要求	5	4	3	2	1
	对国际学术会议论文或做大会报告的重视程度	5	4	3	2	1
	对高水平中文期刊论文的重视程度	5	4	3	2	1
评价程序	与科技人才进行沟通	5	4	3	2	1
	重视科技人才的意见	5	4	3	2	1
	对科技人才一视同仁	5	4	3	2	1
	评价过程公开透明	5	4	3	2	1
	基于真实和完整的信息开展评价	5	4	3	2	1
	畅通科技人才申诉渠道	5	4	3	2	1
评价目的	提供薪酬定级决策依据	5	4	3	2	1
	提供晋升决策依据	5	4	3	2	1
	甄选优秀科技人才	5	4	3	2	1
	评判科技人才过去的科研成绩	5	4	3	2	1
	识别科研工作的优势和劣势	5	4	3	2	1
	帮助科技人才确定清晰的个人发展目标	5	4	3	2	1
评价结果	评价结果与薪酬、晋升关联	5	4	3	2	1
	评价结果促进个人发展	5	4	3	2	1
评价周期	一年一次	5	4	3	2	1
	三年一次	5	4	3	2	1
	六年一次	5	4	3	2	1
	六年以上一次	5	4	3	2	1

3. 关于对所在高校或院系的现行科技人才科研评价制度的评价，您认为科研评价

题　　目	完全符合	比较符合	说不准	比较不符合	完全不符合
带来了理想的经济收益	5	4	3	2	1
提高了科研工作效率	5	4	3	2	1
提升了科研成果质量	5	4	3	2	1
鼓励了科技人才的原始创新研究	5	4	3	2	1
损害了同事间的科研合作关系	5	4	3	2	1
减少了用于科学研究的时间精力	5	4	3	2	1
增加了心理压力	5	4	3	2	1

4. 关于对所在高校或院系的现行科技人才科研评价制度的行为，您将

题　　目	完全符合	比较符合	说不准	比较不符合	完全不符合
继续平衡教学、科研和社会服务的关系接受科研评价	5	4	3	2	1
继续在当前科研评价的制度要求下，更积极地开展科学研究	5	4	3	2	1
在当前科研评价制度下，继续开展科研合作	5	4	3	2	1
参与科研评价的制度设计和执行的相关活动	5	4	3	2	1
关注科研评价制度的发展	5	4	3	2	1
为科研评价制度的完善建言献策	5	4	3	2	1

5. 本课题拟开展访谈，您是否愿意参加

□是　　□否

6. 对于高校科技人才科研评价制度,您还有什么建议或者意见吗?

附录5 高校科技人才科研评价制度认同访谈知情同意书

尊敬的老师:

您好!我是上海交通大学高等教育研究院硕士研究生蓝晔,正在进行“高校科技人才科研评价制度认同研究”,旨在了解您对所在高校、院系的理工领域专任教师科研评价制度的认同情况。本次访谈是我学位论文的重要组成部分,也是国家社会科学基金“十三五”规划教育学一般课题“高校科研人才评价目标群体认同与分类建构”(批准号:BIA170162)的组成部分。所取得的资料和数据,将严格保密,仅供学术研究之用。非常感谢您的帮助与合作!

一、研究背景

建设“世界一流大学、世界一流学科”的战略决策对高校提出了更高的人才队伍建设和提高自主创新能力的要求。近年来,党中央、国务院、教育部围绕高校开展分类评价、代表性成果评价、清理“唯论文、唯职称、唯学历、唯奖项”四唯专项行动等科研评价制度改革导向提供了政策依据。高校需响应政策号召,从不同层次类型高校、不同学科领域出发,探索构建更具多样化、发展性的科研评价机制,建设一支专业化、高素质的教师队伍,提升自主创新能力。高校科技人才是高校开展科研活动的主力军,也是高校科技人才科研评价制度最直接的目标群体。高校科技人才对科研评价制度的认同情况,将影响科研评价的执行及科技人才的科研积极性。但科技人才作为评价客体常在评价中处在被动地位。本书旨在倾听科技人才对所在高校或院系科技人才科研评价制度的认同情况,挖掘影响认同的相关因素,探究改进和完善高校理工领域教师科研评价制度的可能路径。

二、简要介绍

本书采用半结构式访谈,将占用您50分钟左右的宝贵时间。访谈内容包括:① 了解您所在学校或院系科技人才科研评价制度执行情况;② 探究影响您对学校或院系科技人才科研评价制度认同的原因;③ 听取您对于高校科技人才科研评价制度的建议。访谈可以选在您最方便的时间,通过您最方便的方式进行,如面谈、微信语音访谈、电话访谈等方式。

三、您的权利

1. 您是否参与研究完全基于自愿。访谈中,您随时可以选择中断或退出,同时有权拒绝回答您不想回答的任何问题。在研究开展期间,您可随时了解有关信息资料,如有任何疑问或需要咨询时,请随时与我联系。

2. 您可以基于意愿来决定是否同意录音。结束访谈后,如果您有意向,将向您提供访谈记录或录音整理文本,方便您确认文本是否符合了您表达的真实内容。

3. 如果您对研究结果有兴趣,我将为您呈上电子版研究结果。

4. 您拥有绝对隐私权,包括要求身份保密而不被泄露的权利。

四、记录的保密性

如果您决定参与本书,我将严格保密与您相关的所有访谈资料和观察记录,并确保所有的资料仅供研究使用并在研究结束一年后予以销毁。此外,确保在所有有关本书结果的论文等成果中不会泄露您的个人身份。

五、参加本书的风险及规避措施

在访谈过程中,将充分尊重您的意愿,一切活动都以您的个人意愿为前提条件,确保不对您的身心及社会关系等产生伤害。

六、联系信息

访谈联系人: 蓝晔(Lan_Ye532@sjtu.edu.cn)

导　　师: 刘莉(liuli@sjtu.edu.cn)

单 位 地 址: 上海市闵行区东川路 800 号,上海交通大学高等教育研究院 200240

作为此项研究的参与者,我在了解了研究目的、研究方法、可能获得的收益与风险之后,自愿参与,并与研究者充分合作。

参与者签名: ________________　　日期: ____年____月____日

研究者签名: ________________　　日期: ____年____月____日

请在以下符合您意愿的方框内打√

您是否同意接受访谈?　　是□　　否□

您是否同意录音?	是□	否□
您是否愿意收到访谈文本,并进行确认?	是□	否□
您是否愿意收到本书的研究成果	是□	否□

附录6 高校科技人才科研评价制度认同研究访谈提纲

1. 您所在学校或学院有哪些科研评价活动?您认为合理吗?

2. 您所在学校或院系采用什么方法开展科研评价?合理吗?为什么?

3. 您认为所在学校或学院的评价过程公平、公正、公开吗?为什么?

4. 您所在学校或院系科研评价指标主要有哪些?合理吗?为什么?

5. 您认为所在学校或院系的科研评价周期合理吗?为什么?

6. 您所在高校或院系科研评价制度重视评价科研工作的质量吗?为什么?

7. 您认为所在高校或院系科研评价制度对您学术成长产生的作用如何?为什么?

8. 您是通过哪些途径了解学校或学院的科技人才科研评价制度的?您所在学校或院系有组织专门的活动帮助您理解评价制度文本内容吗?

9. 您是否有参与所在高校或院系的科研评价制度的制定和执行的经历?如果有,您认为参与程度合理吗?为什么?

10. 您认为科研经费、实验仪器设施、文献查阅便利程度等条件适应您的科研工作需要吗?为什么?

11. 您认为您参与学术交流与合作等活动的支持力度适应您的科研工作需要吗?为什么?

12. 您认为所在高校或学院科研氛围有利于您开展科研创新吗?为什么?

13. 您认为所在学校或院系的科研评价制度体现了国家破除五唯专项行动等科研评价改革的政策导向吗?如果是,请简单描述相关改革举措。

14. 您认为根据科技人才岗位类型、研究类型、学科领域等不同特征开展分类评价合理吗?您有什么建议或意见吗?

15. 关于高校科技人才科研评价制度改革,您还有什么意见或建议吗?

附录7 高校人文社会科学科研人才评价制度认同访谈知情同意书

尊敬的老师：

您好！我是上海交通大学高等教育研究院硕士研究生薛慧林，正在参与全国教育科学“十三五”规划2017年度国家一般课题(高校科研人才评价目标群体认同与分类建构，批准号：BIA170162)的研究工作，拟对我国一流大学文科教师进行访谈研究。本次访谈也是我硕士学位论文的有机组成部分，旨在探究文科教师的科研评价制度现状及其对于评价制度的认同情况，以探索文科教师科研评价制度改革的路径。

一、研究背景

“双一流”建设背景下，大学教师科研评价的政策导向越来越重视“分类评价”，包括要根据人文科学、社会科学等不同学科领域，对不同类型的人才实行分类评价。然而，我国人文社会科学评价研究到目前为止尚处于探索期，也尚未形成认同程度较高的文科教师评价制度和适应文科发展规律的评价标准，教师在科研评价制度中的被动地位更是制约着教师的发展。本书旨在通过对于文科教师的一对一访谈，从文科教师的视角探究文科教师的科研评价制度现状及对评价制度的认同情况，关注教师的感受和体验与期待，探索高校文科教师科研评价制度改革之路。

二、简要介绍

本书采用半结构式访谈，将占用您45分钟左右的宝贵时间。访谈主要内容包括：① 了解您所在学校或院系的科研评价制度运行状况；② 探究您对当前文科教师科研评价制度的认同情况；③ 听取您关于科研评价制度改革的建议。访谈可以在您方便的时间，以您最方便的方式(如面对面、电话、网络语音等)进行。

三、您的权利

1. 您是否参与研究完全基于自愿。访谈中，您可以随时选择中断或退出，同时有权拒绝回答您不想回答的任何问题。在研究开展期间，您可随时了解有关信息资料，如有任何疑问或需要咨询时，请随时与项目组成员联系。

2. 您可以根据您的意愿，决定是否同意录音。访谈结束后，将根据您的意愿，向您提供访谈记录或录音整理文本，以确认是否符合您表达的真实意思。

3. 如果您对研究结果有兴趣，我们将为您呈上电子版研究结果。

4. 您拥有绝对隐私权，包括要求身份保密而不被泄露的权利。

四、记录的保密性

如果您决定参与本书，则您的参与及与您相关的资料和观察记录将被严格保密。所有原始资料将被加密保存，仅供研究使用并在课题研究结束一年后予以销毁。任何有关本书结果的报告、论文等将不会泄露您的个人身份。在研究过程中，您可以在任何时候要求查阅您的原始资料，并可以进行必要的修改。

五、参加本书的风险及规避措施

本书不会对您造成任何伤害，一切与您相关的内容和活动都以您个人意愿作为前提条件，在研究过程中，您将得到充分的尊重。

六、联系信息

访谈联系人：　薛慧林（xuehuilin@sjtu.edu.cn）

导　　　师：　刘莉（liuli@sjtu.edu.cn）

地　　　址：　上海市闵行区东川路 800 号，上海交通大学高等教育研究院 200240

作为此项研究的参与者，我在了解了研究目的、研究方法、可能获得的收益与风险之后，自愿参与，并与研究者充分合作。

参与者签名：________　　　　日期：____年____月____日

研究者签名：________　　　　日期：____年____月____日

- 请在以下方框内勾选“√”

您是否同意接受访谈？	是□	否□
您是否同意录音？	是□	否□
您是否愿意收到访谈文本，并进行确认？	是□	否□
您是否愿意收到本书的研究成果？	是□	否□

附录8　高校人文社会科学科研人才评价制度认同访谈提纲

您的参与及与您相关的资料将被严格保密。所有原始资料将被加密保存，仅供研究使用并在研究结束一年后予以销毁。任何有关本书结果的论文等将不会泄露您的个人身份。

访 谈 提 纲

1. 您所在学校或院系科研评价活动一般有哪些？一般是按怎样的步骤开展评价的？您认为这样的步骤合理吗？为什么？

2. 您所在学校或院系主要是由哪些部门或人员对科研工作开展评价？您认为由他们来评价科研工作合理吗？原因是什么？

3. 在科研评价制度的设计和运行过程中，您是如何参与的？您觉得这样的参与程度合理吗？

4. 您所在学校或院系通常采纳的科研评价方法（如同行评价，工分制等量化方法）有哪些？您认为这些方法合理吗？为什么？

5. 您所在学校或院系是如何使用代表作进行评价的？您觉得这种方法更适用于文科科研评价吗？

6. 您所在学校或院系科研评价一般有哪些评价标准（如教师科研产出质量、数量、创新质量或实际贡献）？您认为这样的标准是合理的吗？为什么？

7. 您所在学校或院系是怎么评价专著和专著章节的呢？您觉得这样评合理吗？对于教师科研评价中以专著折算成论文的方法，您有什么看法？

8. 您所在学校或院系对于国际论文（如SSCI论文）发表有什么要求？您觉得这样的要求合理吗？为什么？

9. 您所在学校或院系在科研评价中是怎么区分期刊等级的？您觉得这样的分级合理吗？为什么？

10. 您所在学校或院系在科研评价时对作者署名有什么要求（如第一作者或通讯作者）？您觉得这样的要求合理吗？为什么？

11. 您所在学校或院系是怎么评价教师译著和会议论文的？您如何看待他们作为科研评价指标的合理性的？为什么？

12. 您所在学校或院系是怎么评价您的科研项目和科研经费的？您认为这样评合理吗？为什么？

13. 您所在学校或院系是怎么评价决策咨询报告的？您如何看待他们作为科研评价指标的合理性？除了决策咨询报告，您的科研工作是怎么服务于社会的？又是如何体现在科研评价中的呢？您觉得合理吗？

14. 除了上述评价指标，您所在学校或院系常见的科研评价指标还包括哪些？您认为使用这些指标来评价科研评价工作合理吗？原因是什么？您认为能反映人文社会科学研究质量与水平的指标有哪些？

15. 您觉得您所在学校或院系的年度考核、聘期考核周期合理吗？为什么？

16. 您认为文科(或您所在学科)的科研具备哪些特征呢？您觉得这些特征如何体现在科研评价制度当中？

17. 您觉得有必要根据不同学科的研究特征来推进教师分类评价吗？有什么意见或建议呢？

18. 您对当前文科教师科研评价制度体系总体感到满意吗？您觉得文科评价制度的设计是公正的吗？运行是规范的吗？

19. 对于文科教师科研评价制度，您还有什么要补充与分享的吗？

基本信息

请在以下符合条件的选项中勾选“√”

1. 您的研究所属学科门类：

□汉语言文学 □历史学 □哲学 □政治学 □经济学 □社会学
□其他________

2. 您的工作年限：□1～5年 □6～10年 □11～15年 □16年及以上

3. 您的岗位属于：□教学科研并重 □科研为主 □其他________

4. 您所从事的研究类型属于：□基础研究 □应用研究 □其他________

5. 您的职称是：□研究员/教授 □副研究员/副教授
□助理研究员/讲师 □无专业技术职称

6. 您的最高学位：□学士 □硕士 □博士

7. 您的年龄段：□25 岁以下 □25～35 岁 □36～45 岁 □46～55 岁 □55 岁及以上

8. 您在海外学习或工作的年限：□无 □3 年以内 □4～6 年 □7～10 年 □10 年以上

附录 9 高校医学领域科研人才评价制度认同调查问卷

尊敬的老师：

您好！我是上海交通大学高等教育研究院博士研究生董彦邦，正在进行"高校医学领域教师科研评价制度认同研究"，旨在了解您对医学领域教师科研评价制度的认同情况和影响因素。高校教师科研评价制度的内容主要包括**年度考核**、**聘期考核**、**晋升评价**、**科研奖励**等方面的制度设计。

本次调查是国家社会科学基金"十三五"规划教育学一般课题"高校科研人才评价目标群体认同与分类建构"(批准号：BIA170162)的组成部分。所取得的资料和数据，将严格保密，仅供学术研究之用。本问卷采用匿名方式，答案无正误之分，请您放心填写。非常感谢您的帮助与支持！

上海交通大学高等教育研究院课题组 董彦邦

2019 年 11 月

第一部分 科研评价制度认同

1. 您所在高校科研评价制度的目的主要是：[单选题]*

□为教师的晋升、薪酬、奖励提供决策依据

□帮助教师识别自身的优势和劣势，并为教师提供清晰的个人发展目标

□其他________*

2. 对于当前所在高校的科研评价制度的目的，您的认同程度是：[单选题]*

□完全认同 □基本认同 □不确定

□基本不认同 □完全不认同

3. 您所在高校采用的科研评价标准主要倾向于：[单选题]*

□仅看重科研成果的数量 □仅看重科研成果的质量

□科研成果的数量为主，质量为辅　　□科研成果的质量为主，数量为辅

4. 对于当前所在高校的科研评价标准，您的认同程度是：[单选题]*

□完全认同　　□基本认同　　□不确定

□基本不认同　　□完全不认同

5. 您所在高校采用的科研评价方法是：[单选题]*

□量化计分

□同行专家评议

□量化计分为主，同行专家评议为辅

□同行专家评议为主，量化计分为辅

6. 对于当前所在高校的科研评价方法，您的认同程度是：[单选题]*

□完全认同　　□基本认同　　□不确定

□基本不认同　　□完全不认同

7. 您所在高校科研评价的主体主要是：[多选题]*

□国内小同行　　□国内大同行　　□国外小同行

□国外大同行　　□被评价者　　□其他________*

8. 对于当前所在高校的科研评价主体，您的认同程度是：[矩阵量表题]*

	完全认同	基本认同	不确定	基本不认同	完全不认同
无行政职务的校内小同行	□	□	□	□	□
无行政职务的校内大同行	□	□	□	□	□
有行政职务的校内同行	□	□	□	□	□
校外国内小同行	□	□	□	□	□
校外国内大同行	□	□	□	□	□
国外小同行	□	□	□	□	□
国外大同行	□	□	□	□	□
被评价者	□	□	□	□	□
其他	□	□	□	□	□

9. 对于以下科研评价指标，您的认同程度是：[矩阵单选题]*

	完全认同	基本认同	不确定	基本不认同	完全不认同
Nature、*Science*、*Cell*、*Lancet*、*The New England Journal of Medicine*、*The Journal of the American Medical Association* 等顶尖期刊论文	□	□	□	□	□
JCR 一区二区 SCI 论文	□	□	□	□	□
高影响因子期刊论文	□	□	□	□	□
国家级科研项目	□	□	□	□	□
部省级科研项目	□	□	□	□	□
国家级科技奖励	□	□	□	□	□
部省级科技奖励	□	□	□	□	□
国家授权发明专利	□	□	□	□	□
专利转让到账经费	□	□	□	□	□
年均到账科研经费	□	□	□	□	□
专著	□	□	□	□	□

10. 您所在高校聘期考核的周期是：[填空题]*

____

11. 对于当前所在高校的聘期考核周期，您的认同程度是：[单选题]*

□完全认同　　□基本认同　　□不确定
□基本不认同　　□完全不认同

12. 您所在高校晋升评价的周期是：[填空题]*

____

13. 对于当前所在高校的晋升评价周期，您的认同程度是：[单选题]*

□完全认同　　□基本认同　　□不确定
□基本不认同　　□完全不认同

14. 您所在高校的科研评价结果主要应用于：[多选题]*

□职称评定 □工资收入核定

□续聘 □奖励

□学术发展 □其他________*

15. 对于当前所在高校科研评价结果的应用，您的认同程度是：[矩阵量表题]*

	完全认同	基本认同	不确定	基本不认同	完全不认同
职称评定	□	□	□	□	□
工资收入核定	□	□	□	□	□
续聘	□	□	□	□	□
奖励	□	□	□	□	□
学术发展	□	□	□	□	□
其他	□	□	□	□	□

第二部分 科研评价制度满足教师生存、关系、成长需要的现状

16. 关于科研评价制度对您薪酬、压力、工作稳定性的影响，您认为：[矩阵单选题]*

	完全同意	基本同意	不确定	基本不同意	完全不同意
科研评价为我带来了理想的薪酬待遇	□	□	□	□	□
科研评价产生的压力在我可接受的范围内	□	□	□	□	□
科研评价会影响我的工作岗位变动	□	□	□	□	□

17. 关于管理者在评价过程中与您的沟通和交流情况，您认为：［矩阵单选题］*

	完全同意	基本同意	不确定	基本不同意	完全不同意
就科研评价的细节问题，院系管理者会与我交流	□	□	□	□	□
院系管理者能够针对我个人的情况与我进行沟通	□	□	□	□	□
院系管理者会给我解释科研评价结果	□	□	□	□	□
院系管理者会表现出对我的尊重和认可	□	□	□	□	□

18. 关于科研评价制度对您学术发展的影响，您认为：［矩阵单选题］*

	完全同意	基本同意	不确定	基本不同意	完全不同意
我的知识和能力能够胜任科研评价的要求	□	□	□	□	□
我有充足的时间和精力去追求自己感兴趣的研究	□	□	□	□	□
科研评价鼓励我去探索高质量的、有挑战性的研究	□	□	□	□	□

第三部分 基本信息

19. 您的性别是：［单选题］

□男　　□女

20. 您的年龄是：［单选题］

□35 岁及以下　□36～45 岁　□46～55 岁　□56 岁及以上

21. 您的职称为：[单选题]

□教授/研究员　□副教授/副研究员

□讲师/助理研究员　□其他(请具体说明)________*

22. 您从事的研究属于以下哪种类型：[单选题]

□基础研究　□应用研究

□开发研究　□其他(请具体说明)________*

23. 您的岗位属于：[单选题]

□研究为主型　□教学研究并重型

□教学为主型　□其他(请具体说明)________*

24. 您所在的学科属于：[单选题]*

□基础医学　□临床医学

□口腔医学　□公共卫生与预防医学

□中医学　□中西医结合

□药学　□中药学

□特种医学　□医学技术

□护理学

附录 10　高校交叉学科平台科研人才评价制度认同研究调查问卷

尊敬的老师：

您好！我是上海交通大学高等教育研究院硕士研究生李晶，正在进行“高校交叉学科平台教师科研评价制度认同情况”的调查，旨在了解您对所在交叉学科平台科研评价制度的现状及认同情况。本次调查是国家社会科学基金“十三五”规划教育学一般课题“高校科研人才评价目标群体认同与分类建构”(批准号：BIA170162)的组成部分，从中所取得的资料和数据，将严格保密，仅供学术研究之用。本问卷采用匿名方式，答案无正误之分，请您放心填写。非常感谢您的帮助与支持！

上海交通大学高等教育研究院课题组　李晶

2020 年 9 月 3 日

第一部分 个人基本信息

1. 您的年龄为：[单选题]*

□35 岁及以下 □36～45 岁 □46～55 岁 □56 岁及以上

2. 您的性别为：[单选题]*

□男 □女

3. 您的职称为：[单选题]*

□教授/研究员 □副教授/副研究员

□讲师/助理研究员 □其他________*

4. 您的岗位属于：[单选题]*

□科研为主型 □教学为主型

□教学科研并重型 □其他________*

5. 您所从事的研究类型属于：[单选题]*

□基础研究 □应用研究 □开发研究 □其他________*

6. 您的学科交叉类型为：[单选题]*

□文理交叉 □理工交叉 □医工交叉 □医理交叉

□其他________*

第二部分 科研评价制度认同

7. 您所在交叉学科平台是否具备区别于学校/院，适用于自身的科研评价制度？[单选题]*

□是(请跳至第 9 题) □否

8. 您认为是否有必要为所在交叉学科平台建立自己的科研评价制度？[单选题]*

若选择“否”，请按照您目前所在院系/交叉学科平台现行的评价制度情况进行填答。

□是(请跳至第 27 题) □否(请跳至第 44 题)

9. 您所在交叉学科平台的评价主体主要是：[多选题]*

□行政管理人员 □国内小同行(单一学科背景)

□国内大同行(单一学科背景) □国外小同行(单一学科背景)

□国外大同行(单一学科背景)　□国内小同行(交叉学科背景)
□国内大同行(交叉学科背景)　□国外小同行(交叉学科背景)
□国外大同行(交叉学科背景)　□其他________*

10. 请根据您所在交叉学科平台现行的科研评价主体,选择您对其的认同程度:[矩阵单选题]

【选填】请选择您对目前所在交叉学科平台评价主体的认同程度,若对某评价结果应用持基本不认同或完全不认同态度,可在选项后附上不认同原因。

	完全认同	基本认同	不确定	基本不认同	完全不认同
行政管理人员	□	□	□	□	□
国内小同行(单一学科背景)	□	□	□	□	□
国内大同行(单一学科背景)	□	□	□	□	□
国外小同行(单一学科背景)	□	□	□	□	□
国外大同行(单一学科背景)	□	□	□	□	□
国内大同行(交叉学科背景)	□	□	□	□	□
国内小同行(交叉学科背景)	□	□	□	□	□
国外大同行(交叉学科背景)	□	□	□	□	□
国外小同行(交叉学科背景)	□	□	□	□	□

11. 您所在交叉学科平台的主要评价方法为:[单选题]*

□定量评价法

□同行评价法

□以定量评价为主、同行评价法为辅

□以同行评价法为主、定量评价为辅

12. 对于当前您所在交叉学科平台的评价方法,您的认同程度是:[单选题]*

若对某评价方法持基本不认同或完全不认同态度,可在选项后附上不认同原因。

□完全认同 □基本认同
□不确定 □基本不认同________
□完全不认同________

13. 您所在交叉学科平台的主要评价标准是：[排序题，请在中括号内依次填入数字]*【最少选择一项并排序】

[ ]科研成果的数量 [ ]科研成果的创新性
[ ]对国家、社会的实际贡献 [ ]对本专业的实际贡献

14. 对于当前您所在交叉学科平台的评价标准，您的认同程度是：[矩阵单选题]

【选填】请选择您对目前所在交叉学科平台评价标准的认同程度，若对某评价标准持基本不认同或完全不认同态度，可在选项后附上不认同原因。

	完全认同	基本认同	不确定	基本不认同	完全不认同
科研成果的数量	□	□	□	□	□
科研成果的创新性	□	□	□	□	□
对国家、社会的实际贡献	□	□	□	□	□
对本专业的实际贡献	□	□	□	□	□

15.【文理交叉】您所在交叉学科平台的科研评价指标主要包括：[多选题]*

□*Nature*、*Science*、*Cell* 等顶尖期刊论文
□JCR 一区、二区 SCI 论文
□SSCI、A&HCI 等国际顶尖期刊论文
□CSSCI 等国内核心期刊论文 □本校/院系自定权威期刊论文
□国家级科研项目 □省部级科研项目
□年均到账科研经费 □国家级授权发明专利
□国家级科研成果奖励 □省部级科研成果奖励
□被国家相关部门采纳的专家建议 □专著
□译著 □其他________*

15.【理工交叉】您所在交叉学科平台的科研评价指标主要包括：[多选题]*

□*Nature*、*Science*、*Cell* 等顶尖期刊论文
□JCR 一区、二区 SCI 论文 □EI 会议论文
□本校/院系自定权威期刊论文 □国家级科研项目
□省部级科研项目 □年均到账科研经费
□国家级授权发明专利 □国家级科研成果奖励
□省部级科研成果奖励 □专著
□其他________*

15.【医理交叉、医工交叉】您所在交叉学科平台的科研评价指标主要包括：[多选题]*

□*Nature*、*Science*、*Cell* 等顶尖期刊论文
□JCR 一区、二区 SCI 论文 □EI 会议论文
□本校/院系自定权威期刊论文 □国家级科研项目
□省部级科研项目 □年均到账科研经费
□国家级授权发明专利 □国家级科研成果奖励
□省部级科研成果奖励 □新药发明
□重大疾病临床方法的创造性进展 □专著
□其他________*

15.【其他】您所在交叉学科平台现行科研评价制度的评价指标主要包括：[多选题]*

□*Nature*、*Science*、*Cell* 等顶尖期刊论文
□JCR 一区、二区 SCI 论文
□SSCI、A&HCI 等国际顶尖期刊论文
□CSSCI 等国内核心期刊论文 □本校/院系自定权威期刊论文
□EI 会议论文 □国家级科研项目
□省部级科研项目 □年均到账科研经费
□国家级授权发明专利 □国家级科研成果奖励
□省部级科研成果奖励 □被国家相关部门采纳的专家建议
□新药发明 □重大疾病临床方法的创造性进展
□专著 □译著

□其他________*

16.【文理交叉】请根据您所在交叉学科平台已有的科研评价指标，选择您对其的认同程度：［矩阵单选题］

【选填】请选择您对目前所在交叉学科平台评价指标的认同程度，若对某评价指标持基本不认同或完全不认同态度，可在选项后附上不认同原因。

	完全认同	基本认同	不确定	基本不认同	完全不认同
Nature、*Science*、*Cell* 等顶尖期刊论文	□	□	□	□	□
JCR 一区、二区 SCI 论文	□	□	□	□	□
SSCI、A&HCI 等国际顶尖期刊论文	□	□	□	□	□
CSSCI 等国内核心期刊论文	□	□	□	□	□
本校/院系自定权威期刊论文	□	□	□	□	□
国家级科研项目	□	□	□	□	□
省部级科研项目	□	□	□	□	□
年均到账科研经费	□	□	□	□	□
国家授权发明专利	□	□	□	□	□
国家级科研成果奖励	□	□	□	□	□
省部级科研成果奖励	□	□	□	□	□
被国家相关部门采纳的专家建议	□	□	□	□	□
专著	□	□	□	□	□
译著	□	□	□	□	□

16.【理工交叉】请根据您所在交叉学科平台已有的科研评价指标，选择您对其的认同程度：［矩阵单选题］

【选填】请选择您对目前所在交叉学科平台评价指标的认同程度，若对某评价指标持基本不认同或完全不认同态度，可在选项后附上不认同原因。

	完全认同	基本认同	不确定	基本不认同	完全不认同
Nature、*Science*、*Cell* 等顶尖期刊论文	□	□	□	□	□
JCR 一区、二区 SCI 论文	□	□	□	□	□
EI 会议论文	□	□	□	□	□
本校/院系自定权威期刊论文	□	□	□	□	□
国家级科研项目	□	□	□	□	□
省部级科研项目	□	□	□	□	□
年均到账科研经费	□	□	□	□	□
国家授权发明专利	□	□	□	□	□
国家级科研成果奖励	□	□	□	□	□
省部级科研成果奖励	□	□	□	□	□
专著	□	□	□	□	□

16.【医理交叉、医工交叉】请根据您所在交叉学科平台已有的科研评价指标，选择您对其的认同程度：[矩阵单选题]

【选填】请选择您对目前所在交叉学科平台评价指标的认同程度，若对某评价指标持基本不认同或完全不认同态度，可在选项后附上不认同原因。

	完全认同	基本认同	不确定	基本不认同	完全不认同
Nature、*Science*、*Cell* 等顶尖期刊论文	□	□	□	□	□
JCR 一区、二区 SCI 论文	□	□	□	□	□
SSCI、A&HCI 等国际顶尖期刊论文	□	□	□	□	□
CSSCI 等国内核心期刊论文	□	□	□	□	□
本校/院系自定权威期刊论文	□	□	□	□	□

续 表

	完全认同	基本认同	不确定	基本不认同	完全不认同
EI 会议论文	□	□	□	□	□
国家级科研项目	□	□	□	□	□
省部级科研项目	□	□	□	□	□
年均到账科研经费	□	□	□	□	□
国家级授权发明专利	□	□	□	□	□
国家级科研成果奖励	□	□	□	□	□
省部级科研成果奖励	□	□	□	□	□
被国家相关部门采纳的专家建议	□	□	□	□	□
新药发明	□	□	□	□	□
重大疾病临床方法的创造性进展	□	□	□	□	□
专著	□	□	□	□	□
译著	□	□	□	□	□

16.【其他】请根据您所在交叉学科平台已有的科研评价指标，选择您对其的认同程度：[矩阵单选题]

【选填】请选择您对目前所在交叉学科平台评价指标的认同程度，若对某评价指标持基本不认同或完全不认同态度，可在选项后附上不认同原因。

	完全认同	基本认同	不确定	基本不认同	完全不认同
Nature、*Science*、*Cell* 等顶尖期刊论文	□	□	□	□	□
JCR 一区、二区 SCI 论文	□	□	□	□	□
EI 会议论文	□	□	□	□	□
本校/院系自定权威期刊论文	□	□	□	□	□

续 表

	完全认同	基本认同	不确定	基本不认同	完全不认同
国家级科研项目	□	□	□	□	□
省部级科研项目	□	□	□	□	□
年均到账科研经费	□	□	□	□	□
国家级授权发明专利	□	□	□	□	□
国家级科研成果奖励	□	□	□	□	□
省部级科研成果奖励	□	□	□	□	□
新药发明	□	□	□	□	□
重大疾病临床方法的创造性进展	□	□	□	□	□
专著	□	□	□	□	□

17. 您所在交叉学科平台的聘期考核周期为：[单选题]*

□1～2 年　　□3～4 年　　□5～6 年　　□7 年及以上

18. 对于当前您所在交叉学科平台的聘期考核周期，您的认同程度是：[单选题]*

若对评价周期持基本不认同或完全不认同态度，可在选项后附上不认同原因。

□完全认同　　□基本认同

□不确定　　□基本不认同________

□完全不认同________

19. 您所在交叉学科平台晋升考核周期为：[单选题]*

□1～2 年　　□3～4 年　　□5～6 年　　□7 年及以上

20. 对于当前您所在交叉学科平台的晋升考核周期，您的认同程度是：[单选题]*

若对评价周期持基本不认同或完全不认同态度，可在选项后附上不认同原因。

□完全认同　　□基本认同

□不确定　　□基本不认同________

□完全不认同________

21. 当前您所在交叉学科平台的聘期考核结果主要应用于：[排序题，请在中括号内依次填入数字]*【最少选择一项并排序】

[ ]职称评定　　[ ]工资核定　　[ ]教师续聘　　[ ]教师奖励

[ ]学术发展

22. 当前您所在交叉学科平台的年度考核结果主要应用于：[排序题，请在中括号内依次填入数字]*【最少选择一项并排序】

[ ]职称评定　　[ ]工资核定　　[ ]教师续聘　　[ ]教师奖励

[ ]学术发展

23. 请根据您所在交叉学科平台评价结果的应用情况，选择您对其的认同程度：[矩阵单选题]

【选填】请选择您对目前所在交叉学科平台评价结果应用方面的认同程度，若对某评价结果应用持基本不认同或完全不认同态度，可在选项后附上不认同原因。

	完全认同	基本认同	不确定	基本不认同	完全不认同
职称评定	□	□	□	□	□
工资核定	□	□	□	□	□
教师续聘	□	□	□	□	□
教师奖励	□	□	□	□	□
学术发展	□	□	□	□	□

24. 您认为您所在的交叉学科平台科研评价制度与传统学院科研评价制度有什么不同？________[填空题]*

25. 关于高校交叉学科平台科研评价制度的建设与改革，您还有什么意见或建议吗？________[填空题]*

26. 后续课题组拟开展语音访谈，您是否有意愿参与后续访谈？[单选题]*

□是(请留下您方便的联系方式)________*

□否

27. 您所在院系/交叉学科平台现行科研评价制度的评价主体主要是:[多选题]*

□行政管理人员 □国内小同行(单一学科背景)
□国内大同行(单一学科背景) □国外小同行(单一学科背景)
□国外大同行(单一学科背景) □国内小同行(交叉学科背景)
□国内大同行(交叉学科背景) □国外小同行(交叉学科背景)
□国外大同行(交叉学科背景) □其他________*

28. 请根据您所在院系/交叉学科平台现行的科研评价主体,选择您对其的认同程度:[矩阵单选题]【选填】请选择您对目前所在交叉学科平台评价主体的认同程度,若对某评价结果应用持基本不认同或完全不认同态度,可在选项后附上不认同原因。

	完全认同	基本认同	不确定	基本不认同	完全不认同
行政管理人员	□	□	□	□	□
国内小同行(单一学科背景)	□	□	□	□	□
国内大同行(单一学科背景)	□	□	□	□	□
国外小同行(单一学科背景)	□	□	□	□	□
国外大同行(单一学科背景)	□	□	□	□	□
国内大同行(交叉学科背景)	□	□	□	□	□
国内小同行(交叉学科背景)	□	□	□	□	□
国外大同行(交叉学科背景)	□	□	□	□	□
国外小同行(交叉学科背景)	□	□	□	□	□

29. 您所在院系/交叉学科平台现行科研评价制度的主要评价方法为:[单选题]*

□定量评价法
□同行评价法

□以定量评价为主、同行评价法为辅

□以同行评价法为主、定量评价为辅

30. 对于当前您所在院系/交叉学科平台的评价方法，您的认同程度是：［单选题］*

若对某评价方法持基本不认同或完全不认同态度，可在选项后附上不认同原因。

□完全认同　　□基本认同

□不确定　　□基本不认同________

□完全不认同________

31. 您所在院系/交叉学科平台现行科研评价制度的主要评价标准为：［排序题，请在中括号内依次填入数字］*【最少选择一项并排序】

［ ］科研成果的数量　　［ ］科研成果的创新性

［ ］对国家、社会的实际贡献　　［ ］对本专业的实际贡献

32. 对于当前您所在院系/交叉学科平台的评价标准，您的认同程度是：［矩阵单选题］

【选填】请选择您对目前所在交叉学科平台评价标准的认同程度，若对某评价标准持基本不认同或完全不认同态度，可在选项后附上不认同原因。

	完全认同	基本认同	不确定	基本不认同	完全不认同
科研成果的数量	□	□	□	□	□
科研成果的创新性	□	□	□	□	□
对国家、社会的实际贡献	□	□	□	□	□
对本专业的实际贡献	□	□	□	□	□

33.【文理交叉】您所在院系/交叉学科平台现行科研评价制度的评价指标主要包括：［多选题］*

□*Nature*、*Science*、*Cell* 等顶尖期刊论文

□JCR 一区、二区 SCI 论文

□SSCI、A&HCI 等国际顶尖期刊论文

□CSSCI 等国内核心期刊论文　　□本校/院系自定权威期刊论文
□国家级科研项目　　□省部级科研项目
□年均到账科研经费　　□国家级授权发明专利
□国家级科研成果奖励　　□省部级科研成果奖励
□被国家相关部门采纳的专家建议　　□专著
□译著　　□其他________*

33.【理工交叉】您所在院系/交叉学科平台现行科研评价制度的评价指标主要包括：[多选题]*

□*Nature*、*Science*、*Cell* 等顶尖期刊论文
□JCR 一区、二区 SCI 论文　　□EI 会议论文
□本校/院系自定权威期刊论文　　□国家级科研项目
□省部级科研项目　　□年均到账科研经费
□国家授权发明专利　　□国家级科研成果奖励
□省部级科研成果奖励　　□专著
□其他________*

33.【医工交叉、医理交叉】您所在院系/交叉学科平台现行科研评价制度的评价指标主要包括：[多选题]*

□*Nature*、*Science*、*Cell* 等顶尖期刊论文
□JCR 一区、二区 SCI 论文　　□EI 会议论文
□本校/院系自定权威期刊论文　　□国家级科研项目
□省部级科研项目　　□年均到账科研经费
□国家级授权发明专利　　□国家级科研成果奖励
□省部级科研成果奖励　　□新药发明
□重大疾病临床方法的创造性进展　　□专著
□其他________*

33.【其他】您所在院系/交叉学科平台现行科研评价制度的评价指标主要包括：[多选题]*

□*Nature*、*Science*、*Cell* 等顶尖期刊论文
□JCR 一区、二区 SCI 论文
□SSCI、A&HCI 等国际顶尖期刊论文

□CSSCI 等国内核心期刊论文
□本校/院系自定权威期刊论文
□EI 会议论文
□国家级科研项目
□省部级科研项目
□年均到账科研经费
□国家级授权发明专利
□国家级科研成果奖励
□省部级科研成果奖励
□被国家相关部门采纳的专家建议
□新药发明
□重大疾病临床方法的创造性进展
□专著
□译著
□其他________*

34.**【文理交叉】请根据您所在院系/交叉学科平台已有的科研评价指标,选择您对其的认同程度:**[**矩阵单选题**]【选填】请选择您对目前所在交叉学科平台评价指标的认同程度,若对某评价指标持基本不认同或完全不认同态度,可在选项后附上不认同原因。

	完全认同	基本认同	不确定	基本不认同	完全不认同
Nature、*Science*、*Cell* 等顶尖期刊论文	□	□	□	□	□
JCR 一区、二区 SCI 论文	□	□	□	□	□
SSCI、A&HCI 等国际顶尖期刊论文	□	□	□	□	□
CSSCI 等国内核心期刊论文	□	□	□	□	□
本校/院系自定权威期刊论文	□	□	□	□	□
国家级科研项目	□	□	□	□	□
省部级科研项目	□	□	□	□	□
年均到账科研经费	□	□	□	□	□
国家授权发明专利	□	□	□	□	□
国家级科研成果奖励	□	□	□	□	□
省部级科研成果奖励	□	□	□	□	□
被国家相关部门采纳的专家建议	□	□	□	□	□

续 表

	完全认同	基本认同	不确定	基本不认同	完全不认同
专著	□	□	□	□	□
译著	□	□	□	□	□

34.**【理工交叉】请根据您所在院系/交叉学科平台已有的科研评价指标，选择您对其的认同程度：**[**矩阵单选题**]【选填】请选择目前您对目前所在交叉学科平台评价指标的认同程度，若对某评价指标持基本不认同或完全不认同态度，可在选项后附上不认同原因。

	完全认同	基本认同	不确定	基本不认同	完全不认同
Nature、*Science*、*Cell* 等顶尖期刊论文	□	□	□	□	□
JCR 一区、二区 SCI 论文	□	□	□	□	□
EI 会议论文	□	□	□	□	□
本校/院系自定权威期刊论文	□	□	□	□	□
国家级科研项目	□	□	□	□	□
省部级科研项目	□	□	□	□	□
年均到账科研经费	□	□	□	□	□
国家授权发明专利	□	□	□	□	□
国家级科研成果奖励	□	□	□	□	□
省部级科研成果奖励	□	□	□	□	□
专著	□	□	□	□	□

34.**【医工交叉、医理交叉】请根据您所在院系/交叉学科平台已有的科研评价指标，选择您对其的认同程度：**[**矩阵单选题**]【选填】请选择您对目前所在交

叉学科平台评价指标的认同程度，若对某评价指标持基本不认同或完全不认同态度，可在选项后附上不认同原因。

	完全认同	基本认同	不确定	基本不认同	完全不认同
Nature、*Science*、*Cell* 等顶尖期刊论文	□	□	□	□	□
JCR 一区、二区 SCI 论文	□	□	□	□	□
EI 会议论文	□	□	□	□	□
本校/院系自定权威期刊论文	□	□	□	□	□
国家级科研项目	□	□	□	□	□
省部级科研项目	□	□	□	□	□
年均到账科研经费	□	□	□	□	□
国家级授权发明专利	□	□	□	□	□
国家级科研成果奖励	□	□	□	□	□
省部级科研成果奖励	□	□	□	□	□
新药发明	□	□	□	□	□
重大疾病临床方法的创造性进展	□	□	□	□	□
专著	□	□	□	□	□

34.**【其他】请根据您所在院系/交叉学科平台已有的科研评价指标，选择您对其的认同程度：**［**矩阵单选题**］【选填】请选择您对目前所在交叉学科平台评价指标的认同程度，若对某评价指标持基本不认同或完全不认同态度，可在选项后附上不认同原因。

	完全认同	基本认同	不确定	基本不认同	完全不认同
Nature、*Science*、*Cell* 等顶尖期刊论文	□	□	□	□	□
JCR 一区、二区 SCI 论文	□	□	□	□	□

续 表

	完全认同	基本认同	不确定	基本不认同	完全不认同
SSCI、A&HCI 等国际顶尖期刊论文	□	□	□	□	□
CSSCI 等国内核心期刊论文	□	□	□	□	□
本校/院系自定权威期刊论文	□	□	□	□	□
EI 会议论文	□	□	□	□	□
国家级科研项目	□	□	□	□	□
省部级科研项目	□	□	□	□	□
年均到账科研经费	□	□	□	□	□
国家级授权发明专利	□	□	□	□	□
国家级科研成果奖励	□	□	□	□	□
省部级科研成果奖励	□	□	□	□	□
被国家相关部门采纳的专家建议	□	□	□	□	□
新药发明	□	□	□	□	□
重大疾病临床方法的创造性进展	□	□	□	□	□
专著	□	□	□	□	□
译著	□	□	□	□	□

35. 您所在院系/交叉学科平台现行科研评价制度的聘期考核周期为:[单选题]*

□1～2 年　□3～4 年　□5～6 年　□7 年及以上

36. 对于当前您所在院系/交叉学科平台的聘期考核周期,您的认同程度是:[单选题]*

若对评价周期持基本不认同或完全不认同态度,可在选项后附上不认同原因。

□完全认同　□基本认同

□不确定　□基本不认同________

□完全不认同________

37. 您所在院系/交叉学科平台现行科研评价制度的晋升考核周期为:[单选题]*

□1～2 年　　□3～4 年

□5～6 年　　□7 年及以上

38. 对于当前您所在院系/交叉学科平台的晋升考核周期,您的认同程度是:[单选题]*

若对评价周期持基本不认同或完全不认同态度,可在选项后附上不认同原因。

□完全认同　　□基本认同

□不确定　　□基本不认同________

□完全不认同________

39. 当前您所在院系/交叉学科平台现行科研评价制度的聘期考核结果主要应用于:[排序题,请在中括号内依次填入数字]*【最少选择一项并排序】

[ ]职称评定　[ ]工资核定　[ ]教师续聘　[ ]教师奖励

[ ]学术发展

40. 当前您所在院系/交叉学科平台现行科研评价制度的年度考核结果主要应用于:[排序题,请在中括号内依次填入数字]*【最少选择一项并排序】

[ ]职称评定　[ ]工资核定　[ ]教师续聘　[ ]教师奖励

[ ]学术发展

41. 请根据您所在院系/交叉学科平台评价结果的应用情况,选择您对其的认同程度:[矩阵单选题]【选填】请选择您对目前所在交叉学科平台评价结果应用方面的认同程度,若对某评价结果应用持基本不认同或完全不认同态度,可在选项后附上不认同原因。

	完全认同	基本认同	不确定	基本不认同	完全不认同
职称评定	□	□	□	□	□
工资核定	□	□	□	□	□
教师续聘	□	□	□	□	□

续 表

	完全认同	基本认同	不确定	基本不认同	完全不认同
教师奖励	□	□	□	□	□
学术发展	□	□	□	□	□

42. 关于高校交叉学科平台科研评价制度的建设与改革，您还有什么意见或建议吗？ ________ [填空题]*

43. 后续课题组拟开展语音访谈，您是否有意愿参与后续访谈？[单选题]*

□是(请留下您方便的联系方式)________ *

□否

44. 您希望您所在交叉学科平台的评价主体主要为：[多选题]*

□行政管理人员

□国内小同行(单一学科背景)

□国内大同行(单一学科背景)

□国外小同行(单一学科背景)

□国外大同行(单一学科背景)

□国内小同行(交叉学科背景)

□国内大同行(交叉学科背景)

□国外小同行(交叉学科背景)

□国外大同行(交叉学科背景)

□其他________ *

45. 您希望您所在交叉学科平台的主要评价方法为：[单选题]*

□定量评价法

□同行评价法

□以定量评价为主、同行评价法为辅

□以同行评价法为主、定量评价为辅

46. 您希望您所在交叉学科平台的主要评价标准为：[排序题，请在中括号内依次填入数字]*【请最少选择一项并排序】

[ ]科研成果的数量

[ ]科研成果的创新性

[ ]对国家、社会的实际贡献

[ ]对本专业的实际贡献

[ ]其他

47.【文理交叉】您希望您所在交叉学科平台的评价指标主要包括：[多选题]*

□*Nature*、*Science*、*Cell* 等顶尖期刊论文

□JCR 一区、二区 SCI 论文

□SSCI、A&HCI 等国际顶尖期刊论文

□CSSCI 等国内核心期刊论文　　□本校/院系自定权威期刊论文

□国家级科研项目　　□省部级科研项目

□年均到账科研经费　　□国家授权发明专利

□国家级科研成果奖励　　□省部级科研成果奖励

□被国家相关部门采纳的专家建议　　□专著

□译著　　□其他________*

47.【理工交叉】您希望您所在交叉学科平台的评价指标主要包括：[多选题]*

□*Nature*、*Science*、*Cell* 等顶尖期刊论文

□JCR 一区、二区 SCI 论文　　□EI 会议论文

□本校/院系自定权威期刊论文　　□国家级科研项目

□省部级科研项目　　□年均到账科研经费

□国家授权发明专利　　□国家级科研成果奖励

□省部级科研成果奖励　　□专著

□其他________*

47.【医理交叉、医工交叉】您希望您所在交叉学科平台的评价指标主要包括：[多选题]*

□*Nature*、*Science*、*Cell* 等顶尖期刊论文

□JCR 一区、二区 SCI 论文　　□EI 会议论文

□本校/院系自定权威期刊论文　　□国家级科研项目

□省部级科研项目　　□年均到账科研经费

□国家授权发明专利　　□国家级科研成果奖励

□省部级科研成果奖励　　□新药发明

□重大疾病临床方法的创造性进展　　□专著

□其他________*

47.【其他】您希望您所在交叉学科平台的评价指标主要包括：[多选题]*

□*Nature*、*Scienc*、*Cell* 等顶尖期刊论文

□JCR 一区、二区 SCI 论文

□SSCI、A&HCI 等国际顶尖期刊论文

□CSSCI 等国内核心期刊论文　　□EI 会议论文

□本校/院系自定权威期刊论文 □国家级科研项目
□省部级科研项目 □年均到账科研经费
□国家授权发明专利 □国家级科研成果奖励
□省部级科研成果奖励 □被国家相关部门采纳的专家建议
□新药发明 □重大疾病临床方法的创造性进展
□专著 □译著
□其他________*

48. 您认为比较理想的交叉学科平台聘期考核周期为：[单选题]*

□1～2年 □3～4年 □5～6年 □7年及以上

49. 您认为比较理想的交叉学科平台晋升考核周期为：[单选题]*

□1～2年 □3～4年 □5～6年 □7年及以上

50. 您希望所在交叉学科平台的评价结果主要应用于：[排序题，请在中括号内依次填入数字]*【最少选择一项并排序】

[ ]职称评定 [ ]工资核定 [ ]教师续聘 [ ]教师奖励
[ ]学术发展 [ ]其他

51. 关于高校交叉学科平台科研评价制度的建设与改革，您还有什么意见或建议吗？________[填空题]*

52. 后续课题组拟开展语音访谈，您是否有意愿参与后续的访谈？[单选题]*

□是(请留下您方便的联系方式)________*
□否

感谢您能在百忙之中抽出时间填写调查问卷，祝您生活愉快！

索　引

ISI	Institute for Scientific Information	美国科学情报研究所	129

N

NSERC	Natural Sciences and Engineering Research Council	加拿大自然科学与工程研究理事会	298

O

OPPE	Ongoing Professional Practice Evaluation	持续性专业评价	344

P

RAE	Research Assessment Exercise	英国科研评价	280
PBRF	Performance-Based Research Fund	基于绩效的研究基金	31
REF	Research Excellence Framework	研究卓越框架	281

S

SCI	Science Citation Index	科学引文索引	129
SSCI	Social Science Citation Index	社会科学引文索引	129
SSHRC	Social Sciences and Humanities Research Council	加拿大社会科学与人文科学研究委员会	298
SSRC	Social Science Research Council	美国社会科学研究理事会	364

U

UoAs	Units of Assessment	评价单元	282